Kompendien
für Studium, Praxis und Fortbildung

Dr. Hansjochen Dürr | Prof. Dr. Manfred Aschke

Baurecht
Thüringen

2. Auflage

Nomos

Die Deutsche Bibliothek – CIP-Einheitsaufnahme

Die Deutsche Bibliothek verzeichnet diese Publikation in
der Deutschen Nationalbibliografie; detaillierte bibliografische
Daten sind im Internet über http://dnb.ddb.de abrufbar.

ISBN 3-8329-0921-4

2. Auflage 2005
© Nomos Verlagsgesellschaft, Baden-Baden 2005. Printed in Germany. Alle Rechte,
auch die des Nachdrucks von Auszügen, der fotomechanischen Wiedergabe und
der Übersetzung, vorbehalten. Gedruckt auf alterungsbeständigem Papier.

Vorwort

Seit der 1. Auflage dieses Baurechtskompendiums sind umfangreiche Änderungen der gesetzlichen Grundlagen sowohl des Bauplanungsrechts als auch des Bauordnungsrechts in Kraft getreten. Der Bundesgesetzgeber hat mit dem Gesetz zur Anpassung des Baugesetzbuchs an EU-Richtlinien (EAG Bau) vom 24.6.2004, das am 20.7.2004 in Kraft getreten ist, nicht nur die Umweltprüfung umfassend in das Bauleitplanverfahren integriert, sondern bei dieser Gelegenheit zahlreiche weitere Änderungen vorgenommen, die auch grundlegende Aspekte betreffen. Der Thüringer Landesgesetzgeber hat die Thüringer Bauordnung mit dem 1. Änderungsgesetz vom 10.2.2004, das am 1. Mai 2004 in Kraft getreten ist, umfassend novelliert und das Bauordnungsrecht im Anschluss an die Musterbauordnung 2002 entschlackt und vereinfacht und insbesondere das Baugenehmigungsverfahren noch stärker von Prüfungsanforderungen entlastet. Diese Änderungen der gesetzlichen Grundlagen des Baurechts sind in der nun vorliegenden 2. Auflage eingearbeitet. Im Übrigen ist es bei der auf das Baurecht für Baden-Württemberg von Dürr zurückgehenden Konzeption eines Kompendiums geblieben, das das Baurecht in komprimierter und möglichst verständlicher Sprache präsentieren will. Das Kompendium beschränkt sich bewusst auf die Erörterung der in der baurechtlichen Praxis und damit auch in der Ausbildung und im baurechtlichen Alltag relevanten Fragen. Spezialprobleme werden lediglich angesprochen; insoweit wird auf die Kommentarliteratur verwiesen. Adressaten des Werks sind vor allem Studenten und Referendare, für die das öffentliche Baurecht zum Pflichtstoff in beiden juristischen Staatsexamen zählt. Daneben sollen aber auch alle angesprochen werden, die bereits im Berufsleben stehen und sich mit dem öffentlichen Baurecht zu befassen haben. Dabei sind wir uns natürlich durchaus bewusst, dass der erfahrene Baurechtler inhaltlich wenig Neues in dem Kompendium finden wird; er findet aber zumindest einen Nachweis der neuesten Rechtsprechung, insbesondere des Bundesverwaltungsgerichts und des Oberverwaltungsgerichts Weimar.
Das Werk befindet sich auf dem Stand 1.3.2005.

Freiburg und Weimar, im März 2005   Hansjochen Dürr, Manfred Aschke

Inhaltsverzeichnis

Literaturverzeichnis

1. Kommentare zum BauGB

Battis/Krautzberger/Löhr, Beck-Verlag, 9. Aufl. 2005
Berliner Kommentar, Heymanns-Verlag, 3. Aufl. 2003
Brügelmann/Dürr u.a., Kohlhammer-Verlag, Loseblatt-Sammlung
Ernst/Zinkahn/Bielenberg, Beck-Verlag, Loseblatt-Sammlung
Jäde/Dirnberger/Weiß, Boorberg-Verlag 3. Aufl. 2002
Schrödter, Vahlen-Verlag, 6. Auflage 1998

2. Kommentare zur BauNVO

Boeddinghaus/Dieckmann, Jehle-Rehm-Verlag, 4. Aufl. 2000
Fickert/Fieseler, Deutscher Gemeindeverlag, 10. Aufl. 2002
König/Roeser/Stock, Beck-Verlag, 2. Aufl. 2003
Eine Kommentierung der BauNVO befindet sich ferner z.T. in den o.a. Loseblatt-Kommentaren zum BauGB.

3. Kommentare zur ThürBO

Jäde/Dirnberger/Michel, Verlagsgruppe Hüthig Jehle Rehm, Loseblatt-Sammlung

4. Lehrbücher und Monographien zum Baurecht

Battis, Öffentliches Baurecht und Raumordnungsrecht, Kohlhammer Verlag, 5. Aufl. 1999
Birkl u.a., Praxishandbuch des Bauplanungs- und Immissionsschutzrechts, Rehm-Verlag, Loseblatt-Ausgabe
Brenner, Baurecht, C.F. Müller-Verlag, 2002
Brohm, Öffentliches Baurecht, Beck-Verlag, 3. Aufl. 2002
Finkelnburg/Ortloff, Öffentliches Baurecht I, Bauplanungsrecht JuS-Schriftenreihe, 5. Aufl. 1998
Finkelnburg/Ortloff, Öffentliches Baurecht II, Bauordnungsrecht JuS-Schriftenreihe, 4. Aufl. 1998
Gelzer/Bracher/Breidt, Bauplanungsrecht, Schmidt-Verlag, 6. Aufl. 2001
Hoppe/Bönker/Grotefels Das öffentliche Bau- und Bodenrecht, Beck-Verlag, 2. Aufl. 2002
Hoppenberg Handbuch des öffentlichen Baurechts, Loseblattsammlung
Koch/Hendler, Baurecht, Raumordnungs- und Landesplanungsrecht, Boorberg-Verlag, 3. Aufl. 2001
Mampel, Nachbarschutz im öffentlichen Baurecht, Verlag für Rechts- und Anwaltspraxis 1995
Strauch, Bau- und Planungsrecht, in Huber (Hrsg.), Thüringer Staats- und Verwaltungsrecht, Boorberg-Verlag 2000, S. 349 ff.
Stüer, Handbuch des Bau- und Fachplanungsrechts, Beck-Verlag, 2. Aufl. 1998

5. Rechtsprechungsübersichten

Dolde/Menke, Bauleitplanung und Bebauungsrecht, NJW 1996, 2616 u. 2905; 1999, 1070 u. 2150
Gaentzsch, Zur Entwicklung des Bauplanungsrechts, NVwZ 2000, 993; 2001, 990
Hoppe/Stüer, Die Rechtsprechung zum Bauplanungsrecht, Boorberg-Verlag, 1995
Thiel/Gelzer/Upmeier, Baurechtssammlung, Werner-Verlag, jährlich 1 Band, zuletzt Band 66 für das Jahr 2003
Ortloff, Die Entwicklung des Bauordnungsrechts, NVwZ 1982, 75; 1983, 10; 1984, 279; 1985, 13; 1986, 441; 1987, 374; 1988, 399; 1989, 615; 1990, 525; 1991, 627; 1992, 224; 1993, 326; 1994, 229; 1995, 436; 1996, 647; 1997, 333; 1998, 581; 1999, 955; 2000, 750; 2001, 997; 2002, 416; 2003, 660; 2004, 934
Stüer bzw. Stüer/Rude, Bauleitplanung – Städtebaurecht DVBl 1999, 210 u. 299; 2000, 210, 312 u. 390; 2003, 966 u. 1030; 2004, 83

6. Sonstige wiederholt zitierte Literatur

Bosch/Schmidt, Praktische Einführung in das verwaltungsgerichtliche Verfahren, Kohlhammer-Verlag, 7. Aufl. 2002

Eyermann, VwGO, Beck-Verlag, 11. Aufl. 2000

Finkelnburg/Jank, Vorläufiger Rechtsschutz im Verwaltungsstreitverfahren, Beck-Verlag, 3. Aufl. 1986

Gern, Deutsches Kommunalrecht., Nomos-Verlag, 1994

Knack, Kommentar zum VwVfG, Heymanns-Verlag, 8. Aufl. 2004

Kopp/Ramsauer, Kommentar zum VwVfG, Beck Verlag, 8. Aufl. 2003

Kopp/Schenke, Kommentar zur VwGO, Beck Verlag, 13. Aufl. 2003

Redeker/v.Oertzen, Kommentar zur VwGO, Kohlhammer Verlag, 13. Aufl. 2000

Schoch/Schmidt-Aßmann/Pietzner VwGO, Beck-Verlag, Loseblatt-Ausgabe

Sodan/Ziekow, VwGO, Nomos-Verlag, Loseblatt-Ausgabe

Stelkens/Bonk/Sachs, Kommentar zum VwVfG, Beck-Verlag, 6. Aufl. 2001

Wachsmuth, Thüringer Kommunalrecht, Boorberg-Verlag, Loseblatt-Ausgabe

I. Allgemeines

1. Funktion des Baurechts

Das öffentliche Baurecht dient dem **Interessenausgleich** zwischen der durch Art. 14 GG **1** geschützten Baufreiheit des Grundstückseigentümers (BVerfGE 35, 263 = NJW 1973, 1491; BVerwGE 42, 115 = NJW 1973, 1518; BGHZ 60, 112 = NJW 1973, 616; s. dazu auch Rdnr. 135) und dem häufig andersartigen Interesse der Allgemeinheit an einer möglichst sinnvollen Nutzung des im Bundesgebiet nur beschränkt vorhandenen Baugeländes (dazu ausführlich BVerwG NJW 1991, 3293). In einem so dicht besiedelten Gebiet kann nicht jeder bauen, wie er will und wo er will, vielmehr muss gewährleistet sein, dass hinreichend unbebauter Raum für Erholungszwecke, Verkehrsanlagen, Wasser- und Landschaftsschutzgebiete usw. vorhanden ist. Dieser Interessenausgleich setzt zwingend eine gesetzliche Regelung des Bauens voraus; eine unbeschränkte Baufreiheit würde innerhalb kürzester Zeit zu unerträglichen Missständen führen. Die baurechtlichen Vorschriften dienen daher dem Ausgleich zwischen der Privatnützigkeit des Eigentums und der Sozialpflichtigkeit des Eigentums (BVerwGE 101, 364 = NVwZ 1997, 384).

2. Rechtsgrundlagen des Baurechts

Eine gesetzliche Regelung des Baurechts ist im wesentlichen erst im 20. Jahrhundert **2** durchgeführt worden. Zwar gab es schon im **19. Jahrhundert** vereinzelte baurechtliche Bestimmungen (Nachweis bei Ernst/Zinkahn/Bielenberg, Einl. 1 f; Brügelmann/Förster, Einl. Rdnr. 27). Ein frühes Beispiel in Thüringen ist die Großherzogliche »Bauordnung für die Haupt- und Residenz-Stadt Weimar« vom 27.11.1838. Umfassende Normierungen des Baurechts, die erste Ansätze eines Bauplanungsrechts enthielten, erfolgten um die Jahrhundertwende in den einzelnen Herzogtümern des heutigen Freistaats Thüringen (zum Beispiel: Baugesetz für die Städte des Herzogthums Sachsen-Altenburg vom 14.1.1901, Ges.-S. S. 1, und Baugesetz für die Dörfer des Herzogthums Sachsen-Altenburg vom 14.1.1901, Ges.-S. S. 27). Die erste einheitliche Normierung eines das Bauplanungsrecht und das Bauordnungsrecht umfassenden Baurechts auf dem Gebiet des heutigen Freistaats Thüringen erfolgte durch die Thüringische Landesbauordnung vom 2.9.1930 (Ges.-S. S. 187) und die Thüringische Landesbaupolizeiverordnung vom 2.9.1930 (Ges.-S. S. 201).Die ersten reichseinheitlichen baurechtlichen Vorschriften waren die Bauregelungsverordnung vom 15.2.1936 (RGBl. I, 104) sowie die Baugestaltungsverordnung vom 10.11.1936 (RGBl. I, 938).

Nach 1945 wurde allgemein ein Bedürfnis nach einer Planung des Wiederaufbaus der **3** zerstörten Städte verspürt. Die Länder der westlichen Besatzungszonen erließen 1948/1949 die sog. **Trümmergesetze** (Nachweise bei Ernst/Zinkahn/Bielenberg, Einl. Rdnr. 34).

Schon bald nach Gründung der Bundesrepublik Deutschland wurde die Schaffung eines **bundeseinheitlichen Baurechts** in Angriff genommen (Ernst/Zinkahn/Bielenberg, Einl. Rdnr. 37 f; Brügelmann/Förster, Einl. Rdnr. 6). Da Zweifel über den Umfang der Gesetzgebungszuständigkeit des Bundes und der Länder entstanden, wurde nach dem damaligen § 97 BVerfGG (durch Gesetz vom 21.7.1956 aufgehoben) von der Bundesregierung in Übereinstimmung mit Bundestag und Bundesrat ein Rechtsgutachten des Bundesverfassungsgerichts über die Gesetzgebungszuständigkeiten auf dem Gebiet des Baurechts eingeholt.

3. Gesetzgebungszuständigkeit auf dem Gebiet des Baurechts

Das BVerfG hat in dem Rechtsgutachten vom 16.6.1954 (BVerfGE 3, 407) folgende Abgrenzung **4** zwischen Bundes- und Landeskompetenz vorgenommen:

Bundeskompetenz (Art. 74 Nr. 18, 75 Nr. 4 GG):
1. Städtebauliche Planung (§§ 1 – 44 u. 136 – 191 BauGB)
2. Baulandumlegung (§§ 45 – 122 BauGB)
3. Bodenbewertung (§§ 192 – 199 BauGB)
4. Bodenverkehrsrecht (§§ 19 – 28 BauGB)
5. Erschließungsrecht (§§ 123 – 135 BauGB)

Landeskompetenz: Bauordnungsrecht (Baupolizeirecht im überlieferten Sinn).

5 Auf der Grundlage dieses Gutachtens des BVerfG ist das **Bundesbaugesetz** vom 23.6.1960 (BGBl. I, 341) ergangen, das durch Gesetz vom 18.8.1976 (BGBl. I, 2221) mit Wirkung vom 1.1.1977 erheblich geändert worden ist (Bekanntmachung der Neufassung BGBl. I, 2257); eine weitere Änderung erfolgte durch die BBauG-Novelle vom 6.7.1979 (BGBl. I, 949). Ergänzend hierzu wurde ferner das **Städtebauförderungsgesetz** vom 27.7.1971 (BGBl. I, 1225) erlassen. BauGB und StBauFG wurden durch das **Baugesetzbuch (BauGB)** vom 8.12.1986 (BGBl. I, 2253) zu einem einheitlichen Gesetz zusammengefasst, wobei gleichzeitig auch beträchtliche inhaltliche Änderungen erfolgten (s. dazu Löhr NVwZ 1987, 361; Krautzberger NVwZ 1987, 449; Dürr VBlBW 1987, 201).

Das BauGB wurde ergänzt durch die **BauNVO** vom 26.6.1962 (BGBl. I, 429), geändert durch die Novellen vom 26.11.1968 (BGBl. I, 1237), 15.9.1977 (BGBl. I, 1763), 19.12.1986 (BGBl. I, 2665) und vom 23.1.1990 (BGBl. I, 132 – s. dazu Lenz, Heintz und Fickert BauR 1990, 157, 166, 263; Stock NVwZ 1990, 518). Die BauNVO hat vor allem Bedeutung für die Aufstellung von Bebauungsplänen und die Zulässigkeit von Bauvorhaben (s. dazu unten Rdnr. 81 ff.).

1990 wurde zur Förderung des in den 80er Jahren vernachlässigten Wohnungsbaus das **BauGB-MaßnG** (s. dazu Moench NVwZ 1990, 918) erlassen, das 1993 geändert wurde (s. dazu Krautzberger/Runkel DVBl 1993, 453). Die Sonderregelungen des BauGB-MaßnG wurden durch das BauROG 1998 teilweise in das BauGB integriert, teilweise aber auch aufgegeben. Seit 1.1.1998 ist das gesamte Bauplanungsrecht wieder im BauGB enthalten.

Am 30.04.2004 wurde das Europarechtanpassungsgesetz Bau – **EAG-Bau** – erlassen (s. dazu Battis/Krautzberger/Löhr NJW 2004,2553; Krautzberger/Stüer, DVBl 2004, 781; Upmeier BauR 2004, 1382). Dieses Gesetz dient vor allem der Einführung der sog. **Plan-UP-Richtlinie der EU** in das BauGB (BT-Drucks. 15/2250 S. 1) und hat die Notwendigkeit einer Umweltprüfung bei den meisten Bebauungsplänen zur Folge.

Zur Ausführung der Gesetzgebungskompetenz der Länder ist zunächst 1959 von einer Bund-Länder-Kommission die sog. **Musterbauordnung** entworfen worden (Schriftenreihe des Bundesministeriums für Wohnungsbau, Bd. 16), auf der die danach von den Ländern erlassenen Bauordnungen beruhten.

4. Baurecht in Thüringen

5a Die unterschiedliche Entwicklung der Verfassung von Staat und Gesellschaft in der Bundesrepublik Deutschland und in der ehemaligen Deutschen Demokratischen Republik hat sich naturgemäß auch auf das Baurecht ausgewirkt. Während das Baurecht der Bundesrepublik maßgeblich durch die grundrechtlich geschützte Baufreiheit und die verfassungsrechtliche Garantie der kommunalen Selbstverwaltung geprägt wurde, war das **Baurecht in der DDR** in eine zentralistische Organisation der Verwaltung und in ein planwirtschaftliches System eingebettet. So flossen in die baurechtlichen Regelungen Elemente der Wirtschaftsplanung mit ein (vgl. Brenner, Baurecht in der DDR, Archiv für Kommunalwissenschaft 1990, 258 ff.) Eine dem bundesdeutschen System vergleichbare Unterscheidung von Bauplanungs- und Bauordnungsrecht gab es in der DDR nicht. Und auch einen effektiven verwaltungsgerichtlichen

Rechtsschutz gegen Planungsentscheidungen und Maßnahmen der Bauaufsichtsbehörden gab es bis zur Wende nicht.

Am 6.9.1950 wurde das Aufbaugesetz (GBl. DDR Nr. 104) beschlossen, das das Verfügungsrecht der Gesellschaft über Grund und Boden festlegte. Unmittelbar danach wurden vom Ministerrat die 16 Grundsätze des Städtebaus (Ministerialblatt Nr. 25 vom 15.9.1950) veröffentlicht. Am 2.10.1958 wurde die Anordnung Nr. 2 über verfahrensrechtliche und bautechnische Bestimmungen im Bauwesen – Deutsche Bauordnung – (GBl. DDR – Sonderdruck Nr. 287; zu deren Inhalt im einzelnen Brenner, a.a.O., S. 2612 ff.) erlassen; sie wurde in der Folgezeit mehrfach novelliert und ergänzt. Weiter sind zu nennen die Verordnung über Bevölkerungsbauwerke vom 8.11.1984 (GBL.DDR I, 433), die Verordnung über die Staatliche Bauaufsicht vom 1.10.1987 (GBl. DDR I, 249), die Anordnung über die Generalbebauungsplanung für Städte vom 11.2.1988 (GBl. DDR I, 64), die Zweite Verordnung über die Staatliche Bauaufsicht vom 20.10.1988 (GBl. DDR I, 263) und die Zweite Verordnung über Bevölkerungsbauwerke vom 13.7.1989 (GBl. DDR I, 191).

Auf der Grundlage des Vertrages über die Schaffung einer Währungs-, Wirtschafts- und Sozialunion vom 18.5.1990, in dem sich die DDR verpflichtet hatte, zur Planungs- und Investitionssicherheit für bauliche Vorhaben baldmöglichst Rechtsgrundlagen zu schaffen, die dem BauGB und dem Raumordnungsgesetz der Bundesrepublik entsprechen, und auf der verfassungsrechtlichen Grundlage des Gesetzes zur Änderung und Ergänzung der Verfassung der Deutschen Demokratischen Republik (VerfassungsgrundsätzeG) vom 17.6.1990 (GBl DDR I S. 299) wurden die Bauplanungs- und Zulassungsverordnung – **BauZVO** – vom 20.6.1990 (GBl. DDR I, 739), die wesentliche Regelungen des BauGB übernahm, und das Gesetz über die Inkraftsetzung des Raumordnungsgesetzes der Bundesrepublik Deutschland in der Deutschen Demokratischen Republik vom 5.7.1990 (GBl. DDR I, 627) erlassen. Das Bauordnungsrecht wurde durch das Gesetz über die Bauordnung – **BauO** – vom 20.7.1990 (GBl. DDR I, 929) geregelt, das sich an der Musterbauordnung für die Länder der Bundesrepublik Deutschland – MBO – (siehe dazu Schulte DVBl 2004, 925) orientierte. Damit waren schon vor der staatlichen Einigung wesentliche Teile des bis dahin geltenden Baurechts der DDR aufgehoben (vgl. im einzelnen Fickert, Festschrift für Gelzer, S. 15 ff.).

Seit der Vereinigung am 3.10.1990 gilt das Baugesetzbuch auch in den neuen Bundesländern, allerdings zunächst nach Maßgabe abgestufter Überleitungsvorschriften (§ 246a BauGB a.F.; vgl. dazu Fickert a.a.O.; Brenner a.a.O.; Bielenberg DVBl. 1990, 841; Krautzberger NVwZ 1991,238; Söfker ZfBR 1990, 266; Stüer DVBl 1992, 266). Seit Inkrafttreten des BauROG 1998 am 1.1.1998 gilt einheitliches Bauplanungsrecht in der Bundesrepublik Deutschland.

Nach dem Beitritt der DDR zur Bundesrepublik Deutschland am 3. Oktober 1990 galt im **5b** Beitrittsgebiet nach Art. 9 Abs. 1 S. 1 des Einigungsvertrages das noch von der Volkskammer der DDR beschlossene Gesetz über die Bauordnung (BauO) vom 20.7.1990 (GBl I 929) als Landesrecht fort. Auch das ältere Baurecht der DDR aus der Zeit vor der Wende hat insofern eine gewisse Bedeutung behalten, als Verwaltungsakte von Behörden der ehemaligen DDR, also insbesondere auch Baugenehmigungen, nach Art. 19 Satz 1 des Einigungsvertrages grundsätzlich – mit der Möglichkeit der Aufhebung unter den Voraussetzungen des Art. 19 Satz 2 – mit den intendierten Rechtswirkungen fortbestehen (OVG Weimar ThürVBl. 1994, 265).

Durch das Thüringer Gesetz zur Änderung des Gesetzes über die Bauordnung und des Architektengesetzes vom 27.5.1994 (GVBl S. 521) und die Neubekanntmachung der **Thüringer Bauordnung (ThürBO) vom 3.6.1994** (GVBl S. 553) hat das Bauordnungsrecht eine eigenständige landesrechtliche Regelung für Thüringen erhalten. Die ThürBO 1994 orientierte sich im wesentlichen an der Neufassung der Musterbauordnung vom Dezember 1993.

Die seit 1990 anhaltenden Bemühungen um Vereinfachung des materiellen Bauordnungsrechts und um Beschleunigung bauordnungsrechtlicher Verfahren haben zu unterschiedlichen Entwicklungen im Bauordnungsrecht der Länder geführt (vgl. dazu Schulte DVBl 2004,925; Jäde ThürVBl 2004, 197). Eine Vereinheitlichung war das wesentliche Anliegen der Neufassung der Musterbauordnung – **MBO** – 2002 (Jäde, Musterbauordnung 2002: ders., NVwZ 2003, 668). Die **ThürBO 2004** (Erstes Gesetz zur Änderung der Thüringer Bauordnung vom 10.2.2004, GVBl. S. 76; Neubekanntmachung der Thüringer Bauordnung vom 16.3.2004, GVBl. S. 349) dient zum einen der Umsetzung der MBO 2002 in Thüringer Landesrecht. Daneben sind Regelungsziele der ThürBO 2004 vor allem eine weitere Reduzierung und Vereinfachung materieller Anforderungen, insbesondere für den Wohnungsbau, und eine klarere Strukturierung des Verfahrensrechts mit weiterem Verzicht auf Prüfungen (s. LT-Drucks. 3/3287; Jäde/Dirnberger/Michel, Begründung zum Ersten Gesetz zur Änderung der Thüringer Bauordnung und Textsynopse).

5. Abgrenzung Bauplanungsrecht – Bauordnungsrecht

6 Die theoretische Abgrenzung beider Rechtsgebiete ist einfach. Nach der prägnanten Formulierung von Gelzer/Birk (Rdnr. 7) beschäftigt sich das **Bauplanungsrecht** mit dem Einfügen der Bauvorhaben in die Umgebung, das **Bauordnungsrecht** stellt Anforderungen in gestalterischer und baukonstruktiver Hinsicht und regelt das Genehmigungsverfahren. Das Bauplanungsrecht stellt eine Konkretisierung der **Sozialbindung des Eigentums** nach Art. 14 Abs. 1 Satz 2 GG dar; die Baufreiheit wird zum Wohl der Gesamtheit in einem dem Einzelnen zumutbaren Umfang eingeschränkt (BVerwGE 101, 364 = NVwZ 1997, 384). Das Bauordnungsrecht dient demgegenüber der Gefahrenabwehr, wie schon die frühere Bezeichnung »Baupolizeirecht« zeigt.

7 Die theoretisch klare Abgrenzung zwischen Bauplanungsrecht und Bauordnungsrecht ist aber praktisch nicht immer durchführbar. Gewisse Überschneidungen sind unvermeidbar (vgl. hierzu Weyreuther BauR 1972, 1; Ziegler ZfBR 1980, 275). So ist z.B. die Frage des Abstands zwischen den Gebäuden sowohl einer bauplanungsrechtlichen Regelung durch Festsetzung der offenen Bauweise nach § 22 Abs. 1 u. 2 BauNVO sowie seitlicher Baugrenzen nach § 23 BauNVO als auch einer bauordnungsrechtlichen Regelung zur Sicherung der Belichtung und Belüftung der Gebäude sowie der Brandbekämpfung (§ 6 ThürBO) zugänglich (BVerwG DÖV 1991, 111; NVwZ 1990, 361; BauR 1993, 304; Fley BauR 1995, 303).

Das gleiche gilt für die Zulässigkeit von großflächigen Werbetafeln. Diese sind bauplanungsrechtlich in Wohngebieten unzulässig, weil sie dem Gebietscharakter widersprechen (BVerwGE 40, 94); dasselbe ergibt sich aber auch aus § 13 Abs. 4 ThürBO. Die Verunstaltung spielt nicht nur bei § 12 ThürBO eine Rolle, sie wird auch in § 35 Abs. 3 BauGB erwähnt.

Auch die Eingriffskompetenzen überschneiden sich. So kann z.B. die Reparatur einer schadhaften Treppe oder eines unzureichenden Balkongeländers einerseits nach § 177 BauGB, andererseits nach § 60 Abs. 2 ThürBO angeordnet werden; der Abbruch eines Gebäudes kann auf § 179 BauGB oder § 77 ThürBO gestützt werden.

Derartige Kompetenzüberschneidungen sind verfassungsrechtlich unbedenklich, sofern sie auf Grenzbereiche beschränkt bleiben. Für die baurechtliche Praxis kann daher davon ausgegangen werden, dass gegen die Regelungen des BauGB und der ThürBO keine Bedenken hinsichtlich der jeweiligen Gesetzgebungskompetenz bestehen.

II. Bauplanungsrecht

A. Bauleitplanung

1. Allgemeines

a) Funktion der Bauleitplanung

Die **Bauleitplanung** ist das Kernstück des modernen Städtebaurechts (so Schmidt-Aßmann **8** BauR 1978, 99; ähnlich auch Battis/Krautzberger/Löhr § 1 Rdnr. 1). Die Aufgabe der Bauleitpläne ist in § 1 Abs. 5 BauGB festgelegt: sie sollen eine nachhaltige städtebauliche Entwicklung und eine dem Wohl der Allgemeinheit entsprechende sozialgerechte Bodennutzung gewährleisten und dazu beitragen, eine menschenwürdige Umwelt zu sichern. Hoppe/Grotefels (2. Aufl. § 5 Rdnr. 8) bezeichnen diese Regelung zu Recht als »Präambel« der Bauleitplanung.

Das BauGB geht vom **Grundsatz der Planmäßigkeit** aus (BVerwG NVwZ 2004, 220; Brügelmann/Gierke § 1 Rdnr. 60). Dieses bedeutet, dass eine bauliche Nutzung bisher unbebauter Grundstücke nicht dem Zufall oder dem Willen des jeweiligen Grundstückseigentümers überlassen werden soll, sondern zuvor eine sinnvolle Planung erfolgen soll, bei der alle Bedürfnisse der Allgemeinheit, insbesondere das Interesse an ruhigen Wohngebieten einerseits, Gewerbegebieten und Verkehrsanlagen andererseits, sowie Sondergebieten wie Erholungsgebiete, Sportanlagen und Einkaufszentren berücksichtigt werden. Diese Aufgabe hat die Bauleitplanung zu bewältigen.

Die Bauleitplanung obliegt nach §§ 1 Abs. 3, 2 Abs. 1 BauGB den Gemeinden. Diese haben – jedenfalls dem Grundsatz nach – für ihr Gebiet eine umfassende Überplanung vorzunehmen, wobei nicht nur die spezifischen Belange einer baulichen Nutzung zu berücksichtigen sind, sondern alle öffentlichen und privaten Belange erfasst und planerisch bewältigt werden müssen. Es ist freilich nicht zu verkennen, dass zahlreiche Gemeinden dieser Planungspflicht nicht in dem gebotenen Umfang nachkommen, sondern Bebauungspläne nur dort aufstellen, wo neue Baugebiete geschaffen werden; im übrigen erfolgt die städtebauliche Ordnung durch eine Heranziehung des § 34 BauGB.

Nach **§ 1 Abs. 1 BauGB** ist es Aufgabe der Bauleitpläne, die bauliche und sonstige Nutzung der Grundstücke in der Gemeinde vorzubereiten und zu leiten.

Bsp. (BVerwG NVwZ 1996, 888): Ein Bebauungsplan ist nichtig, wenn er eine »städtebauliche Unordnung« schafft, indem inmitten eines neuen Baugebiets eine 150 m x 25 m große Wiese nicht in die Planung einbezogen wird, weil der Eigentümer nicht verkaufsbereit ist.

Dabei müssen die Bauleitpläne nach der Rechtsprechung des BVerwG (E 45, 309 = NJW 1975, 70) in **objektiver Beziehung zur städtebaulichen Ordnung** stehen, auf die subjektiven Vorstellungen des Gemeinderats bei der Aufstellung des Bebauungsplans kommt es nicht an. Ein Bebauungsplan verstößt gegen § 1 Abs. 1 BauGB, wenn er bei objektiver Betrachtungsweise nicht städtebaulichen, sondern sonstigen Belangen dient, etwa den privaten Interessen einzelner (BVerwG NVwZ-RR 1994, 490; VGH Mannheim NVwZ-RR 2002, 630), der Legalisierung rechtswidriger Bauwerke (OVG Koblenz NVwZ 1986, 939) oder nur die Verhinderung von Maßnahmen überörtlicher Planungsträger zum Ziel hat (Müller JuS 1975, 228). Unbedenklich ist es dagegen, wenn private Bauwünsche den Anstoß zu einem städtebaulich sinnvollen Bebauungsplan geben (BVerwG NVwZ-RR 1994,490; VGH Mannheim NVwZ 1996, 271).

Das BauGB sieht ein **zweistufiges Planungsverfahren** vor. Die Gemeinde erstellt zunächst **9** für das gesamte Gemeindegebiet den Flächennutzungsplan als vorbereitenden Bauleitplan und anschließend zur näheren Ausgestaltung des Flächennutzungsplans die Bebauungspläne für die einzelnen Baugebiete (§ 1 Abs. 2 BauGB). Durch diese Zweistufigkeit soll gewährleistet werden, dass die Gemeinde sich zunächst Gedanken machen muss über die grundsätzliche Nutzung des Gemeindegebiets und die räumliche Zuordnung der verschiedenen Nutzungsarten (z.B. Wohngebiete, Gewerbegebiete, Sportanlagen, Verkehrswege), ehe sie für einen bestimmten Bereich eine Detailplanung betreibt. Nach der Terminologie des § 1 Abs. 2 BauGB gibt es nur einen Bebauungsplan, der sich in eine Vielzahl von Teilbebauungspläne unterteilt. In der Praxis wird freilich jeder dieser Teilbebauungspläne selbst als Bebauungsplan bezeichnet.

Die Bauleitpläne stellen freilich nicht die einzige Planungsentscheidung dar, die für die Ausgestaltung der Nutzung des Gebiets einer Gemeinde bedeutsam ist. Hinzu kommen Planungsentscheidungen nach den sog. **Fachplanungsgesetzen** (s. dazu Steinberg/Berg/Wickel, Fachplanung). Für die **Fachplanung** ist allerdings nicht die Gemeinde, sondern sind staatliche Behörden zuständig. Die Fachplanung bezieht sich aber jeweils nur auf eine bestimmte staatliche Aufgabe (z.B. Straßenbau, Abfallentsorgung) und soll nur diese Aufgabe lösen. Demgegenüber stellt die Bauleitplanung eine Gesamtplanung dar, die die Nutzung des Gemeindegebiets unter allen in Betracht kommenden Gesichtspunkten regeln soll.

Praktisch bedeutsam ist vor allem die Straßenplanung nach § 17 FStrG bzw. §§ 35 ff. ThürStrG, die Festsetzung von Natur- und Landschaftsschutzgebieten nach §§ 11 ff. ThürNatG sowie von Wasserschutzgebieten nach § 19 WHG; in Betracht kommen ferner die Planung von Bahnanlagen (§ 18 AEG), Flugplätzen (§§ 6, 8 LuftVG) und Abfalldeponien (§ 31 KrWAbfG) sowie die Anlage und der Ausbau von Gewässern (§ 31 WHG). Alle diese Fachplanungen wirken sich auf die kommunale Bauleitplanung aus und müssen daher mit ihr abgestimmt werden. Daher sieht § 4 BauGB eine Beteiligung aller Fachplanungsträger im Verfahren zur Aufstellung eines Bauleitplans vor; bestehende fachplanerische Entscheidungen sollen nach § 5 Abs. 4 bzw. § 9 Abs. 6 BauGB nachrichtlich in den Flächennutzungsplan bzw. den Bebauungsplan aufgenommen werden. Der Träger einer Fachplanung ist nach § 7 BauGB an die Darstellungen des Flächennutzungsplans gebunden, soweit er ihnen nicht widersprochen hat (VGH Mannheim NVwZ 1992, 995; VBlBW 1995, 483). Der Widerspruch kann aber auch noch nachträglich erfolgen, sofern die Sachlage sich nach Inkrafttreten des Flächennutzungsplans geändert hat (BVerwG NVwZ 2001, 1035 – neue Biotop-Kartierung). Ein Widerspruch ist allerdings entbehrlich, wenn die Gemeinde selbst gar nicht mehr am Flächennutzungsplan festhält (VGH Mannheim NVwZ-RR 1996, 17; VGH München NVwZ-RR 2002, 117).

Bsp. (VGH Mannheim NVwZ-RR 1996, 17): Die Naturschutzbehörde setzt auf Antrag der Gemeinde einen aufgelassenen Steinbruch mit seltener Fauna und Flora als Naturschutzgebiet fest, obwohl er im Flächennutzungsplan als Gewerbefläche dargestellt ist und die Gemeinde ein Verfahren zur Änderung des Flächennutzungsplans zwar eingeleitet, aber noch nicht förmlich abgeschlossen hat.

Außerdem muss der Fachplanungsträger bei seinen Planungen die städtebaulichen Belange der Gemeinde, insbesondere die Auswirkungen des Vorhabens auf die vorhandenen Baugebiete, berücksichtigen. Damit dieses geschieht, steht der Gemeinde unabhängig von den jeweiligen fachplanerischen Vorschriften ein sich aus Art. 28 Abs. 2 GG ergebender Anspruch auf Anhörung vor dem Erlass einer fachplanerischen Entscheidung zu (BVerfGE 56, 298 = NJW 1981, 1659; NVwZ 1982, 367; Steinberg DVBl 1982, 13).

b) Planungshoheit der Gemeinde

10 Die Bauleitplanung ist nach § 1 Abs. 3 BauGB die **Aufgabe der Gemeinden**. Diese Regelung trägt der Planungshoheit der Gemeinde Rechnung (s. dazu Gern Deutsches Kommunalrecht Rdnr. 170 ff.; Hoppe/Bönker/Grotefels § 2 Rdnr. 26 ff.). Denn die Frage, ob die Gemeinde in einem bestimmten Bereich die Gewerbeansiedlung fördern, Wohngebäude schaffen oder für Erholungs- und Freizeiträume sorgen will, ist eine primär politische Entscheidung, die ausschließlich der Gemeinderat zu fällen und zu verantworten hat.

Ob die Planungshoheit zum Kernbereich der durch **Art. 28 GG** gewährleisteten Selbstverwaltung der Gemeinde zählt, der auch vom Gesetzgeber nicht angetastet werden kann, hat das BVerfG bisher offengelassen (BVerfGE 76, 107 = NVwZ 1988, 47; BVerfGE 56, 298 = NJW 1981, 659). Das BVerfG hat jedoch klargestellt, dass die Planungshoheit der Gemeinde nur wegen überörtlicher Belange eingeschränkt werden kann, wenn also die Interessen des örtlichen Raums zurückstehen müssen hinter den Belangen eines größeren Bereichs (BVerfGE 79,127 = NVwZ 1989, 347; eb. BVerwG NVwZ 1993, 167; NVwZ 2004, 220).

Bsp. a) (BVerfGE 76, 107): Die Stadt Wilhelmshaven muss es hinnehmen, dass ca. ein Drittel ihrer Gemarkung durch ein Landesgesetz als Gebiet für die Ansiedlung von Großindustrie mit Anschluss an ein seeschifffahrtstiefes Fahrwasser vorgesehen wird, weil sie über den einzigen dafür geeigneten Hafen verfügt.
b) (BVerfGE 56, 298): Die Anlage eines Militärflugplatzes ist auch dann zulässig, wenn dadurch die bauliche Nutzung des Gemeindegebiets eingeschränkt wird.
c) (BVerwGE 74, 124 = NJW 1986, 2447): Die Anlage eines Truppenübungsplatzes der Bundeswehr kann eine zulässige Einschränkung der Planungshoheit der Gemeinde darstellen.

Die Gemeinden können sich nach § 205 BauGB zu einem **Planungsverband** zusam- **11** menschließen, der anstelle der Gemeinden die Bauleitpläne aufstellt; die Planungshoheit geht also auf den Planungsverband über (Ernst / Zinkahn / Bielenberg § 205 Rdnr. 9; Brügelmann / Grauvogel § 205 Rdnr. 22; Schmidt-Eichstaedt NVwZ 1997, 846). Ein gemeinsamer Bebauungsplan zweier Gemeinden setzt die Bildung eines Planungsverbandes oder eines sonstigen gesetzlich zugelassenen Zusammenschlusses der Gemeinden voraus (OVG Weimar Urt. v. 21.8.2001 – 1 KO 1240/97 –). Nach § 205 Abs. 2 BauGB kann ein Planungsverband auch zwangsweise geschaffen werden, wenn dieses zum Wohle der Allgemeinheit dringend geboten ist (OVG Lüneburg BRS 28 Nr. 16).

Ein solcher Planungsverband ist insbesondere bei Planungsmaßnahmen sinnvoll, die über das Gebiet einer Gemeinde hinausgehen. Freilich kann die erforderliche Koordination auch durch eine interkommunale Abstimmung bei der Aufstellung verfahrensmäßig getrennter, aber inhaltlich übereinstimmender Bebauungspläne erfolgen.

Bsp. (VGH Mannheim VBlBW 1983, 106): Durch zwei Bebauungspläne benachbarter Gemeinden wird eine Teststrecke für die Fa. Daimler-Benz geplant. Der VGH Mannheim hielt die Bildung eines Planungsverbands nicht für notwendig.

Auch die Bildung eines Zweckverbands nach landesrechtlichen Vorschriften (§§ 16 ff. ThürKGG) kommt als Alternative in Betracht (§ 205 Abs. 6 BauGB).

Von der Bildung von Planungsverbänden, die auf die Aufgaben der Bauleitplanung und ihrer **12** Durchführung im Sinne von § 205 Abs. 1 und 4 BauGB beschränkt sind, ist die Übertragung von Aufgaben, die den Gemeinden nach dem BauGB obliegen, auf Zusammenschlüsse von Gemeinden durch Landesgesetz zu unterscheiden (§ 203 Abs. 2 BauGB). Nach **§ 47 Abs. 2** der Thüringer Kommunalordnung – **ThürKO** – in der Fassung der Bekanntmachung vom 28.1.2003 (GVBl S. 41) bleiben die Mitgliedsgemeinden einer Verwaltungsgemeinschaft für die Aufgaben des eigenen Wirkungskreises zuständig, also auch für die Bauleitplanung, während nach alter Fassung Aufstellung, Änderung und Ergänzung des Flächennutzungsplanes von der Verwaltungsgemeinschaft im Einvernehmen mit den Mitgliedsgemeinden wahrgenommen wurden. Nunmehr obliegt der Verwaltungsgemeinschaft lediglich die verwaltungsmäßige Vorbereitung und der verwaltungsmäßige Vollzug der Beschlüsse der Mitgliedsgemeinden sowie die Besorgung der laufenden Verwaltungsangelegenheiten (§ 47 Abs. 2 S. 2–4 ThürKO; vgl. dazu OVG Weimar ThürVBl 2004, 164). Der Gemeinderat der Mitgliedsgemeinde beschließt danach über Aufstellung, Änderung und Aufhebung von Flächennutzungsplänen und Bebauungsplänen.

Die Mitgliedsgemeinden können allerdings einzeln oder gemeinsam durch Zweckvereinbarung Aufgaben des eigenen Wirkungskreises, also auch Aufgaben nach dem BauGB, auf die Verwaltungsgemeinschaft übertragen (§ 47 Abs. 3 ThürKO).

2. Erforderlichkeit der Bauleitplanung

13 Staatliche oder kommunale Planungen werden nicht um ihrer selbst willen vorgenommen, sondern zur Verfolgung bestimmter öffentlicher Aufgaben, die nicht isoliert wahrgenommen werden können, weil sie der Koordinierung mit anderen öffentlichen Belangen oder privaten Interessen bedürfen; insoweit gilt für die Bauleitplanung nichts anderes als für die verschiedenen Fachplanungen (BVerwG NVwZ 1989, 664; OVG Berlin BauR 2000, 1295). Für alle Planungsentscheidungen ist ein **dreistufiges Prüfungsschema** üblich; es ist zu prüfen, ob
1. das Planungsvorhaben erforderlich ist,
2. gesetzliche Planungsleitsätze (Planungsschranken) beachtet worden sind,
3. das Abwägungsgebot beachtet worden ist.
Dieses Prüfungsschema bietet sich auch für die Bauleitplanung an.

14 Nach § 1 Abs. 3 BauGB haben die Gemeinden die Bauleitpläne aufzustellen, sobald und soweit es für die städtebauliche Entwicklung und Ordnung erforderlich ist (s. dazu Weyreuther DVBl 1981, 369; Brügelmann/Gierke § 1 Rdnr. 148 ff.). Daraus folgt zunächst, dass das Aufstellen der Bauleitpläne nicht in das Ermessen der Gemeinde gestellt ist, sondern eine Rechtspflicht darstellt, sobald das Tatbestandsmerkmal der Erforderlichkeit vorliegt (BVerwGE 34, 301; NVwZ 2004, 220).

Es handelt sich dabei nach der Terminologie des § 2 ThürKO um eine Pflichtaufgabe des eigenen Wirkungskreises, also um eine Angelegenheit der Selbstverwaltung der Gemeinde. Die **Erforderlichkeit** i.S.d. § 1 Abs. 3 BauGB ist ein unbestimmter Rechtsbegriff, der grundsätzlich voller gerichtlicher Kontrolle unterliegt (BVerwGE 34, 301). Dieser Grundsatz wird in der baurechtlichen Praxis freilich dadurch relativiert, dass in die Erforderlichkeit zahlreiche Prognosen über die zukünftige Entwicklung, etwa den Bedarf an Wohnungen, Gewerbeflächen, öffentlichen Einrichtungen oder Verkehrswegen einfließen und außerdem die Erforderlichkeit sich generell nach der planerischen Konzeption des Gemeinderats über die zukünftige Entwicklung der Gemeinde bestimmt (BVerwG NJW 1995, 2572; NVwZ 1999, 1338; NVwZ 2004, 220; OVG Weimar ThürVBl 2004, 261).

15 Die **planerische Konzeption** der Gemeinde als solche ist nicht überprüfbar (BVerfG NVwZ 2003, 71); insbesondere muss die Gemeinde ihr städtebauliches Konzept nicht mit einer »Bedarfsanalyse« oder einem akuten Bedürfnis für neues Baugelände rechtfertigen (OVG Weimar Urt. v. 19.3.2003–1 N 1047/98 –; VGH Mannheim NVwZ-RR 2001, 716). Die planerische Konzeption muss sich allerdings im Rahmen des nach der vorgegebenen Situation (Lage und bisherige Funktion der Gemeinde) Vertretbaren halten. Sofern dieses der Fall ist, kommt eine **verwaltungsgerichtliche Kontrolle**, ob der Gemeinderat mit seiner Planungskonzeption für die zukünftige Entwicklung des Ortes die optimale Lösung gefunden hat, nicht in Betracht (BVerwG E 34, 301; E 92, 8 = NVwZ 1993, 1102).

16 Die Erforderlichkeit eines Bauleitplans ist nicht nur dann gegeben, wenn öffentliche Belange ohne den Bauleitplan einen größeren Schaden erleiden würden.

Bsp. (VGH Mannheim VBlBW 1993,428): Die Stadt Konstanz weist eine Fläche am Ortsrand als landwirtschaftliche Nutzfläche aus, um ein sich anschließendes Ried zu schützen (s. dazu VGH Mannheim VBlBW 1997, 137).

Es reicht vielmehr aus, wenn es vernünftigerweise geboten ist, die bauliche Entwicklung durch die vorherige Planung zu ordnen (BVerwG E 92, 8 = NVwZ 1993, 1102; NVwZ 1999, 1338; NVwZ-RR 1994, 490; VGH Mannheim NVwZ-RR 2002, 638).

Da das BauGB von dem Grundsatz ausgeht, dass eine Bebauung nur aufgrund vorheriger Planung erfolgen soll (Grundsatz der Planmäßigkeit), ist eine Bauleitplanung zunächst dann nicht erforderlich, wenn sie auf keiner planerischen Konzeption beruht und deshalb überflüssig ist.

Bsp. (BVerwGE 40, 258): Die Gemeinde weist ein im Außenbereich gelegenes Gelände als landwirtschaftliches Gebiet aus, um sicherzustellen, dass die Gewinnung der dort vorkommenden Braunkohle nicht durch eine Bebauung erschwert wird. Der Bebauungsplan ist überflüssig, weil im Außenbereich auch ohne Bebauungsplan eine landwirtschaftliche Nutzung nach § 35 Abs. 1 Nr. 1 BauGB zulässig und eine Bebauung mit sonstigen Gebäuden unzulässig ist, sodass sich an der bauplanungsrechtlichen Situation durch den Bebauungsplan nichts ändert.

Bebauungspläne sind ferner nicht erforderlich, wenn sie nur dazu dienen, den begünstigten Grundstückseigentümern den Verkauf von Baugelände zu ermöglichen, obwohl die Gemeinde in diesem Bereich keine Bebauung wünscht (VGH Mannheim ESVGH 16, 21), eine sonst unzulässige und städtebaulich verfehlte Bebauung ermöglicht werden soll – sog. **Gefälligkeitsplanung** – (vgl. BVerwG BauR 1997, 263; NVwZ 1999, 1338; VGH Mannheim NVwZ-RR 1997, 684; NVwZ 1996, 271) oder wenn lediglich eine bauliche Fehlentwicklung im Interesse der Grundstückseigentümer »legalisiert« werden soll (OVG Koblenz BauR 1986, 412; VGH Kassel BRS 50 Nr. 7).

Die Erforderlichkeit eines Bebauungsplans kann aber nicht stets schon deswegen in Zweifel **17** gezogen werden, weil seine Aufstellung auf **private Bauwünsche** zurückgeht. Es ist in der Praxis sogar beinah die Regel, dass die Gemeinden nicht sozusagen ins Blaue planen, sondern Bauinteressenten den Anstoß für eine Bauleitplanung geben. Dieses ist unbedenklich, wenn die Gemeinde mit dem Bebauungsplan nicht ausschließlich private Bauwünsche fördern, sondern die städtebauliche Ordnung fortentwickeln will (BVerwG NVwZ-RR 1994, 490; VGH Mannheim NVwZ 1996, 271; NVwZ-RR 1997, 684).

Bsp. a) (OVG Münster NVwZ 1999, 79): Eine Stadt im Ruhrgebiet stellt auf Anregung eines Kaufhauskonzerns auf dem Gelände einer ehemaligen Kohlenzeche einen Bebauungsplan für ein Sondergebiet »Warenhaus« nach § 11 Abs. 3 BauNVO mit 16.000 m² Verkaufsfläche auf.
b) (OVG Weimar ThürVBl 2004, 261): Die Planung eines Sondergebiets für Windkraftanlagen ist auf das Vorhaben eines Betreibers »zugeschnitten«.

Nicht erforderlich ist ein Bebauungsplan ferner dann, wenn seine Festsetzungen sich aus tatsächlichen oder rechtlichen Gründen nicht verwirklichen lassen (BVerwG NVwZ 1999, 1338); hierzu zählen auch unüberwindbare finanzielle Hindernisse (BVerwG NVwZ 2002, 1509).
Das Tatbestandsmerkmal der Erforderlichkeit gilt nicht nur für den Anlass, sondern auch für **18** den Inhalt des Bebauungsplans, und zwar für jede Festsetzung (BVerwG E 120, 239 = NVwZ 2004, 856; OVG Weimar ThürVBl 2004, 261).
Auch wenn die Aufstellung eines Bebauungsplans nach § 1 Abs. 3 BauGB erforderlich ist, **19** kann nur die **Rechtsaufsichtsbehörde** nach §§ 116 ff. ThürKO die Gemeinde zur Aufstellung eines Bebauungsplans zwingen (BVerwG NVwZ 2004, 220; VGH Mannheim ESVGH 14, 197). Den an einer Bebauung ihrer Grundstücke interessierten Grundstückseigentümern steht dagegen nach § 2 Abs. 3 BauGB **kein Anspruch auf** Aufstellung eines **Bebauungsplans** zu und ebenso wenig auf Änderung eines bestehenden Bebauungsplans; dieser Grundsatz gilt ausnahmslos (BVerwG NJW 1977, 1979; NVwZ 1983, 92; BauR 1997, 263). Ebenso wenig gibt es einen Anspruch auf Fortführung einer begonnenen Bauleitplanung (BVerwG BauR 1997, 263) oder auf Fortbestand der bestehenden Bauleitplanung (BVerwG DVBl 1969, 213; VGH Mannheim BauR 1973, 173). Die Gemeinde kann unter denselben Voraussetzungen, unter denen ein Bebauungsplan aufgestellt wird, auch einen bestehenden Bebauungsplan ändern. Wenn dadurch die bauliche Nutzung von Grundstücken im Bebauungsplangebiet

eingeschränkt oder aufgehoben wird, entstehen allerdings Entschädigungsansprüche nach § 42 BauGB (hierzu Breuer DÖV 1978, 189; Birk NVwZ 1984, 1).

20 Schließlich erkennt die Rechtsprechung auch keinen **Plangewährleistungsanspruch** an, d.h. einen Anspruch auf Schaffung des durch den Bebauungsplan vorgesehenen Zustands (BVerwG BRS 22 Nr. 185; Brohm § 8 Rdnr. 15 und 18; s. auch Thiele DÖV 1980, 109).

Bsp. (VGH Mannheim BRS 25 Nr. 1): Wenn der Bebauungsplan eine öffentliche Grünfläche ausweist, besteht weder ein Anspruch der Bewohner des Plangebiets auf Schaffung der Grünfläche noch auf ein Einschreiten der Baurechtsbehörde gegen eine Zweckentfremdung der Grünfläche als Abstellplatz für Kraftfahrzeuge.

3. Gesetzliche Schranken der Bauleitplanung

a) Allgemeines

21 Die Gemeinde kann sich bei der Aufstellung der Bauleitpläne nicht auf »planerisch freiem Feld« betätigen, sondern unterliegt vielfältigen tatsächlichen und rechtlichen Bindungen. Das BVerwG (E 45, 309) spricht daher zu Recht davon, dass häufig mehr Bindung als Freiheit besteht. Dabei ist zu unterscheiden zwischen zwingenden gesetzlichen Anforderungen, die der Planungsent-scheidung zugrunde zu legen sind (z.B.: die Ziele der Landesplanung, § 1 Abs. 4 BauGB; bei der Frage, ob eine Bindung der Bauleitplanung vorliegt, ist sorgfältig zu unterscheiden, ob ein gesetzliches Verbot oder ein präventives Genehmigungserfordernis schon der Bauleitplanung oder erst dem durch die Planung ermöglichten Vorhaben entgegensteht, vgl. dazu BVerwG NVwZ-RR 1998, 162), und sog. **Optimierungsgeboten**, bei denen nur eine möglichst optimale Lösung anzustreben ist (BVerwG NVwZ 1991, 69; NVwZ 1997, 165; Hoppe DVBl 1992, 854; Bartlsperger DVBl 1996, 1; z.B. die Trennung von Wohngebieten und immissionsträchtigen Anlagen gemäß § 50 BImSchG, der sparsame Umgang mit Grund und Boden gemäß § 1a Abs. 2 BauGB sowie den Naturgütern gemäß § 2 Abs. 1 Nr. 2 BNatSchG oder der Schutz der Gewässer gemäß § 1a WHG).

Während die zwingenden gesetzlichen Schranken sozusagen vor die Klammer zu ziehen sind, also außerhalb der Abwägung stehen, muss bei Optimierungsgeboten gerade im Wege der Abwägung eine dem gesetzlichen Auftrag entsprechende Lösung gefunden werden. Optimierungsgebote können also anders als gesetzliche Schranken der Abwägung auch im Wege der Abwägung überwunden werden, d.h. hinter anderen öffentlichen Belangen zurückgestellt werden (BVerwG E 71, 163).

b) Ziele der Raumordnung und Landesplanung (§ 1 Abs. 4 BauGB)

22 Nach § 1 Abs. 4 BauGB sind die Bauleitpläne den Zielen der Raumordnung und Landesplanung anzupassen (s. dazu BVerwG E 90, 329 = NVwZ 1993, 167; NVwZ 2004, 220; OVG Weimar ThürVBl 2004, 261; VGH Kassel BRS 50 Nr. 7; Brohm § 12 Rdnr. 7 ff.; Spannowsky DÖV 1997, 757; Stich BauR 1999, 957). Die Ziele und Grundsätze der Raumordnung werden gemäß § 8 ThürLPlG im **Landesentwicklungsplan** und in Regionalplänen festgelegt. Der Landesentwicklungsplan enthält insbesondere Festlegungen zu Raumkategorien, Grundzügen der Siedlungsentwicklung und zentralen Orten, Achsen, Freiraumstruktur und überregional bedeutsamen Infrastrukturtrassen und -standorten (§ 9 ThürLPlG). Die **Regionalpläne** ent-halten insbesondere ergänzende Festlegungen zu den Grundzügen der Siedlungsentwicklung und zentralen Orten, dem Schutz der Entwicklung des Freiraums und regional bedeutsamen Infrastrukturtrassen und -standorten.

Die angeführten Pläne stellen Ziele der Raumordnung und Landesplanung dar (§ 4 Abs. 1 LPlanG). Auch soweit die Aussagen dieser Pläne als »Soll«-Vorschriften formuliert sind und eine Regel-Ausnahme-Struktur haben, können sie die Merkmale eines Ziels der Raumordnung erfüllen, wenn der Planungsträger neben den Regel- auch die Ausnahmevoraussetzungen mit hinreichender tatbestandlicher Bestimmtheit oder doch Bestimmbarkeit selbst festgelegt hat (BVerwG E 119, 54 = NVwZ 2004, 226; E 119, 25 = NVwZ 2004, 220; OVG Weimar Urt. v. 20.12.2004–1 N 1096/03 –). Die Gemeinde muss deshalb bei der Aufstellung von Bauleitplänen gemäß § 1 Abs. 4 BauGB von den Festsetzungen der Landesplanung ausgehen; diese sind als vorgegebene Beschränkung der Planungshoheit auch nicht Teil der Abwägung nach § 1 Abs. 7 BauGB (BVerwG E 90, 329 = NVwZ 1993, 167; NVwZ 2004, 220). Die Bindung an die Landesplanungen darf allerdings nicht so weit gehen, dass der Gemeinde kein eigener Planungsfreiraum mehr verbleibt (OVG Münster NVwZ 1993, 537). Eine Bindung der Gemeinde an die Landesplanung setzt ferner voraus, dass die Gemeinde bei der Festlegung der Ziele der Landesplanung beteiligt worden ist (BVerwGE 95, 123 = NVwZ 1995, 267). Das bedeutet zwar nicht, dass die Gemeinde ihre Zustimmung erteilt haben muss, sie muss aber zumindest gehört worden sein, sodass ihre planerischen Vorstellungen in die landesplanerische Entscheidung einfließen konnten.

Das EAG Bau 2004 hat den Gemeinden nunmehr ausdrücklich das Recht eingeräumt, sich im Rahmen des Gebots der interkommunalen Rücksichtnahme (unten Rdnr. 23) gegenüber Planungen von Nachbargemeinden auch auf die ihnen durch Ziele der Raumordnung zugewiesenen Funktionen sowie auf Auswirkungen auf ihre zentralen Versorgungsbereiche zu berufen (§ 2 Abs. 2 S. 2 BauGB). Das traditionell auf städtebauliche Belange bezogene Gebot der interkommunalen Rücksichtnahme wird damit auf raumordnerische Belange erweitert (Hoppe/Otting DVBl 2004, 1125; zur begrenzten Berücksichtigung von raumordnerischen Belangen nach alter Rechtslage vgl. OVG Weimar DÖV 2003, 636 = ThürVBl 2003, 158; ThürVGRspr 1998, 153 = LKV 1999, 194). Der objektivrechtlichen Pflicht zur Anpassung an die Ziele der Raumordnung steht danach ein wehrfähiges subjektives Recht der Gemeinden zur Seite: Die Gemeinden können die ihnen durch die Raumordnung zugewiesenen Funktionen auch gerichtlich geltend machen.

c) Interkommunale Rücksichtnahme (§ 2 Abs. 2 BauGB)

Die Gemeinden müssen bei der Aufstellung von Bauleitplänen auch die Planungen anderer **23** Planungsträger berücksichtigen, insbesondere die Planung benachbarter Gemeinden sowie überörtlicher Planungsträger (BVerwGE 117, 25 = NVwZ 2003, 86; OVG Weimar DÖV 2003, 636; Urt. v. 20.12.2004–1 N 1096/03 –; Uechtritz NVwZ 2003, 177). Das interkommunale Abstimmungsgebot stellt sich als eine besondere Ausprägung des Abwägungsgebots dar (BVerwG E 117, 25 = NVwZ 2003, 86). Nach § 2 Abs. 2 BauGB sollen die Bauleitpläne benachbarter Gemeinden aufeinander abgestimmt werden. Diese Vorschrift beinhaltet die **materielle Abstimmungspflicht** zwischen Gemeinden bei der Aufstellung von Bauleitplänen, d.h. die Verpflichtung, auf die Belange der Nachbargemeinde Rücksicht zu nehmen. Die **formelle Abstimmungspflicht**, d.h. die Anhörung der Nachbargemeinde bei der Aufstellung eines Bauleitplans, ist demgegenüber in § 4 BauGB geregelt. Das BVerwG (E 40, 323) begründet dies mit dem Hinweis auf § 7 BauGB. Wäre nämlich die Nachbargemeinde nicht beteiligte Behörde nach § 4 BauGB, dann wäre sie an den Flächennutzungsplan nicht gebunden; dieses Ergebnis kann nicht richtig sein. Wenn aber § 4 BauGB die formelle Abstimmungspflicht regelt, dann muss § 2 Abs. 2 BauGB sich auf die materielle Abstimmung beziehen. § 2 Abs. 2 BauGB geht § 1 Abs. 7 BauGB als lex specialis vor, soweit es um die Berücksichtigung der Belange der Nachbargemeinde geht.

Bsp. a) (BVerwGE 40, 323): Die Pflicht zur interkommunalen Rücksichtnahme ist verletzt, wenn eine Gemeinde unmittelbar an der Gemeindegrenze im Anschluss an die Bebauung auf der Nachbargemarkung ein neues Wohngebiet ausweist, obwohl dieses Wohngebiet von dem bebauten Gebiet der planenden

Gemeinde mehrere Kilometer entfernt liegt. Das BVerwG verlangt, dass vor der Aufstellung eines solchen Bebauungsplans mit der Nachbargemeinde eine Vereinbarung über die sog. Folgelasten (Schule, kulturelle und soziale Einrichtungen, Erschließungsanlagen) geschlossen wird, weil die Bewohner des neuen Baugebiets erfahrungsgemäß die Einrichtungen der Nachbargemeinde benutzen werden; nach der Realisierung des Projekts befindet sich die Nachbargemeinde aber in einer unzumutbaren Verhandlungsposition über einen eventuellen finanziellen Ausgleich.
b) (BVerwG NVwZ 1990, 464): Es verstößt gegen § 2 Abs. 2 BauGB, wenn die Gemeinde unmittelbar an der Grenze in der Nachbarschaft eines Wohngebiets der Nachbargemeinde einen Schlachthof plant (das gleiche gilt für eine Windkraftanlage – OVG Lüneburg NVwZ 2001, 452).

Die Pflicht zur interkommunalen Rücksichtnahme setzt nicht voraus, dass die Nachbargemeinde bereits ihre Planungsvorstellungen verwirklicht hat oder aber diese Planungsabsichten zumindest hinreichend konkretisiert worden sind oder gemeindliche Einrichtungen erheblich beeinträchtigt werden (BVerwG E 84, 209 = NVwZ 1990, 464; NVwZ 1995, 694; OVG Weimar DÖV 1997, 791). § 2 Abs. 2 BauGB schützt aber nicht allgemein vor Konkurrenz; das Abstimmungsgebot setzt vielmehr eine gleichsam grenzüberschreitende Planung voraus (OVG Weimar DÖV 2003, 636 – Fehlen schon entsprechender Darlegungen in einem Fall der Ausweisung eines allgemeinen Wohngebiets auf dem Gebiet der Nachbargemeinde).
Ein qualifizierter Abstimmungsbedarf mit den Nachbargemeinden besteht aber stets, wenn eine Gemeinde ein Sondergebiet für einen großflächigen Einzelhandelsbetrieb i.S.d. § 11 Abs. 3 BauNVO ausweisen will (BVerwG E 117, 25 = NVwZ 2003, 86). Es ist Sache der planenden Gemeinde, sich in geeigneter Weise Kenntnis über die konkreten Auswirkungen auf die benachbarten Gemeinden zu verschaffen, um so deren Belange mit dem nötigen Gewicht in ihre Abwägung einstellen zu können (OVG Weimar Urt. v. 20.12.2004–1 N 1096/03 –).
Nach § 2 Abs. 2 BauGB kann sich die Nachbargemeinde auch dagegen wehren, dass auf der Grundlage eines nicht abgestimmten Bauleitplans ein Einzelvorhaben zugelassen wird (BVerwGE 84, 209; OVG Weimar DÖV 1997, 791; ThürVGRspr 1998, 153 = ThürVBl 1998, 280 = LKV 1999, 194; B. v. 20.12.2004–1 EO 1077/04 –).
Das Gebot der interkommunalen Rücksichtnahme erstreckt sich nach der Neufassung durch das EAG Bau 2004 (§ 2 Abs. 2 S. 2 BauGB) über die traditionell angesprochenen städtebaulichen Belange hinaus auch auf die raumordnungsrechtlichen Belange der Nachbargemeinde (s. dazu Hoppe/Otting DVBl 2004, 1125 und oben Rdnr. 22). Einer Fehlentwicklung in den neuen Ländern seit der Wende, der Ansiedlung überdimensionierter Verbrauchermärkte auf der grünen Wiese bzw. auf dem Gebiet kleiner Nachbargemeinden in der Nähe größerer Städte, die sich als gravierende Belastung für die Sanierung und Revitalisierung vieler ostdeutscher Innenstädte erwiesen hat, konnten die Gerichte auf der Grundlage des bisher geltenden Rechts nur in engen Grenzen entgegenwirken (vgl. dazu OVG Weimar DÖV 1997, 791; 2003, 636; ThürVGRspr 1998, 153 = LKV 1999, 194; OVG Magdeburg LKV 1994, 220; Reidt LKV 1994, 93). Die Neuregelung stärkt den Rechtsschutz der Städte und Gemeinden und dürfte damit auch zu einer effektiveren Gewährleistung der Ziele der Raumordnung und Landesplanung beitragen.
Die Vereinbarkeit der Ausweisung eines Sondergebiets für einen großflächigen Einzelhandelsbetrieb mit den Zielen der Raumordnung entbindet die planende Gemeinde grundsätzlich nicht von der nach § 2 Abs. 2 BauGB gebotenen interkommunalen Abstimmung (OVG Weimar Urt. v. 20.12.2004–1 N 1096/03 –).

d) Fachplanerische Vorgaben

24 Die Bauleitplanung der Gemeinde kann sich schließlich auch nicht über die Fachplanungen anderer Planungsträger (Straßenbau, Wasserschutz, Naturschutz, Abfallbeseitigung u.a.) einfach hinwegsetzen. Das **Verhältnis** der **Bauleitplanung** zur **Fachplanung** bereitet erhebliche rechtliche Schwierigkeiten (s. dazu BVerwG E 70, 244 = NVwZ 1985, 414; E 79, 318 =

NJW 1989, 244; NVwZ-RR 1991, 118; Erbguth NVwZ 1989, 608 und NVwZ 1995, 243; Schmidt-Eichstaedt NVwZ 2003, 129; Dippel NVwZ 1999, 921). Die normativen Regelungen zur Lösung von Konflikten zwischen Bauleitplanung und Fachplanung sind unzureichend (s. dazu oben Rdnr. 9).

e) Naturschutzrechtliche Eingriffsregelung (§ 1a Abs. 3 BauGB)

Nach §§ 1a Abs. 3 BauGB, 21 Abs. 1 BNatSchG ist bei der Bauleitplanung auch die Vermeidung **25** und der Ausgleich der zu erwartenden **Eingriffe in Natur und Landschaft** (Eingriffsregelung nach §§ 18 ff. BNatSchG) zu berücksichtigen (s. dazu Anger NVwZ 2003, 319; Lütkes BauR 2003, 983). Ein Eingriff in Natur und Landschaft nach § 18 Abs. 1 BNatSchG ist bei allen erheblichen Beeinträchtigungen des Naturhaushalts oder des Landschaftsbilds gegeben, was praktisch bei allen größeren Bauvorhaben in einem bisher baulich nicht genutzten Bereich der Fall ist (BVerwGE 112, 41 = NVwZ 2001, 560; NVwZ 1991,364). § 19 Abs. 1 BNatSchG verlangt, dass eine vermeidbare Beeinträchtigung von Natur und Landschaft unterlassen wird.

§ 19 BNatSchG spricht von der **Vermeidbarkeit der Beeinträchtigung**, nicht etwa der **25a** Vermeidbarkeit der eingreifenden Maßnahme. Letztlich kann nämlich jeder Eingriff dadurch vermieden werden, dass er unterlassen wird (BVerwG NVwZ 1997, 914; VGH Mannheim NVwZ-RR 1989, 349). Es kommt nach der zitierten Rechtsprechung darauf an, ob die Maßnahme an der vorgesehenen Stelle auch ohne eine Beeinträchtigung von Natur und Landschaft verwirklicht werden kann oder ob die Beeinträchtigung zumindest minimiert werden kann.

Ist eine Beeinträchtigung in diesem Sinne unvermeidbar, schreibt § 19 Abs. 2 BNatSchG einen Ausgleich oder eine Kompensation durch Maßnahmen zugunsten der Natur vor (Müller UPR 1999, 259).

Ein **Ausgleich** bedeutet nach § 19 Abs. 2 BNatSchG die Wiederherstellung der früheren Funktion des Naturhaushalts, eine **Kompensation** die Ersetzung des früheren Zustands durch einen ökologisch gleichwertigen Zustand des Naturhaushalts; die Abgrenzung ist im Detail außerordentlich schwierig, aber praktisch nicht von Bedeutung. Ist ein Ausgleich oder eine Kompensation nicht möglich, kann das Vorhaben gleichwohl verwirklicht werden, wenn dafür überwiegende sonstige öffentliche Belange sprechen (§ 19 Abs. 3 BNatSchG).

Die früher streitige Frage, ob die Verpflichtung der Gemeinde, in der **Abwägung** über einen **25b** Ausgleich zu entscheiden, eine zwingende Verpflichtung im Sinne eines Planungsleitsatzes darstellt oder aber der Ausgleich im Rahmen der Abwägung auch »wegabgewogen« werden kann, ist durch § 1a Abs. 2 Nr. 2 BauGB 1998 (nunmehr § 1a Abs. 3 BauGB 2004) im letzten Sinn entschieden worden. Wenn dort von »berücksichtigen« gesprochen wird, so bedeutet dieses, dass die Gemeinde sich Gedanken über einen Ausgleich machen muss (BVerwG E 104, 68; NVwZ 1997, 1213; OVG Münster NVwZ-RR 1999, 113); die Gemeinde ist aber nicht dazu verpflichtet, auch tatsächlich ausgleichende Maßnahmen im Bebauungsplan vorzusehen (VGH Mannheim NVwZ-RR 2002, 9; Uechtritz NVwZ 1997, 1182; Schmidt NVwZ 1998, 337). Die Gemeinde kann im Rahmen der Abwägung sich auch für einen Verzicht auf einen Ausgleich entscheiden, wenn dieser z.B. sehr kostenaufwendig ist oder ökologisch nur eine geringfügige Verbesserung bringt.

§ 1a Abs. 3 Satz 3 BauGB sieht vor, dass **Ausgleichsmaßnahmen** auch an anderer Stelle als **25c** der des Eingriffs vorgesehen werden können; die Festsetzung solcher Maßnahmen kann nach § 9 Abs. 1a BauGB auch in einem eigenständigen Bebauungsplan außerhalb des Plangebiets des Bebauungsplans, der den Eingriff vorsieht, enthalten sein (s. dazu Battis/Krautzberger/Löhr NVwZ 1997, 1153; Uechtritz NVwZ 1997, 1185). Außerdem kann nach §§ 1a Abs. 3 Satz 4, 11 Abs. 1 Nr. 2 BauGB der Ausgleich für Eingriffe in Natur und Landschaft auch in einem städtebaulichen Vertrag geregelt werden (s. dazu BVerwG NVwZ 1997, 1216; VGH Mannheim NVwZ 1998, 418; Mitschang ZfBR 1999, 125) oder auf sonstige Weise erfolgen.

25d Die im Bebauungsplan vorgesehenen Ausgleichs- und Ersatzmaßnahmen sind nach § 135a BauGB entweder vom Bauherrn selbst oder aber – was in der Regel sinnvoller ist – von der Gemeinde im Wege des sog. **Sammelausgleichs** zu verwirklichen (s. dazu Quaas NVwZ 1995, 840; Kluge BauR 1995, 289). Die Gemeinde kann die ihr entstandenen Kosten nach § 135a Abs. 2 – 4 BauGB auf die Grundstückseigentümer umlegen (s. dazu Steinfort KStZ 1995, 91; Bunzel BauR 1999, 3).

25e Neben der Berücksichtigung der naturschutzrechtlichen Eingriffsregelung schreibt § 1 Abs. 6 Nr. 7b und g BauGB noch die Berücksichtigung der **Landschaftsplanung** (§ 5 ThürNatG) sowie die Berücksichtigung der **Fauna-Flora-Habitat-Richtlinie (FFH-RL)** der EG (s. dazu §§ 32 ff. BNatSchG sowie Stüer NVwZ 2002, 1164; Gellermann NVwZ 2002, 1202; Schink BauR 1998, 1163; Thyssen DVBl 1998, 577) vor. § 5 Abs. 1 Satz 3 ThürNatG schreibt vor, dass die Darstellungen der Landschaftspläne als Darstellungen in die Flächennutzungspläne und die Darstellungen der Gründordnungspläne als Festsetzungen in die Bebauungspläne aufzunehmen sind, so dass eine Kollision zwischen Bauleitplänen und Landschaftsplanung in Thüringen schon aus diesem Grund ausscheidet. Die FFH-RL bedarf nach § 33 BNatSchG der Umsetzung durch die Ausweisung von Natur- und Landschaftsschutzgebieten. Allerdings muss die Gemeinde bereits vor der förmlichen Unterschutzstellung eines Gebiets die FFH-Gebiete bei der Aufstellung von Bebauungsplänen berücksichtigen und darf sie nicht durch Maßnahmen der Bauleitplanung erheblich beeinträchtigen (§ 1a Abs. 4 BauGB).

f) Umweltprüfung (§ 2 Abs. 4, § 2a BauGB)

25f Die Neufassung des BauGB durch das EAG-Bau vom 30.04.2004 hat zu einer erheblichen Ausweitung der **Umweltprüfung** in der Bauleitplanung geführt. Während zuvor nur bei wenigen Großprojekten (insbes. Feriendörfern, Hotelkomplexen, Einkaufszentren und großflächigen Einzelhandelsbetrieben ab 5000 m² Verkaufsfläche sowie Anlagen zur Massentierhaltung) eine Umweltverträglichkeitsprüfung (UVP) notwendig war, schreibt § 2 Abs. 4 BauGB 2004 nunmehr für alle Bauleitpläne eine Umweltprüfung (UP) vor (s. dazu Krautzberger/Stüer BauR 2003, 1301); ausgenommen sind allerdings nach § 13 Abs. 3 BauGB Bebauungspläne, die die Grundzüge der Planung nicht berühren und daher im vereinfachten Verfahren nach § 13 Abs. 1 BauGB erstellt werden können. Die UP ist vor allem deshalb bedeutsam, weil sie zu einer systematischen Erfassung aller Umweltauswirkungen führt; der genaue Inhalt des Prüfungsprogramms ergibt sich aus der Anlage zu § 2 Abs. 4 und § 2 a. Das Ergebnis der UP ist dann nach § 2a Nr. 2 BauGB in einem Umweltbericht zusammenzufassen, der Teil der Begründung des Flächennutzungsplans und des Bebauungsplans ist. Die Umweltprüfung schafft die methodischen Voraussetzungen dafür, die Umweltbelange vorab so herauszuarbeiten, dass sie in gebündelter Form in die Abwägung eingehen (BVerwG Urt. v. 18.11 2004–4 CN 11.03 – zu § 17 UVPG 1993).

Fehler bei der Ermittlung und Bewertung von Umweltbelangen in der Umweltprüfung führen nur dann zur Unwirksamkeit des Bebauungsplanes, wenn der Mangel offensichtlich war und sich auf das Abwägungsergebnis ausgewirkt hat (§ 214 Abs. 1 Nr. 1 BauGB). Eine Unvollständigkeit des Umweltberichts ist aber nur dann unschädlich, wenn sie unwesentliche Punkte betrifft (§ 214 Abs. 1 Nr. 3 BauGB). Je größeres Gewicht den Belangen des Umweltschutzes in der Abwägung zukommt, desto eher ist davon auszugehen, dass sich methodische Unzulänglichkeiten bei der Ermittlung, Beschreibung und Bewertung im Sinne von § 2 Abs. 4 BauGB auf das Planungsergebnis ausgewirkt haben können (vgl. BVerwG Urt. v. 18.11.2004–4 CN 11.03 – zu § 17 UVPG 1993).

Die Gemeinde ist nach § 4c BauGB verpflichtet, die Auswirkungen des Bebauungsplans auf die Umwelt zu überwachen (»Monitoring«).

g) Die Abhängigkeit des Bebauungsplans vom Flächennutzungsplan

Entwicklungsgebot (§ 8 Abs. 2 Satz 1 BauGB)
Nach § 1 Abs. 2 BauGB unterteilt sich der Oberbegriff »Bauleitplan« in den Flächennutzungs- **26** plan (vorbereitender Bauleitplan) und den Bebauungsplan (verbindlicher Bauleitplan). Während der Bebauungsplan nach § 10 BauGB als Satzung beschlossen wird, enthält das BauGB keine Aussage über die **Rechtsnatur des Flächennutzungsplans**. Der Flächennutzungsplan ist nach der Ausgestaltung, die er in §§ 5 ff. BauGB gefunden hat, keine Satzung (BVerwG BauR 1990, 685; NVwZ 2004, 614), denn er wirkt nach § 7 BauGB nur gegenüber Behörden (s. dazu Rdnr. 9 a.E.), nicht aber gegenüber dem Bürger (eine mittelbare Außenwirkung entfaltet der Flächennutzungsplan allerdings über § 35 Abs. 3 Nr. 1 BauGB). Da der Flächennutzungsplan nicht in das herkömmliche System der verwaltungsrechtlichen Institutionen passt, wird er überwiegend als **hoheitliche Maßnahme eigener Art** bezeichnet (Battis/Krautzberger/Löhr § 5 Rdnr. 45).
Der Flächennutzungsplan erstreckt sich nach § 5 Abs. 1 BauGB über das gesamte Gemeindegebiet. Er enthält die grobmaschige Planung (BVerwG E 26, 287 = NJW 1967, 385; E 48, 70 = NJW 1975, 1985; NVwZ-RR 2003, 406). Im Flächennutzungsplan werden deshalb nach §§ 5 Abs. 2 BauGB, 1 Abs. 1 BauNVO i.d.R. nur Bauflächen, nicht bereits einzelne Baugebiete dargestellt, ferner finden nur die überörtlichen Verkehrswege sowie die innerörtlichen Hauptverkehrszüge, nicht dagegen sonstige Straßen Berücksichtigung.
Auf der Basis dieser grobmaschigen Planung (BVerwGE 48, 70 spricht von grobem Raster) **27** des Flächennutzungsplans ist nach § 8 Abs. 2 BauGB der Bebauungsplan aufzustellen. Der Bebauungsplan muss allerdings dem Flächennutzungsplan nicht in allen Einzelheiten entsprechen, vielmehr ist der Bebauungsplan aus dem Flächennutzungsplan zu entwickeln, d.h. die Planungskonzeption des Flächennutzungsplans ist fortzuschreiben, darf aber in den Grundentscheidungen nicht verändert werden (BVerwGE 48, 70; 70, 171 = NVwZ 1985, 485; NVwZ 2000, 197; NVwZ-RR 2003, 406).

Bsp. a) Wenn der Flächennutzungsplan Gelände als Grünland ausweist, darf die Gemeinde keinen Bebauungsplan für Wohnbaugebiete oder Gewerbegebiete aufstellen (BVerwGE 48, 70; VGH Kassel BRS 46 Nr. 9).
b) Wenn der Flächennutzungsplan Wohnbauflächen vorsieht, dann kann im Bebauungsplan ein Kleinsiedlungsgebiet (OVG Münster BRS 28 Nr. 10), ein Mischgebiet (VGH Kassel NVwZ-RR 1989, 346) oder ein Kerngebiet (VGH Mannheim BRS 32 Nr. 9) ausgewiesen werden.
c) Unbedeutende Änderungen an den Grenzen des bebauten Gebiets gegenüber dem Außenbereich verstoßen nicht gegen § 8 Abs. 2 BauGB (BVerwG NVwZ 2000, 197); das gleiche gilt für unbedeutende Abweichungen vom Flächennutzungsplan im Innenbereich (BVerwG BRS 35 Nr. 20). Eine Fläche von 2,2 ha kann aber nicht mehr als unbedeutend angesehen werden (BVerwG NVwZ 2000, 197).
d) Kein Entwickeln i.S.d. § 8 Abs. 2 BauGB, wenn statt einer Mischbaufläche ein Industriegebiet ausgewiesen wird (VGH Mannheim BRS 27 Nr. 1).

Freilich können, soweit es erforderlich ist, auch im Flächennutzungsplan bereits gemäß § 1 Abs. 2 BauNVO konkrete Baugebiete festgesetzt werden. Soweit der Flächennutzungsplan bereits derartig konkrete Festsetzungen enthält, bleibt für den Bebauungsplan kaum noch ein eigener Gestaltungsspielraum.
Wenn der Bebauungsplan nicht aus dem Flächennutzungsplan entwickelt wird, also entweder ohne vorherigen Flächennutzungsplan aufgestellt oder aber die Grundkonzeption des Flächennutzungsplans nicht beachtet wird, dann ist der Bebauungsplan unwirksam (BVerwGE 48, 70).
Ein Verstoß gegen das Entwicklungsgebot ist allerdings nach **§ 214 Abs. 2 Nr. 2 BauGB** **28** unbeachtlich, wenn der Bebauungsplan die sich aus dem Flächennutzungsplan ergebende

geordnete städtebauliche Entwicklung nicht beeinträchtigt (OVG Münster NVwZ-RR 2000, 574). Dabei ist auf das gesamte Gemeindegebiet abzustellen (BVerwG NVwZ 2000, 197).

29 Will die Gemeinde einen Bebauungsplan erlassen, der vom Flächennutzungsplan abweicht, dann kann sie nach § 8 Abs. 3 BauGB (s. dazu Seewald DÖV 1981, 849) im sog. **Parallelverfahren** zugleich mit der Aufstellung des Bebauungsplans den Flächennutzungsplan ändern. Parallelverfahren bedeutet eine zeitliche und inhaltliche Übereinstimmung zwischen Bebauungsplan und Flächennutzungsplan (BVerwG E 70, 171 = NVwZ 1985, 485). Der Bebauungsplan darf allerdings vor dem geänderten Flächennutzungsplan in Kraft gesetzt werden, wenn abzusehen ist, dass die Übereinstimmung zwischen Flächennutzungsplan und Bebauungsplan gewahrt wird (§ 8 Abs. 3 Satz 2 BauGB). Ein Verstoß gegen diese Vorschrift berührt nach § 214 Abs. 2 Nr. 4 BauGB nicht die Wirksamkeit des Bebauungsplans.

Selbständiger Bebauungsplan (§ 8 Abs. 2 Satz 2 BauGB)

30 Der Grundsatz, dass der Bebauungsplan aus dem Flächennutzungsplan zu entwickeln ist, hat in § 8 Abs. 2 Satz 2 und Abs. 4 BauGB zwei bedeutsame Ausnahmen erfahren.

Ein Flächennutzungsplan ist einmal dann nicht erforderlich, wenn der Bebauungsplan wegen der **geringen Bautätigkeit** in der Gemeinde zur Gewährleistung der städtebaulichen Ordnung ausreicht; dieses wird allenfalls in kleinen Landgemeinden der Fall sein – abstrakte Betrachtungsweise (VGH Mannheim BauR 1983, 222; VBlBW 1985, 21).

Ein Flächennutzungsplan ist ferner dann entbehrlich, wenn die praktische Bedeutung des Bebauungsplans so gering ist, dass die **Grundkonzeption** der Planung von ihm nicht berührt wird – konkrete Betrachtungsweise (VGH Mannheim BauR 1983, 222; VGH Kassel ESVGH 18, 200).

Bsp. Der Bebauungsplan umfasst nur ein 1,6 ha großes, bereits weitgehend bebautes Gebiet (VGH Mannheim VBlBW 1985, 21).

Wegen der Rechtsfolgen eines Verstoßes gegen § 8 Abs. 2 Satz 2 BauGB s. unten Rdnr. 33.

Vorzeitiger Bebauungsplan (§ 8 Abs. 4 BauGB)

31 Hat die Gemeinde keinen wirksamen Flächennutzungsplan, kann sie nach § 8 Abs. 4 BauGB gleichwohl einen Bebauungsplan aufstellen, wenn dringende Gründe dies erfordern und der Bebauungsplan der beabsichtigten städtebaulichen Entwicklung nicht entgegensteht (s. dazu BVerwG NVwZ 2000, 197). Dringende Gründe sind anzunehmen, wenn die Gründe, die für eine sofortige Aufstellung des Bebauungsplans sprechen, erheblich gewichtiger sind als das Festhalten an dem in § 8 BauGB vorgesehenen Verfahren, dass nämlich der Bebauungsplan aus dem Flächennutzungsplan entwickelt werden muss; auf die Frage, ob die Gemeinde diese Umstände zu vertreten hat, kommt es nicht an (BVerwG NVwZ 1985, 745).

Bsp. a) Zur Beseitigung der Wohnungsnot ist dringend die Schaffung weiterer Baugebiete erforderlich (BVerwG NVwZ 1985, 745).
b) Eine Schwarzwaldgemeinde stellt einen Bebauungsplan auf, um die Errichtung eines unerwünschten großen Appartementhauses zu verhindern (VGH Mannheim BRS 38 Nr. 108).
c) Eine Stadt benötigt zur Altstadtsanierung dringend die Ansiedlung eines Kaufhauses (VGH Mannheim VBlBW 1982, 229).

32 Die Gemeinde ist unter den in § 8 Abs. 4 BauGB angeführten Voraussetzungen zwar berechtigt, einen Bebauungsplan aufzustellen, ohne dass ein Flächennutzungsplan besteht. Das Entwicklungsgebot des § 8 Abs. 2 BauGB verlangt aber, dass die Gemeinde in einem solchen Fall wenigstens **nachträglich** einen **Flächennutzungsplan** aufstellt, der die Festsetzungen des Bebauungsplans übernimmt.

§ 8 Abs. 4 BauGB findet auch Anwendung, wenn die Gemeinde zwar einen Flächennutzungsplan aufgestellt hat, dieser aber nichtig ist (BVerwG DVBl 1992, 574).

33 Wenn die Gemeinde die Zulässigkeit eines selbständigen oder vorzeitigen Bebauungsplans unrichtig beurteilt, dann ist dieses nach **§ 214 Abs. 2 Nr. 1 BauGB** unbeachtlich. Diese

Vorschrift findet allerdings nur Anwendung, wenn sich die Gemeinde bewusst ist, dass ein vorzeitiger Bebauungsplan aufgestellt wird, aber infolge fehlerhafter Auslegung des § 8 Abs. 2 oder 4 BauGB die Voraussetzungen dieser Vorschriften für gegeben hält oder sie aus Unkenntnis nicht beachtet. Setzt sich die Gemeinde dagegen vorsätzlich über das Entwicklungsgebot hinweg, dann ist der Bebauungsplan nichtig (BVerwG NVwZ 1985, 745; NVwZ 2000, 197). Bis zum 31.12.1997 galt in den neuen Ländern nach § 246a BauGB eine modifizierte Fassung des § 8 Abs. 2–4 BauGB, die u.a. vorzeitige Bebauungspläne unter erleichterten Voraussetzungen, insbesondere ohne den Nachweis dringender Gründe zuließ (s. dazu OVG Weimar Urt. v. 19.3.2003–1 N 1047/98 –).

h) Allgemeingültige Planungsprinzipien

Die Gemeinde muss schließlich bei der Bauleitplanung auch die allgemeingültigen Planungsleit- **34** sätze beachten, die zwar nicht gesetzlich geregelt sind, aber jeder Planung immanent sind und letztlich aus dem **Rechtsstaatsprinzip** abgeleitet werden (vgl. hierzu Hoppe/Bönker/Grotefels § 5 Rdnr. 155 ff.; Schmidt-Aßmann, Grundsätze der Bauleitplanung, BauR 1978, 99; Brohm § 14 Rdnr. 2 ff.). Die Nichtbeachtung dieser Prinzipien führt dazu, dass der Bebauungsplan wegen eines Verstoßes gegen § 1 BauGB nichtig ist.

Gebot konkreter Planung

Der Bebauungsplan wird nach § 10 BauGB als **Satzung** erlassen; damit ist die frühere Streitfra- **34a** ge normativ gelöst, ob ein Bebauungsplan seiner Rechtsnatur nach eine Rechtsnorm oder ein Verwaltungsakt ist (s. dazu Brügelmann/Gierke § 10 Rdnr. 11 ff). Während aber eine Rechtsnorm begrifflich eine abstrakt-generelle Regelung ist (Wolff/Bachof/Stober Verwaltungsrecht I, § 24 II), muss der Bebauungsplan konkrete Einzelausweisungen über die zulässige Bebauung oder sonstige Nutzung der von ihm erfassten Grundstücke enthalten.

Bsp. (BVerwGE 50, 114 = NJW 1976, 1329): Die Stadt Frankfurt erlässt einen Begrünungsplan, nach dem im ganzen bebauten Gebiet Freiflächen zu bepflanzen sind und für das Fällen großer Bäume eine Genehmigung erforderlich ist. Das BVerwG hält den Bebauungsplan für nichtig, weil er nicht konkrete Regelungen für ein begrenztes Gebiet enthält, sondern wie ein Gesetz eine abstrakte Regelung für eine unbeschränkte Vielzahl von Fällen in einem mit fortschreitender Bebauung sich ausdehnenden Gebiet zum Inhalt hat.

Gebot äußerer Planungseinheit

Für ein Gebiet darf nur ein Bebauungsplan existieren (VGH Mannheim VBlBW 1983, 106); **35** unschädlich ist nach BVerwGE 50, 114 allerdings, wenn ein späterer Plan einen früheren ergänzt.

Gebot positiver Planung

Der Bebauungsplan muss Festsetzungen enthalten, die positiv bestimmen, welche bauliche **36** oder sonstige Nutzung zulässig ist.

Bsp. (VGH Mannheim BauR 1975, 42): Die bauliche Nutzung bestimmter Grundstücke in einem als Industriegebiet ausgewiesenen Bereich wird ersatzlos aufgehoben, um Einsprüche der Eigentümer dieser Grundstücke gegen ein in diesem Bereich geplantes Eros-Center zu verhindern. Der VGH Mannheim hält dieses für unzulässig, da ein Bebauungsplan einen positiven Inhalt haben muss. Eine rein negative Planung kann nicht der städtebaulichen Ordnung dienen, weil dann ein »planloser« Zustand entsteht.

Eine **unzulässige »Negativplanung«** liegt aber nicht vor, wenn die Gemeinde durch die Aufstellung oder Änderung eines Bebauungsplans eine bauliche Fehlentwicklung verhindern will.

Bsp. a) (BVerwGE 68, 360 = NJW 1984, 1771): Die Gemeinde ändert einen Bebauungsplan, um die unerwünschte Ansiedlung eines Einkaufszentrums zu verhindern.

b) (BVerwG BauR 1991, 165): Die Gemeinde weist eine Außenbereichsfläche als landwirtschaftliche Nutzfläche aus, um den Kiesabbau in einem landschaftlich reizvollen Bereich zu verhindern (eb. BVerwG NVwZ 1991, 62 – Verhinderung von Gipsabbau).

Das BVerwG betont dabei, die Gemeinde könne durch Festsetzung einer landwirtschaftlichen Nutzfläche (BVerwG BauR 1991, 167), durch Festsetzungen für Maßnahmen zum Schutz der Natur gemäß § 9 Abs. 1 Nr. 20 BauGB (BVerwG NVwZ 1991, 62) oder einer Grünfläche gemäß § 9 Abs. 1 Nr. 15 BauGB (BVerwG NVwZ 1989, 655) eine »**Auffangplanung**« zur Erhaltung des status quo betreiben, wenn sie aus städtebaulichen Erwägungen, insbesondere des Naturschutzes und der Landschaftspflege, geboten erscheint. Dagegen reicht das allgemeine Interesse an der Freihaltung von Planungsmöglichkeiten (sog. **Freihaltebelang**) als planerische Rechtfertigung nicht aus (BVerwG NVwZ 1991, 161).

Bestimmtheitsgebot

37 Der Bebauungsplan muss auch inhaltlich so bestimmt sein, dass die Betroffenen wissen, welchen Beschränkungen ihr Grundstück unterworfen bzw. welchen Belastungen es – insbesondere durch Immissionen – ausgesetzt sein wird.

Bsp. a) (BVerwG NVwZ 1995, 692): Festsetzung einer Fläche für den Gemeinbedarf ohne jede nähere Konkretisierung ist zu unbestimmt.
b) (VGH Mannheim BRS 35 Nr. 8): Eine Festsetzung der Geländehöhe auf »ca. 7,5 m« ist zu unbestimmt.
c) (OVG Münster NVwZ 1984, 452): Nichtig wegen fehlender Bestimmtheit sind ferner widersprüchliche Festsetzungen – eine identische Fläche wird zugleich als Gewerbegebiet und als Fläche für den Gemeinbedarf ausgewiesen.
d) (OVG Münster BRS 50 Nr. 18): Eine fehlende Abgrenzung verschiedener Baugebiete führt zur Nichtigkeit wegen mangelnder Bestimmtheit.
e) (VGH Mannheim VBlBW 1997, 383): Ein Bebauungsplan ist nichtig, wenn in zwei ausgefertigten Planexemplaren die Grenzen des Baugebiets unterschiedlich eingezeichnet sind.
f) (OVG Münster BauR 1997, 436): Ein Ausschluss »zentrumstypischer Einzelhandelsbetriebe« in einem Gewerbegebiet ist wegen Unbestimmtheit nichtig. Dagegen ist es zulässig, bei Einzelhandelsbetrieben einzelne Branchen auszuschließen (BVerwG NVwZ-RR 1999, 9).

Für das Bestimmtheitsgebot gilt allerdings derselbe Grundsatz wie für das Gebot der Konfliktbewältigung (s. dazu Rdnr. 17), dass nämlich nicht alles geregelt werden muss, was geregelt werden kann (Grundsatz der **planerischen Zurückhaltung** – vgl. BVerwG BauR 1989, 306 und oben Rdnr. 18). Der Grundsatz der Bestimmtheit ist erst dann verletzt, wenn der Inhalt der Festsetzungen des Bebauungsplans sich auch nicht durch die Heranziehung der Begründung (BVerwG BauR 1988, 488; VGH Mannheim BRS 42 Nr. 14) konkretisieren lässt und die Ungewissheit über die zukünftige Bebauung gemäß den Festsetzungen des Bebauungsplans für die Planbetroffenen nicht mehr zumutbar ist.

Bsp. a) (BVerwG BRS 47 Nr. 4): Ein Bebauungsplan, der ein Leitungsrecht über ein fremdes Grundstück festlegt, muss nicht bestimmen, in welcher Tiefe die Leitung zu verlegen ist.
b) (BVerwG E 42, 5 = NJW 1973, 1710): Die Festsetzung einer Grünfläche ohne nähere Konkretisierung ist zwar nicht mangels Bestimmtheit nichtig, lässt aber nur die Anlage einer begrünten Fläche, nicht etwa Sportanlagen oder Kinderspielplätze zu (vgl. auch VGH Mannheim VBlBW 1986, 349).
c) (BVerwGE 81, 179 = NJW 1989, 1291; OVG Münster NVwZ-RR 1995, 435): Die Festsetzung eines Sportplatzes erfüllt die Anforderungen an die Bestimmtheit, auch wenn die Sportart nicht angegeben wird.

4. Die Abwägung nach § 1 Abs. 6 u. 7 BauGB

a) Allgemeines

38 Die **Abwägung** öffentlicher und privater Belange nach § 1 Abs. 6, 7 BauGB stellt das Zentralproblem der Bauleitplanung dar (s. dazu insbes. BVerwGE 34, 301; 45, 309; Hoppe

DVBl 1994, 1033). Dabei ist zu unterscheiden zwischen der Auslegung der dort genannten privaten und öffentlichen Belange und der Abwägung der zutreffend erkannten privaten und öffentlichen Belange.

Die **Auslegung** der in § 1 Abs. 6 **BauGB** aufgeführten unbestimmten Rechtsbegriffe, z.B. die allgemeinen Anforderungen an gesunde Wohn- und Arbeitsverhältnisse, soziale und kulturelle Bedürfnisse der Bevölkerung, Belange des Bildungswesens usw., ist gerichtlich voll überprüfbar, da es sich hierbei um unbestimmte Rechtsbegriffe handelt (BVerwGE 34, 301; 45, 309; BGHZ 66, 322).

Demgegenüber ist mit dem Abwägungsgebot zwangsläufig ein **planerischer Freiraum** verbunden (s. dazu Hoppe/Grotefels § 5 Rdnr. 6; Stüer Rdnr. 792; Jäde/Dirnberger/Weiß § 1 Rdnr. 57 ff.). Während nämlich verwaltungsrechtliche Normen in der Regel dem sog. **wenn – dann – Schema** folgen (wenn bestimmte Voraussetzungen gegeben sind, dann kann die Behörde bestimmte Maßnahmen ergreifen), stellt der Abwägungsvorgang ein sog. **Finalprogramm** dar, das durch ein Mittel – Zweck – Schema gekennzeichnet ist; der Zweck der Planung muss die dabei eingesetzten Mittel, nämlich eine Zurücksetzung öffentlicher oder privater Belange, rechtfertigen. Ein Finalprogramm ist daher in starkem Maße abhängig von einer Bewertung des gewollten Planungsziels einerseits, der dadurch positiv oder negativ betroffenen öffentlichen oder privaten Belange andererseits.

Aus der Fassung des § 1 Abs. 7 BauGB ergibt sich eindeutig, dass der Gesetzgeber weder den öffentlichen noch den privaten Belangen generell den Vorrang einräumen wollte (BVerwGE 34, 301; 47, 144), vielmehr muss die Gemeinde im Einzelfall entscheiden, welche Belange so gewichtig sind, dass andere Belange zurücktreten müssen.

Der Grundsatz der **Gleichgewichtigkeit aller Belange** erfährt allerdings eine Ausnahme durch die sog. Optimierungsgebote (s. dazu Rdnr. 21). Es handelt sich dabei um gesetzliche Vorrangsregelungen, die der Gemeinderat möglichst beachten soll; sie können aber gleichwohl im Einzelfall im Wege der Abwägung mit anderen – auch nicht zu optimierenden – öffentlichen oder privaten Belangen zurückgestellt werden (vgl. dazu Hoppe DVBl 1992, 853; Sendler UPR 1995, 45; Brohm § 13 Rdnr. 6 ff.).

Das Gebot gerechter Abwägung der von der Bauleitplanung betroffenen öffentlichen und **39** privaten Belange ergibt sich nach der Rechtsprechung des BVerwG (E 41, 67; E 56, 110) nicht nur aus § 1 Abs. 7 BauGB, es ist vielmehr Ausdruck des in Art. 20 Abs. 3 GG verankerten **Rechtsstaatsprinzips**. Die verfassungsrechtliche Verankerung des Abwägungsgebots (s. dazu Koch DVBl 1983, 1125 und 1989, 389; Ibler JuS 1990, 7; Schulze-Fielitz Jura 1992, 201; Hoppe DVBl 1994, 1033) ist vor allem deshalb bedeutsam, weil der Gesetzgeber dadurch gehindert ist, das Abwägungsgebot einzuschränken und etwa einen regelmäßigen Vorrang öffentlicher Belange gegenüber privaten Interessen zu statuieren.

Die Abwägung zwischen den verschiedenen miteinander in Widerstreit stehenden oder sich ergänzenden öffentlichen und privaten Belangen ist das eigentliche Betätigungsfeld gemeindlicher **Planungshoheit** (s. Rdnr. 10).

Die Gemeinde ist bei der Abwägung der widerstreitenden öffentlichen und privaten Belange jedoch nicht völlig frei. Zum einen muss sie die Planungsleitsätze beachten (s. dazu oben Rdnr. 21), zum anderen muss sie die allgemein gültigen Abwägungsgrundsätze beachten. Es handelt sich dabei vor allem um folgende Prinzipien (s. dazu im einzelnen: Schmidt-Aßmann BauR 1977, 99; Brohm § 11 Rdnr. 1 ff.; § 13 Rdnr. 15 ff.):

b) Abwägungsbereitschaft

Die Gemeinde muss bei der Planung für alle in Betracht kommenden Planungsvarianten **40** offen sein, d.h. sie darf nicht von vornherein auf eine bestimmte Planung festgelegt sein. Das Gebot der **Abwägungsbereitschaft** wird z.B. verletzt, wenn die Gemeinde alternative

Planungsmöglichkeiten nicht in ihre Erwägungen einbezieht, weil dies zu einer zeitlichen Verzögerung des Verfahrens zur Aufstellung des Bebauungsplans führen könnte (VGH Mannheim VBlBW 1982, 135) oder weil die Planung von vornherein auf ein bestimmtes Ergebnis fixiert ist.

Das Gebot der Abwägungsbereitschaft gerät allerdings in der kommunalen Praxis nicht selten in Widerstreit mit der Notwendigkeit, bereits bei der Bauleitplanung auf die Bedürfnisse und Wünsche derjenigen einzugehen, die im Bebauungsplangebiet Gebäude errichten oder gewerbliche Anlagen schaffen wollen.

Bsp. (VGH Mannheim VBlBW 1983, 106): Die Gemeinde stellt einen Bebauungsplan für eine Auto-Teststrecke auf, der von der Fa. Daimler-Benz zuvor in allen Einzelheiten entsprechend den Bedürfnissen des Unternehmens entworfen worden war.

41 Das BVerwG (E 45, 309) hat hierzu festgestellt, die Vorstellung, die Bauleitplanung müsse frei von jeder Bindung erfolgen, sei lebensfremd; gerade bei größeren Objekten, etwa der Industrieansiedlung oder der Planung eines ganzen neuen Stadtteils, sei häufig mehr Bindung als planerische Freiheit vorhanden. Dem ist grundsätzlich zuzustimmen. Denn ein Industriegebiet lässt sich häufig nur dann sinnvoll planen, wenn die Bedürfnisse der einzelnen Industrieunternehmen an die Verkehrswege oder die Notwendigkeit von immissionsschützenden Maßnahmen vorher abgesprochen werden (OVG Münster NVwZ-RR 2001, 635); das gleiche gilt für andere Großobjekte wie Krankenhäuser, Universitäten, Sportanlagen für olympische Spiele oder Weltmeisterschaften (Gelzer BauR 1975, 149). Es wäre völlig lebensfremd, auch hier jegliche Vorabentscheidung und Bindung der Gemeinde vor Aufstellung des Bebauungsplans für unzulässig zu halten.

Andererseits darf nicht verkannt werden, dass das BauGB grundsätzlich von der planerischen Freiheit der Gemeinde ausgeht, und zwar bis zur Entscheidung des Gemeinderats nach Anhörung der betroffenen Bevölkerung (§ 3 BauGB) sowie der betroffenen Fachbehörden (§ 4 BauGB). Dieser Grundsatz darf nicht durch eine überflüssige Festlegung der Gemeinde in Frage gestellt werden. Das BVerwG (E 45, 309) hat deshalb strenge Anforderungen an eine **Vorabbindung** bezüglich der Aufstellung von Bauleitplänen gestellt:

1. muss die Vorwegnahme der Entscheidung sachlich gerechtfertigt sein.
2. muss bei der Vorwegnahme die planungsrechtliche Zuständigkeitsordnung gewahrt bleiben, d.h. es muss, soweit die Planung dem Gemeinderat obliegt, dessen Mitwirkung an den Vorentscheidungen in einer Weise gesichert werden, die es gestattet, die Vorentscheidungen auch dem Rat zuzurechnen.
3. darf die vorgezogene Entscheidung nicht inhaltlich zu beanstanden sein. Sie muss insbesondere den Anforderungen genügen, denen sie genügen müsste, wenn sie als Bestandteil des abschließenden Abwägungsvorgangs getroffen würde.

42 Diese letzte Voraussetzung einer Vorabentscheidung der Gemeinde bei der Aufstellung von Bebauungsplänen ist so selbstverständlich, dass sie eigentlich keiner gesonderten Erwähnung bedurft hätte. Es liegt auf der Hand, dass ein gegen § 1 Abs. 6, 7 BauGB verstoßender Bebauungsplan auch dann unwirksam ist, wenn er auf einer Vorabbindung der Gemeinde beruht.

Aus der zitierten Entscheidung des BVerwG (E 45, 309 = NJW 1975, 70) darf aber nicht der Schluss gezogen werden, dass die Gemeinde sich, sofern die angeführten Voraussetzungen vorliegen, gegenüber einem Bauinteressenten durch eine **Zusage** oder einen öffentlich-rechtlichen **Vertrag** zur Aufstellung eines **Bebauungsplans** verbindlich verpflichten könne. Dem steht zunächst der allgemeine Grundsatz entgegen, dass es zwischen dem Gesetzgeber und dem der Gesetzgebung unterworfenen Bürger keine koordinationsrechtlichen Vereinbarungen gibt; Rechtsetzung ist begrifflich der einseitige Erlass von Hoheitsakten.

Für die Bauleitplanung stellt § 1 Abs. 3 Satz 2 BauGB ausdrücklich fest, dass ein **Anspruch** auf

Aufstellung eines Bebauungsplans durch Vertrag nicht begründet werden kann (vgl. dazu auch BVerwG BauR 1982, 30; NJW 1980, 2238; BGHZ 71, 386; BGH NJW 1980, 826). Das gleiche gilt auch für eine Zusage der Gemeinde, einen Bebauungsplan aufzustellen (BGH a.a.O.). Auch wenn somit eine Zusage bzw. ein öffentlich-rechtlicher Vertrag die Gemeinde nicht zur Aufstellung eines Bebauungsplans verpflichtet, können sich hieraus Ansprüche auf **Schadensersatz** aus culpa in contrahendo ergeben, wenn die Gemeinde beim Vertragspartner einen Vertrauenstatbestand geschaffen hat, dass ein Bebauungsplan aufgestellt werden wird (so BGHZ 71, 386 = NJW 1978, 1802; OVG Lüneburg BRS 40 Nr. 32; Dolde/Uechtritz DVBl 1987, 446).

c) Ermitteln und Bewerten des Abwägungsmaterials (§ 2 Abs. 3 BauGB)

Bei der Aufstellung der Bauleitpläne sind die Belange, die für die Abwägung von Bedeutung **43** sind (Abwägungsmaterial), zu ermitteln und zu bewerten (§ 2 Abs. 3 BauGB in der Fassung des EAG Bau 2004). Die Vorschrift ist als »Verfahrensgrundnorm« für die Abwägung konzipiert. Sie soll nach den Motiven des Gesetzgebers eine Grundtendenz des europäischen Gemeinschaftsrechts aufnehmen, das den Schutz des Einzelnen vor allem in einer besonders ausgeprägten und sorgfältigen Gestaltung des Verfahrens sucht; ob dieses »Implantat« angesichts der gegenläufigen Tradition des deutschen Verwaltungsrechts gelingt und wie die Verfahrensgrundnorm des § 2 Abs. 3 BauGB mit den weiteren Strukturen des Abwägungsgebots und der gerichtlichen Abwägungskontrolle harmoniert, wird sich noch zeigen müssen (kritisch dazu Hoppe NVwZ 2004, 903; Quaas/Kukk, BauR 2004, 1541). Das **Zusammenstellen des Abwägungsmaterials** ist bisher schon von der Rechtsprechung als Grundvoraussetzung für eine gerechte Abwägung erkannt worden (BVerwGE 45, 309). In der Praxis bereitet aber vielfach gerade das Zusammenstellen des Abwägungsmaterials Schwierigkeiten und kann zur Unwirksamkeit des Bebauungsplans führen (s. unten Rdnr. 48 zu § 214 Abs. 1 Satz 1 Nr. 1 BauGB). Grundsätzlich müssen alle Belange berücksichtigt werden, die »**nach Lage der Dinge**« (so BVerwGE 34, 301; 59, 87) betroffen sind. Natürlich kann die Gemeinde bei ihrer Bauleitplanung »nicht alles sehen« (so BVerwGE 59, 87). Es ist gerade der Zweck der Beteiligung der Bürger und der Träger öffentlicher Belange nach §§ 3, 4 BauGB, der Gemeinde die Kenntnis der Betroffenheit der verschiedenen öffentlichen und privaten Belange zu vermitteln.

Bsp. (VGH Mannheim VBlBW 1996, 376): Die Gemeinde muss bei der Änderung eines Bebauungsplans, der eine Erhöhung der Dächer vorsieht, nicht von sich aus und ohne Rüge eines Grundstückseigentümers berücksichtigen, dass dadurch eine optimale Minimierung des Energieverbrauchs erschwert wird.

Die Gemeinde muss aber jedenfalls diejenigen öffentlichen oder privaten Belange berücksichtigen, deren Betroffenheit ihr bekannt ist oder zumindest hätte bekannt sein müssen (vgl. BVerwG E 34, 301; NVwZ-RR 1994, 490; OVG Weimar ThürVGRspr. 2004, 197 = BRS 66 Nr. 60). Darüberhinaus ist die Gemeinde verpflichtet, sich selbst Gewissheit über die abwägungserheblichen Belange zu verschaffen (OVG Weimar ThürVBl 2004, 261 – wenn im Verfahren zur Aufstellung eines Bebauungsplans für Windkraftanlagen ein Betreiber ein eigenes Interesse an der Nutzung der Windenergie im Plangebiet geltend macht, kann die Gemeinde verpflichtet sein, die ins Auge gefassten Standorte für Windkraftanlagen in Erfahrung zu bringen, um das Nutzungsinteresse dieses Betreibers in ihre Abwägung einstellen zu können). Soweit eine Fachbehörde eine Stellungnahme abgegeben hat, kann die Gemeinde grundsätzlich davon ausgehen, dass diese die ihr anvertrauten öffentlichen Belange zutreffend anführt und braucht insoweit keine weiteren Ermittlungen mehr anzustellen (BVerwG DVBl 1989, 1105). Im Übrigen wird die Gemeinde häufig gezwungen sein, zur Ermittlung des notwendigen Abwägungsmaterials Sachverständige einzuschalten.

Bsp. (OVG Lüneburg BauR 1987, 176): Die von einer geplanten Sportanlage ausgehende Lärmbelastung kann i.d.R. nur von einem Sachverständigen ermittelt werden (eb. OVG Koblenz NVwZ 1998, 387 für die Planung eines Wohngebiets neben emittierenden Gewerbebetrieben; OVG Lüneburg NVwZ-RR 2001, 499 für neues Gewerbegebiet neben einem Wohngebiet).

Da § 1 Abs. 7 BauGB von privaten Belangen und nicht von privaten Rechten spricht, müssen auch Interessen in die Abwägung eingestellt werden, die kein subjektives Recht darstellen (BVerwG E 107, 215 = NJW 1999, 592).

Bsp. a) (BVerwG NVwZ 1995, 895): Beeinträchtigung der Aussicht durch ein neues Baugebiet in der bisher freien Landschaft (a.M. noch VGH Mannheim NVwZ-RR 1990, 394; VGH Kassel NVwZ 1987, 514) b) (BVerwG NJW 1992, 2884; NVwZ 1994, 683; NVwZ-RR 1999, 278): Die Beeinträchtigung durch eine Steigerung des Verkehrslärms ist auch dann abwägungsrelevant, wenn die Zumutbarkeitsgrenze der VerkehrslärmschutzVO nicht überschritten wird.

Nicht in die Abwägung einzustellen sind allerdings rein wirtschaftliche Belange, insbes. das Interesse an der Erhaltung einer günstigen Marktlage; das Bauplanungsrecht ist wettbewerbsrechtlich neutral.

Bsp. (BVerwG NVwZ 1990, 555; 1991, 980; 1994, 683): Das Interesse eines vorhandenen Einzelhandelsgeschäfts an der Verhinderung der Ansiedlung eines Einkaufszentrums ist bei der Abwägung nicht zu berücksichtigen.

d) Gebot der Rücksichtnahme

44 Das Gebot der Rücksichtnahme ist von Weyreuther (BauR 1975, 1; s. auch Breuer DVBl 1982, 1065; Redeker u. Schlichter DVBl 1984, 870 u. 875; Alexy u. Peine DÖV 1984, 953 u. 963; Hauth BauR 1993, 673) entwickelt worden. Es bedeutet inhaltlich, dass jedes Bauvorhaben auf die Umgebung Rücksicht nehmen und Auswirkungen vermeiden muss, die zu einer unzumutbaren Beeinträchtigung anderer Grundstücke führen. Andererseits verlangt das Gebot der Rücksichtnahme nicht, sich aus der Grundstückssituation ergebende Nutzungsmöglichkeiten zu unterlassen oder einzuschränken, nur weil dadurch die Nachbarschaft betroffen wird; es hat vielmehr eine Abwägung der Belange aller betroffenen Grundstückseigentümer sowie aller sonstigen rechtlich geschützten Interessen zu erfolgen.

Das Gebot der Rücksichtnahme wurde vom BVerwG vor allem im Rahmen des Nachbarschutzes herangezogen. Es ist aber in seinem objektiv-rechtlichen Gehalt (vgl. BVerwGE 52, 122 = NJW 1978, 62) auch bei der Aufstellung der Bauleitpläne zu beachten (VGH München BRS 65 Nr. 15; OVG Koblenz BRS 40 Nr. 33; Schmidt-Aßmann BauR 1978, 99; Ernst/Zinkahn/ Bielenberg § 1 Rdnr. 210). So ist z.B. der vom BVerwG im sog. **Flachglasurteil** (BVerwGE 45, 309 = NJW 1975, 70) entwickelte Grundsatz, dass Wohnbebauung und immissionsträchtige gewerbliche Nutzung räumlich zu trennen sind (vgl. auch § 50 BImSchG sowie BVerwG BauR 1992, 344; VGH München ZfBR 1986, 248; Stüer Rdnr. 859), letztlich auf das Gebot der Rücksichtnahme zurückzuführen; ein Bebauungsplan, der in unmittelbarer Nachbarschaft eines Wohngebiets ein großes Industrieunternehmen vorsieht, verstößt deshalb gegen das Gebot der Rücksichtnahme und ist unwirksam (BVerwGE 45, 309). Ebenso wird das Gebot der Rücksichtnahme verletzt, wenn in unmittelbarer Nachbarschaft eines immissionsträchtigen Gewerbebetriebs ein Wohngebiet (VGH München NJW 1983, 297; VGH Mannheim VBlBW 1991, 18) oder umgekehrt eine Schuhfabrik für 900 Beschäftigte neben einem vorhandenen Wohngebiet (VGH Mannheim ZfBR 1979, 122), neben einem Wohngebiet ein Kurhaus (OVG Lüneburg NJW 1982, 843), ein Bolzplatz (OVG Münster BRS 46 Nr. 28) oder ein Tennisplatz (OVG Lüneburg BRS 46 Nr. 26) oder ein großer öffentlicher Parkplatz (VGH Kassel BRS 57 Nr. 16) geplant wird. Der sich aus dem Gebot der Rücksichtnahme ergebenden Verpflichtung zur Trennung von Wohngebieten und gewerblicher Nutzung kann zum einen dadurch entsprochen werden, dass zwischen einer reinen Wohnbebauung und einem Gewerbe- oder Industriegebiet ein hinreichend großer Abstand gewahrt wird, wobei das dazwischenliegende Gelände z.B. als Mischgebiet ausgewiesen werden kann. In Betracht kommt ferner eine Gliederung des Gewerbegebiets, so dass in der Nachbarschaft des Wohngebiets nur emissionsarme Betriebe errichtet werden dürfen (OVG Münster BRS 58 Nr. 30). Zum andern kann der erforderliche Schutz des Wohngebiets vor Immissionen durch besondere Vorkehrungen (Lärmschutzwälle o. ä.) gewährleistet werden (OVG Hamburg BauR 1987, 657). Freilich lässt sich die prinzipiell gebotene Trennung von Wohnnutzung und gewerblicher Nutzung in einem bereits bebauten Gebiet häufig nicht in der gewünschten Weise verwirklichen (zum Problem der Gemengelage s. Ziegert BauR 1984, 14 u. 138; Menke DVBl 1985, 200; Drosdzol NVwZ 1985, 785; Dolderer DÖV 1998, 414).

e) Gebot der Lastenverteilung

Wenn der Bebauungsplan, etwa für die Anlage von öffentlichen Verkehrsflächen oder die **45** Schaffung öffentlicher Einrichtungen, die Inanspruchnahme oder Beeinträchtigung von Privatgrundstücken verlangt, dann müssen die dadurch entstehenden Belastungen möglichst gleichmäßig auf alle Grundstückseigentümer verteilt werden (BVerwG NVwZ-RR 2000, 533; NVwZ 2002, 1506; VGH Mannheim VBlBW 1997, 305).
Privates Gelände darf für öffentliche Zwecke nur herangezogen werden, wenn keine geeignete Fläche im Eigentum der öffentlichen Hand zur Verfügung steht (BVerfG NVwZ 2003, 727; BGH NJW 1978, 1311). Nach der zitierten Entscheidung des BVerfG verlangt Art. 14 Abs. 1 GG, dass die Privatnützigkeit des Eigentums an einem Grundstück möglichst erhalten bleibt.

f) Gebot der Konfliktbewältigung

Der Bebauungsplan muss zumindest diejenigen Festsetzungen enthalten, die zur Bewältigung **46** der vorhandenen oder durch die vorgesehene Bodennutzung neu entstehenden städtebaulichen Konflikte notwendig sind; hierfür hat sich die Bezeichnung »Gebot der Problembewältigung bzw. Konfliktbewältigung« eingebürgert (s. dazu insbes. Sendler WuV 1985, 211; Stüer BayVBl 2000, 257).
Das Gebot der Problembewältigung, das vom BVerwG bei der Planfeststellung nach §§ 17 ff. FStrG entwickelt worden ist (BVerwG E 61, 295 = NJW 1981, 2137), ist auch für die Bauleitplanung heranzuziehen (BVerwG NVwZ 1999, 414; NVwZ-RR 2000, 146; NVwZ 2004, 329; Brügelmann/Gierke § 1 Rdnr. 230 ff.). Es darf mithin kein lösungsbedürftiges Problem, etwa die Fortführung einer Straße, die aus dem Plangebiet herausführt (OVG Berlin NJW 1980, 1121), oder die Bewältigung immissionsschutzrechtlicher Fragen infolge der Nachbarschaft von Wohnbebauung und gewerblicher Nutzung, ausgeklammert werden (OVG Berlin NVwZ 1984, 188; OVG Lüneburg BauR 1987, 174). Das BVerwG (E 69,30 = NVwZ 1984, 235; DVBl 200, 187; NVwZ 1999, 414; BauR 1988, 448) hat aber klargestellt, dass bei der Bauleitplanung nicht bereits alle möglicherweise auftretenden Konflikte gelöst werden müssten (so das OVG Berlin a.a.O.), sondern die Konfliktbewältigung dem nachfolgenden Baugenehmigungsverfahren oder – so in dem vom BVerwG entschiedenen Fall – dem immissionsschutzrechtlichen Genehmigungsverfahren überlassen bleiben kann. Der Grundsatz der **Problembewältigung** verlangt für die Bauleitplanung aber zumindest, dass die Frage geklärt wird, ob überhaupt im Rahmen des Genehmigungsverfahrens eine Konfliktbewältigung möglich ist.

Bsp. a) (VGH Mannheim VBlBW 1983, 106): Für den Bau einer Auto-Teststrecke werden landwirtschaftlich genutzte Grundstücke benötigt. Der VGH hat es gebilligt, dass die Gemeinde bei der Aufstellung des Bebauungsplans nicht der Frage nachgegangen ist, ob Enteignungen zulässig sind, weil dieses im nachfolgenden Enteignungsverfahren geklärt werden könne und notfalls im Flurbereinigungsverfahren Ersatzgelände bereitgestellt werden könnte (s. dazu BVerfGE 74, 264 = NJW 1987, 1251).
b) (BVerwG BauR 1988, 448): Ein Bebauungsplan, der eine Fläche für eine Schule vorsieht, braucht

nicht bereits festzulegen, wo die für den Nachbarn besonders störenden Sportanlagen der Schule errichtet werden sollen.
c) (VGH Mannheim VBlBW 1991, 19): Bei der Aufstellung eines Bebauungsplans für einen großen Hotelkomplex kann die Frage von Lärmschutzmaßnahmen zugunsten der Nachbarschaft dem Baugenehmigungsverfahren vorbehalten bleiben.
d) (BVerwG NVwZ-RR 1995, 130): Der Bebauungsplan sieht ein neues Gewerbegebiet vor, obwohl unklar ist, ob die als Erschließungsstraße vorgesehene Landesstraße in dem erforderlichen Umfang ausgebaut wird.

Das BVerwG spricht in diesem Zusammenhang von **planerischer Zurückhaltung**; nicht alles, was zulässigerweise geregelt werden könnte, muss auch in jedem Fall geregelt werden (BVerwG NVwZ 1999, 414; NVwZ-RR 1998, 483; NVwZ 2004, 329). Es reicht nach Ansicht des BVerwG sogar aus, wenn der mögliche Konflikt mit Hilfe des § 15 BauNVO gelöst werden kann oder aber nachträgliche Schutzmaßnahmen verlangt werden können (so BVerwG NVwZ 1988, 351 für Lärmbelästigungen durch eine Straße). Diese Rechtsprechung führt im Ergebnis dazu, dass ein Bebauungsplan nur dann wegen unterbliebener Konfliktbewältigung unwirksam ist, wenn eine nachträgliche Problemlösung nicht mehr möglich ist, etwa die Immissionsbelastung durch eine Straße oder eine Industrieanlage so hoch ist, dass sie auch durch Schallschutzmaßnahmen nicht auf ein zumutbares Maß reduziert werden kann.

g) Die gerichtliche Überprüfung der Abwägung

47 Das Problem der Überprüfung von Planungsentscheidungen durch die Aufsichtsbehörde und auch die Verwaltungsgerichte hat durch BVerwGE 34, 301 eine grundlegende und tragfähige Lösung erfahren. Das BVerwG hat in dieser Entscheidung ausgeführt:
»Das Gebot gerechter Abwägung ist verletzt, wenn eine sachgerechte Abwägung überhaupt nicht stattfindet. Es ist verletzt, wenn in die Abwägung an Belangen nicht eingestellt wird, was nach Lage der Dinge in sie eingestellt werden muss. Es ist ferner verletzt, wenn die Bedeutung der betroffenen privaten Belange verkannt, oder wenn der Ausgleich zwischen den von der Planung berührten öffentlichen Belangen in einer Weise vorgenommen wird, die zur objektiven Gewichtung einzelner Belange außer Verhältnis steht. Innerhalb des so gezogenen Rahmens wird das Abwägungsgebot jedoch nicht verletzt, wenn sich die zur Planung berufene Gemeinde in der Kollision zwischen verschiedenen Belangen für die Bevorzugung des einen und damit notwendig für die Zurückstellung des anderen entscheidet.«
Diese Anforderungen beziehen sich sowohl auf den Abwägungsvorgang als auch – mit Ausnahme des Erfordernisses, dass eine Abwägung überhaupt stattgefunden haben muss – auf das Abwägungsergebnis (BVerwG E 45, 309).
Diese Grundsätze werden von den Verwaltungsgerichten seitdem in ständiger Rechtsprechung bei der Überprüfung von Bebauungsplänen herangezogen. In der baurechtlichen Literatur wird von Abwägungsausfall, Abwägungsdefizit, Abwägungsfehleinschätzung und Abwägungsdisproportionalität gesprochen (Hoppe/Grotefels § 7 Rdnr. 94 ff.; Schmidt-Aßmann BauR 1978, 99; Heinze NVwZ 1986, 87; v.Komorowski/Kupfer VBlBW 2003, 1 ff., 49 ff., 100 ff. – sehr empfehlenswert); in die Rechtsprechung hat diese Terminologie bisher kaum Eingang gefunden.

Bsp. a) Abwägungsausfall
(VGH Mannheim ESVGH 28, 152 = BRS 33 Nr. 6): Die Stadt R. schließt mit einem großen Kaufhauskonzern einen Vertrag über die Schaffung einer Filiale in R. und verpflichtet sich, den hierfür erforderlichen Bebauungsplan aufzustellen. Der Gemeinderat hält sich bei der Abwägung der verschiedenen Belange für an diese – in Wirklichkeit nichtige – Vereinbarung gebunden.
b) Abwägungsdefizit
1. (VGH Mannheim VBlBW 1980, 24): Der Gemeinderat beschließt die Ausweisung eines Allgemeinen Wohngebiets in der Nachbarschaft einer Hautleimfabrik, ohne sich über die von dieser Fabrik ausgehenden Geruchsemissionen zu informieren.
2. (OVG Koblenz NVwZ 1992, 190): Bei der Aufstellung eines Bebauungsplans wird einem Verdacht,

der Boden enthalte Altlasten, nicht weiter nachgegangen. Nach Ansicht des OVG Koblenz muss die Gemeinde zwar nicht von sich aus Ermittlungen über Altlasten anstellen, aber einem auftauchenden Verdacht nachgehen (eb. VGH Mannheim Urt. v. 5.5.1999 – 3 S 1265/99; s. dazu Koch/Schütte DVBl 1997, 1415).

3. (VGH Kassel NVwZ-RR 1995, 73): Der Gemeinderat übersieht, dass das neue Baugebiet im Geltungsbereich einer Landschaftsschutzverordnung liegt.

4. (OVG Lüneburg NVwZ-RR 2001, 499 und 2002, 732): Der Gemeinderat lässt bei der Planung eines neuen Wohngebiets den Verkehrslärm einer daran vorbeiführenden Straße außer Betracht bzw. geht von einem viel zu niedrigen Verkehrsaufkommen aus.

c) Abwägungsfehleinschätzung

1. (OVG Koblenz BauR 1988, 179): Der Gemeinderat geht zu Unrecht davon aus, dass bei einem Abstand von 100 m zwischen einem großen Kuhstall und einer Wohnbebauung nicht mit Geruchsbelästigungen zu rechnen sei.

2. (OVG Münster BauR 1993, 691): Der Gemeinderat »verharmlost« die Gesundheitsgefahr durch eine Schwermetall-Verunreinigung des Erdbodens.

3. (VGH Mannheim NVwZ-RR 1997, 684): Der Gemeinderat stuft ein reines Wohngebiet wegen der Immissionen durch eine wieder eröffnete Bahnlinie zu einem allgemeinen Wohngebiet ab und verkennt dabei, dass für beide Gebiete dieselben Immissionswerte gelten.

d) Abwägungsdisproportionalität

1. (OVG Lüneburg BRS 47 Nr. 16): Der Bebauungsplan ist abwägungsfehlerhaft, wenn die verkehrstechnisch optimale Gestaltung eines Buswendeplatzes dazu führt, dass ein Landwirtschaftsbetrieb räumlich so eingeengt wird, dass seine Existenzfähigkeit gefährdet ist.

2. (BVerwGE 45, 309): Der Gemeinderat beschließt einen Bebauungsplan, der unmittelbar neben einem großen Wohngebiet in einem unter Landschaftsschutz stehenden Gelände ein Industriegebiet (Flachglasfabrik) vorsieht, um neue Arbeitsplätze zu schaffen. Hierin liegt jedenfalls dann ein Verstoß gegen das Abwägungsgebot, wenn auch ein anderes, weniger schutzwürdiges Gelände für die Industrieansiedlung zur Verfügung steht.

Die **Folgen von Abwägungsfehlern** (s. dazu Breuer NVwZ 1983, 273; Erbguth DVBl **48** 1986, 1230; v.Komorowski/Kupfer VBlBW 2003, 100) werden durch die Vorschriften über die **Planerhaltung** (§§ 214, 215 BauGB) begrenzt. Sie sind durch das EAG Bau 2004 neu gefasst worden. **§ 214 Abs. 1 Satz 1 Nr. 1 BauGB** betrifft Mängel der durch den neuen § 2 Abs. 3 BauGB vorgeschriebenen Ermittlung und Bewertung des Abwägungsmaterials. Mängel bei der Ermittlung und Bewertung des Abwägungsmaterials werden – und das ist neu – als Verfahrensfehler behandelt (dazu und zum Motiv des Gesetzgebers, die verfahrensbetonte Grundtendenz des Gemeinschaftsrechts aufzunehmen kritisch Hoppe NVwZ 2004, 903; Erbguth DVBl 2004, 802; Quaas/Kukk, BauR 2004, 1541). Sie können deshalb auch nicht als Mängel der Abwägung geltend gemacht werden (§ 214 Abs. 3 Satz 2, 1. Halbsatz BauGB). Eine Verletzung der Verfahrensvorschrift des § 2 Abs. 3 BauGB ist nur beachtlich, wenn sie wesentliche Punkte betrifft und wenn der Mangel offensichtlich und auf das Ergebnis des Verfahrens von Einfluss gewesen ist (§ 214 Abs. 1 Satz 1 Nr. 1 BauGB).

§ 214 Abs. 3 BauGB betrifft die Geltungmachung von Mängeln der mit dem ermittelten und bewerteten Abwägungsmaterial durchgeführten Abwägung. Dabei ist zwischen **Mängeln im Abwägungsvorgang** und **Mängeln im Abwägungsergebnis** zu unterscheiden (§ 214 Abs. 3 Satz 2, 2. Halbsatz BauGB). Damit knüpft die gesetzliche Regelung an eine Unterscheidung an, die das BVerwG seit E 45, 309 in ständiger Rechsprechung vornimmt. Der Abwägungsvorgang betrifft – nachdem Ermittlung und Bewertung des Abwägungsmaterials durch §§ 2 Abs. 3, 214 Abs. 1 Satz 1 Nr. 1 und Abs. 3 Satz 2, 1. Halbsatz BauGB als Verfahrensvorschrift behandelt und damit gewissermaßen vor die Klammer des Abwägungsvorgangs gezogen werden – die weiteren Phasen der Abwägung, also die Einstellung und Gewichtung der »nach Lage der Dinge« abwägungsrelevanten Belange und die Entscheidung über den Ausgleich zwischen den Belangen, die die Abwägung abschließt. Das Abwägungsverfahren kann also, unabhängig davon, wie das Abwägungsergebnis zu bewerten ist, Fehler aufweisen. Solche Fehler sind aber nur dann erheblich, wenn sie offensichtlich und auf das **Abwägungsergebnis** von Einfluss gewesen sind (§ 214 Abs. 3 Satz 2, 2. Halbsatz BauGB). Unbeschränkt erheblich sind allein Mängel des Abwägungsergebnisses. Sie führen stets zur Unwirksamkeit des Bebauungsplans.

49 Das BVerwG (E 64, 33 = NJW 1982, 591; BauR 1992, 342 u. 344) hält im Hinblick darauf, dass das Abwägungsgebot verfassungsrechtlich in Art. 20 Abs. 3 GG verankert ist und Art. 19 Abs. 4 GG auch gegenüber Bebauungsplänen einen effektiven Rechtsschutz garantiert, eine **einschränkende Auslegung des § 214 Abs. 3 Satz 2 BauGB** für geboten. Offensichtlich sind nach Ansicht des BVerwG nicht nur solche Abwägungsmängel, die sofort erkennbar sind (vgl. den ähnlichen Begriff der Offenkundigkeit in § 44 Abs. 1 VwVfG), sondern alle Mängel, die sich objektiv eindeutig, etwa mit Hilfe von Akten, Gemeinderatsprotokollen oder sonstigen Beweismitteln nachweisen lassen (eb. VGH Mannheim VBlBW 1996, 139). § 214 Abs. 3 Satz 2 BauGB soll und kann nach Ansicht des BVerwG lediglich verhindern, dass Beweis über die subjektiven Vorstellungen des Gemeinderats oder einzelner Gemeinderatsmitglieder erhoben wird (BVerwG NVwZ-RR 2003, 171; VGH Mannheim NVwZ 1994, 797). Das BVerwG spricht dabei von der äußeren, d.h. objektiv nachweisbaren und der inneren Seite des Abwägungsvorgangs; letztere ist für die Gültigkeit eines Bebauungsplans nicht von Bedeutung. Ein Mangel bei der Abwägung ist allerdings dann nicht offensichtlich, wenn er nicht positiv feststellbar ist, sondern sich nur aus dem Fehlen entsprechender Erwägungen im Gemeinderatsprotokoll ergeben könnte (BVerwG NVwZ 1992, 663; NVwZ 1998, 956; VGH Mannheim NVwZ 1994, 797; NVwZ-RR 1992, 641).

Bsp. a) (BVerwG BauR 1996, 63): Es ist nicht offensichtlich, dass die privaten Belange eines Grundstückseigentümers bei der Festsetzung eines »Dorfplatzes« nicht berücksichtigt worden sind, wenn sich dazu keine Angaben in den Gemeinderatsprotokollen finden; das BVerwG verlangt insoweit den positiven Nachweis, dass abwägungsrelevante Belange außer acht gelassen wurden.
b) (OVG Lüneburg NVwZ-RR 1998, 19): Ein offensichtlicher Abwägungsfehler liegt vor, wenn der Gemeinderat annimmt, eine gewerbliche Nutzung sei aufgegeben worden und daher ein Wohngebiet festsetzt, während in Wirklichkeit die bisherige gewerbliche Nutzung nur durch eine andere gewerbliche Nutzung ersetzt wurde.

Für die Offensichtlichkeit eines Abwägungsfehlers kommt es dabei nur auf die tatsächlichen Verhältnisse, nicht auf die rechtliche Bewertung an. Ein Fehler kann daher auch dann offensichtlich sein, wenn die rechtliche Einordnung der tatsächlichen Verhältnisse erhebliche Schwierigkeiten bereitet (BVerwG NVwZ 1998, 956; Dolde/Menke NJW 1999, 1076). Die in § 214 Abs. 3 Satz 2 BauGB verlangte **Kausalität** zwischen dem Fehler im Abwägungsvorgang und dem Abwägungsergebnis ist nach Ansicht des BVerwG (E 64, 33 = NJW 1982, 591; BauR 1992, 344; NVwZ 1995, 692; eb. VGH Mannheim NVwZ-RR 2002, 641) dann gegeben, wenn die konkrete Möglichkeit besteht, dass der Gemeinderat eine andere Planungsentscheidung getroffen hätte, falls er den Fehler im Abwägungsvorgang vermieden hätte.

Bsp. (BVerwGE 64, 333 = NJW 1982, 591; vgl. auch BVerwG NVwZ 1992, 692; BauR 1992, 344; NVwZ 1995, 692): Der Gemeinderat nimmt zu Unrecht an, ein nach seiner Lage für eine Wohnbebauung geeignetes Grundstück liege noch im Landschaftsschutzgebiet, und weist es deshalb im Bebauungsplan nicht als Baugelände aus.

Diese Rechtsprechung bedeutet im Ergebnis, dass nachweisbare Fehler im Abwägungsvorgang nur dann beachtlich sind, wenn eine andere Planung ernsthaft in Betracht kam.

50 Die frühere Regelung des § 215 Abs. 1 Nr. 2 BauGB a.F. hatte vorgesehen, dass (alle) Abwägungsmängel unbeachtlich werden, wenn sie nicht innerhalb einer Frist von sieben Jahren nach Bekanntmachung des Flächennutzungsplans oder der Satzung schriftlich gegenüber der Gemeinde gerügt worden sind. Für die Geltendmachung einer Verletzung von Verfahrens- und Formvorschriften galt dagegen nach **§ 215 Abs. 1 Nr. 1 BauGB a.F.** eine **Rügefrist** von 2 Jahren. Das EAG-BauGB 2004 hat die Rügefristen angeglichen und eine einheitliche Rügefrist von 2 Jahren eingeführt (§ 215 Abs. 1 BauGB); damit ist auch die bisherige Diskrepanz zur

2-jährigen Antragsfrist für die Normenkontrolle nach § 47 Abs. 2 VwGO behoben worden. Die Rügefrist des § 215 BauGB 2004 gilt, anders als nach bisherigem Recht, nicht für Mängel des Abwägungsergebnisses; sie werden weder von § 215 Abs. 1 Nr. 1 BauGB noch von § 215 Abs. 1 Nr. 3 BauGB erfasst. Damit hat der Gesetzgeber verfassungsrechtlichen Bedenken gegen die frühere Regelung Rechnung getragen (vgl. dazu Quaas/Kukk, BauR 2004, 1541) Praktische Bedeutung hat die Möglichkeit, Mängel des Abwägungsergebnisses unbefristet rügen zu können, für die inzidente Kontrolle von Bebauungsplänen im Rahmen von Anfechtungs- und Verpflichtungsklagen, während eine prinzipale Normenkontrolle, auch wenn sie auf Mängel des Abwägungsergebnisses gestützt wird, nur innerhalb der Frist des § 47 Abs. 2 VwGO erhoben werden kann.

5. Das Verfahren bei der Aufstellung von Bauleitplänen

Bauleitpläne können nur gemäß dem Verfahren nach §§ 2 ff. BauGB entstehen. Ein Bebauungs- **51** plan kann nicht durch **Gewohnheitsrecht** geschaffen werden, selbst wenn ein aus formellen Gründen nichtiger Bebauungsplan jahrelang als wirksam angesehen wurde und die Grundlage für alle baurechtlichen Entscheidungen in seinem Geltungsbereich bildete (BVerwG E 55, 369 = NJW 1978, 2564; BauR 1980, 40).

Der Ablauf des Verfahrens:

a) Aufstellungsbeschluss (§ 2 Abs. 1 BauGB)

Der Gemeinderat beschließt, für ein bestimmtes Gebiet einen Bauleitplan aufzustellen (§ 2 **52** Abs. 1 BauGB). Dieser Beschluss ist nach § 2 Abs. 1 Satz 2 BauGB ortsüblich bekannt zu machen. Ein Verstoß gegen § 2 Abs. 1 BauGB ist nach § 214 Abs. 1 Nr. 2 BauGB unbeachtlich (vgl. auch BVerwG NVwZ 1988, 916).
Der Aufstellungsbeschluss hat nach § 2 Abs. 4 BauGB zur Folge, dass eine **Umweltprüfung** durchgeführt werden muss (s. dazu oben Rdnr. 25 f). Die UP stellt aber lediglich fest, welche Alternative unter Umweltgesichtspunkten die beste ist. Sie schließt nicht aus, dass der Gemeinderat sich nach einer Würdigung aller betroffenen Belange für eine andere Lösung entscheidet (BVerwG NVwZ 1999, 989; 2000, 555; Wickel/Müller NVwZ 2001, 1133).

b) Planentwurf

Die Gemeinde selbst oder ein von ihr beauftragtes Planungsbüro fertigen einen Planentwurf. **53** Dieser Planentwurf muss beim Flächennutzungsplan (§ 5 Abs. 5 BauGB) und beim Bebauungsplan (§ 9 Abs. 8 BauGB) eine **Begründung** enthalten (§ 2a BauGB). Die Begründung umfasst die Darstellung der Ziele, Zwecke und wesentlichen Auswirkungen des Bauleitplans (§ 2a Nr. 1 BauGB) und den Umweltbericht (§ 2a Nr. 2 BauGB). Bebauungspläne ohne Begründung sind nichtig (BVerwG E 74,47 = BauR 1986, 298; NVwZ 1990, 364). Ein Verstoß gegen die Begründungspflicht ist allerdings nur dann beachtlich, wenn er innerhalb von 2 Jahren nach Bekanntmachung gerügt wird (§§ 214 Abs. 1 Nr. 3, 215 Abs. 1 BauGB). Eine lediglich unvollständige Begründung ist unschädlich; beim Umweltbericht ist eine Unvollständigkeit aber nur dann unbeachtlich, wenn sie unwesentliche Punkte betrifft (§ 214 Abs. 1 Nr. 3 BauGB). Wenn die Begründung allerdings inhaltlich völlig unergiebig ist, etwa nur gesetzliche Vorschriften wiedergegeben werden oder der Planinhalt beschrieben wird, dann ist dieses einer fehlenden Begründung gleichzusetzen (BVerwG BauR 1986, 298; 1989, 687).

c) Anhörungsverfahren (§ 3 Abs. 1 BauGB)

54 Das Anhörungsverfahren nach § 3 Abs. 1 BauGB dient der möglichst frühzeitigen Erörterung des Planentwurfs mit der Öffentlichkeit, damit diese noch vor einer de-facto-Festlegung des Gemeinderats Einfluss auf die Bauleitplanung nehmen kann.

Wie die Anhörung ausgestaltet sein muss, ist in § 3 BauGB nicht detailliert geregelt, vielmehr ist lediglich eine möglichst frühzeitige öffentliche Darlegung und Anhörung in geeigneter Weise vorgeschrieben. Da § 3 Abs. 1 BauGB Gelegenheit zur Äußerung und zur Erörterung verlangt, wird in aller Regel auf eine mündliche Besprechung der Bauleitpläne mit den betroffenen Bürgern nicht verzichtet werden können (vgl. dazu Battis/Krautzberger/Löhr § 3 Rdnr. 7). Verfahrensfehler bei der Anhörung sind aber nach § 214 Abs. 1 BauGB unschädlich.

Bei Bebauungsplänen, die nur unbedeutende Auswirkungen haben, kann von einer Erörterung nach § 3 Abs. 1 BauGB abgesehen werden.

d) Beteiligung der Behörden und Träger öffentlicher Belange (§ 4 BauGB)

55 Nach **§ 4 BauGB** sollen Behörden und sonstige Träger öffentlicher Belange frühzeitig unterrichtet und ihnen Gelegenheit zu einer Stellungnahme gegeben werden; in Betracht kommen zum Beispiel Landratsamt, Straßenbauamt, Forstamt, Naturschutzbehörde, Gewerbeaufsichtsamt, Regionale Planungsgemeinschaft und benachbarte Gemeinden.

Ein Verstoß gegen § 4 Abs. 1 BauGB hat nach § 214 Abs. 1 BauGB keine Auswirkungen auf die Wirksamkeit des Bauleitplans.

Das BauGB 2004 hat ein **zweistufiges Verfahren** der Beteiligung der Träger öffentlicher Belange eingeführt. Nach der frühzeitigen ersten Information nach § 4 Abs. 1 BauGB folgt dann die förmliche Beteiligung der Träger öffentlicher Belange nach § 4 Abs. 2 BauGB.

Die Behörden haben ihre Stellungnahme nach § 4 Abs. 2 BauGB grundsätzlich innerhalb eines Monats abzugeben, die **Frist** kann aber verlängert (§ 4 Abs. 2 Satz 2 BauGB) oder auch verkürzt (§ 4a Abs. 3 BauGB) werden. Bei Fristüberschreitung können die Stellungnahmen der Träger öffentlicher Belange nach § 4 Abs. 6 BauGB unberücksichtigt bleiben. Dieses gilt aber nicht, wenn ihre Bedenken der Gemeinde ohnehin bekannt sind bzw. hätten bekannt sein müssen oder sie für die Rechtmäßigkeit der Abwägung von Bedeutung sind. Letzteres ist geradezu kurios. Eine Präklusion, die nur eingreift, wenn die Einwendungen nicht von Bedeutung sind, ist sinnlos.

e) Öffentliche Auslegung (§ 3 Abs. 2, § 4a BauGB)

56 Den wichtigsten Teil der Beteiligung der Öffentlichkeit an der Bauleitplanung stellt die öffentliche Auslegung nach § 3 Abs. 2 BauGB dar (Ley BauR 2000, 653). Hierzu ist zunächst Ort und Dauer der Auslegung mindestens 1 Woche vorher **ortsüblich bekannt** zu machen. Dabei muss die bekannt gemachte Bezeichnung des Bebauungsplans so gewählt sein, dass sie die sog. **Anstoßfunktion** erfüllt, also der betroffene Grundstückseigentümer erkennt, dass sein Grundstück im Geltungsbereich des Bebauungsplans liegt (BVerwGE 55, 369; 69, 344). Hierfür reicht eine schlagwortartige geographische Bezeichnung aus, nicht aber eine bloße Nummer (BVerwG NVwZ 2001, 203).

Die Auslegung dauert einen Monat; die Frist berechnet sich nach § 187 Abs. 2 BGB (Gemeinsamer Senat der obersten Bundesgerichte, NJW 1972, 2035).

Die Auslegung muss so erfolgen, dass die Pläne ohne Schwierigkeiten eingesehen werden können. Unzulässig ist es, die Pläne zu verwahren und sie nur auf Frage herauszugeben (archivmäßige Verwahrung – VGH Mannheim ESVGH 24, 99); es reicht aber aus, den Planentwurf nur während der sog. **Verkehrsstunden** (Sprechzeiten 8–12 Uhr) auszulegen (BVerwG NJW 1981, 594).

Innerhalb der Monatsfrist kann jedermann **Stellungnahmen** vorbringen; dies muss schriftlich **57** oder zur Niederschrift der Gemeinde geschehen (BVerwG NVwZ-RR 1997, 514). Ein Versäumnis der Frist hat zur Folge, dass die Gemeinde die Stellungnahmen nicht zu prüfen und die Entscheidung hierüber nicht mitzuteilen braucht (§§ 3 Abs. 2 Satz 4, 4a Abs. 6 BauGB). Auch bei der Öffentlichkeitsbeteiligung findet die Präklusionsregelung des § 4a Abs. 6 BauGB Anwendung (s. dazu oben Rdnr. 55).

Die fristgerecht eingebrachten Stellungnahmen müssen dem Gemeinderat bekannt gegeben und von diesem geprüft werden (hierzu im einzelnen: BVerwG NVwZ 2000, 676); das Ergebnis ist mitzuteilen. Bei mehr als 50 Personen können diese allerdings nach § 3 Abs. 2 Satz 5 BauGB auf die Einsichtnahme in den öffentlich ausgelegten Gemeinderatsbeschluss verwiesen werden.

Ein Verstoß gegen die Formvorschriften des § 3 Abs. 2 BauGB führt stets zur Nichtigkeit des Bebauungsplans, sofern der Fehler innerhalb der 2-Jahresfrist des § 215 Abs. 1 BauGB gerügt wird. Da ein Bebauungsplan eine Satzung und damit eine Rechtsnorm ist, kommt es nicht darauf an, ob der Verfahrensfehler wesentlich ist; anders ist es nur, wenn der Verfahrensfehler sich denknotwendig nicht auf den Bebauungsplan ausgewirkt haben kann, z.B. bei unterbliebener Benachrichtigung nach § 3 Abs. 2 Satz 4 BauGB (VGH Mannheim NVwZ-RR 1997, 684).

f) Übertragung auf Private (§ 4b BauGB)

Nach § 4b BauGB kann die Gemeinde zur Beschleunigung des Verfahrens sowohl die **57a** Bürgerbeteiligung nach § 3 BauGB als auch die Beteiligung der Träger öffentlicher Belange nach § 4 BauGB einem Dritten übertragen (s. dazu Stollmann NuR 1998, 578); in der Regel handelt es sich bei dem Dritten um einen Bauträger, der an der möglichst schnellen Ausweisung eines neuen Baugebiets interessiert ist. Diese »Privatisierung« ist problematisch, auch wenn der Satzungsbeschluss nach § 10 BauGB durch den Gemeinderat vorgenommen werden muss. Wenn der Investor Herr des Verfahrens ist, kann er Einfluss auf das Zusammentragen des Abwägungsmaterials nehmen, insbesondere die Gutachter über immissionsschutzrechtliche, technische oder ökologische Fachfragen aussuchen.

g) Satzungsbeschluss (§ 10 BauGB)

Nach Abschluss des Auslegungsverfahrens beschließt der Gemeinderat endgültig über die **58** Bauleitplanung. Soweit es um die Aufstellung eines Bebauungsplans geht, ist dieser Beschluss nach § 10 BauGB in Form einer Satzung zu fassen.

Dieser **Satzungsbeschluss** ist auch dann erforderlich, wenn die Auslegung nach § 3 Abs. 2 BauGB keine Anregungen und Bedenken gebracht und der Gemeinderat deshalb keine Veranlassung hatte, von dem bereits beschlossenen Bebauungsplanentwurf abzuweichen.

Wird der Bebauungsplan allerdings wegen der von den Betroffenen vorgebrachten Anregungen und Bedenken inhaltlich geändert, dann ist eine erneute Auslegung notwendig (§ 4a Abs. 3 Satz 1 BauGB), erst hieran kann sich der Satzungsbeschluss nach § 10 BauGB anschließen. Eine Ausnahme hiervon ist aber nach § 4a Abs. 3 S. 3 BauGB bei unwesentlichen Änderungen zu machen; es genügt dann, dass die Gemeinde den betroffenen Grundstückseigentümern und den Trägern öffentlicher Belange Gelegenheit zur Stellungnahme gibt (s. dazu VGH Kassel NVwZ 1993, 906). Eine erneute Planauslegung ist ferner entbehrlich, wenn die Abweichung von den ausgelegten Plänen für alle Betroffenen nur günstige Auswirkungen hat bzw. nur den vorgebrachten Anregungen Rechnung trägt (VGH Mannheim VBlBW 1997, 22).

Der Bebauungsplan muss als kommunale Satzung nach den einschlägigen landesrechtlichen Vorschrift des § 21 Abs. 1 Satz 1 ThürKO ausgefertigt werden (zur rechtsstaatlichen Begründung dieses Erfordernisses BVerwGE 79, 200 = NVwZ 1988, 916; NVwZ 1990, 258; OVG

Weimar ThürVBl 1998, 184; Ziegler NVwZ 1990, 533). **Ausfertigung** bedeutet, dass der Bebauungsplan mit einem die Identität des Plans kurz bestätigenden Text vom Bürgermeister handschriftlich unterschrieben ist. Die Funktion der Ausfertigung ist es, die Übereinstimmung des Inhaltes der ausgefertigten Satzung mit dem Beschluss des Gemeinderats als des rechtsetzenden Organs formlich zu bestätigen (Identitätsfunktion). Sie kann daher erst nach dem Satzungsbeschluss erfolgen. Sie muss der Bekanntmachung des Bebauungsplans, die den Vorgang der Satzungsgebung abschließt, vorausgehen (BVerwG BauR 1996, 670; NVwZ 1999, 878; OVG Lüneburg NVwZ 2002, 98).

Besteht der Bebauungsplan aus textlichen und zeichnerischen Darstellungen, so genügt es, wenn der Satzungsbeschluss ausgefertigt und auf die Pläne so Bezug genommen wird, dass eine Verwechslung ausgeschlossen ist (BGH NVwZ 1995, 412; VGH Mannheim BRS 57 Nr. 50). Eine unterbliebene oder fehlerhafte Ausfertigung kann durch ein ergänzendes Verfahren nach § 214 Abs. 4 BauGB geheilt werden.

h) Genehmigung (§§ 6, 10 Abs. 2 BauGB)

59 Der **Flächennutzungsplan** bedarf für seine Wirksamkeit der Genehmigung nach § 6 BauGB. Das gleiche gilt nach § 10 Abs. 2 BauGB für **Bebauungspläne** nach § 8 Abs. 2 Satz 2, Abs. 3 Satz 2 und Abs. 4 BauGB, d.h. solche Bebauungspläne, die ohne vorherigen Flächennutzungsplan aufgestellt worden sind.

Die Genehmigungsbehörde (Landesverwaltungsamt als obere Bauaufsichtsbehörde nach § 59 Abs. 1 Nr. 2 ThürBO) hat die **Genehmigung** zu erteilen, wenn der Bauleitplan ordnungsgemäß zustande gekommen und auch inhaltlich rechtmäßig ist. Die Genehmigungsbehörde ist hinsichtlich der Kontrolle des Bauleitplans ebenso beschränkt wie das Verwaltungsgericht (BVerwGE 34, 301).

Die Genehmigung ist nach §§ 6 Abs. 4, 10 Abs. 2 BauGB innerhalb von 3 Monaten zu erteilen; die Frist kann aus wichtigem Grund um weitere 3 Monate verlängert werden. Wird diese Frist des § 6 Abs. 4 BauGB jedoch versäumt, gilt die Genehmigung als erteilt.

Die Genehmigung kann nach § 48 VwVfG zurückgenommen werden, wenn der Bauleitplan inhaltlich rechtswidrig ist; dieses gilt auch für die fiktive Genehmigung nach § 6 Abs. 4 BauGB (VGH Mannheim VBlBW 1984, 380; Steiner DVBl 1987, 484). Aus Gründen der Rechtssicherheit kann eine **Rücknahme der Genehmigung** nur bis zur Bekanntmachung des Bauleitplans erfolgen (BVerwG BauR 1987, 171).

Lehnt die Genehmigungsbehörde die Genehmigung dagegen ab, kann die Gemeinde Verpflichtungsklage (BVerwGE 34, 301) erheben, denn die Genehmigung ist ihr gegenüber ein Verwaltungsakt; durch die Ablehnung wird in die Planungshoheit der Gemeinde eingegriffen.

60 Die Genehmigung muss mit **Auflagen** versehen werden, wenn damit Versagungsgründe ausgeräumt werden können (BVerwG BauR 1987, 166; NVwZ 1995, 267; Dolde BauR 1974, 382; Rosenbach DÖV 1977, 426). Bedingungen sind demgegenüber unzulässig (VGH München BauR 1976, 404; OVG Münster DÖV 1983, 824).

Auflagen sind unbedenklich, solange sie sich nur auf formelle Angelegenheiten beziehen, z.B. zeichnerische Darstellungen im Bebauungsplan (BVerwG NVwZ 1991, 673; BRS 49 Nr. 22), oder nur redaktioneller Natur sind (VGH Kassel NVwZ 1993, 906). Bei **materiell-rechtlichen Auflagen** ist aber ein neuer Satzungsbeschluss erforderlich (BVerwG E 75, 262 = BauR 1987, 166; NVwZ 1991, 673; NVwZ 1997, 896).

Kommt die Gemeinde der Auflage nach, ist eine nochmalige Genehmigung nicht erforderlich (sog. **antizipierte Genehmigung** – BVerwG NVwZ 1997, 896).

61 Ein Bebauungsplan, der gemäß § 8 Abs. 2 BauGB aus dem Flächennutzungsplan entwickelt worden ist, bedarf nach der seit 1.1.1998 geltenden Fassung des § 10 BauGB keiner Mitwirkung der Aufsichtsbehörde mehr, sondern kann von der Gemeinde sofort nach dem Satzungsbe-

schluss in Kraft gesetzt werden; zuvor verlangte § 11 Abs. 2 BauGB 1987 wenigstens eine
Anzeige an die Aufsichtsbehörde. Die Aufsichtsbehörde kann allerdings ein Inkrafttreten eines
Bebauungsplans, den sie für rechtswidrig hält, durch eine kommunalaufsichtliche Beanstan-
dung nach § 120 Abs. 1 ThürKO verhindern.

i) Bekanntmachung (§ 10 Abs. 3 BauGB)

Die Genehmigung des Bebauungsplans bzw. der Satzungsbeschluss sind nach § 10 Abs. 3 **62**
BauGB ortsüblich bekannt zu machen; zugleich ist der Bebauungsplan zur Einsicht bereitzu-
halten (s. dazu OVG Weimar Urt. v. 15.12.2004 – 1 N 92/00 –). Der Bebauungsplan selbst wird
nicht bekannt gemacht. Das BVerfG (E 65, 283 = NVwZ 1984, 430) hat entschieden, dass das
Rechtsstaatsprinzip keine bestimmte Form der Bekanntmachung vorschreibt, sondern lediglich
verlangt, dass sich jeder Betroffene Kenntnis vom Inhalt der Rechtsnorm verschaffen kann;
dies ist durch die Regelung des § 10 Abs. 3 BauGB gewährleistet. Die ortsübliche Form der
Bekanntmachung ist nach Thüringer Landesrecht (Thüringer Bekanntmachungsverordnung –
ThürBekVO – vom 22.8.1994 (GVBl. S. 1045) in der Hauptsatzung der Gemeinde festzulegen
(§ 1 Abs. 3 Satz 1 ThürBekVO). Dabei muss die Hauptsatzung die Vorgaben der ThürBekVO
beachten.
§ 10 Abs. 4 BauGB verlangt außerdem, dass dem Bebauungsplan eine Erklärung über die
Berücksichtigung der Umweltbelange, die Ergebnisse der Behörden- und Öffentlichkeitsbeteiligung sowie eine Auseinandersetzung mit alternativen Planungsmöglichkeiten beigefügt wird.

6. Außerkrafttreten von Bauleitplänen

Bauleitpläne sind grundsätzlich wirksam, solange sie nicht geändert oder aufgehoben werden; **63**
hierfür gelten die Vorschriften über die Aufstellung von Bauleitplänen entsprechend (§ 1 Abs. 8
BauGB). Eine Ausnahme hiervon macht § 13 BauGB. Danach kann ein Bebauungsplan ohne
Anhörung geändert werden, wenn die Grundzüge der Planung nicht berührt werden (s. dazu
BVerwG NVwZ-RR 2000, 759).
Bebauungspläne können ferner dadurch außer Kraft treten, dass sie über einen langen
Zeitraum hinweg nicht angewandt werden, weil sie entweder in Vergessenheit geraten sind,
was wohl nur bei Plänen aus der Zeit vor Inkrafttreten des BBauG denkbar ist, oder aber nach
allgemeiner Ansicht für unwirksam gehalten werden – **gewohnheitsrechtliche Derogation**
(BVerwGE 26, 282). Außerdem kann ein Bebauungsplan obsolet und damit unwirksam werden,
wenn seine Festsetzungen wegen einer völlig andersartigen Entwicklung gegenstandslos
werden und damit das Vertrauen auf seine Fortgeltung nicht mehr schutzwürdig ist (BVerwG
E 54, 5 = NJW 1977, 2325; E 67, 334 = NJW 1984, 138; E 98, 235 = BauR 1995, 807; E 108,
71 = NVwZ 1999, 986; NVwZ 2001, 1043; Typser BauR 2001, 349).

Bsp. a) (OVG Berlin NJW 1980, 1121): Ein Bebauungsplan weist eine Zubringerstraße für eine Stadtauto-
bahn aus; die Absicht, diese Autobahn zu bauen, wird später jedoch endgültig aufgegeben.
b) (VGH Mannheim VBlBW 1983, 371): Der Bebauungsplan weist eine größere Fläche als Spielplatz aus.
Ein Großteil dieser Fläche wird zur Errichtung eines Parkplatzes verwendet.
c) (VGH Mannheim BRS 49 Nr. 4): Ein im Jahr 1878 aufgestellter Bebauungsplan für ein Wohngebiet ist
obsolet, wenn er über 100 Jahre lang nicht verwirklicht wird, sondern statt dessen der betroffene Bereich
unter Landschaftsschutz gestellt wird.
d) (VGH Mannheim NVwZ-RR 2003, 407): Der Bebauungsplan wird obsolet, wenn er wegen andersartiger
Bebauung des Plangebiets auf unabsehbare Zeit nicht realisiert werden kann (vgl. auch BVerwG NVwZ
2001, 1043).

Das BVerwG stellt aber an das **Obsolet-Werden** strenge Anforderungen. Es reicht nicht
aus, dass die Gemeinde ihre städtebauliche Konzeption geändert hat (BVerwG NVwZ-RR
1997, 513), die Verwirklichung des Bebauungsplans derzeit nicht möglich ist, sofern dieser

Hinderungsgrund nicht von Dauer ist (BVerwG NVwZ-RR 1998, 415), oder die andersartige Entwicklung sich auf einen Teilbereich beschränkt (BVerwG NVwZ-RR 2000, 411).

Bsp. (OVG Lüneburg NVwZ-RR 1995, 439): In einem durch Bebauungsplan festgesetzten Sondergebiet Campingplatz errichtet ein Schwarzstorchenpaar ein Nest, sodass der Anlage des Campingplatzes § 42 Abs. 1 Nr. 3 BNatSchG entgegensteht; nach dieser Vorschrift dürfen die Brutstätten wild lebender Tiere der besonders geschützten Arten nicht gestört werden.

7. Inhalt der Bauleitpläne

Vorbemerkung: Den Inhalt von Bauleitplänen kann man nur auf der Grundlage der normativen Vorgaben verstehen. Sie stellen den Gemeinden nach Art eines Baukastens Module zur Verfügung, mit deren Hilfe die Gemeinde ihre Planungsvorstellungen umsetzen kann. Während die möglichen Inhalte der Darstellungen und Festsetzungen sich aus den §§ 5 und 9 BauGB und aus der BauNVO ergeben, enthält die auf Grund der Verordnungsermächtigung (jetzt § 9a Nr. 4 BauGB) erlassene PlanzeichenVO vom 18.12.1990 (BGBl 1991 I S. 58) verbindliche Vorgaben für die Form der Darstellung. Formale Mittel der Darstellung können Zeichnung, Farbe, Schrift und Text sein. Verwendet die Gemeinde das Darstellungsmittel der Zeichnung, so ist sie an die PlanzeichenVO gebunden; nur für solche Festsetzungen, für die die PlanzeichenVO kein Zeichen enthält, kann die Gemeinde eigene Zeichen entwickeln (vgl. dazu Battis/Krautzberger/Löhr, BauGB § 9 Rdnr. 2, 3).

a) Flächennutzungsplan (§ 5 BauGB)

64 Der Inhalt des **Flächennutzungsplans** ergibt sich aus § 5 BauGB. Danach ist die bauliche Entwicklung der Gemeinde in den Grundzügen darzustellen; dies betrifft insbesondere die Bauflächen (vgl. § 5 Abs. 2 Nr. 1 BauGB, § 1 Abs. 1 BauNVO), die Hauptverkehrswege (§ 5 Abs. 2 Nr. 3 BauGB), Hauptversorgungsanlagen (§ 5 Abs. 2 Nr. 4 BauGB), die Grünflächen (§ 5 Abs. 2 Nr. 5 BauGB) sowie die Flächen für naturschutzrechtliche Ausgleichsmaßnahmen (§ 5 Abs. 2a BauGB). Die Einzelheiten sollen i.d.R. erst später in den Bebauungsplänen geregelt werden. Der Flächennutzungsplan ist das »grobe Raster«, aus dem nach § 8 Abs. 2 BauGB die Bebauungspläne zu entwickeln sind (BVerwGE 48, 70 – vgl. oben Rdnr. 26, 27). Das schließt freilich nicht aus, dass der Flächennutzungsplan im Einzelfall bereits sehr konkrete Darstellungen enthält (**zur Terminologie**: Der Flächennutzungsplan enthält, da er keine Rechtsnorm ist, keine Festsetzungen oder Ausweisungen wie ein Bebauungsplan, sondern lediglich Darstellungen – vgl. § 5 Abs. 1 Satz 1 BauGB).

b) Bebauungsplan (§ 9 BauGB)

65 Der Inhalt des **Bebauungsplans** ist in § 9 BauGB geregelt. Diese Vorschrift enthält eine abschließende Regelung, die Gemeinde hat also kein Festsetzungserfindungsrecht (BVerwG E 92, 56 = NJW 1993, 2695; E 94, 151 = NJW 1994, 1546; BauR 1995, 351). Ein Vergleich mit § 5 BauGB zeigt, dass der Bebauungsplan wesentlich mehr ins Detail geht. Bedeutsam sind vor allem § 9 Abs. 1 Nr. 1 u. 2 BauGB, wonach Art und Maß der baulichen Nutzung sowie die Bauweise, die überbaubaren Grundstücksflächen und die Stellung der baulichen Anlagen festgesetzt werden können. Zur Konkretisierung dieser Regelung ist die BauNVO heranzuziehen.

Die **BauNVO** ist eine aufgrund von § 9a BauGB 2004 bzw. § 2 Abs. 5 BauGB a.F. ergangene Rechtsverordnung vom 26.6.1962 (BGBl. I, 429), neugefasst durch die Bekanntmachung vom 26.11.1968 (BGBl. I, 1237), vom 15.9.1977 (BGBl. I, 1763), vom 19.12.1986 (BGBl. I, 2665) und vom 23.1.1990 (BGBl. I, 132 – s. dazu Lenz und Heintz BauR 1990, 157 u. 166).

Art der baulichen Nutzung (§§ 1–15 BauNVO)
Die BauNVO enthält in §§ 2–9 einen Katalog von Baugebieten (s. dazu Rdnr. 82 ff.). Dieser **66** Katalog ist für die Gemeinde bindend; zusätzliche Baugebiete können von ihr nicht geschaffen werden (BVerwG BauR 1991, 169; NVwZ 1999, 1341); hierfür besteht aber im Hinblick auf die Variationsmöglichkeiten des § 1 Abs. 4–10 BauNVO i.d.R. auch kein Bedürfnis. Lediglich für Sondergebiete nach §§ 10, 11 BauNVO (s. dazu Rdnr. 88, 89) gibt es keine abschließende Typisierung. Sondergebiete müssen sich aber durch ihre Eigenart deutlich von den Baugebieten nach §§ 2–9 BauNVO unterscheiden (BVerwG BauR 1997, 972; NVwZ 1985, 338). Die **§§ 2–9 BauNVO** sind jeweils so aufgebaut, dass in Abs. 1 der Vorschriften die Eigenart der Baugebiete definiert wird, während in Abs. 2 bestimmte bauliche Anlagen als regelmäßig zulässig festgesetzt werden und Abs. 3 diejenigen Anlagen anführt, die im Wege einer Ausnahme nach § 31 Abs. 1 BauGB zugelassen werden können. Diese Regelungen der BauNVO sind nach § 1 Abs. 3 Satz 2 BauNVO ohne besondere Übernahme Bestandteil eines Bebauungsplans. Die Gemeinden können allerdings nach **§ 1 Abs. 4–6 BauNVO** abweichende Regelungen treffen, indem sie bestimmte zulässige Nutzungen ausschließen oder das Regel-Ausnahme-Verhältnis anders gestalten. Eine solche abweichende Gestaltung darf aber nicht dazu führen, dass der Gebietscharakter als solcher verloren geht (BVerwG NVwZ 1999, 1338).

Bsp. a) (OVG Lüneburg BauR 1981, 454): In einem Mischgebiet darf die gewerbliche Nutzung nicht so weit eingeschränkt werden, dass das Gebiet praktisch zu einem allgemeinen Wohngebiet wird; ebenso darf aber in einem Mischgebiet auch nicht die Errichtung von Wohngebäuden ausgeschlossen werde, weil dadurch faktisch ein Gewerbegebiet geschaffen würde (VGH Mannheim VBlBW 1997, 139).
b) (VGH München BauR 1987, 285; VGH Mannheim VBlBW 1992, 303): Im Dorfgebiet darf landwirtschaftliche Nutzung nicht ausgeschlossen werden.
c) (BVerwG NVwZ 1999, 1341): Im allgemeinen Wohngebiet darf nicht jede andere Nutzung außer Wohnen ausgeschlossen werden, weil dadurch ein reines Wohngebiet entsteht.

Die Abweichung von den §§ 2 ff. BauNVO muss ferner aus **städtebaulichen Gründen**, d.h. solchen, die nach § 1 Abs. 7 BauGB im Rahmen der Abwägung zu beachten sind, erfolgen.

Bsp. (BVerwG E 77, 308 = NVwZ 1987, 1072; NVwZ 1991, 264): Der Ausschluss von Vergnügungsstätten in einem Kerngebiet ist unzulässig, wenn dadurch der Jugend »die heile Welt« erhalten werden soll; dieses Ziel ist nicht mit Hilfe des § 1 BauNVO, sondern mit Hilfe des Jugendschutzgesetzes zu verfolgen.

Die Gemeinde kann im Bebauungsplan nach **§ 1 Abs. 7–9 BauNVO** auch sehr detaillierte Regelungen treffen, wenn dieses durch besondere städtebauliche Gründe gerechtfertigt wird; die allgemeine planerische Rechtfertigung nach § 1 Abs. 3 BauGB genügt hierfür aber nicht.

Bsp. a) (BVerwG NVwZ 1985, 338): In einem Sondergebiet für Beherbergungsbetriebe kann die Anlage von Küchen in Zuordnung zu einzelnen Zimmern untersagt werden, um zu verhindern, dass Beherbergungsbetriebe in Zweitwohnungsanlagen umgewandelt werden können.
b) (BVerwG NVwZ 1992, 373): Die Festsetzung einer unterschiedlichen Nutzung für einzelne Geschosse bedarf einer besonderen städtebaulichen Rechtfertigung.

Als Regelungsinstrumente sieht § 1 Abs. 7 BauNVO zunächst vor, dass für einzelne Geschosse oder Etagen bestimmte Nutzungsarten vorgeschrieben werden, sog. **vertikale Gliederung** (BVerwG NVwZ 1992, 373). Dies ist häufig bei Kerngebieten der Fall, wo das Erdgeschoss für Ladengeschäfte, das Obergeschoss für sonstige gewerbliche Nutzungen (Arztpraxen, Versicherungsbüros o.a.) und die darüber liegenden Geschosse für Wohnzwecke vorgesehen sind. Ferner kann die Gemeinde nach § 1 Abs. 8 BauNVO auch für Teilbereiche eines Bebauungsplans Sonderbestimmungen treffen (sog. **horizontale Gliederung**), etwa bei einem Mischgebiet die Wohnnutzung und die gewerbliche Nutzung räumlich trennen. Schließlich kann nach **§ 1 Abs. 9 BauNVO** für bestimmte Arten einer baulichen Nutzung eine **Sonderregelung** getroffen werden (s. dazu OVG Münster BauR 1997, 436; VGH Mannheim NVwZ-RR 2002, 556).

Der Unterschied zwischen § 1 Abs. 5 BauNVO und § 1 Abs. 9 BauNVO, nach denen jeweils bestimmte Arten der baulichen Nutzung ausgeschlossen werden können, besteht darin, dass § 1 Abs. 5 BauNVO nur den Ausschluss einer der in §§ 2 ff. BauNVO ausdrücklich genannten Arten der baulichen Nutzung zulässt, also z.b. die in § 7 Abs. 2 Nr. 3 BauNVO genannten Vergnügungsstätten, während § 1 Abs. 9 BauNVO auch den Ausschluss von speziellen Unterarten ermöglicht, also z.b. aus der Nutzungsart »Vergnügungsstätten« die Unterart »Diskothek« oder »Spielhalle« (BVerwG E 77, 308 = NVwZ 1987, 1072; E 77, 317 = NVwZ 1987, 1074).

Die bei der BauNVO-Novelle 1990 neu geschaffene Vorschrift des § 1 Abs. 10 BauNVO (s. dazu VGH München BauR 2000, 699; Lenz BauR 1990, 159) ermöglicht es der Gemeinde, im Bebauungsplan zu bestimmen, dass vorhandene bauliche Anlagen auch dann geändert, erweitert oder erneuert werden können, wenn dieses nach den Festsetzungen des Bebauungsplans sonst unzulässig wäre. Die Vorschrift ist speziell auf **Gemengelagen** ausgerichtet und soll verhindern, dass aufgrund der Festsetzung eines Bebauungsplans einseitig die eine Nutzungsart zulässig, die andere Nutzungsart aber unzulässig ist; es soll die Fortentwicklung des vorhandenen Baubestands gewährleistet sein (OVG Lüneburg BauR 2002, 906).

§§ 12 – 14 BauNVO regeln für alle Baugebiete die Zulässigkeit von Garagen und Stellplätzen, freien Berufen und Nebenanlagen (s. dazu Rdnr. 90 – 92)

Maß der baulichen Nutzung (§§ 16 – BauNVO)

67 Der Gemeinderat kann ferner nach §§ 16 ff. BauNVO das Maß der baulichen Nutzung bestimmen, indem er die Grundflächen- und Geschossflächenzahl, die Geschosszahl sowie die Gebäudehöhe festlegt.

Die **Grundflächenzahl** ergibt sich nach § 19 BauNVO aus dem Verhältnis zwischen überbauter Grundstücksfläche (Grundriss des Gebäudes) und Grundstücksfläche. Die Grundflächenzahl (oder die Größe der Grundflächen der baulichen Anlagen) ist bei Festsetzungen des Maßes der baulichen Nutzung zwingend (§ 16 Abs. 3 Nr. 1 BauNVO); sie kann auch nicht durch andere Festsetzungen (Bauweise, überbaubare Grundstücksfläche) ersetzt werden (BVerwG NVwZ 1996, 894; OVG Weimar Urt. v. 15.12.2004–1 N 92/00 –).

Die **Geschossflächenzahl** ist nach § 20 Abs. 2 BauNVO das Verhältnis der Fläche aller Vollgeschosse zur Grundstücksfläche. Dabei können Aufenthaltsräume im Unter- oder Dachgeschoss nach § 20 Abs. 3 Satz 2 BauNVO mitgezählt werden, nicht aber die Fläche von Nebenanlagen und Garagen (§ 20 Abs. 4 BauNVO). Die in der Praxis häufige Festsetzung eines zusätzlichen ausbaufähigen Dachgeschosses (+D) ist unzulässig (so BVerwG NVwZ 1997, 896).

Die Gemeinde ist dabei an die Höchstwerte der Tabelle in § 17 Abs. 1 BauNVO gebunden; sie kann also z.B. nicht in einem Wohngebiet eine Grundflächenzahl von 0,5 festsetzen. Eine Ausnahme hiervon ist nach § 17 Abs. 2 BauNVO nur zulässig, wenn besondere städtebauliche Gründe dies erfordern; das ist der Fall, wenn ein Überschreiten der Obergrenze vernünftigerweise geboten ist (BVerwG BauR 2000, 690; NVwZ 2001, 560), z.B. die Planungskonzeption sonst nicht realisiert werden kann (VGH Mannheim VBlBW 1996, 141).

Was ein **Vollgeschoss** ist, richtet sich gemäß § 20 BauNVO nach den landesrechtlichen Bestimmungen. Die ThürBO 2004 enthält bei den allgemeinen Begriffsbestimmungen in § 2, anders als die Vorgängerfassung (§ 2 Abs. 5) keine Definition des Vollgeschosses mehr. Der Begriff wird aber, ausschließlich mit Blick auf § 20 Abs. 1 BauNVO, in der Übergangsregelung des § 85 Abs. 2 ThürBO 2004 definiert.

Die **Gebäudehöhe** richtet sich entweder nach der Firsthöhe (Gesamthöhe) oder der Traufhöhe (Schnittpunkt von Außenwand und Dach).

Bauweise und überbaubare Grundstücksfläche (§§ 22, 23 BauNVO).

68 Der Bebauungsplan kann nach § 22 BauNVO die **offene** oder die **geschlossene Bauweise**

festsetzen. Offene Bauweise bedeutet, dass die Gebäude einen Abstand (Bauwich) aufweisen müssen, während sie bei geschlossener Bauweise an das Nachbargebäude angebaut werden müssen (§ 22 Abs. 2, 3 BauNVO). Offene Bauweise bedeutet aber nicht, dass die Gebäude zur Grundstücksgrenze einen Abstand einhalten müssen. Wie § 22 Abs. 2 BauNVO zeigt, können auch Doppelhäuser und sogar Reihenhäuser bis zu 50 m Länge in offener Bauweise errichtet werden, auch wenn sich Doppelhäuser und insbesondere Reihenhäuser über mehrere Grundstücke erstrecken. Nach der neueren Rechtsprechung des BVerwG (BauR NVwZ 2000, 1055) setzt ein **Doppelhaus** begrifflich voraus, dass die beiden Haushälften auf jeweils getrennten Grundstücken stehen, aber das Gebäude gleichwohl als bauliche Einheit in Erscheinung tritt. Nach § 22 Abs. 4 BauNVO kann im Bebauungsplan auch eine andere als die offene oder geschlossene Bauweise festgesetzt werden; in der Praxis spielt vor allem die sog. **halboffene Bauweise** eine Rolle, bei der die Grundstücke nur einseitig bis an die Grenze bebaut werden, sodass Doppelhäuser mit großen, zusammenhängenden Gartenflächen entstehen.

Während die bauliche Nutzung der Grundstücke im Geltungsbereich eines Bebauungsplans durch die Festsetzung von Grund- und Geschossflächenzahlen nur abstrakt, d.h. nicht auf das einzelne Grundstück bezogen, geregelt wird, kann die Gemeinde durch die Festsetzung von **Baulinien und Baugrenzen (§ 23 BauNVO)** auch bis ins Detail die Bebauung jedes einzelnen Grundstücks festlegen. Baulinien (§ 23 Abs. 2 BauNVO) zwingen den Bauherrn dazu, exakt an dieser Linie zu bauen. Baugrenzen (§ 23 Abs. 3 BauNVO) dürfen nicht überschritten werden, das Bauvorhaben darf aber dahinter zurückbleiben. Durch die Festsetzung eines sog. **Baufensters**, d.h. Baulinien auf allen 4 Seiten, kann die Gemeinde sogar genau den Grundriss und den Standort des Gebäudes festlegen. Demgegenüber sind die häufig im Bebauungsplan eingezeichneten Gebäudegrundrisse (sog. **Bauschemata**) rechtlich unbeachtlich, soweit sie nicht durch Baugrenzen oder Baulinien fixiert sind. Baulinien und Baugrenzen gelten nicht nur für Gebäude, sondern für alle baulichen Anlagen (BVerwG NVwZ 2002, 90 für eine Werbeanlage). Die Ausnahmen regelt abschließend § 23 Abs. 5 BauNVO.

Sonstige Festsetzungen im Bebauungsplan

Neben diesen in beinah allen Bebauungsplänen anzutreffenden Regelungen lässt **§ 9 Abs. 1** 69
BauGB noch eine Vielzahl anderer Regelungen zu, die hier nicht im einzelnen dargestellt werden können. Zu erwähnen sind vor allem folgende mögliche Festsetzungen: Flächen für den Gemeinbedarf (Nr. 5), Verkehrsflächen (Nr. 11), Versorgungsflächen (Nr. 12), öffentliche und private Grünflächen (Nr. 15), Flächen für Gemeinschaftsanlagen (Nr. 22), Flächen für Lärmschutzwälle und ähnliche Einrichtungen zum Schutz gegen Immissionen (Nr. 24). Auslegungsschwierigkeiten bereiten vor allem die Nr. 11 und 24. **§ 9 Abs. 1 Nr. 11 BauGB** erlaubt nicht nur die Planung von Verkehrswegen bei der Festsetzung von Baugebieten, sondern auch die sog. **isolierte Straßenplanung**, d.h. die Aufstellung eines Bebauungsplans, der nur die Festsetzung einer Straße enthält (BVerwG E 38, 52; 72, 172; NVwZ 1994, 275; Dürr in Kodal/Krämer/Rinke Straßenrecht Kap. 36 Rdnr. 21 m.w.N.; Schmidt-Eichstaedt BauR 2001, 337). Die Planungsbefugnis ist dabei nicht auf Gemeindestraßen beschränkt, sondern erfasst auch, wie z.B. §§ 17 Abs. 3 FStrG, 38 Abs. 4 ThürStrG zeigen, klassifizierte Straßen (OVG Münster NVwZ-RR 1997, 687 – Kreisstraße). Ferner können nach § 9 Abs. 1 Nr. 11 BauGB auch Verkehrsflächen mit besonderer Zweckbestimmung (Fußwege, Radwege, Fußgängerzonen, Parkflächen) festgesetzt werden (s. dazu Dürr UPR 1992, 241; VBlBW 1993, 361; Steiner DVBl 1992, 1362; VerwArch 1995, 173). Unzulässig sind dagegen rein verkehrsrechtliche Anordnungen, etwa Einbahnstraßenregelungen oder Geschwindigkeitsbegrenzungen, weil hierfür die Straßenverkehrsbehörde zuständig ist (Brügelmann/Gierke § 9 Rdnr. 224; vgl. aber auch BVerwG NVwZ 1995, 165). **§ 9 Abs. 1 Nr. 24 BauGB** lässt Anordnungen zum Schutz vor schädlichen Umwelteinwirkungen zu; in der Praxis betrifft dieses vor allem den Verkehrs-

und Gewerbelärm. In Betracht kommt zunächst die Festsetzung von Lärmschutzwällen oder -wänden bzw. die Verpflichtung zum Einbau von Schallschutzfenstern (BVerwG NJW 1995, 2572; VGH München BayVBl 1995, 399; Brügelmann/Gierke BauGB § 9 Rdnr. 398; Dürr in Kodal/Krämer/Rinke Straßenrecht Kap. 36 Rdnr. 21.21). Ist eine solche Festsetzung getroffen worden, haben die dadurch begünstigten Personen einen Anspruch auf die Verwirklichung der Festsetzungen (BVerwG DVBl 1988, 1167; OVG Lüneburg BauR 1993, 456). Es muss sich aber um technische Vorkehrungen handeln; die Festsetzung von Emissionsgrenzwerten oder gar von »Emissionsquoten« für einzelne Grundstücke ist unzulässig (BVerwG NVwZ 1994, 1009); bei Gewerbegebieten ist aber eine Gliederung nach Emissionswerten gemäß § 1 Abs. 4 BauNVO zulässig (BVerwG NVwZ-RR 1997, 522; NVwZ 1998, 1067).

Nach dem nun neu geschaffenen § 9 Abs. 2 BauGB können die Festsetzungen auch zeitlich befristet werden, die sich danach anschließende Nutzung soll aber ebenfalls festgesetzt werden.

Ferner können nach § 9 Abs. 4 BauGB auch bauordnungsrechtliche Bestimmungen in den Bebauungsplan aufgenommen werden (vgl. dazu § 83 Abs. 2 ThürBO sowie Manssen BauR 1991, 697). Derartige bauordnungsrechtliche Regelungen werden in den meisten Bebauungsplänen getroffen, etwa nähere Bestimmungen über die Dachneigung, die Gestaltung der Außenfläche oder die Höhe der Einfriedigungen. Voraussetzung für derartige bauordnungsrechtliche Festsetzungen ist allerdings, dass sie sich »im Rahmen des Gesetzes« halten, d.h. bauordnungsrechtlichen Zielen dienen (VGH Mannheim VBlBW 1996, 69; NVwZ-RR 1988, 63; BauR 1988, 310).

Festsetzungen nach anderen Vorschriften, etwa Wasserschutz- oder Landschaftsschutzgebiete, Planfeststellungsbeschlüsse für den Bau von Straßen, Eisenbahnen oder sonstigen Verkehrsanlagen sowie eingetragene Kulturdenkmäler können nachrichtlich übernommen werden; diese nachrichtliche Übernahme hat aber keine rechtsbegründende Wirkung, sondern dient nur der Information über sonstige Regelungen, die für die Zulässigkeit von Bauvorhaben von Bedeutung sind.

8. Der fehlerhafte Bebauungsplan

70 Rechtsfolge von formellen und materiellen Fehlern beim Erlass einer Rechtsnorm ist nach allgemeinen Grundsätzen die Nichtigkeit der Norm. Hiervon machen §§ 214–216 BauGB in beträchtlichem Umfang eine Ausnahme (s. dazu Hoppe/Henke DVBl 1997, 1407; Gaentzsch DVBl 2000, 741 und UPR 2001, 201; zur Neufassung der Vorschriften durch das EAG Bau 2004 Quaas/Kukk BauR 2004, 1541, Erbguth DVBl 2004, 802 und oben Rdnr. 48–50). Der Gesetzgeber hat im Interesse der »Bestandskraft von Bebauungsplänen« (so BT-Drucks. 10/4630, 51, 54 und 156 – diese Bezeichnung ist terminologisch ungenau, da eine Rechtsnorm nicht bestandskräftig werden kann) bzw. der **Planerhaltung** (so die Überschrift der §§ 214–216 BauGB) die sonst allgemeingültigen Regeln über die Rechtsfolgen von Fehlern bei Rechtsnormen durchbrochen und ein recht kompliziertes System von unbeachtlichen, innerhalb einer bestimmten Frist (§ 215 Abs. 1 BauGB) beachtlichen und auch ohne Rüge stets beachtlichen Fehlern ersetzt. Dies führt dazu, dass es neben den herkömmlichen Instituten der rechtmäßigen und wirksamen Norm sowie der rechtswidrigen und unwirksamen Norm nunmehr auch die zwar rechtswidrige, aber gleichwohl wirksame Norm (bei nach § 214 Abs. 1 BauGB unbeachtlichen Fehlern sowie bei Verstreichen der Frist des § 215 Abs. 1 BauGB), sowie die schwebend unwirksame Norm (innerhalb der Frist des § 215 Abs. 1 BauGB) gibt.

Der durch das BauGB 1998 neu geschaffene § 215a BauGB (bzw. § 214 Abs. 4 BauGB 2004) hat die nachteiligen Folgen der Fehlerhaftigkeit eines Bebauungsplans weiter eingeschränkt. Nach dieser Vorschrift kann der Fehler nämlich häufig durch ein **Planergänzungsverfahren** bereinigt werden (s. dazu unten Rdnr. 75).

§§ 214, 215 BauGB gelten nach **§ 216 BauGB** nicht für das Genehmigungsverfahren; die Genehmigungsbehörde muss also die Genehmigung versagen, wenn bei der Aufstellung des Bebauungsplans gegen die Vorschriften des BauGB verstoßen worden ist.

a) Verfahrensfehler nach dem BauGB (§ 214 BauGB)

Nach § 214 Abs. 1 BauGB sind Verfahrensfehler nur beachtlich, wenn die von der Planung be- 71 rührten Belange nicht zutreffend ermittelt oder bewertet worden sind (Nr. 1 – s. dazu oben Rdnr. 48), Vorschriften über die Bürgerbeteiligung oder die Beteiligung der Träger öffentlicher Belange (Nr. 2), die Begründung des Bebauungsplans (Nr. 3), den Satzungsbeschluss nach § 10 BauGB oder das Genehmigungsverfahren nach § 10 Abs. 2 BauGB sowie die Bekanntmachung (Nr. 4) nicht eingehalten worden sind. Die nach § 214 Abs. 1 S. 1 Nr. 1–3 BauGB beachtlichen Form- und Verfahrensfehler müssen innerhalb von zwei Jahren schriftlich gegenüber der Gemeinde gerügt worden sein (§ 215 Abs. 1 Nr. 1 BauGB); hierfür ist es ausreichend, dass irgend jemand sich auf einen Verfahrensfehler beruft (BVerwG DVBl 1982, 1095; BVerwGE 67, 334 = NJW 1984, 138). Die **Rüge** muss aber schriftlich gegenüber der Gemeinde erfolgen (BGH NJW 1980, 1751; BVerwG DVBl 1982, 1095); ausreichend hierfür ist, dass sie in einem Prozess erhoben wird, an dem die Gemeinde beteiligt ist (BVerwG NVwZ 1983, 347; VGH Mannheim VBlBW 1997, 137). Vor Ablauf der 2-Jahresfrist sind alle Verfahrensfehler von Amts wegen von den Gerichten zu beachten; danach nur noch die in § 214 Abs. 1 S. 1 Nr. 4 angeführten elementaren Fehler. Insoweit kommt eine Beschränkung der Rechtsfolgen eines Verfahrensfehlers nicht in Betracht, weil es sich dabei um die rechtsstaatlich unverzichtbaren Mindestanforderungen an eine Normsetzung handelt.

Unberührt von der Heilung nach §§ 214, 215 BauGB bleiben die kommunalrechtlichen Rügen; insoweit enthält aber § 21 ThürKO eine vergleichbare Heilungsregelung.

b) Kommunalrechtliche Fehler

Einen Verstoß gegen **Vorschriften der Thüringer Kommunalordnung** stellt insbesondere die 72 Beteiligung von **befangenen Gemeinderäten** (§ 38 ThürKO– s. dazu Brügelmann/Gierke § 10 Rdnr. 66 ff.) bei dem Satzungsbeschluss nach § 10 BauGB dar. Die Mitwirkung eines befangenen Gemeinderatsmitgliedes führt zur Nichtigkeit des Bebauungsplans (VGH Mannheim BauR 1973, 368), wobei es gleichgültig ist, ob dieses befangene Gemeinderatsmitglied Einfluss auf die Entscheidung über den Bebauungsplan genommen hat. Der VGH Mannheim (BauR 1974, 394; VBlBW 1982, 298; eb. auch BVerwG NVwZ 1988, 916; OVG Koblenz BauR 1989, 433) stellt nur darauf ab, ob das befangene Gemeinderatsmitglied beim Satzungsbeschluss nach § 10 BauGB mitgewirkt hat; eine Teilnahme an vorausgegangenen Gemeinderatssitzungen soll unschädlich sein, weil der Gemeinderat mit dem Satzungsbeschluss zugleich konkludent alle zuvor getroffenen Entscheidungen bestätige. Die Gegenmeinung wendet ein, dass die maßgeblichen Entscheidungen häufig bereits beim Aufstellungsbeschluss nach § 2 Abs. 1 BauGB, zumindest aber beim Beschluss über die Anregungen nach § 3 Abs. 2 BauGB getroffen werden; aus diesem Grund führe jegliche Mitwirkung eines befangenen Gemeinderatsmitgliedes bei der Aufstellung des Bebauungsplans zu seiner Nichtigkeit (so OVG Münster NVwZ-RR 1996, 220; OVG Lüneburg NVwZ 1982, 200).

Bsp. für die Befangenheit:
1. Ein Gemeinderatsmitglied ist Eigentümer eines Grundstücks im Bebauungsplangebiet (VGH Mannheim ESVGH 14, 162; VBlBW 1981, 323 u. 356; NVwZ-RR 1993. 97); das gleiche gilt für die Mieter einer Wohung im Plangebiet (VGH Mannheim NVwZ-RR 1997, 183).
2. Ein Gemeinderatsmitglied ist Eigentümer eines Grundstücks, das zwar außerhalb des Bebauungsplangebiets liegt, aber durch die Verwirklichung des Bebauungsplans unmittelbar betroffen würde (VGH Mannheim BRS 27 Nr. 23; VGH Kassel NVwZ-RR 1993, 156).
3. Ein Gemeinderatsmitglied hat beruflich, z.B. als Architekt, ein Interesse an der Verwirklichung des

Bebauungsplans (VGH Mannheim BWVBl. 1969, 47; BRS 35 Nr. 22). Dabei reicht allerdings nicht das allgemeine Interesse an möglichen Aufträgen aus, vielmehr muss bereits eine konkrete Aussicht auf einen Auftrag bestehen (VGH Mannheim BRS 40 Nr. 30).
4. Der Inhaber des einzigen Baumarkts am Ort ist bei der Ausweisung eines Sondergebiets »Baumarkt« befangen (VGH Mannheim VBlBW 1987, 27).

Außer in den angeführten Fällen ist Befangenheit stets anzunehmen, wenn das Gemeinderatsmitglied am Bebauungsplan ein **Sonderinteresse** hat, weil es selbst oder eine ihm nahestehende Person (Ehegatte, Verwandte, Arbeitgeber) einen unmittelbaren Vor- oder Nachteil zu erwarten hat (BVerwG NVwZ 1988, 916; VGH Mannheim NVwZ 1998, 63). Dabei soll zwar bereits »der böse Schein« vermieden werden (VGH Mannheim NVwZ-RR 1993, 97; VBlBW 1987, 24; OVG Münster BauR 1979, 477), aber andererseits reichen ganz entfernt liegende Möglichkeiten einer Befangenheit nicht aus, weil sonst die Arbeit des Gemeinderats blockiert würde (OVG Münster BauR 1979, 477). Bei im öffentlichen Dienst stehenden Gemeinderatsmitgliedern ist eine Befangenheit deshalb nicht schon dann anzunehmen, wenn der Dienstherr (Bund oder Land) ein Grundstück im Bebauungsplangebiet besitzt, sondern erst dann, wenn die dienstlichen Aufgaben des Beamten oder seiner Behörde unmittelbar betroffen werden (VGH Mannheim Beschl. v. 8.8.1978 – III 2048/76; OVG Koblenz NVwZ 1984, 6).
Bei der Aufstellung eines Flächennutzungsplans scheidet ein Ausschluss eines Gemeinderatsmitgliedes wegen **Befangenheit** aus, weil der Flächennutzungsplan sich über das ganze Gemeindegebiet erstreckt, sodass i.d.R. die meisten Gemeinderäte bei Anwendung der Befangenheitsgrundsätze nicht mitwirken könnten (OVG Münster BauR 1979, 477; Creutz BauR 1979, 470; Krebs VerwArch 1980, 181).
Die Mitwirkung eines befangenen Gemeinderatsmitgliedes ist aber nur dann beachtlich, wenn dieser Fehler innerhalb eines Jahres seit Inkrafttreten des Bebauungsplans geltend gemacht wird (§§ 18, 21 Abs. 4–6, 38 Abs. 4 S. 3 ThürKO).
Ein weiterer wesentlicher kommunalrechtlicher Verfahrensfehler liegt vor, wenn die Vorschriften über die **Öffentlichkeit** der Sitzungen des Gemeinderats (§ 40 ThürKO) nicht beachtet werden.

c) Rückwirkende Heilung von Verfahrensfehlern

73 Alle Verfahrensfehler, auch solche des Kommunalrechts, können nach § 214 Abs. 4 BauGB jedoch durch Wiederholung des Verfahrens vom Stadium des Verfahrensfehlers ab mit rückwirkender Kraft geheilt werden (s. dazu BVerwG BauR 1987, 166; NVwZ 1993, 361; NVwZ 1998, 956; NVwZ 2001, 203; OVG Weimar BauR 1999, 164; Schmidt NVwZ 2000, 977; Dolde NVwZ 2001, 976); hierfür ist nur dann ein Gemeinderatsbeschluss erforderlich, wenn der Satzungsbeschluss oder ein vorheriger Verfahrensabschnitt fehlerhaft waren (BVerwG NVwZ 1997, 893; NVwZ 2001, 203) Eine unterbliebene Ausfertigung kann also vom Bürgermeister ohne Beteiligung des Gemeinderats nachgeholt und der Bebauungsplan dann in Kraft gesetzt werden (BVerwG NVwZ-RR 1997, 515). Ein rückwirkendes Inkrafttreten des Bebauungsplans scheidet allerdings aus, wenn sich zwischenzeitlich die Planungsgrundlagen so geändert haben, dass eine neue Abwägung nach § 1 Abs. 7 BauGB erforderlich ist (BVerwG NVwZ 1993, 361; NVwZ 2001, 203 u. 431; NVwZ 2002, 83).

d) Materiell-rechtliche Fehler

74 Das Rechtsstaatsprinzip, wonach Eingriffe in Freiheit und Eigentum nur aufgrund eines Gesetzes möglich sind, hat normalerweise zur Folge, dass untergesetzliche Rechtsnormen nichtig sind, wenn sie gegen gesetzliche Vorschriften verstoßen. Auch insoweit weicht das Bauplanungsrecht teilweise von den allgemeinen Rechtsgrundsätzen ab.
§ 214 Abs. 2 und 3 BauGB enthält **Unbeachtlichkeitsregelungen** wegen materiell-rechtlicher Fehler des Bebauungsplans. Nach § 214 Abs. 2 BauGB sind **Verstöße** gegen die Regelungen

des **§ 8 Abs. 2–4 BauGB** unter bestimmten Voraussetzungen unbeachtlich (s. dazu oben Rdnr. 28, 29, 33). Dabei ist es nicht von Bedeutung, ob die Gemeinde sich wegen fehlerhafter Auslegung des § 8 BauGB oder aus Gleichgültigkeit über die Bindungen dieser Vorschrift hinweggesetzt hat; lediglich bei bewusstem Rechtsverstoß kommt § 214 Abs. 2 BauGB nicht zur Anwendung (BVerwG NVwZ 1985, 745).

Bedeutsam ist, dass Mängel im Abwägungsvorgang nach § 214 Abs. 3 BauGB nur beachtlich sind, wenn sie offensichtlich sind und für das Abwägungsergebnis von Bedeutung gewesen sind, während Mängel des Abwägungsergebnisses selbst in jedem Fall beachtlich sind (s. dazu oben Rdnr. 48). Nach **§ 215 Abs. 1 Nr. 3 BauGB** (s. dazu Peine NVwZ 1989, 637) müssen **Fehler im Abwägungsvorgang** innerhalb von zwei Jahren schriftlich gegenüber der Gemeinde gerügt werden; geschieht dieses nicht, ist der Abwägungsfehler unbeachtlich (zur verfassungsrechtlichen Problematik s. oben Rdnr. 49). § 215 Abs. 1 Nr. 3 BauGB führt also dazu, dass nach Ablauf von zwei Jahren die Gültigkeit eines Bebauungsplans nur wegen eines Fehlers im Abwägungsergebniss, nicht aber wegen eines Fehlers im Abwägungsvorgang in Zweifel gestellt werden kann. Ein Mangel des Abwägungsergebnisses wird aber von den Verwaltungsgerichten wegen der prognostischen, wertenden und volitiven Elemente der Abwägung nur bei evidenten Missgriffen festgestellt werden können. Das BauGB 2004 gewährleistet, dass solche evidenten Missgriffe ohne zeitliche Beschränkung korrigiert werden können, dass aber aus anderen Gründen nicht noch nach Jahren, wenn der Bebauungsplan weitgehend verwirklicht ist, bisher verborgene Fehler aufgespürt werden können, die zur Nichtigkeit des Bebauungsplans führen. Das entspricht einem Bedürfnis der Praxis, vor allem auch der Gemeinden.

Aus der Beschränkung des § 215 Abs. 1 Nr. 3 BauGB auf Fehler des Abwägungsvorgangs ergibt sich weiter, dass sonstige Verstöße gegen Vorschriften des materiellen Rechts sachlich und zeitlich unbeschränkt geltend gemacht werden können, etwa wenn die Bindungen nicht beachtet werden, die sich aus dem Katalog zulässiger Festsetzungen in § 9 BauGB ableiten lassen oder wenn der Bebauungsplan im Sinne des § 1 Abs. 3 BauGB nicht erforderlich ist (BVerwG BauR 1999, 1136).

e) Fehlerbewältigung durch ergänzendes Verfahren

Nach § 214 Abs. 4 BauGB können Mängel des Bebauungsplans durch ein ergänzendes **75** Verfahren behoben werden; der fehlerfreie Bebauungsplan kann auch rückwirkend in Kraft gesetzt werden. Die Vorschrift findet sowohl für **Verfahrensfehler** als auch für Abwägungsfehler Anwendung.

Bei **materiell-rechtlichen Fehlern** ist eine Fehlerheilung durch ein ergänzendes Verfahren unproblematisch, soweit es sich lediglich um eine Planergänzung handelt, also z.B. der bei der Neuplanung oder der wesentlichen Änderung einer Straße nach § 41 BImSchG i.V.m. §§ 1, 2 16. BImSchV erforderliche Lärmschutz durch die Festsetzung eines Lärmschutzwalls nach § 9 Abs. 1 Nr. 24 BauGB nachgeholt wird.

Die Ergänzung kann im Verfahren nach § 13 BauGB erfolgen (s. oben Rdnr. 63) und der ergänzende Bebauungsplan nunmehr nach § 214 Abs. 4 BauGB 2004 auch mit rückwirkender Wirkung in Kraft gesetzt werden (Krautzberger/Stüer BauR 2003, 1307).

Eine Behebung eines Abwägungsfehlers durch ein ergänzendes Verfahren ist allerdings nur zulässig, wenn dadurch die **Grundzüge der Planung** nicht berührt werden (BVerwG NVwZ 1999, 414 und 420; NVwZ 2000, 1053; NVwZ 2003, 1385). Es wäre z.B. nicht zulässig, im Wege eines ergänzenden Verfahrens den Baugebietscharakter grundlegend zu verändern, etwa aus einem Wohngebiet ein Mischgebiet zu machen. Die nachträgliche »Planreparatur« (so Stüer/Rude DVBl 2000, 322) ist nur möglich bei punktuellen Nachbesserungen im Rahmen einer ansonsten ordnungsgemäßen Gesamtplanung (VGH München GewArch 1999, 432). Bei einer gewichtigen Planänderung würde es sich nicht um ein ergänzendes Verfahren, sondern faktisch um die Neuaufstellung des Bebauungsplans handeln. Die Bürger und die Träger öffentlicher Belange, die gegen die bisherige Festsetzung nichts einzuwenden hatten, müssen Gelegenheit erhalten, sich zu dieser Umplanung zu äußern. Auch die Gesetzesmaterialien (BT-Drucks. 13/6392 S. 74) sprechen nur von der Bereinigung von Fehlern, die das »Grundgerüst der Abwägung« nicht betreffen.

B. Bauplanungsrechtliche Zulässigkeit von Bauvorhaben

1. Bedeutung und System der §§ 29 ff. BauGB

76 §§ 29 ff. BauGB haben die bauplanungsrechtliche Zulässigkeit von Einzelbauvorhaben zum Inhalt. Die städtebauliche Ordnung wird nach den Vorstellungen des Gesetzgebers zunächst durch die Aufstellung von Bauleitplänen gewährleistet; im Geltungsbereich eines Bebauungs-plans sind Bauvorhaben nur zulässig, wenn sie dem Bebauungsplan nicht widersprechen (§ 30 Abs. 1 BauGB). Es muss aber auch in Gebieten, in denen kein Bebauungsplan besteht, für eine geordnete städtebauliche Entwicklung gesorgt werden; dieses ist die Aufgabe der §§ 34 (nichtbeplanter Innenbereich) und 35 BauGB (Außenbereich). Ferner muss überall dort, wo kein Bebauungsplan besteht, der Planungshoheit der Gemeinde Rechnung getragen werden (§ 36 BauGB).

§ 29 BauGB 1987 verlangte für eine Anwendung der §§ 30 ff. BauGB ferner, dass das Vorhaben einer Baugenehmigung, Bauanzeige oder Zustimmung nach Landesrecht bedurfte. Die Anbindung der §§ 30 ff. BauGB an ein bauordnungsrechtliches Verfahren hat sich als problematisch erwiesen, nachdem im Zuge der sog. Deregulierung in anderen Bundesländern zum Teil auch größere Vorhaben ohne baurechtliches Verfahren errichtet werden können (s. dazu Ortloff NVwZ 1995, 112; Stüer DVBl 1996, 482). § 29 BauGB 1998 hat die Verknüpfung zwischen Bauplanungsrecht und Bauordnungsrecht aufgegeben. Die §§ 30 – 37 BauGB sind auch dann einzuhalten, wenn ein Bauvorhaben nach § 63 ThürBO verfahrensfrei ist (§ 62 Abs. 2 ThürBO).

77 Die §§ 30–37 BauGB finden nicht nur bei der Errichtung einer baulichen Anlage, sondern auch bei der baulichen Änderung oder Nutzungsänderung einer solchen Anlage Anwendung. Eine **Änderung** ist der städtebaulich relevante Umbau bzw. die Erweiterung oder sonstige bauliche Veränderung einer baulichen Anlage (BVerwG NVwZ 1994, 294). Eine **städtebauliche Relevanz** ist jedenfalls bei einer Erhöhung des Maßes der baulichen Nutzung (§ 16 BauNVO) sowie bei Baumaßnahmen, die die Identität des Gebäudes berühren oder hinsichtlich des Aufwands an einen Neubau heranreichen, zu bejahen (BVerwG NVwZ 2000, 1047). Bei der Prüfung der Zulässigkeit einer solchen Maßnahme ist das gesamte Gebäude in der geänderten Form zu berücksichtigen, nicht nur die geänderten Teile (BVerwG NVwZ 2000, 1047; 2002, 1118).

Bsp. (BVerwG NVwZ 1987, 1076): Wird ein Ladengeschäft mit einer Verkaufsfläche von knapp 700 m^2 auf eine Verkaufsfläche von 840 m^2 erweitert, dann wird aus dem Ladengeschäft ein großflächiges Einzelhandelsgeschäft i.S.d. § 11 Abs. 3 BauNVO, auch wenn die zusätzlichen 140 m^2 Verkaufsfläche bei isolierter Betrachtungsweise sicher nicht die in § 11 Abs. 3 BauNVO angesprochenen negativen Auswirkungen haben werden (s. dazu unten Rdnr. 89).

Dieser Grundsatz gilt allerdings nicht, wenn die Baumaßnahme in Bezug auf ihre Zulässigkeit isoliert, also ohne Einbeziehung des gesamten Gebäudes beurteilt werden kann.

Bsp. (BVerwG NVwZ 2000, 1047): Bei einer nachträglichen Veränderung des Dachs ist nur die Zulässigkeit dieser Maßnahme, nicht die Zulässigkeit des bereits genehmigten Gesamtgebäudes zu prüfen.

Eine **Nutzungsänderung** i.S.d. § 29 BauGB ist dann anzunehmen, wenn die Funktion der Anlage in einer Weise geändert wird, die zu einer anderen baurechtlichen Beurteilung führen kann, sich also die Genehmigungsfrage neu stellt (BVerwG E 47, 185 = DVBl 1975, 498; NVwZ 1999, 523; Sarnighausen DÖV 1995, 926). Wird z.b. ein Schreibwarengeschäft in ein Eisenwarengeschäft umgewandelt, dann stellt dies keine baurechtlich relevante Nutzungsänderung dar, weil für beide Geschäfte dieselben baurechtlichen Grundsätze gelten. Dagegen ist die Umwandlung eines Großhandelsbetriebs in ein Einkaufszentrum (BVerwG NJW 1984, 1771) eine Nutzungsänderung, weil Einkaufszentren nach § 11 Abs. 3 BauNVO nur in Kerngebieten und Sondergebieten zulässig sind. Ebenso ist die Änderung einer Schank- und Speisewirtschaft in eine Diskothek (VGH Kassel NVwZ 1990, 583; OVG Münster NVwZ 1983, 685), ein Nachtlokal mit Striptease (VGH München BauR 2000, 81) oder eine Spielhalle (VGH Mannheim VBlBW 1986, 109; 1992, 101) sowie eines Kinos in eine Spielhalle (BVerwG BauR 1989, 308) eine Nutzungsänderung, selbst wenn keinerlei bauliche Veränderungen vorgenommen werden. Das gleiche gilt, wenn ein bisher einem landwirtschaftlichen Betrieb dienendes Gebäude einem Nichtlandwirt überlassen wird (BVerwG E 47, 185 = DVBl 1975, 498), ein Wochenendhaus als Dauerwohnung genutzt wird (BVerwG NVwZ 1984, 510), ein Hotel in ein Altenheim umgewandelt wird (BVerwG BauR 1988, 569), eine Skihütte auf eine ganzjährige Bewirtung umgestellt wird (BVerwG NVwZ 2000, 678), eine Lagerhalle als Verkaufsraum dient (BVerwG BauR 1990, 569), ein Pkw-Stellplatz als Dauerabstellplatz für einen Wohnwagen genutzt wird (BVerwG BauR 1993, 300) oder ein Rinderstall in einen Schweinestall (mit wesentlich stärkeren Geruchsemissionen) umgewandelt wird (BVerwG NVwZ 1993, 445); weitere Beispiele für Nutzungsänderungen s. Brügelmann/Dürr § 29 Rdnr. 7 bzw. 23. Eine Nutzungsänderung liegt aber nicht vor, wenn sich ohne Mitwirkung des Eigentümers der Kreis der Benutzer ändert; eine Nutzungsintensivierung ist keine Nutzungsänderung.

Bsp. (BVerwG NVwZ 1999, 417): Eine zunächst nur von Besuchern aus der Nachbarschaft aufgesuchte Gaststätte mit Kegelbahn (§ 4 Abs. 2 Nr. 2 BauNVO) wird zunehmend auch von auswärtigen Gästen aufgesucht und ist daher in einem allgemeinen Wohngebiet eigentlich nicht zulässig. Das BVerwG hat gleichwohl eine Nutzungsänderung verneint, weil der Inhaber für die Veränderung des Besucherkreises nicht verantwortlich sei.

Die Vorschriften der §§ 30 ff. BauGB gelten nach **§ 38 BauGB** nicht für Vorhaben von über- **78** örtlicher Bedeutung (s. dazu BVerwG NVwZ 2001, 90), die der **Planfeststellung** oder einer die Planfeststellung ersetzenden Zulassung bedürfen, ferner nicht für öffentlich zugängliche Abfallbeseitigungsanlagen. Derartige Vorhaben können aufgrund der für alle Planfeststellungsverfahren erforderlichen Abwägung der öffentlichen und privaten Belange auch dann zugelassen werden, wenn sie bei isolierter baurechtlicher Betrachtungsweise unzulässig wären (BVerwG E 70, 242 = NVwZ 1985, 414; NVwZ 2001, 682; Erbguth NVwZ 1989, 608; NVwZ 1995, 243; Paetow UPR 1990, 321; Schmidt-Eichstaedt NVwZ 2003, 129); § 38 BauGB normiert insoweit einen Vorrang des Fachplanungsrechts (s. dazu oben Rdnr. 24). Die städtebaulichen Belange sind aber im Rahmen der Abwägung angemessen zu berücksichtigen (BVerwG a.a.O. sowie NVwZ 1997, 169). Der Vorrang des Fachplanungsrechts bedeutet aber nicht, dass der Fachplanungsträger bestehende Bauleitpläne der Gemeinde einfach ignorieren oder sich zumindest im Wege der Abwägung über sie hinwegsetzen kann; das ergibt sich schon aus dem Verweis auf § 7 BauGB in § 38 Satz 2 BauGB. Maßgeblich ist vielmehr der Grundsatz der Priorität (BVerwG NVwZ-RR 1998, 290; VGH Mannheim BauR 2003, 355).
Besondere Probleme entstehen im Zusammenhang mit **Bahnhöfen**, nachdem die Bahn AG zunehmend dazu übergeht, im Bahnhofsbereich auch völlig bahnfremde Nutzungen zuzulassen (Ronellenfitsch VerwArch 1999, 467; Gruber BauR 2000, 499). Da die Bahnanlagen einschließlich der Bahnhöfe aufgrund von Planfeststellungsbeschlüssen erstellt wurden, wird ein Vorrang der Fachplanung angenommen, das heißt die Bahnanlagen sind der kommunalen

Bauleitplanung entzogen. Anders ist es aber, wenn die Bahnanlagen aufgegeben werden, was freilich eine förmliche »Freigabeerklärung« durch die Bahn AG voraussetzt (BVerwG NVwZ 1989, 655; BauR 1998, 993; VGH Mannheim NVwZ-RR 1997, 396), oder aber die Nutzung eines Teils des Bahnhofs nichts mit dem planfestgestellten Nutzungsrecht zu tun hat (BVerwG NVwZ-RR 1990, 292; OVG Lüneburg BauR 1997, 101 für eine Bahnhofsdrogerie).

2. Der Begriff der baulichen Anlage (§ 29 BauGB)

79 § 29 Satz 1 BauGB verlangt für die Anwendung der §§ 30 ff. BauGB, dass es sich um eine bauliche Anlage handelt. Der Begriff der baulichen Anlage ist nicht im BauGB, sondern nur in **§ 2 Abs. 1 ThürBO** wie folgt definiert:
Bauliche Anlagen sind mit dem Erdboden verbundene, aus Baustoffen und Bauteilen hergestellte Anlagen. Nach § 2 Abs. 1 Satz 2, 1. Altern. ThürBO ist jedoch eine feste Verbindung nicht erforderlich, vielmehr reicht eine Verbindung kraft eigener Schwere aus.

Bsp. (VGH Mannheim VBlBW 1993, 431): Eine im Garten aufgestellte Oldtimer-Lokomotive eines Eisenbahn-Fans ist eine bauliche Anlage.

Für fahrbare Anlagen wie Wohnwagen (vgl. BVerwG E 44, 59 = BauR 1973, 366; NVwZ 1987, 144) oder Verkaufsstände (vgl. VGH Mannheim ESVGH 24, 136; OVG Lüneburg BauR 1993, 454; OVG Saar BauR 1993, 453) ist darauf abzustellen, ob die Anlage überwiegend ortsfest benutzt wird. Dabei kommt es nicht darauf an, ob die ortsfeste Benutzung zeitlich überwiegt; maßgebend ist allein, ob die Anlage als Ersatz für ein Gebäude dient.

Bsp. a) (VGH Kassel BauR 1987, 183): Ein Schiff, das ortsfest über einen Steg zu erreichen ist und als Gaststätte benutzt wird, ist eine bauliche Anlage.
b) (OVG Münster BauR 2004, 67): Ein mit Werbeaufschriften versehener Kfz-Anhänger, der stets an demselben Standort geparkt wird, stellt einen Ersatz für ein Werbeschild dar und ist daher eine bauliche Anlage.

Der Begriff der baulichen Anlage i.S.d. § 29 BauGB ist nach BVerwGE 39, 154 und 44, 59 nicht identisch mit dem bauordnungsrechtlichen Begriff der baulichen Anlage i.S.d. § 2 Abs. 1 ThürBO. Denn §§ 29 ff. BauGB dienen städtebaulichen Belangen, während für § 2 ThürBO bauordnungsrechtliche Belange (Gefahrenabwehr) maßgebend sind (BVerwG BauR 2000, 1312; NVwZ 2001, 1046). Es kommt hinzu, dass der Begriff der baulichen Anlage in den einzelnen Landesbauordnungen z. T. unterschiedlich definiert wird (vgl. Ernst / Zinkahn / Bielenberg § 29 Rdnr. 2), während der bundesrechtliche Begriff der baulichen Anlage i.S.d. § 29 BauGB zwangsläufig im ganzen Bundesgebiet einheitlich ausgelegt werden muss.
Nach BVerwGE 44, 59 – Wohnfloß – (eb. BVerwG NJW 1977, 2090 – Tragluftschwimmhalle) setzt sich der Begriff der baulichen Anlage i.S.d. § 29 BauGB zusammen aus dem verhältnismäßig weiten Merkmal des Bauens und dem einengenden Merkmal bodenrechtlicher Relevanz der Anlage (s. dazu BVerwGE 91, 234 = NVwZ 1993, 983; E 114, 206 = NVwZ 2001, 1046). Die planungsrechtliche Relevanz ist nach der zitierten Rechtsprechung des BVerwG gegeben, wenn das Vorhaben »ein Bedürfnis nach Planung hervorruft«. Dabei kommt es nicht auf das einzelne Vorhaben an, sondern auf eine »das einzelne Objekt verallgemeinernde Betrachtungsweise«. Städtebauliche Relevanz kommt einer baulichen Anlage immer dann zu, wenn sie in ihrer gedachten Häufung das Bedürfnis nach einer ihre Zulässigkeit regelnden Planung hervorruft, weil sie Belange erfasst oder berührt, welche auch städtebauliche Betrachtung und Ordnung verlangt (OVG Weimar B. v. 22.1.2003–1 EO 878/02 – Steinwall als bodenrechtlich relevante bauliche Anlage).
Unter **Bauen** versteht das BVerwG das Schaffen einer künstlichen Anlage, die auf Dauer mit dem Erdboden verbunden ist; auch hier reicht aber die Verbindung kraft eigener Schwere aus (BVerwG BRS 15 Nr. 87; DÖV 1971, 638). Dabei werden an das Bauen nur geringe

Anforderungen gestellt (BVerwG BauR 1993, 300 – geschotterter Stellplatz = bauliche Anlage; anders aber BVerwG NVwZ 1994, 293 für eine Splittaufschüttung sowie BVerwG BauR 1996, 362 für einen unbefestigten Lagerplatz). Das **Merkmal der Dauer** ist auch erfüllt, wenn die Anlage regelmäßig auf- und abgebaut wird (BVerwG BauR 1977, 109; VGH Mannheim ESVGH 24, 136). Entscheidend ist auch insoweit, ob die Anlage als Ersatz für ein festes Bauwerk dienen soll (BVerwG E 44, 59 = DVBl 1974, 237; BauR 1975, 108). Bauplanungsrechtlich kommt es auf die unmittelbare Verbindung mit dem Erdboden nicht an (BVerwG NVwZ 1993, 983; NVwZ 1995, 897; BauR 1995, 508), sodass Werbeanlagen an Gebäuden als bauliche Anlagen gelten (Rspr.-Nachw. s. Rdnr. 80); das gleiche gilt für Mobilfunkanlagen auf einem Dach (OVG Münster NVwZ-RR 2003, 637; VGH Mannheim VBlBW 2002, 260).

Der demnach sehr weite Begriff des Bauens ist aber einzuschränken durch das weitere Merkmal der **bauplanungsrechtlichen Relevanz**, d.h. die Belange des § 1 Abs. 6 BauGB müssen durch die Anlage berührt werden können, was z.B. bei ganz unbedeutenden Bauwerken nicht der Fall ist (OVG Münster BauR 1986, 544 – Zigarettenautomat; OVG Koblenz NVwZ-RR 2001, 289 – Gerätehütte von 10 m^3). Die planungsrechtliche Relevanz ist jedenfalls dann nicht gegeben, wenn das Bauvorhaben gar nicht Gegenstand von Festsetzungen in einem Bebauungsplan sein könnte.

Bsp. a) (BVerwG NVwZ 1994, 1919): Die Errichtung von Dachgauben hat keine bauplanungsrechtliche Relevanz, weil die Festsetzung von Dachgauben in einem Bebauungsplan nicht vorgesehen ist.
b) (VGH Mannheim NVwZ-RR 1996, 486): Die Umwandlung eines Flachdachs in ein Satteldach hat keine bauplanungsrechtliche Relevanz, da weder § 9 BauGB noch §§ 16 ff. BauNVO Festsetzungen über die Dachform erlauben; derartige Festsetzungen beruhen auf der bauordnungsrechtlichen Ermächtigung des § 74 Abs. 1 Nr. 1 LBO BW (entspricht § 83 Abs. 1 Nr. 1 ThürBO).

Beispiele für bauliche Anlagen: **80**
a) **Werbeanlagen** (s. dazu Friedrich BauR 1996, 504) sind bauliche Anlagen, wenn sie aus Bauprodukten, zum Beispiel aus Baustoffen wie Holz, Metall, Plastik, Glas o. ä. hergestellt sind und im Hinblick auf ihre Größe planungsrechtliche Relevanz haben, weil sie sich auf die Umgebung auswirken; es kommt dabei nicht darauf an, ob sie selbst unmittelbar mit dem Erdboden verbunden sind (z.B. Anschlagtafeln) oder an bzw. auf anderen Anlagen angebracht sind (BVerwG E 91,324 = NVwZ 1993, 983; NVwZ 1995, 987; BauR 1995, 508). Keine baulichen Anlagen sind daher zum einen kleine Werbeanlagen, z.B. das Praxisschild eines Rechtsanwalts (VGH Mannheim BauR 1992, 352; VGH Kassel BRS 42 Nr. 152), zum anderen bloße Bemalungen, Beschriftungen u.ä. (VGH Mannheim BauR 1995, 226); eine Werbung mittels sog. Himmelsstrahler ist mangels baulicher Tätigkeit keine bauliche Anlage (OVG Koblenz NuR 2003, 701; VG Stuttgart NVwZ-RR 2000, 14; Hildebrandt VBlBW 1999, 250). Auch Werbeanlagen, die keine baulichen Anlagen sind, bedürfen aber nach §§ 1 Abs. 1 S. 2, 13 Abs. 2 S. 2, 62 Abs. 1 ThürBO einer Baugenehmigung, sofern nicht die Voraussetzungen des § 63 Abs. 1 Nr. 11 ThürBO vorliegen (vgl. OVG Weimar ThürVBl 1994, 291).
b) **Automaten** sind bauliche Anlagen, wenn sie wegen ihrer Größe planungsrechtliche Bedeutung haben; es gelten insoweit die gleichen Grundsätze wie bei Werbeanlagen.
c) **Wohnwagen** und **Wohnflöße** werden als bauliche Anlagen angesehen, wenn sie als Ersatz für ein festes Gebäude – Wochenendhaus – dienen (BVerwGE 44, 59 = DVBl 1974, 273; NVwZ 1988, 144; VGH Mannheim ESVGH 22 Nr. 30 = BRS 23 Nr. 69; VGH Kassel NVwZ 1988, 165).
d) **Lebende Einfriedigungen** (Hecken) sind keine baulichen Anlagen, da das Merkmal des Bauens fehlt. Dagegen sind Mauern und Zäune als bauliche Anlagen anzusehen (BVerwG BRS 22 Nr. 69; VGH Kassel BRS 35 Nr. 160). Auf das Material, die Größe und die Festigkeit kommt es nicht an (OVG Berlin BRS 54 Nr. 91 – Holzflechtzaun –; OVG Münster BRS 15 Nr. 91 – Schilfmatten –; OVG Weimar B. v. 22.1.2003–1 EO 878/02 – Steinwall –).
e) **Campingplätze** sind als solche keine baulichen Anlagen, sie werden aber hinsichtlich der gesamten Anlage zur baulichen Anlage, wenn sie feste Bauwerke (Wasch- und Toilettengebäude, Kiosk) aufweisen (BVerwG BauR 1975, 108; NJW 1975, 2114).
f) Für **Sport- und Tennisplätze** gilt das gleiche wie für Campingplätze; ausreichend für eine Qualifikation als bauliche Anlage ist bereits, dass sie über eine Einzäunung verfügen (VGH München BauR 1982, 141; VGH Kassel BauR 1982, 143; OVG Münster BauR 2000, 81) oder einen festen Bodenbelag bzw. Spielgeräte (Tore) aufweisen (VGH Mannheim VBlBW 1984, 222 und 1987, 464; OVG Saar NVwZ 1985, 770).
g) **Verkaufsstände und Verkaufswagen** sind bauliche Anlagen, wenn sie als Ersatz für eine ortsfeste

Anlage dienen, auch wenn sie nicht ständig aufgestellt werden (VGH Mannheim BWVBl. 1973, 141; BRS 39 Nr. 143; OVG Lüneburg BauR 1993, 454; OVG Saar BRS 54 Nr. 141).

h) **Kfz-Abstellplätze und Lagerplätze** werden als bauliche Anlagen i.S.v. § 29 BauGB angesehen, soweit sie über einen betonierten, asphaltierten oder ähnlich befestigten Untergrund verfügen (BVerwG BauR 1993, 300); eine Befestigung des Untergrunds durch bloßes Walzen oder Stampfen oder Aufbringen einer Kiesaufschüttung ist demgegenüber nicht ausreichend (BVerwG BauR 1996, 362; VGH Mannheim VBlBW 1985, 457).

Weitere Beispiele für bauliche Anlagen s. Brügelmann/Dürr, § 29 Rdnr. 22 bzw. 20.

Hinweis: Auch wenn der Begriff der baulichen Anlage i.S.d. § 29 BauGB unabhängig von der landesrechtlichen Definition dieses Begriffs ist, bleibt doch festzuhalten, dass jedenfalls Anlagen nach § 2 Abs. 1 Satz 1 und 2 ThürBO regelmäßig unter § 29 BauGB fallen. Eine Auseinandersetzung mit dem unterschiedlichen Inhalt des Begriffs der baulichen Anlage in § 29 BauGB und § 2 Abs. 1 ThürBO ist deshalb nur in Ausnahmefällen erforderlich (Ortloff NVwZ 1989, 616).

Durch § 29 Abs. 1 BauGB werden ferner **Aufschüttungen und Abgrabungen** größeren Umfangs sowie Lagerstätten den §§ 30–36 BauGB unterworfen, auch soweit sie nach der obigen Definition (Rdnr. 76) keine baulichen Anlagen sind. Als Lagerstätten sind auch Lagerplätze anzusehen (BVerwG DÖV 1980, 175); hierunter fallen auch Ausstellungsflächen, da es auf den Zweck der Lagerung nicht ankommt (BVerwG NVwZ-RR 1999, 623).

3. Bauvorhaben im beplanten Innenbereich (§ 30 BauGB) – Bedeutung der Baunutzungsverordnung

81   § 30 Abs. 1 BauGB gilt nur für Bauvorhaben im Geltungsbereich sog. **qualifizierter Bebauungspläne**, d.h. Pläne, die mindestens Art und Maß der baulichen Nutzung, die überbaubare Grundstücksfläche und die örtlichen Verkehrsflächen regeln. Bebauungspläne, die diesen Mindestanforderungen nicht entsprechen, etwa nur eine Baugrenze entlang einer Straße ausweisen, sind nach § 30 Abs. 3 BauGB bei der Erteilung der Baugenehmigung allerdings ebenfalls zu beachten; die bauplanungsrechtliche Zulässigkeit bestimmt sich aber im übrigen nicht nach § 30 BauGB, sondern nach § 34 oder § 35 BauGB.

Nach § 30 Abs. 1 BauGB ist die Genehmigung für das Bauvorhaben zu erteilen, wenn die Errichtung des Bauwerks oder die Nutzungsänderung nicht dem Bebauungsplan widerspricht. Ob das der Fall ist, regelt sich vor allem nach der BauNVO, die nach § 1 Abs. 3 S. 2 BauNVO Bestandteil des Bebauungsplans ist; außerdem sind natürlich auch die sonstigen Festsetzungen nach § 9 Abs. 1 BauGB zu beachten.

Um das Verständnis der Festsetzungen des Bebauungsplans zu erleichtern, sind die Gemeinden verpflichtet, die in der **Planzeichenverordnung** vom 18.12.1990 (BGBl I 1991 S. 58) angeführten Symbole und Zeichen zu verwenden. Soweit der Bebauungsplan keine Legende enthält, erschließt sich der Inhalt eines Bebauungsplans also durch die Heranziehung der Planzeichenverordnung.

a) Art der baulichen Nutzung (§§ 2–14 BauNVO)

82   Die Baunutzungsverordnung enthält in §§ 2 ff. zunächst Regelungen über die Art der baulichen Nutzung. Die in einem Baugebiet generell zulässigen Vorhaben sind jeweils in Abs. 2, die nur als Ausnahme nach § 31 Abs. 1 BauGB zulässigen Vorhaben sind jeweils in Abs. 3 angeführt. Die Gemeinden haben allerdings nach § 1 Abs. 4–10 BauNVO (s. dazu oben Rdnr. 66) die Möglichkeit, diese **Systematik** im Bebauungsplan im einzelnen beträchtlich zu ändern.

Hinweis: Nach § 1 Abs. 3 S. 2 BauNVO sind die §§ 2 ff. BauNVO Bestandteil des Bebauungsplans. Da der Gemeinderat nur die jeweils geltende Fassung der BauNVO in seine Planungsentscheidung einbeziehen konnte, gilt die BauNVO in der Fassung, die bei Aufstellung des Bebauungsplans in Kraft war (BVerwG BauR 1992, 472; NVwZ 2000, 1054). Bei älteren Bebauungsplänen ist also die BauNVO 1962, 1968 und 1977 heranzuziehen (§§ 25a – c

BauNVO). Die inhaltlichen Änderungen der §§ 2 – 10 BauNVO durch die Novellen 1968, 1977, 1986 und 1990 (s. dazu Lenz, BauR 1990, 157) sind allerdings nicht sehr weitgehend.
Beispiele für zulässige Bauvorhaben in verschiedenen Baugebieten: Es ist regelmäßig auf die typische Erscheinungsform einer baulichen Anlage oder eines Gewerbebetriebs abzustellen (BVerwG E 68, 207 = NJW 1984, 1572; E 68, 342 = NJW 1984, 1768). Auf den konkreten Betrieb kann nur abgestellt werden, wenn dieser durch betriebsbezogene Besonderheiten, etwa nicht zu öffnende Fenster mit Klimaanlage, vom typischen Erscheinungsbild eines solchen Betriebs abweicht (vgl. BVerwG NVwZ 1993, 987; VGH Mannheim NVwZ 1999, 439; VBlBW 2000, 78).
1. Reines Wohngebiet: Zulässig: Studentenwohnheim (OVG Lüneburg BRS 47 Nr. 40), **83** Personalheim (OVG Saar BRS 27 Nr. 33), kleines Büro für eine freiberufliche Tätigkeit (BVerwG BRS 23 Nr. 36, anders aber bei größerem Büro mit zahlreichen Beschäftigten VGH Mannheim BRS 32 Nr. 64), herkömmlicher Spielplatz (BVerwG BRS 28 Nr. 138; VGH Mannheim BauR 1985, 535), Getränkemarkt (VGH Mannheim BRS 50 Nr. 56).
Unzulässig: Großes Büro einer Versicherungsgesellschaft (VGH Mannheim BRS 27 Nr. 31), Hundezwinger (OVG Münster BRS 30 Nr. 29), Gastwirtschaft (BVerwG BBauBl 1964, 355; OVG Münster BRS 17 Nr. 23), Warenautomat (OVG Münster BauR 1986, 544), Einzelhandelsgeschäft mit weiterem Einzugsgebiet (VGH Mannheim ESVGH 28, 25; BRS 35, Nr. 33), Tennisplatz (VGH München BauR 1982, 141; VGH Kassel BauR 1982, 143), Kegelbahn (OVG Münster BRS 39 Nr. 65), Bräunungsstudio (VGH Mannheim BWVPr 1986, 39), Werbeanlage für Fremdwerbung (BVerwG BauR 1993, 315), Kindergarten (OVG Münster BauR 1994, 89).
2. Allgemeines Wohngebiet: Zulässig: Ladengeschäfte sowie Schank- und Speisewirtschaft **84** für die Bewohner des Gebiets. Ob diese der Versorgung des Baugebiets dienen, richtet sich nach objektiven Kriterien, nicht nach den Angaben des Bauherrn (BVerwG NVwZ 1999, 417; 1999, 186). Der Betrieb dient jedenfalls dann auch der örtlichen Versorgung, wenn ein nicht nur unerheblicher Teil der Bewohner des Ortes in diesem Ladengeschäft einkaufen (BVerwG NVwZ 1993, 455; 1999, 186 u. 417; VGH Mannheim NVwZ-RR 2000, 413). Zulässig sind ferner Tankstelle mit Waschanlage (OVG Münster NVwZ-RR 1997, 16), Jugendheim (VGH München BauR 1982, 239), Aussiedler-Wohnheim (VGH Mannheim NVwZ 1992, 995), nicht-störende Kfz-Werkstatt (VGH Mannheim VBlBW 1982, 48), Lebensmittelmarkt (VGH Mannheim BauR 1982, 253; OVG Lüneburg BauR 1986, 187), Bolzplatz (BVerwG NVwZ 1992, 884), Hotel (VGH Mannheim BauR 1987, 50 – a.M. OVG Berlin NVwZ-RR 1993, 458), Hundezwinger für zwei Dackel (VGH Mannheim BauR 1991, 571).
Unzulässig: Hundezwinger für zwei Schäferhunde (VGH Mannheim NVwZ-RR 1990, 64), Tischlerwerkstatt (BVerwG DVBl 1971, 759), Discountladen (OVG Lüneburg DÖV 1968, 235), Minigolfanlage (OVG Münster BRS 18 Nr. 155), Speditionsunternehmen (VGH Kassel BRS 18 Nr. 19), Schwertransport- und Kranbetriebe (BVerwG NJW 1977, 1932), Kegelbahn (VGH Mannheim BRS 32 Nr. 31), Kfz-Werkstatt (VGH Mannheim Urt. v. 9.1.1979, III 1337/79), LKW-Abstellplatz (VGH Mannheim BRS 39 Nr. 61), Schnellimbiss (OVG Saar NVwZ-RR 1993, 460), Gaststätte mit weiterem Einzugsbereich (BVerwG NJW 1998, 3792), großer Lagerplatz (VGH Mannheim VBlBW 1996, 25), großflächiger Gartenbaubetrieb (BVerwG BauR 1996, 816), Ärztehaus (BVerwG BauR 1997, 490); Mobilfunkanlage (OVG Münster NVwZ-RR 2003, 637).
3. Mischgebiet: Zulässig: SB-Autowaschanlage je nach konkreter Betriebsgestaltung und **85** Gebietssituation (BVerwG DÖV 1999, 33; VGH Mannheim BRS 54 Nr. 51), geräuscharme Kfz-Werkstatt (BVerwG BauR 1975, 396; ZfBR 1986, 148), SB-Waschsalon (VGH Mannheim VBlBW 1993, 61).
Unzulässig: Anlagen nach §§ 4 ff. BImSchG (BVerwG BRS 28 Nr. 27), Einkaufszentren (VGH Mannheim BRS 32 Nr. 32), lärmintensive Kfz-Werkstatt (BVerwG BauR 1975, 296), Pferdestall (OVG Lüneburg BauR 1989, 63), Wohnungsprostitution (VGH Mannheim NVwZ 1997, 601).
4. Gewerbegebiet: Zulässig: Wohnräume für Betriebsleiter und Bereitschafts- oder Aufsichts- **86**

personal (BVerwG BauR 1983, 443), Bordell (BVerwG NJW 1984, 1574 – das aber im Einzelfall nach § 15 BauNVO oder § 3 ThürBO unzulässig sein kann), Beherbergungsbetrieb (BVerwG VBlBW 1993, 49), nicht erheblich störende Anlagen nach § 4 BImSchG (BVerwG NVwZ 1993, 987).

Unzulässig: Verbrauchermarkt (BVerwG NJW 1984, 1771 und 1773), Wohngebäude (OVG Schleswig BauR 1991, 731), Wohnheim für Asylbewerber (VGH Mannheim VBlBW 1989, 309), Baustoff-Recyclinganlage (VGH Mannheim VBlBW 2000, 78).

5. Industriegebiet: Unzulässig: Verbrauchermarkt (BVerwG E 68, 360 = NJW 1984, 1768), Zwischenlager für atomare Brennstoffe (OVG Münster NJW 1985, 590), Diskothek (BVerwG NVwZ 2000, 1054), Asylbewerberunterkunft (OVG Münster NVwZ-RR 2004, 247).

87 **6. Vergnügungsstätten:** Die BauNVO 1990 hat eine sehr differenzierte Regelung für die Zulässigkeit von Vergnügungsstätten eingeführt (s. dazu Fickert BauR 1990, 264; Jahn BauR 1990, 280; Stock NVwZ 1990, 520); die frühere Rechtsprechung ist damit z. T. gegenstandslos geworden.

§ 4a Abs. 3 Nr. 2 BauNVO begründet den Typus der sog. **kerngebietstypischen Vergnügungsstätte.** Dabei handelt es sich um Einrichtungen, die für ein allgemeines Publikum aus einem größeren Einzugsbereich vorgesehen sind und daher regelmäßig nur in Kerngebieten (§ 7 Abs. 2 Nr. 2 BauNVO) sowie ausnahmsweise in Gewerbegebieten (§ 8 Abs. 3 Nr. 3 BauNVO) zulässig sind. Als kerngebietstypisch werden z.B. Spielhallen mit mehr als 100 m² Nutzfläche (VGH Mannheim VBlBW 1992, 101; NVwZ 1990, 86; OVG Lüneburg NVwZ-RR 1994, 486; Fickert BauR 1990, 268; vgl. auch BVerwG NVwZ 1991, 264), großflächige Diskotheken, Nachtlokale und ähnliche Einrichtungen angesehen. Ein Multiplexkino mit 8 Kinosälen und 2.150 Plätzen ist eine kerngebietstypische Vergnügungsstätte, die in einem (faktischen) Sondergebiet »Einkaufszentrum« unzulässig ist (OVG Weimar NVwZ 2004, 249). Sonstige – also nicht kerngebietstypische – Vergnügungsstätten können außerdem in Mischgebieten (§ 6 Abs. 2 Nr. 8 und Abs. 3 BauNVO) und besonderen Wohngebieten (§ 4a Abs. 3 Nr. 2 BauNVO) eingerichtet werden. In allen anderen Baugebieten sind Vergnügungsstätten generell unzulässig, und zwar auch dann, wenn von ihnen keine Störung der Nachtruhe ausgeht (BVerwG NVwZ 1991, 266; BauR 1993, 51; BauR 2000 – Diskothek in Industriegebiet).

88 **7. Sondergebiete:** Als Sondergebiete, die der Erholung dienen (§ 10 BauNVO), können insbesondere Wochenendhausgebiete, Ferienhausgebiete oder Campingplatzgebiete ausgewiesen werden. Der Bebauungsplan muss aber nach § 10 Abs. 2 BauNVO die Art der Nutzung genau festlegen; eine Ausweisung als »Erholungsgebiet« ist mangels Bestimmtheit nichtig (BVerwG BauR 1983, 433; VGH Mannheim BWVPr 1984, 83).

Nach § 11 BauNVO können auch sonstige Sondergebiete festgesetzt werden; Abs. 2 nennt als Beispiele Kurgebiete, Ladengebiete, Einkaufszentren und großflächige Handelsbetriebe, Ausstellungsgebiete, Hochschulgebiete, Klinikgebiete; auch insoweit muss aber die Zweckbestimmung eindeutig festgesetzt sein (BVerwG NJW 1983, 2713; VGH Mannheim NVwZ-RR 2001, 716 – Sondergebiet Technologie-Park). Ein Sondergebiet ist allerdings unzulässig für Vorhaben, die auch in den normalen Baugebieten verwirklicht werden können (OVG Lüneburg NVwZ 2002, 109 – Sondergebiet Altenwohnheim).

89 **§ 11 Abs. 3 BauNVO** enthält eine Sonderregelung für **Einkaufszentren** (s. dazu BVerwG NVwZ 1990, 1074; BVerwGE 117, 25 = NVwZ 2003, 86) sowie **großflächige Einzelhandelsbetriebe** (s. dazu BVerwGE 68, 243 ff. = NJW 1984, 1768 ff. – insgesamt 4 Entscheidungen –; OVG Weimar Urt. v. 20.12.2004–1 N 1096/03 –; sowie Hoppenberg NJW 1987, 1534; Büchner NVwZ 1999, 745; zur Problematik großflächiger Verbrauchermärkte in den neuen Ländern Reidt LKV 1994, 93; zur Zulässigkeit der Festlegung der Sortimente und zur städtebaulichen Begründung eines großflächigen Einzelhandelsbetriebs in der Innenstadt OVG Weimar Urt. v. 15.12.2004–1 N 677/00-). Großflächig ist ein Betrieb bei mehr als 700 m² Verkaufsfläche (BVerwG NJW 1987, 1076; BauR 2004, 43). Solche Betriebe sind nach § 11 Abs. 3 BauNVO

nur in Sondergebieten oder Kerngebieten zulässig, wenn sie Auswirkungen auf die Infrastruktur des Ortes oder der Nachbargemeinden, den Verkehr auf den Zufahrtsstraßen sowie auf die Immissionssituation der Umgebung haben können (zu negativen städtebaulichen Auswirkungen auf das eigene Gemeindegebiet OVG Weimar Urt. v. 20.12.2004–1 N 1096/03 –). Derartige Auswirkungen werden nach § 11 Abs. 3 Satz 3 BauNVO vermutet, wenn die Geschossfläche mehr als 1200 m^2 beträgt (zu Rechtsnatur und Tragweite dieser Vermutungsregel BVerwG BauR 2002, 1825; OVG Weimar Urt. v. 21.8.2001–1 KO 1240/97 –). Die in § 11 Abs. 3 S. 2 BauNVO angesprochenen und nach § 11 Abs. 3 S. 3 BauNVO gesetzlich vermuteten Auswirkungen großflächiger Einzelhandelsbetriebe lösen zwingend einen Abstimmungsbedarf mit den Nachbargemeinden i.S.d. § 2 Abs. 2 BauGB aus (BVerwG E 117, 25 = NVwZ 2003, 86; zum Rechtsschutz der Nachbargemeinden s. auch OVG Greifswald NVwZ-RR 2000, 559; OVG Koblenz NVwZ-RR 2001, 638; Uechtritz BauR 1999, 572). Es ist Sache der planenden Gemeinde, sich in geeigneter Weise Kenntnis über die konkreten Auswirkungen der planerisch ermöglichten Vorhaben auf die benachbarten Gemeinden zu verschaffen, um so deren Belange mit dem nötigen Gewicht in ihre Abwägung einstellen zu können (OVG Weimar Urt. v. 20.12.2004–1 N 1096/03 –).
Die Vermutung des § 11 Abs. 3 S. 3 BauNVO, dass großflächige Einzelhandelsbetriebe die angeführten Auswirkungen haben, ist freilich nach § 11 Abs. 3 S. 4 BauNVO widerlegbar. Das setzt aber den Nachweis einer atypischen Situation voraus (dazu BVerwG BauR 2002, 1825). Als Gesichtspunkte, unter denen die Vermutungsregel des § 11 Abs. 3 S. 3 BauNVO widerlegt werden kann, nennt § 11 Abs. 3 S. 4 BauNVO insbesondere die Gliederung und Größe der Gemeinde und ihrer Ortsteile, die Sicherung der verbrauchernahen Versorgung der Bevölkerung und das Warenangebot des Betriebes. So können etwa bei einer Beschränkung auf wenige flächenbeanspruchende Produkte wie Möbel, Baumaterialien u.ä. großflächige Einzelhandelsbetriebe auch in Gewerbe- und Industriegebieten errichtet werden (so BVerwGE 68, 360 = NJW 1984, 1768; vgl. auch BVerwG BauR 1989, 704). Ein großflächiger Baumarkt, dessen Warenangebot die Bereiche des Bau-, Elektro-, Sanitärinstallations-, Maler- und Kunsthandwerks sowie Hauhaltswaren umfasst, ist dagegen typischerweise geeignet, negative städtebauliche Auswirkungen i.S.d. § 11 Abs. 3 S. 2 BauNVO nach sich zu ziehen (OVG Weimar Urt. v. 21.8.2001–1 KO 1240/97 –); die für einen solchen typischen Betrieb geltende Regelvermutung des § 11 Abs. 3 S. 3 BauNVO kann nicht in der Weise »ausgehebelt« werden, dass die tatsächlichen Auswirkungen zum Gegenstand einer richterlichen Beweisaufnahme gemacht werden (BVerwG BauR 2002, 1825).
Zu beachten ist, dass § 11 Abs. 3 BauNVO erst durch die BauNVO-Novelle 1968 geschaffen worden ist. Daraus folgt, dass diese Vorschrift auf bereits zuvor erlassene Bebauungspläne keine Anwendung findet mit der Folge, dass großflächige Einzelhandelsbetriebe und Einkaufszentren auch in Gewerbe- und Industriegebieten zulässig sind, soweit diese durch vor 1968 aufgestellte Bebauungspläne festgesetzt worden sind (BVerwGE 68, 352 = NJW 1984, 1773; BauR 2004, 43). Im Einzelfall kann freilich ein Verbrauchermarkt nach § 15 BauNVO auch in einem solchen Gewerbe- oder Industriegebiet unzulässig sein.
Ein in den letzten Jahren viel diskutiertes Problem stellen die sog. **Factory-Outlet-Center (FOC)** dar (s. dazu BVerwG E 117, 25 = NVwZ 2003, 86; OVG Koblenz BauR 1999, 367; VGH München GewArch 1999, 432; OVG Greifswald NVwZ 2000, 559; Moench/Sander NVwZ 1999, 337; Erbguth NVwZ 2000, 969). Es handelt sich dabei um außerordentlich großflächige Verkaufsstellen von mehreren Produzenten, die Waren mit geringfügigen Fehlern oder aus der auslaufenden Kollektion zu äußerst günstigen Preisen direkt an die Verbraucher abgeben und dadurch Käufer aus einem größeren Umkreis anlocken. Die FOC stellen eine besondere Form der Einkaufszentren dar, deren Zulässigkeit sich nach § 11 Abs. 3 BauNVO richtet (Dolde/Menke NJW 1999, 2152; Reidt NVwZ 1999, 45). Es liegt auf der Hand, dass derartige großdimensionierte Einrichtungen »Schnäppchenjäger« in großem Umfang anlocken

und daher schwerwiegende Einwirkungen auf die Infrastruktur der benachbarten Gemeinden haben können.

90 **Stellplätze und Garagen** (§ 12 BauNVO): In allen Baugebieten dürfen nach § 12 BauNVO Stellplätze und Garagen angelegt werden; in Wohngebieten beschränkt § 12 Abs. 2 BauNVO die Zahl der Stellplätze und Garagen im Interesse der Wohnruhe auf den durch die zugelassene Nutzung verursachten Bedarf (s. dazu Dürr BauR 1997, 7). Im Bebauungsplan kann nach § 12 Abs. 6 BauNVO festgesetzt werden, dass Stellplätze und Garagen unzulässig sind (s. dazu OVG Weimar Urt. v. 19.3.2003–1 N 1047/98 –).

91 **Gebäude und Räume für freie Berufe** (§ 13 BauNVO): Nach § 13 BauNVO dürfen freiberuflich Tätige auch in Wohngebieten Räume – nicht aber ganze Gebäude – zur Ausübung ihres Berufs nutzen; in anderen Baugebieten können auch ganze Gebäude für diesen Zweck verwandt werden. Diese Vorschrift trägt dem Umstand Rechnung, dass durch eine freiberufliche Tätigkeit i.d.R. keine wesentliche Störung des Wohnens verursacht wird. Freiberuflich tätig i.S.d. § 13 BauNVO sind Personen, welche persönliche Dienstleistungen erbringen, die auf individueller geistiger Leistung oder sonstiger persönlicher Fertigkeit beruhen (BVerwGE 68, 324 = NVwZ 1984, 236: NVwZ 2001, 1284; OVG Hamburg BauR 1997, 613), z.B. Ärzte, Rechtsanwälte, Architekten, Krankengymnasten, Handels- und Versicherungsvertreter, Makler u.ä. Nach Ansicht des BVerwG fällt eine handwerkliche oder kaufmännische Tätigkeit grundsätzlich nicht unter § 13 BauNVO, selbst wenn sie keine Störungen der Umgebung bewirkt, wie dies z.B. bei einer Schneiderwerkstatt der Fall wäre (eb. VGH Mannheim BauR 1986, 39 – Bräunungsstudio; OVG Lüneburg NVwZ-RR 1994, 487 – Herstellung von Software). Damit der Wohncharakter von Wohngebieten nicht beeinträchtigt wird, verlangt das BVerwG (BVerwGE 68, 324 = NVwZ 1984, 236; NVwZ 2001, 1284) aber, dass weniger als die Hälfte des Gebäudes für freiberufliche Zwecke genutzt wird.

Daraus folgt, dass z.B. ein »Ärztehaus« in einem allgemeinen Wohngebiet nicht nach § 13 BauNVO zugelassen werden kann (BVerwG VBlBW 1997, 215 mit Anm. Dürr). Es kann allerdings nach § 4 Abs. 3 Nr. 2 BauNVO als nicht-störender Gewerbebetrieb zugelassen werden (Dürr a.a.O.). Die weithin vertretene Ansicht, § 4 Abs. 3 Nr. 2 BauNVO erfasse nur Gewerbebetriebe im Sinne der §§ 1 GewO, 18 EStG (so OVG Hamburg BauR 1997, 613; Fickert/Fieseler § 2 Rdnr. 24), lässt die unterschiedliche Funktion von gewerbe- bzw. steuerrechtlichen Vorschriften einerseits, baurechtlichen Vorschriften andererseits außer Betracht.

92 **Nebenanlagen** (§ 14 BauNVO): Nach § 14 BauNVO dürfen in allen Baugebieten außer den jeweils zulässigen Bauvorhaben auch Nebenanlagen errichtet werden; das sind Anlagen, die gegenüber dem Hauptgebäude sowohl im Hinblick auf die Größenverhältnisse als auch im Hinblick auf ihre Funktion eine untergeordnete Bedeutung haben (BVerwG VBlBW 2000, 146).

Bsp. a) (BVerwG NJW 1977, 2090): Eine Traglufthalle für ein privates Schwimmbad ist eine Nebenanlage zu einem Wohnhaus (eb. OVG Lüneburg BauR 2003, 218 für eine Schwimmhalle).
b) (BVerwG NJW 1986, 393): Ein privater Tennisplatz ist eine Nebenanlage zu einer großen Villa – s. aber auch VGH Mannheim NVwZ 1985, 767: Privatsportplatz ist keine Nebenanlage zu Wohnhaus.
c) (BVerwG BauR 2000, 73): Ein kleines Gebäude zur Unterbringung von Brieftauben ist eine Nebenanlage zum Wohnhaus.
d) (BVerwG NVwZ 2000, 680): Eine Mobilfunkanlage ist keine Nebenanlage, da sie nicht nur das jeweilige Gebäude versorgt.

Die Nebenanlage darf aber dem Charakter des Baugebiets nicht widersprechen (s. dazu BVerwG NJW 1983, 2713 – Windenergieanlage in Wohngebieten; BVerwG NVwZ-RR 1994, 309 – Ozelot-Haltung in Wohngebiet; VGH Mannheim BauR 1989, 697 – Hundezwinger im Wohngebiet).

Soweit eine Nebenanlage nicht die Voraussetzungen des § 14 BauNVO erfüllt, ist zu prüfen, ob sie nach der für das Baugebiet maßgeblichen Vorschrift zugelassen werden kann (BVerwG BauR 1993, 315 – Werbeanlage an Wohnhaus).

b) § 15 BauNVO

Die typisierende Betrachtungsweise der BauNVO (BVerwG E 68, 207 = NJW 1984, 572 und E **93** 68, 342 = NJW 1984, 1768; VGH Mannheim VBlBW 2000, 78) kann bei atypischer Fallgestaltung zu unangemessenen Ergebnissen führen, die ein Abweichen von den Bestimmungen der BauNVO verlangen. Zugunsten des Bauherrn kommt in einem solchen Fall eine Befreiung nach § 31 Abs. 2 BauGB in Betracht. Zum Schutz der Umgebung oder sonstiger öffentlicher Belange schreibt § 15 BauNVO vor, dass grundsätzlich nach §§ 2–14 BauNVO zulässige Anlagen im Einzelfall unzulässig sind, wenn sie der Eigenart des Baugebiets widersprechen oder unzumutbare Störungen der Umgebung hervorrufen bzw. selbst solchen Störungen ausgesetzt sind. Zur Ermittlung der nicht mehr zumutbaren Störungen kann auf die immissionsschutzrechtlichen Regelungen zurückgegriffen werden (BVerwG BauR 2000, 234), die die Zumutbarkeitsgrenze nach § 15 Abs. 3 BauNVO zwar nicht abschließend festlegen, aber als Orientierungswerte auch im Baurecht heranzuziehen sind (BVerwG NVwZ 1999, 298; BauR 2000, 234). § 15 BauNVO ist letztlich eine gesetzliche Ausgestaltung des baurechtlichen Rücksichtnahmegebots (BVerwG E 98, 235 = NVwZ 1996, 379; BauR 2000, 234 – zum Rücksichtnahmegebot s. Rdnr. 265 ff.).

Bsp. a) (BVerwG NVwZ 1999, 298): Ein in einem allgemeinen Wohngebiet als Nebenanlage nach § 14 BauNVO grundsätzlich zulässiger Altglas-Container kann im Einzelfall wegen der Störung der Wohnruhe unzulässig sein.
b) (BVerwG NJW 1985, 1575): Ein Bordell kann wegen § 15 BauNVO im Gewerbegebiet unzulässig sein.
c) (BVerwG NJW 1988, 3168): Ein Einzelhandelsgeschäft kann nach § 15 BauNVO in einem Mischgebiet unzulässig sein, wenn dadurch der Anteil der gewerblichen Nutzung in dem Baugebiet auf 85 % erhöht wird und damit der Gebietscharakter als Mischgebiet in Frage gestellt ist.

§ 15 BauNVO ist als **Feinkorrektur des Bebauungsplans** bestimmt, kann also die Festsetzungen nur ergänzen. Dagegen ist die Vorschrift kein Mittel, um eine planerische Fehlentscheidung zu korrigieren (BVerwG NVwZ 1993, 987).

Bsp. (BVerwG BauR 1989,306): Ein Bebauungsplan, der unter Missachtung des Rücksichtnahmegebots neben einer vorhandenen Wohnbebauung einen großen Hotelkomplex mit Parkhaus vorsieht, kann nicht dadurch »gerettet« werden, dass die Genehmigung des Parkhauses wegen § 15 BauNVO abgelehnt wird.

§ 15 BauNVO bezieht sich nur auf §§ 2 ff. BauNVO, nicht auf §§ 16 ff. BauNVO, auch wenn in Abs. 1 vom Umfang des Bauvorhabens die Rede ist (BVerwG NVwZ 1995, 899). Damit wird lediglich darauf abgestellt, dass bei einigen Vorhaben, z.B. Vergnügungsstätten (vgl. oben Rdnr. 87) auch die Größe für die Zulässigkeit in bestimmten Baugebieten maßgeblich ist.

c) Maß der baulichen Nutzung (§§ 16–21a BauNVO)

Während die §§ 2 ff. BauNVO durch die Festsetzung von Baugebieten die Art der baulichen **94** Nutzung unmittelbar bestimmen, wenden sich die §§ 16 ff. BauNVO (s. dazu Heintz BauR 1990, 166) mit ihren Regelungen über das zulässige Maß der baulichen Nutzung zunächst an den Bebauungsplan-Normgeber, d.h. den Gemeinderat. Dieser kann nach § 16 Abs. 2 BauNVO durch die Festsetzung der Gebäudehöhe, der Zahl der Vollgeschosse, der Grundflächenzahl und der Geschossflächenzahl sowie – nur in Industriegebieten – der Baumassenzahl die bauliche Nutzung der Grundstücke im Geltungsbereich eines Bebauungsplans beschränken. Dabei schreibt § 16 Abs. 3 Nr. 1 BauNVO zwingend vor, dass die Grundfläche des Gebäudes festgelegt wird (BVerwG NVwZ 1996, 894; VGH München NVwZ 1997, 1016). Das gleiche gilt nach Nr. 2 für die Gebäudehöhe, soweit ohne eine solche Festsetzung das Orts- oder Landschaftsbild beeinträchtigt wird (s. dazu Fickert/Fieseler BauNVO § 16 Rdnr. 42 ff.).
Die **Gebäudehöhe** kann als Firsthöhe (Höhe des Daches) oder Traufhöhe (Schnittpunkt der **95** Außenwand mit dem Dach) festgesetzt werden. Wann ein Geschoss als **Vollgeschoss** gilt, ergibt sich nach § 20 Abs. 1 BauNVO aus den landesrechtlichen Vorschriften.

Die ThürBO 2004 enthält eine Definition des Vollgeschosses nur noch als Übergangsregelung in **§ 85 Abs. 2**; sie hat Bedeutung nur im Hinblick auf § 20 BauNVO, während ihr bauordnungsrechtliche Bedeutung nicht mehr zukommt. Danach gelten Geschosse als Vollgeschosse, wenn deren Deckenoberkante im Mittel mehr als 1,40 m über die Geländeoberfläche hinausragt und sie über mindestens zwei Drittel ihrer Grundfläche eine lichte Höhe von mindestens 2,30 m haben. Eine abweichende Definition gilt für Wohngebäude der Gebäudeklassen 1 und 2 (§ 2 Abs. 2 Nr. 1 und 2 ThürBO 2004; die Vorschrift erfasst im Wesentlichen die Ein- und Zweifamilienhäuser). Bei ihnen gelten Geschosse, die über mindestens zwei Drittel ihrer Grundfläche eine für die Nutzung als Aufenthaltsraum in solchen Gebäuden erforderliche lichte Höhe haben, als Vollgeschosse. Welche lichte Höhe »erforderlich« ist, ergibt sich nicht mehr, wie nach § 47 ThürBO 1994, aus dem Gesetz, sondern es soll auf die für die Nutzung tatsächlich (nicht rechtlich) erforderliche Höhe ankommen (so LT-Drucks. 3/3287, S. 108).

Für Bebauungspläne, die vor Inkrafttreten der ThürBO 2004 aufgestellt worden sind, verweist § 20 BauNVO auf das zur Zeit der Aufstellung geltende Landesrecht und damit auf die ThürBO 1994; es gelten insoweit dieselben Grundsätze wie bei § 1 Abs. 3 BauNVO (s. oben Rdnr. 82; vgl. dazu VGH Mannheim NVwZ-RR 1999, 558; OVG Berlin DVBl 1989, 1065; a.M. allerdings VGH Kassel BauR 1985, 293; Fickert/Fieseler § 20 Rdnr. 5).

Die ThürBO 1994 enthielt die Definition des Vollgeschosses in **§ 2 Abs. 5**. Vollgeschosse sind danach Geschosse, deren Deckenoberkante im Mittel mehr als 1,40 m über die Geländeoberfläche (Definition in § 2 Abs. 2) hinausragt und die über mindestens zwei Drittel ihrer Grundfläche eine lichte Höhe von mindestens 2,30 m haben.

96 Die Definition des Vollgeschosses in der ThürBO 1994 gestattet es einem geschickten Bauherrn – bzw. Architekten – auch bei einer Beschränkung der Zahl der Vollgeschosse im Bebauungsplan auf nur ein Geschoss praktisch drei zu Wohnzwecken nutzbare Geschosse anzulegen: In **Kellergeschossen**, die weniger als 1,40 m über die Geländeoberfläche hinausragen und deshalb keine Vollgeschosse sind, sind Aufenthaltsräume und Wohnungen unter den in § 47 Abs. 1 ThürBO 1994 genannten Voraussetzungen möglich. In **Dachgeschossen**, die über weniger als zwei Drittel ihrer Grundfläche eine lichte Höhe von mindestens 2,30 m haben und deshalb keine Vollgeschosse sind, sind Aufenthaltsräume zulässig, wenn sie über mindestens die Hälfte ihrer Grundfläche eine lichte Raumhöhe von mindestens 2,30 m haben (47 Abs. 4 S. 1 ThürBO 1994; siehe auch die Begünstigung des nachträglichen Dachgeschossausbaus in S. 3).

97 Das Bauvorhaben muss ferner die im Bebauungsplan festgesetzte **Grund- und Geschossflächenzahl** beachten; zur Bedeutung dieser Begriffe s. oben Rdnr. 67.

d) Bauweise und überbaubare Grundstücksfläche (§§ 22, 23 BauNVO).

98 Außerdem muss das Bauvorhaben der im Bebauungsplan festgesetzten Bauweise (s. dazu oben Rdnr. 68) entsprechen. Dabei bedeutet offene Bauweise allerdings nicht nur die Errichtung von Einzelhäusern. Auch Doppelhäuser und Hausgruppen bis 50 m Länge fallen nach § 22 Abs. 2 BauNVO noch unter den Begriff der offenen Bauweise (vgl. zu den einzelnen Begriffen des § 22 BauNVO: BVerwG NVwZ 2000, 1055; VGH Mannheim VBlBW 2000, 25 sowie oben Rdnr. 68).

99 Schließlich kann das Bauvorhaben nur innerhalb der im Bebauungsplan festgesetzten **Baugrenzen** oder **Baulinien** (s. dazu oben Rdnr. 68) errichtet werden; dabei müssen auch unterirdische Bauteile innerhalb der Baugrenzen/Baulinien bleiben (so VGH München BRS 49 Nr. 172; Fickert/Fieseler BauNVO § 23 Rdnr. 12). Eine Ausnahme gilt allerdings nach § 23 Abs. 5 BauNVO für Nebenanlagen (s. oben Rdnr. 92) sowie für Anlagen, die in den Abstandsflächen nach § 6 ThürBO zulässig sind. Diese können auch außerhalb der überbaubaren Flächen zugelassen werden.

Der Bebauungsplan enthält ferner i.d.R. neben den bauplanungsrechtlichen Festsetzungen **100** auch noch eine Vielzahl gestalterischer Bestimmungen, die aufgrund von § 83 Abs. 2 ThürBO in den Bebauungsplan aufgenommen werden (s. oben Rdnr. 69).

4. Ausnahmen und Befreiungen (§ 31 BauGB)

Nach § 31 Abs. 1 BauGB kann die Bauaufsichtsbehörde im Einvernehmen mit der Gemeinde **101** (§ 36 BauGB) Ausnahmen von den Festsetzungen des Bebauungsplans zulassen. Wenn § 31 Abs. 1 verlangt, dass die Ausnahme ausdrücklich im Bebauungsplan vorgesehen sein muss, so ist das missverständlich. Ausdrücklich vorgesehen sind auch die in dem jeweiligen Abs. 3 der §§ 2 – 9 BauNVO genannten Bauvorhaben, da diese Ausnahmeregelungen wegen **§ 1 Abs. 3 BauNVO** automatisch Bestandteil des Bebauungsplans sind.
Im Bebauungsplan kann aber festgesetzt werden, dass nach §§ 2 – 9 BauNVO zulässige Ausnahmen ganz oder teilweise nicht Bestandteil des Bebauungsplans sind, d.h. nicht zulässig sind (§ 1 Abs. 6 Nr. 1 BauNVO). Ferner können ausnahmsweise zulässige Bauvorhaben für allgemein zulässig erklärt werden (§ 1 Abs. 6 Nr. 2 BauNVO).
Eine Ausnahme nach § 31 Abs. 1 BauGB ist noch von der Planungshoheit der Gemeinde erfasst und stellt damit eine Verwirklichung der Planungsvorstellungen der Gemeinde dar (BVerwGE 108, 190 = NVwZ 1999, 981; VGH Mannheim BauR 1995, 223). Durch Entscheidungen nach § 31 Abs. 1 BauGB darf aber die Grundsatzentscheidung der Gemeinde über die zulässige Bebauung in dem maßgeblichen Gebiet nicht in Frage gestellt werden, d.h. die Ausnahme muss auch wirklich eine Ausnahme bleiben und darf nicht zum Regelfall werden; § 31 Abs. 1 BauGB darf nicht dazu benutzt werden, de facto eine Bebauungsplanänderung vorzunehmen.
In Literatur und Rechtsprechung wird darüber hinaus z. T. verlangt, dass auch bezüglich des konkreten Vorhabens eine **Sondersituation** vorliegt, die ein Abweichen von der Regelbebauung rechtfertigt (so BVerwG NJW 1987, 969; VGH Mannheim VBlBW 1996, 25; a.M. Ernst/Zinkahn/Bielenberg § 31 Rdnr. 25; Jäde/Dirnberger/Weiß § 31 Rdnr. 10). Dem kann jedoch nicht zugestimmt werden, weil dann jedenfalls die in §§ 2 ff. BauNVO vorgesehenen Ausnahmen nur äußerst selten zur Anwendung kommen könnten; es gibt z.B. regelmäßig keine Sondersituation für die Schaffung eines Einzelhandelsgeschäfts in einem reinen Wohngebiet – wegen des Ermessens der Bauaufsichtsbehörde s. unten Rdnr. 107.
Auf die Zulassung eines ausnahmsweise zulässigen Vorhabens besteht ein Anspruch, wenn dem Vorhaben keine städtebaulichen Gründe entgegenstehen (OVG Weimar ThürVGRspr. 2003, 159 = ThürVBl 2003, 277 – Bestattungsinstitut mit Trauerhalle in allgemeinem Wohngebiet).
Eine **Befreiung** (s. dazu Schmidt-Eichstaedt NVwZ 1998, 571; Claus DVBl 2000. 241) stellt **102** nach § 31 Abs. 2 BauGB eine Abweichung von den Planungsvorstellungen der Gemeinde, wie sie im Bebauungsplan ihren Niederschlag gefunden haben, dar. Sinn dieser Vorschrift ist es, eine Einhaltung des Bebauungsplans nicht auch dort zu erzwingen, wo dieses wegen der besonderen Situation sinnlos wäre. Eine Befreiung ist nach § 31 Abs. 2 Halbs. 1 BauGB grundsätzlich nicht zulässig, wenn die **Grundzüge der Planung** berührt werden. Dieses ist der Fall, wenn von den die Planung tragenden Festsetzungen abgewichen werden soll (BVerwG NVwZ 1999, 1110; NVwZ 2000, 679). In diesem Fall ist eine Änderung des Bebauungsplans geboten (BVerwG NVwZ 1990, 556). Mit den Grundzügen der Planung ist die dem Bebauungsplan zugrunde liegende städtebauliche Konzeption gemeint, nicht etwa die Planungskonzeption für die ganze Gemeinde (Ernst/Zinkahn/Bielenberg § 31 Rdnr. 35; s. dazu im einzelnen Brügelmann/Gierke §§ 13 Rdnr. 25 ff.).
Während § 31 Abs. 2 BauGB 1987 noch ausdrücklich vorschrieb, dass die Befreiung nur im **Einzelfall** zulässig ist, enthält § 31 Abs. 2 BauGB 1998 diese Einschränkung nicht mehr. Nach den Gesetzesmaterialien (BT-Drucks. 13/6392 S. 56) soll dadurch erreicht werden, dass auch

in mehreren Fällen eine Befreiung möglich ist; die Grenze für regelmäßige Befreiungen soll erst dann erreicht werden, wenn § 1 Abs. 3 BauGB eine förmliche Bebauungsplanänderung erforderlich macht (s. dazu Mager DVBl 1999, 205). Es fragt sich allerdings, ob dieses gesetzgeberische Ziel erreichbar ist (s. dazu im einzelnen Brügelmann/Dürr § 31 Rdnr. 27 ff.). Es spricht vieles dafür, dass die **atypische Sondersituation** immanentes Merkmal einer jeden Befreiung ist (so BVerwG NVwZ 1989, 1060: die Befreiung ist ihrem Wesen nach stets auf eine Berücksichtigung der besonderen Umstände des Einzelfalls angelegt). Es ist deshalb trotz der Neufassung des § 31 Abs. 2 BauGB daran festzuhalten, dass eine Befreiung nach § 31 Abs. 2 BauGB nur in atypischen Sonderfällen in Betracht kommt, in denen der Normzweck des Bebauungsplans ein Abweichen von den Festsetzungen des Bebauungsplans zulässt (eb. Battis/Krautzberger/Löhr NVwZ 1997, 1160; Dolderer NVwZ 1998, 568; Jäde/Dirnberger/Weiß § 31 Rdnr. 13; Schrödter/Schmaltz § 31 Rdnr. 19; a.M. VGH Mannheim NVwZ 2004, 337; Schmidt-Eichstaedt NVwZ 1998, 571; Hoffmann BauR 1999, 449; Claus DVBl 2000, 241). Das BVerwG (NVwZ 1999, 1110) kommt mit einer etwas anderen Begründung praktisch zu demselben Ergebnis. Das BVerwG lässt zwar offen, ob weiterhin eine atypische Einzelfallsituation erforderlich ist. Es stellt darauf ab, ob durch die Abweichung vom Bebauungsplan die Grundzüge der Planung berührt werden, was regelmäßig der Fall sein soll, wenn bei wesentlichen Festsetzungen in vielen anderen Fällen mit derselben Begründung eine Abweichung vom Bebauungsplan begehrt werden könnte (BVerwG NVwZ 1999, 1110; NVwZ 2000, 679).

Bsp. (VGH Mannheim VBlBW 2000, 78): Grundzüge der Planung werden berührt, wenn in einem Gewerbegebiet, das an ein Wohngebiet grenzt, eine Anlage zum Recycling von Bauschutt genehmigt wird, die eigentlich nur in einem Industriegebiet zugelassen werden kann. Damit reduziert sich das Problem der Atypik auf die unbedeutenden Festsetzungen, z.B. die Zulässigkeit von Wintergärten oder ähnlichen Anbauten außerhalb der überbaubaren Grundstücksflächen; insoweit wäre eine großzügigere Befreiungspraxis jedenfalls im Ergebnis meistens hinnehmbar.

103 Nach § 31 Abs. 2 Nr. 1 BauGB kann eine Befreiung gewährt werden, wenn **Gründe des Wohls der Allgemeinheit** dieses erfordern. Ein »Erfordern« ist nach der Rechtsprechung des BVerwG (E 56, 71 = NJW 1979, 993) dann zu bejahen, wenn aus Gründen des Allgemeinwohls vernünftigerweise eine Abweichung vom Bebauungsplan geboten ist; eine unabweisbare Notwendigkeit ist nicht erforderlich.

Bsp. a) (BVerwGE 56, 71 = NJW 1979, 989): Für den Betrieb eines Volksbildungsheims in Freiburg, das ein- bis zweiwöchige Veranstaltungen kultureller Art durchführt, kann eine Befreiung nach § 31 Abs. 2 Nr. 1 BauGB für die Einrichtung eines Bettentrakts im Anschluss an das Veranstaltungsgebäude erteilt werden, wenn die Kursteilnehmer in der Fremdenverkehrssaison Schwierigkeiten haben, eine Unterkunft zu angemessenen Preisen zu finden und der Bebauungsplan die Errichtung eines Anbaus nicht zulässt. b) (VGH Mannheim NJW 1999, 670): Eine Befreiung wegen eines dringenden Wohnbedarfs ist auch nach Aufhebung des § 4 Abs. 1a BauGB-MaßnG zulässig.

Für eine Befreiung nach § 31 Abs. 2 BauGB reicht es allerdings nicht aus, dass das Vorhaben dem öffentlichen Wohl dient. Es muss hinzu kommen, dass gerade die Abweichung vom Bebauungsplan aus Gründen des öffentlichen Wohls geboten ist (Gelzer/Birk Rdnr. 778; Jäde/Dirnberger/Weiß § 31 Rdnr. 19). § 31 Abs. 2 BauGB begünstigt nicht nur Baumaßnahmen der öffentlichen Hand, sondern auch Vorhaben privater Träger, die dem Wohl der Allgemeinheit dienen (VGH Mannheim BRS 36 Nr. 182).

104 Die Befreiungsregelung des § 31 Abs. 2 Nr. 2 BauGB, wonach eine Befreiung zulässig ist, wenn ein Abweichen vom Bebauungsplan **städtebaulich vertretbar ist**, soll nach dem Willen des Gesetzgebers (BT-Drucks. 10/4630, 85) »Einengungen bei den Befreiungsmöglichkeiten beseitigen, die durch die bisherige Rechtsprechung entstanden sind«. Vertretbar ist grundsätzlich jede Bebauung, die gemäß den Grundsätzen des § 1 Abs. 7 BauGB im Bebauungsplan hätte festgesetzt werden können (BVerwGE 108, 190 = NVwZ 1999, 981; BVerwGE 117, 50 = NVwZ 2003, 478). Die Regelung ist heftig kritisiert worden (v. Feldmann/Groth DVBl 1986, 652). In der Tat würde eine Regelung, bei der bereits die Vertretbarkeit der Abweichung eine Befreiung zulässt (so Krautzberger NVwZ 1987, 452; Lenz BauR 1987, 1; Schmidt-Eichstaedt DVBl 1989, 1), den Bebauungsplan in vielen Fällen praktisch zur Disposition der Verwaltung stellen. Es ist z.b. häufig vertretbar und berührt nicht die Grundzüge der Planung, wenn statt der vorgesehenen zwei Geschosse ein dreigeschossiges Bauwerk zugelassen, der vorgesehene Standort der Garage verlegt oder die festgesetzte Baugrenze überschritten wird; ebenso sind zahlreiche vertretbare Abweichungen von der Art der baulichen Nutzung denkbar. Die erforderliche Einschränkung der Befreiungsmöglichkeit wird nach der Rechtsprechung des BVerwG (NVwZ 1999, 1110) durch das unter Rdnr. 102 dargestellte Erfordernis, dass die Grundzüge der Planung nicht berührt werden dürfen, in einer im Ergebnis durchaus praktikablen Weise erreicht. Diese Rechtsprechung führt allerdings dazu, dass nur die wesentlichen Festsetzungen des Bebauungsplans eingehalten werden müssen, während die weniger gewichtigen Festsetzungen weitgehend zur Disposition der Bauaufsichtsbehörde stehen, wobei eine exakte Grenzziehung zwischen wesentlichen und unwesentlichen Festsetzungen kaum möglich ist. Daher sprechen nicht nur rechtssystematische, sondern auch praktische Erwägungen dafür, für eine Befreiung nach § 31 Abs. 2 Nr. 2 BauGB weiterhin eine atypische Einzelfallsituation zu verlangen.

Eine Befreiung wegen **offensichtlich nicht beabsichtigter Härte** nach § 31 Abs. 2 Nr. 3 **105** BauGB ist zulässig, wenn das Grundstück wegen seiner besonderen Verhältnisse bei Einhaltung des Bebauungsplans nicht oder nur schwer bebaut werden kann und diese Beschränkung nicht durch die Zielsetzung des Bebauungsplans gefordert wird (BVerwG E 56, 71 = NJW 1979, 939; NVwZ 1991, 264; BauR 1990, 582; NJW 1991, 2783).

Bsp. (BVerwG BRS 22 Nr. 185): Ein Gewerbebetrieb befindet sich in einem reinen Wohngebiet; der Gewerbebetrieb war schon vor Aufstellung des Bebauungsplans vorhanden. Der Gewerbebetrieb ist zwingend auf die Errichtung eines weiteren Betriebsgebäudes angewiesen. Nach § 3 BauNVO ist aber der Bau von gewerblich genutzten Gebäuden unzulässig; hier ist eine Befreiung nach § 31 Abs. 2 Nr. 3 BauGB geboten, denn der Satzungsgeber wollte und konnte bei Aufstellung des Bebauungsplans nicht die Existenz des vorhandenen Gewerbebetriebs in Frage stellen (eb. OVG Lüneburg BauR 1987, 74 für die Aufstockung eines Wohngebäudes).

Eine Befreiung ist nicht möglich, wenn die Härte vom Gemeinderat beabsichtigt ist, etwa eine vom Grundstückseigentümer gewünschte Festsetzung ausdrücklich abgelehnt wurde (OVG Lüneburg NVwZ 1995, 914).

Bsp. (OVG Lüneburg NVwZ 1995, 914): Wenn der Gemeinderat bei der Aufstellung eines Bebauungsplans für ein allgemeines Wohngebiet ausdrücklich die Fortführung einer Tankstelle auf den vorhandenen Gebäudebestand beschränkt, kann nicht im Wege einer Befreiung die Errichtung eines zusätzlichen Autopavillons zum Verkauf von Kraftfahrzeugen zugelassen werden.

Für die Zulässigkeit einer Befreiung sind jedoch nur objektive, grundstücksbezogene Umstände bedeutungsvoll, nicht dagegen die persönlichen oder wirtschaftlichen Verhältnisse des jeweiligen Bauherrn (BVerwG BauR 1988, 335; NVwZ 1991, 265; NJW 1991, 2783; BauR 1990, 582).

Ob eine offensichtlich nicht beabsichtigte Härte vorliegt, unterliegt voller verwaltungsgerichtlicher Kontrolle (BVerwGE 56, 71 = NJW 1979, 939).

Alle drei Alternativen des § 31 Abs. 2 BauGB erlauben nur dann eine Befreiung, wenn die **106** Abweichung auch unter Würdigung nachbarlicher Interessen mit den öffentlichen Belangen vereinbar ist. Eine Beeinträchtigung **öffentlicher Belange** durch das geplante Vorhaben kann nur im Rahmen einer Bebauungsplanänderung durch Abwägung aller betroffener Belange gelöst werden, nicht durch eine Einzelentscheidung nach § 31 Abs. 2 BauGB (BVerwG E 56, 71

= NJW 1979, 939). Soweit eine Bebauungsplanänderung zur Lösung städtebaulicher Konflikte erforderlich ist, scheidet also eine Befreiung nach § 31 Abs. 2 BauGB aus.

Als »Faustregel« kann darauf abgestellt werden, ob das Vorhaben sich bei unterstellter Ungültigkeit des Bebauungsplans gemäß § 34 Abs. 1 BauGB in die nähere Umgebung einfügen würde (BVerwGE 117, 50 = NVwZ 2003, 478 – zur Frage des Einfügens s. Rdnr. 115 ff.). Ferner sind die **nachbarlichen Interessen** zu würdigen; sie stehen aber einer Befreiung nicht von vornherein entgegen. Daher kommt eine Befreiung auch dann in Betracht, wenn der Nachbar durch die Abweichung stärker beeinträchtigt wird als durch ein dem Bebauungsplan entsprechendes Bauvorhaben (BVerwGE 56, 71). Der Interessenausgleich zwischen Bauherrn und Nachbarn hat unter Berücksichtigung der Grundsätze zum Gebot der Rücksichtnahme zu erfolgen (BVerwG BauR 1987, 70).

107 Auch wenn die Voraussetzungen des § 31 BauGB für eine Ausnahme oder eine Befreiung vorliegen, besteht nach der nun allgemein vertretenen Ansicht kein Rechtsanspruch auf eine Ausnahme oder Befreiung, vielmehr steht diese Entscheidung im **Ermessen** der Bauaufsichtsbehörde und der Gemeinde (so für die Ausnahme: BVerwG E 26, 282 und 40, 268; NJW 1987, 969; OVG Lüneburg NVwZ-RR 1994, 248; für die Befreiung: BVerwGE 56, 71 = NJW 1979, 939; E 88, 191 = NJW 1991, 3293; E 117, 50 = NVwZ 2003, 478; s. dazu im einzelnen Brügelmann/ Dürr. § 31 Rdnr. 21 und 55). Für die Einräumung einer Ermessensermächtigung spricht der Wortlaut des § 31 BauGB, wonach eine Ausnahme bzw. Befreiung erteilt werden »kann«. Da die Festsetzungen eines Bebauungsplans eine Eigentumsbindung i.S.v. Art. 14 Abs. 1 Satz 2 GG darstellen, ist es – anders als bei § 35 Abs. 2 BauGB (s. dazu unten Rdnr. 129) – auch aus verfassungsrechtlichen Gründen nicht geboten, das »kann« in ein »muss« umzudeuten. Die Frage, ob bei § 31 BauGB ein Ermessen der Bauaufsichtsbehörde gegeben ist, hat aber im Regelfall keine praktische Bedeutung, denn es lassen sich kaum sachgerechte Ermessenserwägungen für eine Versagung der Ausnahme oder Befreiung denken, wenn die Tatbestandsvoraussetzungen des § 31 BauGB vorliegen und weder der Normzweck noch Belange der Allgemeinheit oder der Nachbarn eine Einhaltung der Norm erfordern (BVerwG E 117, 50 = NVwZ 2003, 478; VGH Mannheim BauR 2003, 1526).

Eine **Ermessensreduzierung auf Null** nimmt das BVerwG (BauR 1993, 51) an, wenn früher ein Bauantrag zu Unrecht abgelehnt wurde und er nunmehr wegen eines zwischenzeitlich in Kraft getretenen Bebauungsplans nicht mehr genehmigt werden kann; in diesem Fall soll unter dem Aspekt des Folgenbeseitigungsanspruchs ein Anspruch auf Befreiung bestehen, sofern eine Befreiung überhaupt rechtlich zulässig ist.

108 Über die **Befreiung** wird i.d.R. in der Baugenehmigung entschieden; die Befreiung kann jedoch auch nachträglich erteilt werden. Nach § 70 Abs. 2 ThürBO 2004 ist die Baugenehmigung zu begründen, soweit Ausnahmen oder Befreiungen von nachbarschützenden Vorschriften zugelassen werden und der Nachbar dem nicht nach § 68 Abs. 3 zugestimmt hat. In Thüringen muss der Bauherr eine Befreiung ebenso wie eine Ausnahme nach § 31 BauGB gesondert schriftlich und mit Begründung beantragen. Das ergibt sich nicht aus Bundesrecht (vgl. BVerwG NVwZ-RR 1990, 529; NVwZ 1993, 170), sondern aus § 63e Abs. 2 ThürBO 2004.

5. Bauvorhaben im nichtbeplanten Innenbereich (§ 34 BauGB)

a) Abgrenzung Innenbereich – Außenbereich

109 Der Bereich des Gemeindegebiets, für den kein qualifizierter Bebauungsplan vorhanden ist, wird von § 34 BauGB (Innenbereich) oder § 35 BauGB (Außenbereich) erfasst. Dabei ist der Außenbereich nicht unbedingt identisch mit der freien Landschaft, vielmehr umfasst der Außenbereich den gesamten nichtbeplanten Bereich, der nicht im Zusammenhang bebaut ist, d.h. wo die vorhandene Bebauung nicht als Ordnungs- und Regelungsfaktor für die Bebauung bisher nicht bebauter Grundstücke in Betracht kommt (BVerwG E 41, 227; BauR 1977, 403).

Bsp. (BVerwGE 41, 227): Die Bebauung eines ca. 7 ha großen, unbebauten Geländes in Köln, das auf allen Seiten von bebauten Gebieten bzw. Verkehrsanlagen umgeben ist, richtet sich nach § 35 BauGB, weil die umgebende Bebauung wegen der räumlichen Entfernung nicht in der Lage ist, prägend auf ein Bauvorhaben in der Mitte der freien Fläche zu wirken (sog. Außenbereich im Innenbereich); eb. BVerwG NJW 1977, 1978 für eine 6,5 ha große Freifläche inmitten des bebauten Gebiets.

§ 34 BauGB kann demnach nur dort Anwendung finden, wo die vorhandene Bebauung einen **städtebaulichen Ordnungsfaktor** für zukünftige Bauvorhaben darstellt, sodass die städtebaulichen Belange des § 1 Abs. 6 BauGB gewahrt bleiben. Eine Bebauung nach § 34 BauGB scheidet dagegen aus, wenn die städtebauliche Ordnung wegen der Größe der freien Fläche nur durch Aufstellung eines Bebauungsplans gewahrt werden kann. § 34 BauGB ist kein Ersatzplan anstelle eines Bebauungsplans, sondern lediglich ein Planersatz, solange ein Bebauungsplan noch nicht aufgestellt worden ist (BVerwG E 62, 151 = NJW 1981, 2720; NVwZ 1999, 527; 2000, 1169).

Ein im Zusammenhang bebauter **Ortsteil** i.S.d. § 34 BauGB setzt voraus, dass die vorhandene **110** Bebauung den **Eindruck der Geschlossenheit und Zusammengehörigkeit** erweckt und Ausdruck einer organischen Siedlungsstruktur ist (BVerwG E 31, 20; E 75, 34 = NVwZ 1987, 406; NVwZ 2001, 70); die Ansiedlung muss nach der Zahl der vorhandenen Gebäude ein gewisses Gewicht haben. Zu letzterem Punkt lassen sich allerdings kaum feste Zahlenangaben machen, es kommt vielmehr auf die landschaftstypische Siedlungsstruktur an (BVerwG NVwZ 1999, 527).

Das **städtebauliche Gewicht** eines Ortsteils muss jedenfalls über das einer Splittersiedlung i.S.d. § 35 Abs. 3 BauGB hinausgehen (BVerwG NVwZ-RR 2001, 83). Maßgeblich sind dabei nur die vorhandenen Gebäude; das gilt auch für materiell-rechtswidrige oder sogar ungenehmigte Bauten, sofern die Bauaufsichtsbehörde diesen Zustand duldet (OVG Münster NVwZ-RR 1993, 400).

Das BVerwG hat z.B. bei 4 Gebäuden einen im Zusammenhang bebauten Ortsteil verneint (BauR 1977, 396; 1994, 495), ebenso bei 6 Gebäuden in einem dünnbesiedelten Gebiet (NVwZ-RR 1994, 371). Der VGH Mannheim hat bei 7 teils für Wohnzwecke, teils für landwirtschaftliche Zwecke genutzten Gebäuden eine Anwendung des § 34 BauGB abgelehnt (VGH Mannheim NuR 1993, 322); bei 5 Wohn- und 5 landwirtschaftlichen Gebäuden sowie einem Gasthaus dagegen bejaht (VGH Mannheim BauR 1984, 496), ebenso bei 12 Wohngebäuden (VGH Mannheim BauR 1987, 59); andererseits aber bei 11 Wohngebäuden einen Ortsteil verneint (VGH Mannheim VBlBW 1997, 342). Die angeführten Beispiele zeigen, dass die »quantitative Schwelle« für einen Ortsteil bei etwa 10 – 12 Gebäuden liegt, wobei dieser Wert lediglich einen groben Anhaltspunkt darstellen kann. Unberücksichtigt bleiben Gebäude, die nicht für einen ständigen Aufenthalt bestimmt sind, z.B. Scheunen oder Ställe sowie Freizeitanlagen (BVerwG BauR 2000, 1310; NVwZ 2001, 70; BauR 2002, 1825).

In jedem Fall ist aber Voraussetzung für § 34 BauGB, dass die Bebauung nicht völlig regel- und **111** systemlos erfolgt sein darf, sondern eine **funktionsbedingte organische Siedlungsstruktur** vorhanden ist; das BVerwG hat z.B. 30 wahllos in die Landschaft gestreute Gebäude nicht als im Zusammenhang bebauten Ortsteil angesehen (BVerwG BauR 1976, 185); das gleiche gilt für 19 Gebäude entlang einer Straße (BVerwG ZfBR 1984, 151; eb. auch OVG Münster BauR 1996, 688). Dagegen kann eine Ansammlung von Wochenendhäusern ein faktisches Wochenendhausgebiet i.S.d. § 34 Abs. 2 BauGB i.V.m. § 10 Abs. 1 BauNVO darstellen und damit auch einen im Zusammenhang bebauten Ortsteil i.S.d. § 34 Abs. 1 BauGB bilden (OVG Weimar DÖV 2004, 301).

Auch wenn ein im Zusammenhang bebauter Ortsteil vorliegt, bleibt häufig zweifelhaft, wo **112** dieser endet, wenn die Bebauung nach außen hin allmählich ausläuft. Um derartige Zweifel zu beseitigen, können die Gemeinden nach § 34 Abs. 4 Nr. 1 BauGB die Abgrenzung Innenbereich – Außenbereich durch Satzung regeln (s. dazu Hansen DVBl 1986, 1044; Dyong ZfBR 1982, 109).

Eine solche **Abgrenzungssatzung (Klarstellungssatzung)** hat nach einer viel vertretenen Rechtsansicht (BVerwG BauR 1990, 451; VGH Mannheim VBlBW 1993, 379; OVG Bautzen NVwZ-RR 2001, 1070; Battis/Krautzberger/Löhr § 34 Rdnr. 64; Berliner Komm. § 34 Rdnr. 61) nur deklaratorische Bedeutung, begründet also nicht die Innen- bzw. Außenbereichsqualität eines Grundstücks; maßgeblich soll letztlich die jeweilige tatsächliche Grundstückssituation sein. Dem kann nicht zugestimmt werden. Eine reine deklaratorische Abgrenzungssatzung wäre überflüssig, außerdem gibt es keine rein deklaratorisch wirkende Rechtsnorm (VGH München BayVBl. 1993, 573; Jean d'Heur NVwZ 1995, 1174; Schink DVBl 1999, 367; offen gelassen von BVerwG NVwZ-RR 1995, 429) – wegen der in § 34 Abs. 4 genannten Entwicklungs- und Ergänzungssatzungen s. unten Rdnr. 120 ff.

113 Solange eine solche Satzung nicht ergangen ist, endet der Innenbereich unabhängig vom Verlauf der Grundstücksgrenzen (BVerwG E 35, 256; BauR 1989, 60) unmittelbar hinter dem letzten Haus des im Zusammenhang bebauten Ortsteils (BVerwG NVwZ-RR 1992, 227; BauR 2000, 1310). Der Innenbereich erstreckt sich dabei auch noch auf die hinter dem Haus gelegene Hof- und Gartenfläche; dort sind allerdings keine Hauptgebäude, sondern nur noch Nebenanlagen zulässig (BVerwG BauR 1989, 60; OVG Saar BauR 1989, 56; OVG Bautzen NVwZ-RR 2001, 426). Maßgebend sind dabei nur tatsächlich vorhandene Gebäude, nicht dagegen zwar genehmigte, aber noch nicht errichtete Bauvorhaben (BVerwG E 35, 256; BauR 1993, 445; BauR 2000, 1171). Der Bebauungszusammenhang endet aber stets an der **Gemeindegrenze**, bebaute Grundstücke auf der Nachbargemarkung bleiben unberücksichtigt (BVerwGE 27, 137 und 28, 268; NVwZ-RR 2001, 83). Unberücksichtigt bleiben ferner bauliche Anlagen, die optisch praktisch nicht in Erscheinung treten (BVerwG NVwZ 1993, 985 – Stellplatz; BauR 1993, 303 – befestigter Reitplatz; BauR 2000, 1171 – Tennisplatz; NVwZ 2001, 70 – Sportplatz; VGH Mannheim NVwZ-RR 2000, 481 – Bocciabahn).

Eine Fläche, die unmittelbar an das letzte vorhandene Gebäude des Innenbereichs anschließt, zählt bereits zum Außenbereich (BVerwG NVwZ-RR 1998, 156). Etwas anderes gilt nur, wenn das Grundstück bebaut war und das neue Bauvorhaben als **Ersatz** für das frühere Gebäude anzusehen ist; dabei muss allerdings ein gewisser zeitlicher Zusammenhang zwischen dem Untergang des alten Bauwerks und dem Neubau bestehen (BVerwG BauR 1987, 52; 1988, 574; 2000, 1171; NVwZ 1999, 524). Dieser zeitliche Zusammenhang kann sogar nach zwölf Jahren noch gegeben sein, wenn die Wiederbebauung sich wegen Verhandlungen mit der Gemeinde über die zukünftige bauliche Nutzung des Grundstücks verzögert (so BVerwG E 75, 34 = NVwZ 1987, 406).

114 Der Bebauungszusammenhang wird allerdings durch sog. **Baulücken**, d.h. einzelne unbebaute oder der Bebauung entzogene Grundstücke (Sportplatz, Parkanlage, Felsen) nicht unterbrochen, soweit der Eindruck der Geschlossenheit und Zusammengehörigkeit erhalten bleibt (BVerwG E 31, 20; 35, 256; NVwZ 1997, 899). Etwas anderes gilt aber dann, wenn die Baulücke so groß ist, dass die vorhandene Bebauung keinen prägenden Einfluss auf die Bebauung der Baulücke ausüben kann (BVerwGE 41, 227; VGH Mannheim NVwZ-RR 2000, 481); als maximale Größe einer Baulücke, die den Bebauungszusammenhang noch nicht unterbricht, gelten bei aufgelockerter Bebauung ca. 150 m (BVerwG Buchholz 406.11 Nr. 29 zu § 34 BBauG; a.M. OVG Bremen BRS 44 Nr. 50); bei einer Distanz von 160 m wurde eine Baulücke bereits verneint (VGH Mannheim VBlBW 1987, 23; eb. VGH München BauR 1989, 309 bei 130 m), bei 90 m demgegenüber bejaht (VGH Mannheim BauR 1987, 59; BauR 1992, 45).

Das BVerwG (E 55, 369 = BauR 1978, 276; BauR 2000, 1310) macht jedoch eine Ausnahme von dem Grundsatz, dass der Außenbereich unmittelbar hinter dem letzten Haus des

Innenbereichs beginnt, für den Fall, dass sich hinter dem letzten Haus bzw. der Häuserreihe noch eine unbebaute Fläche anschließt, die ihrerseits deutlich durch natürliche Hindernisse, etwa eine Böschung (VGH Mannheim BauR 1990, 576), einen Fluss (BVerwG BauR 2000, 1310), Eisenbahn oder Weg von der freien Landschaft abgegrenzt ist, sodass diese freie Fläche bei natürlicher Betrachtungsweise noch als Teil des Innenbereichs erscheint.

b) Das Einfügen in die nähere Umgebung

Die Zulässigkeit eines innerhalb des Bebauungszusammenhangs gelegenen Bauvorhabens **115** bestimmt sich nach **§ 34 Abs. 1 u. 2 BauGB. Bitte beachten:** Für die Frage des Einfügens nach der Art der baulichen Nutzung ist § 34 Abs. 2 BauGB zuerst zu prüfen. Wenn sich die Umgebung des Bauvorhabens in den Baugebietskatalog der §§ 2 ff. BauNVO einordnen lässt, richtet sich die Zulässigkeit ausschließlich nach der BauNVO und ein Einfügen nach § 34 Abs. 1 BauGB ist nicht mehr zu prüfen (BVerwG NVwZ 1995, 897; 2000, 1050) – s. dazu Rdnr. 118. Nach § 34 Abs. 1 BauGB ist ein Vorhaben zulässig, wenn es sich nach Art und Maß der baulichen Nutzung, Bauweise und überbauter Grundstücksfläche in die Eigenart der näheren Umgebung einfügt, die Erschließung gesichert ist, die Anforderungen an gesunde Wohn- und Arbeitsverhältnisse gewahrt bleiben und das Ortsbild nicht beeinträchtigt wird. Die städtebaulichen Maßstäbe des Einfügens sind in § 34 Abs. 1 BauGB abschließend aufgeführt. Andere Kriterien (architektonische Ästhetik, Jugendschutz, Erhaltung eines sozialen Milieus) sind für das Einfügen im Sinne des § 34 Abs. 1 BauGB unbeachtlich. Wie weit der Bereich der für eine Beurteilung maßgeblichen **näheren Umgebung** zu ziehen ist, richtet sich einerseits nach dem Einwirkungsbereich des Vorhabens auf seine Umgebung, andererseits danach, ob die in der Umgebung vorhandene Bebauung das Vorhabengrundstück städtebaulich prägt (BVerwG E 55, 369 = BauR 1978, 276; E 62, 151 = NJW 1981, 2770; E 84, 322 = NVwZ 1990, 755; BauR 1997, 804; OVG Weimar ThürVGRspr. 2003, 159 = BRS 65 Nr. 86). Demnach ist der maßgebliche Bereich bei einem immissionsträchtigen Gewerbebetrieb wesentlich größer als bei einem Wohngebäude (Ernst / Zinkahn / Bielenberg § 34 Rdnr. 46).

§ 34 BauGB lässt ein Bauvorhaben nur zu, wenn es sich in die vorhandene Bebauung einfügt. **116** **Einfügen** bedeutet nach der grundlegenden Entscheidung des BVerwG (E 55, 369 = NJW 1978, 2564; eb. BVerwGE 67, 23 = NJW 1983, 2713; NVwZ 1995, 698; NVwZ 1999, 524), dass das Bauvorhaben den durch die vorhandene Bebauung gebildeten Rahmen nicht überschreiten darf.

Bsp. a) (BVerwGE 55, 369): Ist in der Umgebung eine zwei- bis viergeschossige Bebauung vorhanden, dann kann das zu errichtende Bauwerk 2, 3 oder 4 Geschosse aufweisen, ein eingeschossiges oder fünfgeschossiges Gebäude ist demgegenüber unzulässig.
b) (OVG Weimar Urt. v. 4.6.2002–1 KO 126/00-): In einem Straßengeviert, in dem die rückwärtigen Grundstücksflächen unbebaut bzw. nur mit Nebenanlagen wie Gartenhäuschen bebaut sind, fügt sich ein Wohngebäude auf dem rückwärtigen Grundstücksteil nicht ein (zu einer unzulässigen Hinterlandbebauung s. auch OVG Weimar Urt. v. 23.9.2003–1 KO 274/01 –).

Ein Überschreiten des Rahmens ist ausnahmsweise unschädlich, wenn dadurch die »städtebauliche Harmonie« nicht beeinträchtigt wird, d.h. **keine städtebaulichen Spannungen** begründet oder vorhandene Spannungen verstärkt werden (BVerwG NVwZ 1999, 524; OVG Weimar ThürVGRspr. 2003, 159). So kann sich z.B. ein fünfgeschossiges Gebäude noch in eine zwei- bis viergeschossig bebaute Umgebung einfügen, wenn es in einer Bodensenke errichtet werden soll; eine in der näheren Umgebung nicht noch einmal vorhandene bauliche Anlage kann sich gleichwohl einfügen i.S.d. § 34 Abs. 1 BauGB, wenn sie keine städtebaulichen Spannungen hervorruft (BVerwG E 67, 23 = NJW 1983, 2713 – Windenergieanlage; BauR 1994, 81; NVwZ 1995, 698; BauR 1999, 373 – Kurhaus; OVG Weimar ThürVGRspr. 2003, 159 – Bestattungsinstitut mit Trauerhalle). Umgekehrt kann trotz des Einhaltens des Rahmens die städtebauliche Harmonie gestört werden – das BVerwG spricht von »Unruhe stiften« bzw. »die vorgegebene Situation belasten, stören oder verschlechtern« –, wenn etwa bei zwei- bis viergeschossiger Bauweise ein viergeschossiges Gebäude errichtet wird, das statt der üblichen 2,70 m pro Geschoss eine Geschosshöhe von 3,5 m aufweist. Das gleiche gilt, wenn das Vorhaben sich – noch – einfügt, aber eine sog. **negative Vorbildwirkung** entfaltet, indem es andere gleichartige Vorhaben nach sich zieht und so die Situation »zum Umkippen« bringt (BVerwG E 44, 302; NJW 1980, 605; 1981, 473).

Bsp. a) (BVerwG NJW 1981, 139): Die Errichtung einer Schweinemastanstalt kann in einem Dorfgebiet unzulässig sein, wenn zu erwarten ist, dass weitere Landwirte diesem Beispiel folgen werden.
b) (BVerwG NVwZ 1995, 698): Eine Spielhalle fügt sich in einen bisher mit Wohn- und Geschäftshäusern bebauten Bereich nicht ein, wenn mit der Ansiedlung weiterer Spielhallen und damit dem sog. trading-down-Effekt zu rechnen ist.
c) (VGH Mannheim UPR 1998, 273): Ein Ziegenstall fügt sich wegen der von diesen Tieren ausgehenden eigentümlichen Gerüche nicht in ein Wohngebiet ein.

Zur Auslegung des Begriffs des Einfügens kann auch auf die **BauNVO** als sachverständige Konkretisierung städtebaulicher Planungsgrundsätze abgestellt werden (so BVerwG E 32, 31; NVwZ 1987, 884; NVwZ 1995, 698). Dies bezieht sich aber vor allem auf die §§ 2 ff. BauNVO, während die Höchstwerte des § 17 BauNVO nicht maßgeblich sind (VGH Kassel BauR 1989, 66). Es kommt nämlich für das Einfügen nicht auf die Grundstücksgrenzen an; maßgeblich ist der tatsächliche Gesamteindruck (BVerwG BauR 1989, 60; NVwZ 1987, 1080). Dem abstrakten Maß der baulichen Nutzung (Geschossflächenzahl, Grundflächenzahl) kommt daher keine Bedeutung zu; letztlich entscheidend sind die optisch wahrnehmbaren Umstände, insbes. die Größe des Gebäudes im Verhältnis zur umgebenden Bebauung (BVerwG NVwZ 1994, 1006; BauR 1996, 823; NVwZ-RR 1997, 519).
Bei der Ermittlung der Eigenart der näheren Umgebung bleiben sog. »**Fremdkörper**« außer Betracht. Hierunter versteht man ein Gebäude, das völlig aus dem Rahmen der sonst vorhandenen Bebauung fällt (BVerwGE 84, 322 = NVwZ 1990, 755; NVwZ 1994, 294; OVG Weimar ThürVGRspr. 2003, 159). Diese Einschränkung ist aber nur bei Extremfällen anwendbar. Ein Fremdkörper ist auch bei einem nur vereinzelt vorkommenden Vorhaben nicht anzunehmen, wenn es gleichwohl die städtebauliche Eigenart seiner Umgebung prägt (BVerwG a.a.O.), etwa im Fall einer alten Kohlenzeche und der um sie herum entstandenen Zechensiedlung.

117   Im Rahmen des Einfügens kommt dem **Gebot der Rücksichtnahme** eine besondere Bedeutung zu. Ein Bauvorhaben, das auf die vorhandene Umgebung nicht die gebotene Rücksicht nimmt, fügt sich nicht i.S.d. § 34 Abs. 1 BauGB ein, auch wenn im übrigen alle oben angegebenen Merkmale des Einfügens gegeben sind (BVerwG NVwZ-RR 1997, 516; NVwZ 1999, 524).

Bsp. a) (BVerwG DÖV 1981, 673): Zwölfgeschossiges Gebäude verletzt das Gebot der Rücksichtnahme gegenüber benachbarten Gebäuden mit nur zwei bis drei Geschossen.
b) (BVerwG BauR 1986, 61): Kegelbahn verletzt das Gebot der Rücksichtnahme in einem reinen Wohngebiet.
c) (BVerwG DVBl 1986, 1172): Eine zwölf Meter hohe Siloanlage unmittelbar an der Grenze verstößt gegen das Gebot der Rücksichtnahme.
d) (VGH Kassel NVwZ-RR 1996, 306): Das Überschreiten der faktischen hinteren Baulinie einer Reihenhausanlage durch Errichtung eines Anbaus ist wegen des »Scheuklappeneffekts« rücksichtslos gegenüber den Bewohnern des benachbarten Reihenhauses.

Das Gebot der Rücksichtnahme schützt aber nicht nur die Wohnbevölkerung vor Immissionen und sonstigen Beeinträchtigungen, sondern schützt umgekehrt auch den Inhaber eines Gewerbebetriebs davor, dass er infolge heranrückender Wohnbebauung immissionsschutzrechtlichen

Einschränkungen ausgesetzt sein könnte (BVerwG NVwZ 1993, 1184; BauR 2002, 432; OVG Münster BauR 1996, 222; NVwZ-RR 1998, 357).

Bsp. (BVerwG ZfBR 1986, 45): Die Errichtung von Wohnhäusern in der Nachbarschaft einer Schwermetall-Gießerei ist rücksichtslos.

Dabei ist auf eine Erweiterungsabsicht des Gewerbebetriebs nur dann Rücksicht zu nehmen, wenn diese bereits im vorhandenen Baubestand angelegt ist; auf lediglich genehmigte, aber noch nicht ausgeführte Vorhaben braucht nicht Rücksicht genommen zu werden (BVerwG DVBl 1993, 445).

Dem Gebot der Rücksichtnahme kommt vor allem in sog. **Gemengelagen** Bedeutung **118** zu (zur Gemengelage s. Dolde DVBl 1983, 732; Ziegert BauR 1984, 15 u. 138; für ein Beispiel s. OVG Weimar ThürVGRspr. 2003, 159). Gemengelagen sind gekennzeichnet durch das Nebeneinander bzw. sogar Durcheinander von Nutzungsarten, die nicht miteinander harmonisieren, insbesondere Wohnbebauung einerseits, gewerbliche Nutzung andererseits. Die Pflicht zur Rücksichtnahme bedeutet hier, dass der Inhaber eines Wohnhauses einerseits höhere Immissionen und sonstige Beeinträchtigungen hinnehmen muss als in Wohngebieten, andererseits der Gewerbetreibende sich weitergehende Einschränkungen gefallen lassen muss als in einem Gewerbe- oder sogar Industriegebiet (BVerwG NVwZ 1984, 511 und 646). Das BVerwG hält wegen des Gebots der Rücksichtnahme bei der Festsetzung der zulässigen Immissionswerte eine Mittelwertbildung für geboten, d.h. Grenzwerte, die zwischen denen für Wohn- bzw. Gewerbegebiete liegen (BVerwG E 50, 49; NVwZ 1983, 609; VGH München NVwZ-RR 1990, 549).

Vergleichbare Probleme, die durch eine Heranziehung des Rücksichtnahmegebots gelöst werden müssen, entstehen auch bei der Nachbarschaft von Wohnbebauung und **Sportanlagen** (s. dazu BVerwG E 81, 197 = NJW 1989, 1291; E 109, 246 = NVwZ 2000, 1050; Uechtritz NVwZ 2000, 1006) sowie bei der Nachbarschaft von Wohnbebauung und **Intensiv-Tierhaltung** (s. dazu BVerwG NJW 1981, 319; NVwZ 1987, 884; DVBl 1993, 652; VGH Mannheim NVwZ-RR 1996, 2; weitere Nachweise bei Brügelmann/Dürr § 34 Rdnr. 57 ff.).

§ 34 Abs. 1 BauGB verlangt ferner, dass die Anforderungen an gesunde Wohn- und Arbeitsver- hältnisse (s. dazu § 136 Abs. 3 BauGB) gewahrt bleiben und das **Ortsbild** nicht beeinträchtigt wird. Diese Anforderungen haben eine selbständige Bedeutung neben dem Einfügen in die vorhandene Bebauung (BVerwG NVwZ 1991, 51; VGH Mannheim DÖV 1990, 160). Eine Beein- trächtigung des Ortsbilds ist insbesondere gegeben, wenn ein Gebäude sich hinsichtlich seiner äußeren Gestaltung deutlich von der Umgebung unterscheidet und deren Erscheinungsbild negativ beeinflusst, wobei der maßgebliche Bereich weiter reicht als beim Einfügen (BVerwG NVwZ 2000, 1169).

c) § 34 Abs. 2 BauGB i.V.m. §§ 2 – 11 BauNVO

Soweit die nähere Umgebung einem der in §§ 2 – 11 BauNVO angeführten Baugebiete **119** entspricht, kommt es hinsichtlich der Art der baulichen Nutzung nach § 34 Abs. 2 BauGB allein darauf an, dass das Vorhaben nach §§ 2 – 15 BauNVO in dem jeweiligen Baugebiet zulässig ist (BVerwG NVwZ 1990, 557; NVwZ-RR 1997, 463; NVwZ 2000, 1050; Schlichter in Berl. Komm. § 34 Rdnr. 48). § 34 Abs. 2 BauGB ist hinsichtlich der Art der baulichen Nutzung lex specialis gegenüber § 34 Abs. 1 BauGB. Wenn das Vorhaben nach §§ 2 ff. BauNVO zulässig ist, ist hinsichtlich der Art der baulichen Nutzung nicht mehr zu prüfen, ob das Vorhaben sich in die nähere Umgebung im Sinne des § 34 Abs. 1 BauGB einfügt (BVerwG NVwZ 1990, 557; NVwZ 1995, 897; NVwZ 2000, 1050). Für das Maß der baulichen Nutzung, die zulässige Bauweise und die überbaubare Grundstücksfläche ist dagegen nicht auf §§ 16 ff. BauNVO, sondern allein

auf die nähere Umgebung abzustellen (s. dazu oben Rdnr. 116). § 34 Abs. 2 BauGB verweist nur bezüglich der Art der baulichen Nutzung auf die BauNVO (BVerwG a.a.O.).
Die Verweisung in § 34 Abs. 2 BauGB auf die BauNVO ist eine sog. **dynamische Verweisung**, d.h. es ist die jeweils gültige Fassung der BauNVO heranzuziehen (BVerwG NVwZ 2000, 1050). Ausgenommen von der Heranziehung der §§ 2 ff. BauNVO wird allerdings § 4a BauNVO, da die Festsetzung eines besonderen Wohngebiets eine planerische Entscheidung der Gemeinde voraussetzt, die nicht durch die vorhandene Bebauung ersetzt werden kann (BVerwG NVwZ 1993, 1100).
Umstritten, aber zu bejahen ist die Anwendbarkeit der §§ 10, 11 BauNVO, da es insoweit durchaus faktische Sondergebiete gibt (so BVerwG NVwZ 1984, 582; 1991, 982; 1994, 285; OVG Weimar NVwZ 2004, 249 – Unzulässigkeit eines Multiplexkinos in einem faktischen Sondergebiet »Einkaufszentrum«–; DÖV 2004, 301 – Ansammlung von Wochenendhäusern als faktisches Wochenendhausgebiet –; eb. Battis/Krautzberger/Löhr § 34 Rdnr. 49; a.m. Jäde/Dirnberger/Weiß § 34 Rdnr. 108; Dolde/Menke NJW 1999, 2154; Borges DVBl 1998, 626).
Soweit ein Vorhaben nach §§ 2 – 9 BauNVO nur als **Ausnahme** zulässig ist, findet § 31 Abs. 1 BauGB (s. dazu Rdnr. 101) entsprechende Anwendung. Soweit durch die schematisierende und typisierende Betrachtungsweise der BauNVO im Einzelfall eine unangemessene Beschränkung der Bebaubarkeit eines Grundstücks eintritt, kann dem durch eine **Befreiung** nach §§ 34 Abs. 2, 31 Abs. 2 BauGB Rechnung getragen werden (s. dazu Brügelmann/Dürr § 34 Rdnr. 100). § 34 Abs. 2 BauGB bewirkt somit eine starke Angleichung der Zulässigkeit von Bauvorhaben im nichtbeplanten Innenbereich an den beplanten Innenbereich (BVerwG NVwZ-RR 1997, 463).

d) Sonderregelung für Gewerbebetriebe (§ 34 Abs. 3a BauGB)

120 § 34 Abs. 3a BauGB 2004 hat eine Sondervorschrift für Gewerbe wieder in Kraft gesetzt, die bereits durch § 34 Abs. 3 BauGB 1987 geschaffen und durch das BauROG 1998 abgeschafft worden ist. Die Vorschrift gestattet die **Erweiterung, Änderung, Nutzungsänderung oder Erneuerung von vorhandenen Gewerbebetrieben oder Handwerksbetrieben**, auch wenn diese sich nicht im Sinne des § 34 Abs. 1 BauGB in die nähere Umgebung einfügen. Die Regelung stellt materiell-rechtlich einen Befreiungstatbestand dar (BVerwG E 84, 322 = NVwZ 1990, 755 zu § 34 Abs. 3 BauGB 1987) und trägt dem Umstand Rechnung, dass der Bestandsschutz nur den bestehenden Betrieb erfasst, aber keine Veränderungen erlaubt, die über eine Instandhaltung hinausgehen (s. dazu Rdnr. 135). § 34 Abs. 3a BauGB ermöglicht es, bestehende Gewerbe- oder Handwerksbetriebe zu erweitern oder auf sonstige Weise zu verändern, wenn dieses sowohl mit den nachbarlichen Interessen als auch mit den öffentlichen Belangen vereinbar ist; die Parallele zu § 31 Abs. 2 BauGB ist offensichtlich (s. dazu Rdnr. 106). Da nach der Rechtsprechung des BVerwG (E 117, 50 = NVwZ 2003, 478 m.w.N.) ein Vorhaben i.d.R. nicht im Wege der Befreiung nach § 31 Abs. 2 BauGB zugelassen werden kann, wenn es sich nicht einfügt, dürfte § 34 Abs. 3a BauGB kaum Bedeutung zukommen.

e) Entwicklungs- und Ergänzungssatzungen (§ 34 Abs. 4 u. 5 BauGB)

121 § 34 Abs. 4 BauGB ermächtigt die Gemeinde zum Erlass von Abgrenzungssatzungen (Nr. 1 – s. Rdnr. 113), Entwicklungssatzungen (Nr. 2) und Ergänzungssatzungen (Nr. 3 – s. dazu Greiving VerwArch 1998, 585; Schink DVBl 1999, 367). Während durch eine Abgrenzungssatzung lediglich die Grenze zwischen Innenbereich und Außenbereich normativ festgelegt wird, aber kein neues Baugelände entsteht (s. dazu oben Rdnr. 113), wird durch eine Entwicklungs- und Ergänzungssatzung ein bisher zum Außenbereich zählendes Gelände dem Innenbereich zugeordnet und erhält damit Baulandqualität.
Entwicklungssatzungen nach § 34 Abs. 4 Nr. 2 BauGB können bereits bebaute Bereiche im Außenbereich zum Innenbereich erklären, sofern die von der Satzung erfasste Fläche

im Flächennutzungsplan als Baufläche ausgewiesen ist. Die Gemeinde erhält damit die Möglichkeit, vorhandene Bebauungsansätze im Außenbereich (Splittersiedlungen) i.S.d. § 35 Abs. 3 BauGB) zu Ortsteilen i.S.d. § 34 Abs. 1 BauGB zu entwickeln (OVG Schleswig NVwZ-RR 2002, 485).

Ergänzungssatzungen nach § 34 Abs. 4 Nr. 3 BauGB ermöglichen es, den Verlauf des Ortsrands bei Erlass einer Satzung nach § 34 Abs. 4 Nr. 1 od. 2 BauGB durch Einbeziehung bisher unbebauter Flächen in den im Zusammenhang bebauten Ortsteil abzurunden bzw. zu begradigen. Anders als bei den sog. **Abrundungssatzungen nach § 34 Abs. 4 Nr. 3 BauGB 1987** ist eine Ergänzungssatzung nach § 34 Abs. 4 Nr. 3 BauGB 1998 nicht darauf beschränkt, die vorhandene Bebauung abzurunden, sondern kann auch außerhalb der bisherigen Bebauung liegende Flächen in den Innenbereich einbeziehen (OVG Münster BauR 2003, 665), z.b. bei einer nur einseitigen Bebauung einer Straße auch die Grundstücke auf der anderen Seite der Straße zum Innenbereich erklären (Dolde/Menke NJW 1999, 2155; Lüers WuV 1998, 67; Jäde/Dirnberger/Weiß § 34 Rdnr. 48). Eine Ergänzungssatzung erlaubt aber nur die Ergänzung der bisherigen Bauflächen, nicht die Schaffung neuer Baugebiete; hierfür bedarf es eines Bebauungsplans (ebenso OVG Münster a.a.O.; Jäde/Dirnberger/Weiß § 34 Rdnr. 48 ff.).

§ 34 Abs. 5 Satz 2 BauGB erlaubt ferner, einzelne **Festsetzungen nach § 9 BauGB** in die Satzung aufzunehmen; in Betracht kommen insoweit vor allem Bestimmungen über die Art der baulichen Nutzung und die überbaubare Grundstücksfläche. Wie die Worte »einzelne Festsetzungen« zeigen, kann in der Satzung aber keine umfassende Regelung der zulässigen baulichen Nutzung getroffen werden; wenn die Gemeinde dieses für nötig hält, muss sie einen Bebauungsplan aufstellen (OVG Münster BauR 2003, 665). Eine Satzung nach § 34 Abs. 4 BauGB stellt also keinen Bebauungsplan-Ersatz dar.

Satzungen nach § 34 Abs. 4 Nr. 2 u. 3 BauGB müssen gemäß § 34 Abs. 5 Nr. 1 mit der **121a geordneten städtebaulichen Entwicklung vereinbar** sein (VGH Mannheim BWVPr 1991, 116). Dies ist dann der Fall, wenn die Satzung nicht im Widerspruch zum Flächennutzungsplan steht (Dyong ZfBR 1982, 110; Lenz BauR 1987, 8). Ferner darf weder eine Umweltverträglichkeitsprüfung erforderlich sein, noch ein FFH-Gebiet beeinträchtigt werden (§ 34 Abs. 5 Nr. 2 u. 3 BauGB). Wenn durch die Schaffung neuer Bauplätze städtebauliche Spannungen ausgelöst oder verstärkt werden, muss der Ausgleich der widerstreitenden Interessen durch die Aufstellung eines Bebauungsplans bewirkt werden (OVG Saar NVwZ 1982, 125; VGH München BauR 1989, 309).

Bsp. (OVG Saar NVwZ 1982, 125): Das bisher nur mit wenigen Gebäuden bebaute Gelände zwischen dem Ortsrand und einem großen Bauhof einer Straßenbaufirma wird durch eine Satzung nach § 34 Abs. 4 BauGB zum Innenbereich erklärt; das OVG Saar hält diese Satzung für nichtig, weil die Abwägung der Belange der Wohnbebauung und der gewerblichen Nutzung durch einen Bebauungsplan zu erfolgen habe.

Das Verfahren zum Erlass von Satzungen nach § 34 Abs. 4 BauGB ist in § 34 Abs. 6 BauGB geregelt; diese Vorschrift verweist im wesentlichen auf das vereinfachte Verfahren nach § 13 BauGB.

Für den Rechtsschutz gegen Satzungen nach § 34 Abs. 4 BauGB gilt das für Bebauungspläne Gesagte entsprechend.

6. Bauvorhaben im Außenbereich (§ 35 BauGB)

Bei der Zulässigkeit von Bauvorhaben im Außenbereich (zur Abgrenzung Innenbereich – **122** Außenbereich s. Rdnr. 112) ist zu unterscheiden zwischen den privilegierten Vorhaben des § 35 Abs. 1 BauGB und den nichtprivilegierten Vorhaben des § 35 Abs. 2 BauGB. **Privilegierte Vorhaben** sind im Außenbereich generell zulässig, wenn öffentliche Belange nach § 35 Abs. 3

BauGB nicht entgegenstehen; **nichtprivilegierte** Vorhaben können dagegen nur im Einzelfall genehmigt werden, wenn sie öffentliche Belange nicht beeinträchtigen.

Dieser Unterschied bezüglich der Berücksichtigung öffentlicher Belange bedeutet nach der Rechtsprechung des BVerwG (E 28, 148; E 48, 109 = NJW 1975, 2114; E 68, 311 = NVwZ 1984, 367), dass bei der **Abwägung** zwischen dem Bauvorhaben und den davon betroffenen öffentlichen Belangen die gesetzliche Privilegierung des § 35 Abs. 1 BauGB besonders berücksichtigt werden muss. Ein an sich privilegiertes Vorhaben ist nur dann unzulässig, wenn ihm höherwertige Belange der Allgemeinheit entgegenstehen. Der VGH Mannheim (ESVGH 29, 102) hat z.b. die Erteilung einer Baugenehmigung für eine (nach § 35 Abs. 1 Nr. 3 BauGB privilegierte) Kiesgewinnungsanlage in einem als Naherholungsgebiet von Ulm dienenden Wald abgelehnt (vgl. auch BVerwG NVwZ 1986, 203 – Reithalle im Landschaftsschutzgebiet; OVG Münster BauR 2001, 222 – Schweinemastanstalt in einem reizvollen Tal).

In der Praxis läuft die Unterscheidung zwischen privilegierten und nichtprivilegierten Vorhaben darauf hinaus, dass privilegierte Vorhaben im Außenbereich grundsätzlich zulässig sind, weil der Gesetzgeber für derartige Vorhaben anstelle eines Bebauungsplans eine generelle Zuweisung in den Außenbereich vorgenommen hat (BVerwG E 28, 148 = NJW 1968, 1105; E 68, 311 = NJW 1984, 367; E 48, 109 = NJW 1975, 2114). Nichtprivilegierte Bauvorhaben sind dagegen grundsätzlich im Außenbereich unzulässig (std. Rspr. seit BVerwGE 27, 137).

a) Privilegierte Vorhaben

123 Von den sieben in **§ 35 Abs. 1 BauGB** genannten **Fallgruppen** sind vor allem vier Fälle von praktischer Relevanz: land- und forstwirtschaftliche Vorhaben (§ 35 Abs. 1 Nr. 1 BauGB), einem ortsgebundenen Betrieb dienende Vorhaben (§ 35 Abs. 1 Nr. 3 BauGB), Vorhaben, die wegen ihrer besonderen Zweckbestimmung oder ihrer Eigenart nur im Außenbereich ausgeführt werden sollen (§ 35 Abs. 1 Nr. 4 BauGB) sowie neuerdings Windkraftanlagen (§ 35 Abs. 1 Nr. 5 BauGB).

124 Bei den einem **land- oder forstwirtschaftlichen Betrieb** (s. dazu Ziegler DVBl 1990, 629) dienenden Vorhaben liegt in der Praxis das Hauptproblem darin, solche landwirtschaftlichen »Betriebe« von der Privilegierung auszuscheiden, die nur zum Schein unterhalten werden, um ein sonst nach § 35 Abs. 2, 3 BauGB nicht zulässiges Bauvorhaben im Außenbereich zu verwirklichen (BVerwG NVwZ 1986, 916). Der **Begriff der Landwirtschaft** ist in § 201 BauGB gesetzlich definiert, diese Begriffsbestimmung ist auch für § 35 Abs. 1 Nr. 1 BauGB maßgebend. Zu beachten ist, dass nach § 201 BauGB nicht nur Ackerbau und Viehzucht sowie Erwerbsgartenbau und -obstbau, sondern auch die berufsmäßige Imkerei (s. dazu BVerwG BauR 1991, 579) und Fischerei privilegiert sind; der Begriff der Landwirtschaft i.S.d. § 201 BauGB geht also weit über den sonstigen Sprachgebrauch hinaus. Die Viehzucht ist allerdings nur dann zur Landwirtschaft i.S.d. § 201 BauGB zu zählen, wenn sie überwiegend auf einer eigenen Futtergrundlage beruht (BVerwG NVwZ 1986, 203; NVwZ 1990, 64); eine Schweinemastanstalt ist daher kein landwirtschaftlicher Betrieb (BVerwG NJW 1981, 139). Durch das BauGB neu eingeführt wurde die Privilegierung der Pensionstierhaltung (vgl. dazu BVerwG NVwZ 1986, 200). Von § 35 Abs. 1 Nr. 1 BauGB nicht erfasst werden Verkaufsstellen, in denen landwirtschaftliche Bedarfsgegenstände an die Landwirte verkauft werden (BVerwG BauR 1993, 435 – Raiffeisen-Genossenschaft) sowie Betriebe, die land- oder forstwirtschaftliche Arbeiten erledigen (BVerwG NVwZ-RR 1997, 9).

Nach der Rechtsprechung der Verwaltungsgerichte stellt aber nicht jede landwirtschaftliche Betätigung einen landwirtschaftlichen Betrieb i.S.d. § 35 Abs. 1 Nr. 1 BauGB dar. Vielmehr ist Voraussetzung, dass es sich um einen ernsthaften, **auf Dauer angelegten Betrieb handelt**, der dazu bestimmt ist, mit seinem Ertrag einen Beitrag zum Lebensunterhalt des

Betriebsinhabers zu leisten (BVerwG E 26, 161; NVwZ 1986, 916; Urt. v. 16.12.2004–4 C 7.04 – ; OVG Münster NVwZ-RR 2000, 347). Das BVerwG (NVwZ 1986, 916; VGH Mannheim BauR 2003, 219) hält es dabei nicht für entscheidend, ob tatsächlich ein Gewinn erwirtschaftet wird. Maßgeblich für die Privilegierung ist vielmehr die Absicht der **Gewinnerzielung**, sofern diese nicht unrealistisch ist. Dabei kommt allerdings – insbesondere bei Nebenerwerbsbetrieben – der Gewinnerzielung eine erhebliche indizielle Bedeutung für einen Betrieb i.S.d. § 35 Abs. 1 Nr. 1 BauGB zu (OVG Münster NVwZ-RR 2000, 347); bei der Gründung einer landwirtschaftlichen Nebenerwerbsstelle kommt dem Merkmal der Gewinnerzielung ein stärkeres Gewicht zu als im Fall der Erweiterung einer bestehenden Nebenerwerbsstelle (BVerwG Urt. v. 16.12.2004–4 C 7.04 –). Daneben spielen aber auch die Betriebsgröße, die Ausstattung mit Maschinen und die landwirtschaftliche Erfahrung des Betriebsinhabers eine maßgebliche Rolle (BVerwGE 26, 121; VGH Mannheim BauR 2003, 219). Die Dauerhaftigkeit eines landwirtschaftlichen Betriebs hängt dagegen nicht von dem tatsächlichen Aufwand ab, den eine Beseitigung der dem Betrieb dienenden baulichen Anlagen nach Einstellung der privilegierten Nutzung erfordern würde (BVerwG Urt. v. 16.12.2004–4 C 7.04 –). Entscheidend ist, ob bei einer Gesamtwürdigung aller Umstände davon auszugehen ist, dass die landwirtschaftliche Betätigung zu Erwerbszwecken und nicht etwa aus sonstigen Gründen, insbesondere aus **Liebhaberei** erfolgt. Das bedeutet zunächst, dass eine landwirtschaftliche Betätigung, die nur aus Liebhaberei (BVerwG NVwZ-RR 1996, 373 – Fischteich eines Naturfreundes; VGH Mannheim BRS 25 Nr. 62 – Pferdezucht eines Industriekaufmanns, VBlBW 1982, 295 – Pferdezucht eines Kraftfahrers) oder zum reinen **Eigenverbrauch** (VGH Mannheim BRS 32 Nr. 106 – Schrebergärten) betrieben wird, nicht privilegiert ist.

Die Qualifikation als landwirtschaftlicher Betrieb hängt ferner nach der Rechtsprechung des BVerwG davon ab, ob der Landwirtschaftsbetrieb auf **Eigenfläche** oder **Pachtland** geführt wird, weil nur bei einer hinreichenden Eigenfläche die Dauerhaftigkeit des Betriebs gesichert sei (BVerwGE 41, 138). Hieran soll sich durch die Einführung eines Kündigungsschutzes in § 595 BGB nichts geändert haben (so BVerwG BauR 1989, 182). Jedenfalls bei langfristigen Pachtverträgen muss ein Landwirtschaftsbetrieb aber anerkannt werden (Battis/Krautzberger/Löhr § 35 Rdnr. 23)

Nicht erforderlich ist dagegen, dass die Landwirtschaft hauptberuflich betrieben wird; auch der Betrieb des **Nebenerwerbslandwirts** ist privilegiert (BVerwG E 26, 121; NVwZ 1986, 916; VGH Mannheim BauR 2003, 219), soweit er überhaupt einen nennenswerten Umfang erreicht – verneint bei 2 Pferden (BVerwG NVwZ-RR 1990, 63; OVG Lüneburg BauR 1994, 95); Weihnachtsbaumkultur von 2000 m^2 (VGH Kassel BRS 36 Nr. 81) – bejaht bei Wanderschäferei mit 280 Schafen (BVerwG DÖV 1983, 816); Champignonzucht (OVG Lüneburg BauR 1983, 348); 100 ha Wald (BVerwG BRS 52 Nr. 70).

Schließlich muss das Bauvorhaben für eine Privilegierung nach **§ 35 Abs. 1 Nr. 1 BauGB** dem **Landwirtschaftsbetrieb dienen**, d.h. es muss nach Größe und Funktion dem Betrieb zugeordnet sein. Dabei wird einerseits nicht verlangt, dass das Bauvorhaben für den Betrieb unbedingt erforderlich ist, andererseits reicht bloße Nützlichkeit nicht aus; maßgebend ist, ob ein vernünftiger Landwirt ein derartiges Gebäude unter Berücksichtigung des Gebots größtmöglicher Schonung des Außenbereichs errichtet hätte (BVerwG E 19, 75 und 41, 138; BauR 1994, 607). Ein Vorhaben, das primär dazu bestimmt ist, dem Eigentümer ein Wohnen im Außenbereich unter dem Deckmantel der Landwirtschaft zu ermöglichen, dient nicht der Landwirtschaft (BVerwG NVwZ 1986, 644).

Nach § 35 Abs. 1 Nr. 1 BauGB sind auch solche Vorhaben privilegiert, die zwar selbst keine landwirtschaftliche Nutzung darstellen, aber mit dieser Nutzung in unmittelbarem Zusammenhang stehen – sog. **mitgezogener Betriebsteil** (BVerwG NVwZ 1986, 200 ff.); dies ist z.B. bei einer Winzerstube eines Weinbaubetriebs (BVerwG NJW 1989, 576), der sog. **Straußenwirtschaft** (VG Karlsruhe VBlBW 2000, 372), der Vermietung von Fremdenzimmern –

Ferien auf dem Bauernhof (VGH München BayVBl. 1984, 567; Ziegler DVBl 1986, 454) oder dem Selbstverkauf landwirtschaftlicher Produkte (OVG Münster BauR 2000, 245) der Fall. Ein nach § 35 Abs. 1 Nr. 1 BauGB als »Anhängsel« privilegiert mitgezogener Betriebsteil liegt aber nicht vor, wenn es sich um einen zweiten Betrieb neben dem Landwirtschaftsbetrieb handelt, der nach Umfang und Einkommen dem Landwirtschaftsbetrieb in etwa gleichkommt (BVerwG BRS 57 Nr. 102 für eine ganzjährig betriebene »Straußenwirtschaft«).

125 **§ 35 Abs. 1 Nr. 3 BauGB** privilegiert zum einen **öffentliche Versorgungsbetriebe**, wobei es nicht darauf ankommt, dass der Betreiber ein Unternehmen der öffentlichen Hand ist. Entscheidend ist, dass die Versorgungsleistung der Allgemeinheit zugute kommt, was z.B. auch bei einem privaten Elektrizitätswerk der Fall sein kann, wenn der erzeugte Strom in das öffentliche Netz eingespeist wird (BVerwGE 96, 95 = NVwZ 1995, 64). Ferner privilegiert § 35 Abs. 1 Nr. 3 BauGB **ortsgebundene Betriebe**.

Bei den ortsgebundenen Betrieben i.S.d. § 35 Abs. 1 Nr. 3 BauGB handelt es sich i.d.R. um Anlagen zur Gewinnung von **Bodenschätzen**. Dabei sind selbstverständlich die reinen Produktions- und Transportanlagen privilegiert, z.B. eine Kiesgrube (BVerwG E 51, 346 = NJW 1977, 119; E 77, 300 = NVwZ 1988, 54), ein Steinbruch (BVerwG DVBl 1983, 893; VGH Mannheim BRS 24 Nr. 63) oder ein Gipsabbau (BVerwG ZfBR 1990, 41). Zweifelhaft ist dagegen, in welchem Umfang auch Verarbeitungsanlagen in den Genuss der Privilegierung nach § 35 Abs. 1 Nr. 3 BauGB kommen. Das BVerwG (E 51, 346 = NJW 1977, 119 – Transportbetonanlage im Zusammenhang mit einer bestehenden Kiesgrube) hat ausgeführt, es komme nicht auf die wirtschaftliche Zweckmäßigkeit, sondern auf die typische funktionelle Verbundenheit an; für den Fall des BVerwG war maßgeblich, ob eine Kiesgrube und eine Transportbetonanlage sachlich-funktionell zusammengehören und deshalb typischerweise zusammen erstellt werden. Hinsichtlich des Merkmals des »Dienens« hat das BVerwG unter Bezugnahme auf die Rechtsprechung zum Landwirtschaftsbetrieb festgestellt, das Vorhaben müsse dem ortsgebundenen Betrieb zu- und untergeordnet sein.

Nach der Rechtsprechung des BVerwG (E 96,95 = NVwZ 1995, 64) ist auch bei den in § 35 Abs. 1 Nr. 3 BauGB genannten Fernmelde- und öffentlichen Versorgungseinrichtungen Voraussetzung für eine Privilegierung, dass die Anlage ortsgebunden ist. Das steht zwar in einem gewissen Widerspruch zum Wortlaut, wird aber durch den in Abs. 5 verankerten Grundsatz der Schonung des Außenbereichs gerechtfertigt.

Ortsgebundenheit bedeutet, dass die Anlage auf einen bestimmten Standort im Außenbereich angewiesen ist; es reicht nicht aus, dass sie irgendwo im Außenbereich errichtet werden muss.

Bsp. a) (VGH Mannheim NVwZ-RR 1998, 715): Eine Mobilfunkanlage ist nicht nach § 35 Abs. 1 Nr. 3 privilegiert, weil sie zwar im Außenbereich, aber nicht an einer bestimmten Stelle erstellt werden muss (eb. VGH München BauR 2002, 439).
b) (BVerwG BauR 1996, 362): Ein Holzlagerplatz für ein Sägewerk ist nicht deswegen ortsgebunden, weil er auf eine Berieselung mit Wasser aus einem Bach angewiesen ist; hierfür kommt praktisch jeder Bach in Betracht.

126 Besonders schwer zu erfassen sind die nach **§ 35 Abs. 1 Nr. 4 BauGB privilegierten Vorhaben**, also Anlagen, die wegen ihrer Eigenart, insbesondere wegen ihrer der Allgemeinheit dienenden Funktion oder wegen immissionsschutzrechtlicher Probleme, nur im Außenbereich errichtet werden sollen (s. dazu BVerwGE 96,95 = NVwZ 1995, 64; NVwZ 2000, 678). Denn anders als bei § 35 Abs. 1 Nr. 1–3 BauGB handelt es sich dabei um die verschiedensten Anlagen mit den unterschiedlichsten Funktionen. Für eine Privilegierung nach § 35 Abs. 1 Nr. 4 BauGB ist nach der Rechtsprechung des BVerwG (E 34, 1; E 48, 109 = NJW 1975, 2114 – Zeltplatz) nicht erforderlich, dass das Vorhaben – wie z.B. eine Munitionsfabrik – schlechterdings nur im Außenbereich errichtet werden kann, was z.B. bei einer Hühnermastanstalt oder einem Zeltplatz nicht der Fall ist, da derartige Anlagen gelegentlich auch in oder am Rande des Innenbereichs zu finden sind. Maßgebend ist vielmehr, ob nach den konkreten Verhältnissen nur eine Errichtung im Außenbereich in Betracht kommt (BVerwG BauR 1976, 347 = DVBl 1977, 916 – CVJM-Heim; BVerwGE 48, 109 = NJW 1975, 2114 – Campingplatz). Selbst wenn das aber bei einem Vorhaben der Fall ist, bleibt zu prüfen, ob es im Außenbereich errichtet werden **soll**; die Weite des Tatbestands des § 35 Abs. 1 Nr. 4 BauGB muss durch eine einschränkende Auslegung dieses Tatbestandsmerkmals ausgeglichen werden (BVerwGE 96, 95 = NVwZ 1995, 64). Das BVerwG weist zu Recht darauf hin, dass nicht alles, was wegen seiner Anforderungen oder Belastungen in Bezug auf die Umwelt nicht im Innenbereich verwirklicht werden kann, allein deshalb im Außenbereich gebaut werden soll; sonst wäre der Außenbereich weniger geschützt als der Innenbereich. Es muss geboten sein, ein derartiges Vorhaben gerade im Außenbereich zu errichten (BVerwG E 67, 33 = NJW 1983, 2716; BauR 1992, 52; NVwZ 2000, 678). Dies setzt voraus, dass die Errichtung im Außenbereich bauplanungsrechtlich billigenswert ist, so dass es auch unter Berücksichtigung der städtebaulichen Funktion des Außenbereichs gerechtfertigt ist, es bevorzugt im Außenbereich zuzulassen (so BVerwG NVwZ 1984, 169 für eine Hühnermastanstalt; BVerwG NJW 1976, 2226 – Jugendherberge; VGH Mannheim NVwZ 1986, 63 – öffentl. Grillplatz). Nicht billigenswert i.S. dieser Rechtsprechung sind zunächst Bauvorhaben, auf deren Errichtung im Außenbereich verzichtet werden kann.

Bsp. (BVerwG NVwZ 1986, 645): Dem Inhaber eines Jagdreviers in fußläufiger Entfernung zum nächsten Ort (max. 6 km) ist es zuzumuten, auf eine Jagdhütte im Jagdrevier zu verzichten und sich im Ort eine Unterkunft zu suchen (ebenso auch BVerwG BauR 1996, 374). S. auch OVG Weimar ThürVBl 2004, 233: Eine Jagdhütte kann im Außenbereich privilegiert zulässig sein. Dazu muss sie sich aber in Größe und Ausstattung an den Erfordernissen der Jagdausübung orientieren und auf das dafür unabweisbar Notwendige beschränken. Die Errichtung einer Jagdhütte als Übernachtungsmöglichkeit ist nur in Ausnahmefällen geboten.

Ferner sind solche Anlagen nicht billigenswert, deren Errichtung im Außenbereich im Hinblick auf den Gleichheitssatz nicht wünschenswert ist, weil sie lediglich der **individuellen Erholung** dienen und damit im Widerspruch zur Funktion des Außenbereichs als Erholungsgebiet für die Allgemeinheit stehen (BVerwG BauR 1992, 52).

Bsp. a) (BVerwGE 48, 109 = NJW 1975, 2114; VGH Mannheim VBlBW 1990, 134): Ein Zeltplatz für Dauercamping soll im Außenbereich nicht errichtet werden, weil er nur der Erholung derjenigen dient, die dort einen Standplatz für ihren Wohnwagen bzw. ihr Zelt haben – das BVerwG hat mit derselben Erwägung auch einen Zeltplatz für regelmäßig wechselnde Besucher für nichtprivilegiert gehalten; dieses erscheint wenig überzeugend (s. dazu Otto BauR 1978, 109).
b) (BVerwG BauR 1992, 52; BRS 52 Nr. 77): Ein Golfplatz ist nicht privilegiert, da er nur für Vereinsmitglieder zur Verfügung steht.

Schließlich »sollen« nach § 35 Abs. 1 Nr. 4 BauGB nicht Anlagen im Außenbereich errichtet werden, die jedenfalls in ihrer gedachten Vielzahl den Außenbereich belasten, weil sie bei einer Privilegierung grundsätzlich überall im Außenbereich errichtet werden könnten (BVerwG NVwZ 2000, 678). § 35 Abs. 1 Nr. 4 BauGB erfasst keine Vorhaben, die in größerer Zahl zu erwarten sind und damit eine »**Vorbildwirkung**« für gleichartige Bauvorhaben hätten.

Bsp. (BVerwGE 96, 95 = NVwZ 1995, 64): Die Errichtung einer gewerblichen Windkraftanlage auf einer Nordseeinsel ist nicht nach § 35 Abs. 4 BauGB privilegiert, weil im gesamten norddeutschen Küstenbereich günstige Verhältnisse für die Ausnutzung der Windkraft bestehen und jedenfalls eine größere Zahl von Windkraftanlagen das Landschaftsbild erheblich beeinträchtigen kann. Die durch § 35 Abs. 1 Nr. 6 BauGB 1998 eingeführte Privilegierung von Windkraftanlagen gab es im Zeitpunkt der Entscheidung des BVerwG noch nicht (s. dazu Rdnr. 127a).

Diese Rechtsprechung hat das BVerwG im Falle der Genehmigung eines **CVJM-Heimes** **127** im Außenbereich (BauR 1976, 347 = DVBl 1977, 196) im wesentlichen bestätigt (eb. BVerwG BauR 1974, 328; 1980, 49 für Jugend- und Erwachsenenbildungsheime einer

Religionsgemeinschaft; BVerwG DÖV 1979, 213 für FKK-Anlage; BVerwG 1988, 455 für Altenheim; BVerwG BRS 52 Nr. 79 für Hundesportplatz).

Wochenendhäuser sind nicht nach § 35 Abs. 1 Nr. 4 BauGB privilegiert, denn sie sollen wegen ihrer Zweckbestimmung, nämlich der Erholung einzelner zu dienen, nicht ungeplant im Außenbereich errichtet werden, sondern im Innenbereich, insbesondere in hierfür nach § 10 Abs. 1 BauNVO ausgewiesenen Wochenendhausgebieten (std. Rspr., z.b. BVerwG E 18, 247 = NJW 1964, 1973; NVwZ 2000, 1048; BauR 2001, 227).

Diese Rechtsprechung des BVerwG führt im Ergebnis dazu, dass praktisch nur noch Gartenhäuschen für Schrebergärten (VGH Mannheim VerwRspr. 20, 346; OVG Münster BRS 22 Nr. 69), Fischerhütten für Hobbyfischer (BVerwG BauR 1978, 121; VGH Mannheim BRS 24 Nr. 69), Jagdhütten, soweit sie im Jagdbezirk liegen und sich größenmäßig auf die Bedürfnisse der Jagdausübung beschränken (BVerwG E 58, 124 = NJW 1980, 1063; BauR 1996, 374 u. 829), Schutzhütten (NVwZ 2000, 678; VGH Mannheim NVwZ 1986, 63), Bienenhäuser (BVerwG BauR 1975, 104) und ähnliche kleinere Anlagen (VGH Mannheim VBlBW 1982, 295; NJW 1984, 1576), der Erholung der Allgemeinheit dienende Anlagen (VGH Mannheim VBlBW 1994, 920 – gemeindlicher Grillplatz) sowie besonders immissionsträchtige Anlagen, die auch nicht in einem Gewerbe- oder Industriegebiet untergebracht werden können, z.B. ein Schießstand (BVerwG DÖV 1978, 774), eine Kabelabbrennanlage (BVerwGE 55, 118), eine Hühnermastanstalt (BVerwG NVwZ 1984, 169) sowie eine Hundezucht (BVerwGE 67, 41 = NJW 1983, 2718) unter das Privileg des § 35 Abs. 1 Nr. 4 BauGB fallen.

127a § 35 Abs. 1 Nr. 5 BauGB privilegiert **Wasser- und Windkraftanlagen** (s. dazu von Nikolai NVwZ 2002, 1078; Jeromin BauR 2003, 820). Dieser Privilegierungstatbestand wurde eingeführt, weil derartige Anlagen nicht standortgebunden sind und damit nicht von § 35 Abs. 1 Nr. 3 BauGB erfasst werden (BVerwG E 90, 95 = NVwZ 1995, 64). Die Privilegierung bedeutet aber nicht, dass Windkraftanlagen überall in der freien Landschaft errichtet werden können. Eine Errichtung in Natur- oder Landschaftsschutzgebieten scheitert in der Regel an den Bestimmungen der naturschutzrechtlichen Verordnungen (BVerwG BauR 2000, 1311). Aber auch in anderen Gebieten, die nicht unter Schutz gestellt sind, kann die Genehmigung abgelehnt werden, wenn es sich um besonders reizvolle Landschaften handelt, sodass die Windkraftanlage einen Eingriff in Natur und Landschaft im Sinne des § 8 BNatSchG darstellt (BVerwG BauR 2002, 1059; BauR 2003, 829; VGH Mannheim NVwZ 2000, 1063).

128 Die nach § 35 Abs. 1 BauGB privilegierten Vorhaben sind grundsätzlich im Außenbereich zulässig, sofern ihnen nicht im Einzelfall **öffentliche Belange** entgegenstehen. Eine Kollision zwischen dem Privilegierungstatbestand und öffentlichen Belangen muss durch eine Abwägung der betroffenen privaten und öffentlichen Interessen bewältigt werden (BVerwG E 48, 109 = NJW 1975, 214; E 77, 300 = NVwZ 1988, 54). Dabei handelt es sich um eine sog. **nachvollziehende Abwägung**, die es Behörden und Gerichten aufgibt, die gesetzliche Bewertung der betroffenen Belange nachzuvollziehen, und den Behörden keinen gerichtlich nicht nachprüfbaren Abwägungsspielraum überlässt. Zu den öffentlichen Belangen zählen insbesondere die in § 35 Abs. 3 BauGB angeführten Belange (BVerwG BauR 1997, 444 – Verunstaltung der Landschaft) – s. dazu Rdnr. 130 ff.

Das BVerwG hat früher (E 28, 148 = NJW 1968, 1105) angenommen, die Festsetzungen eines **Flächennutzungsplans** könnten einem privilegierten Vorhaben nicht als öffentlicher Belang entgegenstehen, weil § 35 Abs. 1 BauGB nach Art eines Ersatzbebauungsplans die privilegierten Vorhaben im Außenbereich generell für zulässig erkläre. Diese Ansicht hat es später (BVerwGE 67, 33 u. 68, 311 = NVwZ 1984, 367; OVG Schleswig NVwZ-RR 1997, 14; s. dazu Hoppe DVBl 1991, 1277) dahin gehend modifiziert, dass der Flächennutzungsplan ein privilegiertes Vorhaben dann verhindern kann, wenn er eine konkrete, standortbezogene Aussage über die Nutzungsmöglichkeit des Baugrundstücks enthält, etwa eine Verkehrsanlage vorsieht (BVerwG NVwZ 1997, 899). Die pauschale Ausweisung des Außenbereichs als land- und forstwirtschaftliche Nutzfläche ist dagegen zu unbestimmt und kann daher einem privilegierten Vorhaben nicht entgegenstehen.

Nach § 35 Abs. 3 Satz 3 BauGB hat der Flächennutzungsplan ferner insoweit Bedeutung, als **128a** privilegierte Vorhaben nicht errichtet werden dürfen, wenn hierfür im Flächennutzungsplan besondere Standorte dargestellt sind (s. dazu Schidlowski NVwZ 2001, 388).

Bsp. (BVerwGE 77, 300 = NVwZ 1988, 54): Die Darstellung einer Auskiesungskonzentrationszone im Flächennutzungsplan hat zur Folge, dass der Anlage von Kiesgruben außerhalb dieser Zone öffentliche Belange entgegen stehen (eb. für Windkraftanlagen BVerwG NVwZ 1998, 960; OVG Lüneburg NVwZ 1999, 1358; OVG Münster NVwZ 2002, 1136 – s. dazu auch Stüer/Vildomec BauR 1998, 427).

Zur Sicherung erst geplanter Darstellungen eines Flächennutzungsplans nach § 35 Abs. 3 Satz 3 BauGB kann ein Bauantrag gemäß § 15 Abs. 3 BauGB maximal 1 Jahr lang zurückgestellt werden.

Dieselben Grundsätze gelten gemäß § 35 Abs. 3 Satz 2 BauGB auch für die Ziele der **Raumordnung und Landesplanung**; die Festsetzungen des **Landesentwicklungsplans** und der **Regionalpläne** können privilegierte Vorhaben nur dann verhindern, wenn sie sachlich und räumlich hinreichend konkretisiert sind (BVerwGE 68, 319 = NJW 1984, 1367; Hoppe/ Spoer NVwZ 1999, 945). Soweit raumbedeutsame Vorhaben (§ 3 Abs. 1 ROG; vgl. auch BVerwGE 45, 47 = NJW 1987, 2389; NVwZ 2003, 738) in einem solchen Plan enthalten sind, steht damit zugleich nach § 35 Abs. 3 Satz 2 Halbs. 2 BauGB fest, dass öffentliche Belange dem Vorhaben nicht entgegenstehen. Diese Regelung beruht auf der Erwägung, dass die betroffenen öffentlichen Belange bereits bei der Aufstellung des Plans zu berücksichtigen waren (BVerwG NVwZ 2003, 1261; VGH Mannheim NVwZ 1990, 983; OVG Lüneburg NVwZ 2000, 579).

Andererseits können die Ziele der Raumordnung die Errichtung privilegierter Vorhaben gemäß § 35 Abs. 3 Satz 3 BauGB auch dadurch verhindern, dass in der Raumordnungsplanung, in Thüringen im Regionalen Rauordnungsplan, an bestimmten Stellen eine spezielle Ausweisung erfolgt mit dem Ziel, dass nur an dieser Stelle und nicht auch woanders diese Bodennutzung erfolgen soll (BVerwGE 77, 300 = NVwZ 1988, 54; NVwZ 2003, 1261).

b) Nichtprivilegierte Vorhaben

Nichtprivilegierte Vorhaben können nach § 35 Abs. 2 BauGB zugelassen werden, wenn **129** ihre Ausführung oder Benutzung öffentliche Belange nicht beeinträchtigt. Trotz des Wortes »können« besteht nach allgemeiner Ansicht (BVerwGE 18, 247; BGH BauR 1981, 357) wegen des auch im Außenbereich geltenden Grundsatzes der Baufreiheit ein **Rechtsanspruch** auf eine Baugenehmigung, sofern öffentliche Belange nicht beeinträchtigt werden, was allerdings wegen § 35 Abs. 3 Nr. 1, 5 u. 7 BauGB nur in Ausnahmefällen in Betracht kommt (Stüer Rdnr. 1555).

§ 35 Abs. 3 BauGB enthält eine allerdings nicht erschöpfende Aufzählung der **öffentlichen Belange**, bei deren Beeinträchtigung ein nichtprivilegiertes Vorhaben nicht errichtet werden darf. Folgende öffentliche Belange sind in der Praxis am bedeutsamsten:

aa. Das Bauvorhaben widerspricht den Darstellungen des **Flächennutzungsplans**. Der **130** Flächennutzungsplan reicht zwar nicht aus, um die Zulässigkeit eines ihm entsprechenden Bauvorhabens im Außenbereich zu begründen, solange kein aus dem Flächennutzungsplan entwickelter (§ 8 Abs. 2 BauGB) Bebauungsplan aufgestellt worden ist (BVerwG BauR 2000, 1171; 1991, 51; VGH Mannheim NVwZ-RR 2000, 481). Dagegen stellt ein Widerspruch des Bauvorhabens zum Flächennutzungsplan regelmäßig eine Beeinträchtigung öffentlicher Belange dar, weil im Flächennutzungsplan die Planungskonzeption der Gemeinde zum Ausdruck kommt (BVerwG BauR 1991, 179). Das BVerwG hat allerdings § 35 Abs. 3 Nr. 1 BauGB dahingehend eingeschränkt, dass der Flächennutzungsplan nur insoweit ein Vorhaben im Außenbereich verhindern kann, als seine Darstellungen den tatsächlichen Verhältnissen entsprechen (BVerwG E 68, 311 = NVwZ 1984, 367; E 77, 300 = NVwZ 1988, 54; NVwZ 1997, 899; 2000, 1048). Denn der Flächennutzungsplan ist kein Rechtssatz; es gibt keine Rechtfertigung für eine Verhinderung von dem Flächennutzungsplan zuwiderlaufenden Bauvorhaben, wenn der Flächennutzungsplan nicht mehr der tatsächlichen Situation entspricht.

131 bb. Das Bauvorhaben ruft **schädliche Umwelteinwirkungen** hervor oder ist ihnen ausgesetzt. Die Definition des Begriffs der schädlichen Umwelteinwirkungen in § 3 Abs. 1 BImSchG gilt auch für § 35 Abs. 3 BauGB (BVerwG E 52, 122 = NJW 1978, 62; BauR 1990, 689). Diese Bestimmung soll verhindern, dass der Außenbereich mit Immissionen belastet wird, soweit ein Vorhaben nicht nach § 35 Abs. 1 Nr. 3 oder 4 BauGB privilegiert ist (BVerwGE 55, 118 = BauR 1978, 124), andererseits aber auch die Inhaber privilegierter Betriebe vor immissionsschutzrechtlichen Abwehransprüchen schützen. § 35 Abs. 3 Nr. 3 BauGB ist eine Kodifizierung des Gebots der Rücksichtnahme (BVerwG BauR 1983, 143; NVwZ 1991, 64).

Bsp. (VGH München NVwZ-RR 1995, 430): Errichtung eines großen Schafstalls neben dem Wohngebäude eines anderen Landwirtschaftsbetriebs.

cc. **Belange des Naturschutzes** und der Landschaftspflege werden durch das Bauvorhaben beeinträchtigt. Bei § 35 Abs. 3 Nr. 5 BauGB ist zu differenzieren zwischen Natur- und Landschaftsschutzgebieten einerseits, sonstigen Außenbereichsgebieten andererseits (BVerwG NVwZ 1998, 58). Bei festgesetzten Schutzgebieten ist bereits eine Beeinträchtigung naturschutzrechtlicher Belange unzulässig. Bei sonstigen Gebieten werden öffentliche Belange erst bei einer **Verunstaltung des Landschaftsbilds** berührt; dieses ist der Fall bei einer Bebauung, die von dem Betrachter als grob unangemessen empfunden wird (BVerwG NVwZ 1991, 64; OVG Münster BauR 2001, 223).

Bsp. a) (BVerwG NJW 1995, 2648): Eine 13 m hohe Monumentalfigur mitten im Wald kann wegen Verunstaltung des Landschaftsbildes unzulässig sein, auch wenn sie ein Kunstwerk im Sinne des Art. 5 GG darstellt (s. zur Verunstaltung des Landschaftsbilds auch BVerwG NVwZ 1998, 58).
b) (OVG Münster BauR 2001, 223): Die Errichtung einer Schweinemastanstalt in einer bisher unberührten Tallandschaft (Ems) stellt eine Verunstaltung dar.

132 dd. Ferner steht eine Beeinträchtigung der **natürlichen Eigenart der Landschaft** oder ihrer Aufgabe als **Erholungsgebiet für die Allgemeinheit** einer Genehmigung eines Vorhabens im Außenbereich entgegen. Die natürliche Eigenart der Landschaft wird gekennzeichnet durch die dort vorhandene Bodennutzung, in der Regel also Land- und Forstwirtschaft. Bauliche Vorhaben, deren Zweckbestimmung in keinem Zusammenhang mit dieser Funktion der Außenbereichslandschaft stehen und auch nicht der allgemeinen Erholung dienen, stellen deshalb eine Beeinträchtigung der natürlichen Eigenart der Landschaft dar (BVerwG E 26, 111 = NJW 1967, 1099; NVwZ 1998, 58; 2000, 1048; BauR 2001, 227).
Dabei ist für die Beurteilung der Beeinträchtigung der natürlichen Eigenart der Landschaft nur auf die **objektive Nutzungsmöglichkeit** des Gebäudes, nicht auf seine augenblickliche Verwendung abzustellen (VGH Mannheim VBlBW 1987, 274; OVG Lüneburg NVwZ-RR 1994, 493). Ein als Wochenendhaus geeignetes Gebäude wird daher nicht dadurch zulässig, dass es nur zur Aufbewahrung von landwirtschaftlichen Geräten genutzt wird. Es kommt auch nicht darauf an, ob das Gebäude deutlich sichtbar oder – etwa durch Bepflanzung – verborgen ist, maßgebend ist allein der Widerspruch zwischen der objektiven Zweckbestimmung des Gebäudes und der in seiner Umgebung vorhandenen Bodennutzung (BVerwG NJW 1970, 346; VGH Mannheim ESVGH 17, 127; VBlBW 1988, 111).
Der Erholungswert einer Landschaft wird insbesondere beeinträchtigt durch Erholungs- und Freizeitanlagen, die nur von einem beschränkten Personenkreis genutzt werden können (s. dazu Rdnr. 126).

133 ee. § 35 Abs. 3 letzte Altern. BauGB will verhindern, dass der Außenbereich durch die

Entstehung, Verfestigung oder Erweiterung einer Splittersiedlung planlos zersiedelt wird (BVerwG E 27, 137; 54, 74 = BauR 1977, 399; NVwZ 2000, 1047; NVwZ 2001, 1283). Eine Bebauung des Außenbereichs mit Wohngebäuden oder Wochenendhäusern stellt in der Regel eine Zersiedelung des Außenbereichs dar und beeinträchtigt damit öffentliche Belange nach § 35 Abs. 3 Satz 1 Nr. 7 BauGB, weil zu befürchten ist, dass ein solches Bauvorhaben weitere gleichartige Bauwünsche nach sich zieht und damit »Vorbildwirkung« entfaltet (BVerwG E 54, 74 = BauR 1977, 398; NVwZ 1989, 667; BauR 2000, 1173). Etwas anderes gilt aber, wenn eine bereits vorhandene Splittersiedlung abgerundet, d.h. eine Baulücke zwischen den vorhandenen Gebäuden bebaut wird (BVerwG E 54, 74 = BauR 1977, 399; BauR 1990, 689; OVG Münster BauR 1996, 688). Es muss sich aber um die Schließung einer Baulücke innerhalb einer Splittersiedlung handeln. Dagegen werden öffentliche Belange berührt, wenn eine Splittersiedlung so erweitert wird, dass sie zu einem Ortsteil i.S.d. § 34 Abs. 1 BauGB wird, weil eine derartige Ausweitung der Bebauung im Außenbereich eine planerische Entscheidung der Gemeinde (Bebauungsplan, Entwicklungssatzung nach § 34 Abs. 4 Nr. 2 BauGB) voraussetzt (BVerwG BauR 2000, 1175). Eine ungeplante Zersiedelung des Außenbereichs ist auch bei der sog. **Anschlussbebauung** zu befürchten, wenn nämlich im Anschluss an den Ortsrand weitere bauliche Anlagen errichtet werden, was dazu führt, dass die Ortschaft sich planlos in den Außenbereich ausdehnt (BVerwG E 27, 139; BauR 1991, 55; NVwZ 1985, 747).

ff. Öffentliche Belange werden ferner beeinträchtigt, wenn raumbedeutsame Vorhaben gegen die **Ziele der Raumordnung** verstoßen; insoweit gelten für nichtprivilegierte Vorhaben dieselben Grundsätze wie für privilegierte Vorhaben (s. dazu oben Rdnr. 128).

gg. Die Aufzählung öffentlicher Belange in § 35 Abs. 3 BauGB ist nicht abschließend, **134** wie das Wort »insbesondere« zeigt (BVerwG NVwZ 1998, 58). So stellt das **Gebot der Rücksichtnahme** einen sonstigen öffentlichen Belang i.S.d. § 35 Abs. 3 BauGB dar (BVerwG BauR 1990, 689).

Bsp. (BVerwGE 52, 122 = NJW 1978, 62): Das Gebot der Rücksichtnahme ist verletzt, wenn ein Landwirt im Außenbereich einen Schweinestall in unmittelbarer Nachbarschaft zu einem Wohnhaus anlegt, obwohl er auch einen anderen Standort wählen könnte, bei dem der Nachbar nicht gestört würde.

Später hat das BVerwG allerdings das Gebot der Rücksichtnahme auch in § 35 Abs. 3 Satz 1 Nr. 3 BauGB (schädliche Umwelteinwirkungen) verankert. Zum Inhalt des Gebots der Rücksichtnahme s. Rdnr. 44 u. Rdnr. 265. Ferner erkennt das BVerwG (E 117,25 = NVwZ 2003, 86) das Bedürfnis nach vorheriger Planung als uneingeschränkten öffentlichen Belang an.

Bsp. (BVerwGE 117, 25): Der Bau eines FOC – s. Rdnr. 89 – von 21.000 m² mit 61 Geschäften und 2 Gaststätten setzt wegen der erforderlichen Koordination der verschiedenen öffentlichen und privaten Belange (z.B. der Zufahrtsstraße, der Parkplätze, der Abfallbeseitigung) einen vorherigen Bebauungsplan voraus, so dass eine solche Anlage nicht »planlos« errichtet werden kann.

c) Bestandsschutz

Das Problem des Bestandsschutzes (s. dazu Mampel NJW 1999, 975; Boecker BauR 1999, **135** 441; Gohrke/Bresahn NVwZ 1999, 132; Dürr VBlBW 2000, 457) ist nicht spezifisch auf den Außenbereich bezogen, es entsteht vielmehr überall dort, wo vorhandene bauliche Anlagen umgebaut, durch andere Anlagen ersetzt oder wenigstens ihre Nutzung geändert werden soll und dieses nach den nunmehr für das jeweilige Gebiet maßgeblichen baurechtlichen Vorschriften unzulässig ist. Dennoch hat die Rechtsprechung der Verwaltungsgerichte die Grundsätze zum Bestandsschutz im wesentlichen an Außenbereichsfällen entwickelt, weil gerade im Außenbereich die Erhaltung und sinnvolle Nutzung eines funktionslos gewordenen

Gebäudes nur möglich war, wenn dies durch den Bestandsschutz gedeckt war. Eine gewisse Erleichterung ist allerdings seit 1.1.1977 durch die Neuregelung des § 35 Abs. 4–6 BBauG eingetreten, die jedenfalls die größten Mängel der früheren Rechtslage und Rechtsprechung beseitigt hat; § 35 Abs. 4 BauGB hat hieran im wesentlichen festgehalten.

Voraussetzung für den Bestandsschutz ist zunächst, dass überhaupt eine **funktionsfähige bauliche Anlage** vorhanden ist. Ein Trümmerhaufen oder eine Ruine eines Bauwerks genießen keinen Bestandsschutz (BVerwGE 61, 112 = NJW 1981, 2140; NJW 1986, 2126; BauR 1991, 55), auch wenn dieser Zustand unabhängig vom Willen des Eigentümers, etwa durch Brand oder Naturkatastrophe eingetreten ist (BVerwG E 47, 126; E 72, 363 = NJW 1986, 2126). Der Bestandsschutz deckt schließlich nicht den Abbruch eines Bauwerks und die Errichtung eines Ersatzbaus (BVerwG E 62, 32 = NJW 1981, 2143; E 72, 362 = NJW 1986, 2126).

136 Ferner dient der Bestandsschutz nur dazu, das Gebäude bzw. die gewerbliche Anlage in seinem **bisherigen Bestand** zu erhalten, eine Erweiterung oder Funktionsänderung fällt dagegen nicht unter den Bestandsschutz (BVerwG E 50, 49 = DVBl 1976, 214; E 61, 285 = NJW 1981, 1224; E 68, 360 = NJW 1984, 1771; E 72, 363 = NJW 1986, 2126). Stets ist dabei erforderlich, dass zwischen dem früheren und dem jetzigen Zustand hinsichtlich des Standorts, des Bauvolumens und der Nutzung eine **Identität** besteht (BVerwG E 47, 126 = BauR 1975, 114; NJW 1981, 2140; NVwZ 2002, 92), sodass das geänderte Gebäude zwar als restauriertes oder modernisiertes Gebäude, nicht aber als Ersatzbau oder gar als aliud anzusehen ist. Wenn bauliche Veränderungen die Kosten eines Neubaus erreichen oder eine statische Neuberechnung des Gebäudes erforderlich ist, entfällt der Bestandsschutz (BVerwG NVwZ 2002, 92). Die Umwandlung eines landwirtschaftlich genutzten Gebäudes in eine Metallschleiferei (BVerwGE 47, 185), eines Speditionsunternehmens in einen Kranbetrieb (BVerwG NJW 1977, 1932), eines Großhandelsunternehmens in einen Verbrauchermarkt (BVerwG NJW 1984, 1771), einer Diskothek in eine Spielhalle (BVerwG BauR 1990, 582), die Verdoppelung der Produktion einer Ziegelei durch Installation eines neuen Brennofens (BVerwGE 50, 49), die Umwandlung eines Bahnwärterhauses in ein Wochenendhaus (VGH Mannheim VBlBW 1992, 218), die Nutzung eines Jagdhauses als Wohnhaus (BVerwG BauR 1994, 737) sowie die Erweiterung eines Kurhauses (BVerwG NVwZ 1999, 524) fallen nicht unter den Bestandsschutz.

137 Beim Bestandsschutz ist zunächst zu unterscheiden zwischen dem aktiven und dem passiven Bestandsschutz (s. dazu Brügelmann/Dürr § 35 Rdnr. 122 ff.; Dürr VBlBW 2000, 457). **Aktiver Bestandsschutz** bedeutet einen Anspruch auf Genehmigung eines Bauvorhabens wegen des Bestandsschutzes. Der passive Bestandsschutz schützt nur vor der Verpflichtung zur Beseitigung eines baurechtswidrigen Vorhabens. Das BVerwG hat aktiven Bestandsschutz früher unmittelbar aus **Art. 14 GG** abgeleitet (BVerwG E 47, 185; 50, 49; 61, 285). Diese Rechtsprechung hat es nunmehr aufgegeben, da der Inhalt des Eigentums durch die Gesetze festgelegt werden muss und ein unmittelbar aus Art. 14 GG abgeleiteter Bestandsschutz daher entfällt (BVerwG E 106, 228 = NVwZ 1998, 842; NVwZ 1999, 524). Das BVerwG beruft sich dabei auf die Rechtsprechung des BVerfG (E 58, 300 – Nassauskiesung). Danach scheidet ein aktiver Bestandsschutz von vornherein aus.

Bsp. (BVerwG E 106, 228 = NVwZ 1998, 842): Die Errichtung einer Garage neben einem Wohnhaus im Außenbereich wird nicht durch den Bestandsschutz zugelassen (a.M. noch BVerwG E 72, 362 = NJW 1986, 2126).

Ein **passiver Bestandsschutz** ist jedenfalls insoweit unbestritten gegeben, als das Bauwerk baurechtlich genehmigt wurde. Durch die Feststellungswirkung der Baugenehmigung wird verbindlich festgestellt, dass es mit den baurechtlichen Vorschriften übereinstimmt; das gilt auch dann, wenn dies in Wirklichkeit nicht der Fall ist. Unklar ist die Rechtslage, wenn das Bauwerk zwar nicht genehmigt wurde, aber bei seiner Errichtung oder auch danach den baurechtlichen Vorschriften entsprach. Insoweit bestand früher Einigkeit, dass auch die nur materielle Rechtmäßigkeit zu einem früheren Zeitpunkt ausreicht, um einem Bauvorhaben Bestandsschutz zu vermitteln (BVerwG 3, 351; 47, 158 = BauR 1975, 44; BVerwG E 61, 285 = NJW 1981, 1224; VGH München NVwZ-RR 2000, 273). Nach neuerer Auffassung des BVerwG (NVwZ-RR 1998, 357; vgl. auch BVerfG BauR 1996, 235) soll aber nur ein formell und materiell rechtmäßiges Gebäude Bestandsschutz genießen. Für die Entscheidung des Falles (Ungenehmigter Umbau einer genehmigten baulichen Anlage zu einem im Außenbereich nicht genehmigungsfähigen Wohnhaus mit Doppelgarage) kam es allerdings auf die Frage eines passiven Bestandsschutzes wegen früherer materieller Rechtmäßigkeit nicht an. Ob die Rechtsprechung des BVerwG sich mit dieser Entscheidung nachhaltig ändert, bleibt deshalb abzuwarten. In der Sache kann der Auffassung, Bestandsschutz setze formelle und materielle Rechtmäßigkeit voraus, auch unter Berücksichtigung der Rechtsprechung zur gesetzlichen Ausgestaltung des Eigentumsbegriffs nicht zugestimmt werden, da der Inhalt des Eigentums nur durch materiell-rechtliche Regelungen, nicht aber durch Verfahrensvorschriften festgelegt werden kann (vgl. Dürr VBlBW 2000, 457).

d) § 35 Abs. 4–6 BauGB (begünstigte Vorhaben)

Die einschränkende Rechtsprechung zum Bestandsschutz (s. oben Rdnr. 135 ff.) führte früher **138** allerdings in vielen Fällen zu unbefriedigenden Ergebnissen, insbesondere bei dem Umbau oder der Nutzungsänderung ehemals landwirtschaftlich genutzter Gebäude im Außenbereich. So hätte z.B. der Landwirt, der seinen landwirtschaftlichen Betrieb aufgab und einer sonstigen Beschäftigung nachging, bei konsequenter Anwendung der Bestandsschutzregeln eigentlich sofort seinen Bauernhof im Außenbereich abreißen und sich in dem nächsten Dorf eine Wohnung nehmen müssen (so in der Tat BVerwGE 47, 185). Dieses unangemessene Ergebnis ist durch § 35 Abs. 4 BBauG 1976 beseitigt worden; § 35 Abs. 5 BBauG 1976 hat weitere Ungereimtheiten ausgeglichen. Diese Regelungen sind nunmehr in § 35 Abs. 4 BauGB zusammengefasst.

Nach der Rechtsprechung des BVerwG (E 84, 322 = NVwZ 1988, 357; E 106, 228 = NVwZ 1998, 842) stellt § 35 Abs. 4 BauGB eine abschließende Regelung der Zulässigkeit von Nutzungsänderungen, Erweiterungen und Ersetzungen von Vorhaben im Außenbereich dar, sodass ein darüber hinausgehender Rückgriff auf die allgemeinen Grundsätze des Bestandsschutzes nicht möglich ist. In der baurechtlichen Praxis lassen sich beinah alle relevanten Bestandsschutzfälle mit § 35 Abs. 4 BauGB zufriedenstellend regeln.

Den in **§ 35 Abs. 4 BauGB** angeführten Nutzungsänderungen, Wiederaufbau- oder Erweiterungsmaßnahmen kann nicht entgegengehalten werden, dass sie dem Flächennutzungsplan widersprechen, die natürliche Eigenart der Landschaft beeinträchtigen oder die Entstehung bzw. Verfestigung einer Splittersiedlung befürchten lassen. Damit sind die wesentlichsten Hindernisgründe für ein nichtprivilegiertes Vorhaben im Außenbereich ausgeräumt, sodass in der Regel die Genehmigung zu erteilen ist. Die sonstigen öffentlichen Belange des § 35 Abs. 3 BauGB werden dagegen von § 35 Abs. 4 BauGB nicht berührt; falls sie beeinträchtigt werden, kann auch ein nach § 35 Abs. 4 BauGB begünstigtes Vorhaben nicht zugelassen werden (BVerwG NVwZ-RR 1994, 372 – Belange des Naturschutzes). Die einzelnen Tatbestände des § 35 Abs. 4 BauGB sollen nur isoliert angewandt werden können, eine kombinierte Anwendung soll unzulässig sein.

Bsp. (BVerwG E 106,228 = NVwZ 1998, 842): Ein durch einen Sturm zerstörtes Gebäude darf nicht nach Nr. 3 neu errichtet und zugleich nach Nr. 5 erweitert werden. Dieses überzeugt nicht. Der Bauherr wird dadurch gezwungen, zunächst das Gebäude in der früheren Größe wieder zu errichten und es dann aufgrund einer zweiten Baugenehmigung zu erweitern.

Nach **§ 35 Abs. 4 S. 1 Nr. 1 BauGB** kann einer Änderung der Nutzung eines vor mehr als 7 **139**

Jahren zulässigerweise errichteten und nach § 35 Abs. 1 Nr. 1 BauGB privilegierten Gebäudes ohne wesentliche Änderung der äußeren Gestalt des Gebäudes nicht entgegengehalten werden, dass sie die angeführten öffentlichen Belange beeinträchtige. Sinn und Zweck dieser Regelung ist es, dass landwirtschaftliche Gebäude, die wegen Aufgabe oder Einschränkung der Landwirtschaft nicht mehr in der bisherigen Weise genutzt werden können, einer sinnvollen Nutzung zugeführt werden.

Das Verbot einer wesentlichen Änderung beschränkt sich auf das Äußere des Gebäudes; im Inneren ist dagegen sogar die sog. **Entkernung**, also die vollständige Änderung des Gebäudeinneren bei Erhaltung der Außenwände, zulässig (Battis/Krautzberger/Löhr § 35 Rdnr. 89; a.M. Schrödter § 35 Rdnr. 322).

§ 35 Abs. 4 S. 1 Nr. 1 BauGB verlangt ferner einen räumlich-funktionalen Zusammenhang des Gebäudes mit der Hofstelle eines landwirtschaftlichen Betriebes; eine von der Hofstelle entfernt gelegene Feldscheune kann daher nicht unter Berufung auf § 35 Abs. 4 Nr. 1 BauGB umgenutzt werden (Battis/Krautzberger/Löhr a.a.O. Rdnr. 92). Außerdem darf die Aufgabe der Nutzung nicht länger als sieben Jahre zurückliegen. Zur Einhaltung dieser Frist kommt es auf den Antrag auf Genehmigung der Nutzungsänderung und nicht etwa auf die – in der Regel nicht nachweisbare – tatsächliche Nutzungsänderung an (BVerwG NVwZ-RR 2003, 173). Soweit ein bisher landwirtschaftlichen Zwecken dienendes Gebäude in ein Wohngebäude umgewandelt wird, dürfen maximal drei Wohnungen pro Hofstelle (ohne die nach § 35 Abs. 1 Nr. 1 BauGB privilegierten Wohnungen) entstehen.

140 Nach **§ 35 Abs. 4 S. 1 Nr. 2 BauGB** kann ein irgendwann einmal (BVerwG E 58, 124 = NJW 1980, 1010; E 62, 32 = NJW 1981, 2143) zulässigerweise errichtetes, aber nunmehr Missstände oder Mängel (§ 177 Abs. 3 BauGB) aufweisendes (sog. abgängiges) Wohngebäude abgerissen und an seiner Stelle ein vergleichbares Wohngebäude errichtet werden. Voraussetzung dafür ist zunächst, dass das zerstörte Gebäude baurechtlich zulässig war, d.h. entweder aufgrund einer Baugenehmigung errichtet worden war oder aber in Übereinstimmung mit dem materiellen Baurecht stand (BVerwGE 58, 124 = NJW 1980, 1010; E 62, 32 = NJW 1981, 2143; NVwZ 1999, 297). Ferner muss das alte Haus seit längerer Zeit vom Eigentümer bewohnt worden sein und das neue Haus ebenfalls dem Eigentümer und seiner Familie als Wohnung dienen. Es soll verhindert werden, dass wohlhabende Personen baufällige Wohngebäude im Außenbereich aufkaufen und sich damit die Möglichkeit verschaffen, im Außenbereich nach dem Abbruch des alten Hauses ein modernes Wohngebäude zu errichten. § 35 Abs. 4 Nr. 2 BauGB gestattet lediglich den Wiederaufbau zum Zweck der Nutzung des Neubaus als Dauerwohnung, nicht dagegen für Freizeitzwecke als Wochenendhaus (BVerwG NJW 1982, 2512; NVwZ 1995, 700). Vergleichbar ist das neue Wohngebäude, wenn es hinsichtlich des Standorts, des Bauvolumens und der Funktion ungefähr dem früheren Bauwerk entspricht; § 35 Abs. 4 S. 1 Nr. 2 BauGB verlangt keine vollständige Identität zwischen altem und neuem Haus (BVerwG E 58, 124 = NJW 1980, 1010; E 61, 290 = NJW 1981, 2828). § 35 Abs. 4 S. 2 BauGB erlaubt auch eine geringfügige Erweiterung des Bauvolumens (BVerwG NVwZ 1991, 1076).

141 **§ 35 Abs. 4 S. 1 Nr. 3 BauGB** erlaubt den alsbaldigen Wiederaufbau eines im Außenbereich zulässigerweise errichteten, durch Brand, Naturkatastrophen oder andere außergewöhnliche Ereignisse zerstörten Gebäudes. Die Zerstörung muss durch ein außergewöhnliches Ereignis (hierzu zählt auch die mutwillige Zerstörung von Menschenhand – BVerwG BauR 1983, 55) erfolgt sein; eine Zerstörung durch natürlichen Verfall infolge mangelhafter Pflege reicht nicht aus (BVerwGE 62, 32 = NJW 1981, 2143).

Der Wiederaufbau muss »alsbald« erfolgen, also zu einem Zeitpunkt, in dem man noch allgemein mit dem Wiederaufbau rechnet (BVerwGE 58, 124 = NJW 1980, 1010). Das BVerwG (NJW 1982, 400) hat hierfür folgende Zeitspanne zwischen der Vernichtung des alten Gebäudes und der eindeutigen Offenbarung der Absicht des Wiederaufbaus – in der Regel durch Stellung eines Antrags auf Baugenehmigung – angenommen: bei einem Zeitraum bis zu einem Jahr ist stets ein alsbaldiger Aufbau zu bejahen; bei 1–2 Jahren ist dieses in der Regel der Fall; bei mehr als 2 Jahren kann dagegen nur bei besonderer Fallgestaltung noch von einem alsbaldigen Wiederaufbau gesprochen werden. Wegen § 35 Abs. 4 Satz 2 BauGB s. oben Rdnr. 140 a.E.

Nach **§ 35 Abs. 4 S. 1 Nr. 5 BauGB** kann ein zulässigerweise (s. dazu oben Rdnr. 140) **142** errichtetes Wohngebäude erweitert werden, soweit dies zur Befriedigung der Wohnbedürfnisse angemessen ist. Eine Errichtung eines neuen Gebäudes wird dagegen von der Vorschrift nicht erfasst (BVerwGE 106, 228 = NVwZ 1998, 842). Die Vorschrift gilt nicht für Ferienhäuser (BVerwG NVwZ 1995, 700). Allerdings darf eine zweite Wohnung nur eingerichtet werden, wenn das gesamte Gebäude vom Eigentümer und seiner Familie bewohnt wird (s. dazu BVerwG NVwZ 1989, 355); damit soll das sozialpolitisch erwünschte Zusammenleben von zwei Generationen unter einem Dach ermöglicht werden. Die Erweiterung darf aber die bauliche Identität des Altbaus nicht in Frage stellen, dieser muss »die Hauptsache bleiben« (OVG Lüneburg NVwZ-RR 1996, 6).

§ 35 Abs. 4 S. 1 Nr. 6 BauGB (s. dazu Hoppe DVBl 1990, 1009; Guldi NVwZ 1996, 849) erlaubt schließlich die angemessene Erweiterung eines bestehenden, zulässigerweise errichteten (s. Rdnr. 140) Gewerbebetriebs. Dabei darf der Betrieb aber nicht im Wege der Salamitaktik mehrmals angemessen erweitert werden, wenn dadurch eine insgesamt nicht mehr angemessene Vergrößerung erreicht wird (BVerwG NVwZ-RR 1993, 176; 1994, 371). Unter § 35 Abs. 4 Nr. 6 BauGB fällt nicht die Erweiterung eines Innenbereichsbetriebs in den Außenbereich (BVerwG NVwZ 1994, 293). Die Erweiterung muss in zweifacher Hinsicht angemessen sein: zum einen in Bezug auf das vorhandene Gebäude, zum anderen in Bezug auf den vorhandenen Betrieb (BVerwG NVwZ-RR 1994, 371; Brügelmann/Dürr § 35 Rdnr. 161 ff.).

Die nach § 35 Abs. 1–4 BauGB zulässigen Vorhaben müssen nach **§ 35 Abs. 5 BauGB** **143** in flächensparender und den Außenbereich schonender Weise ausgeführt werden (zum sog. **Schonungsgebot** s. BVerwG BauR 1991, 579; OVG Lüneburg NVwZ-RR 1996, 6 – Dachausbau statt Errichtung eines Anbaus). Ferner soll die Bauaufsichtsbehörde nach § 35 Abs. 5 Satz 2 BauGB eine Sicherung dafür verlangen, dass die Beschränkungen des § 35 Abs. 4 BauGB auch tatsächlich eingehalten werden. Diese Sicherung erfolgt durch Eintragung einer Baulast.

e) Außenbereichssatzung

Durch § 35 Abs. 6 BauGB wird die Möglichkeit geschaffen, dass die Gemeinde durch eine Sat- **143a** zung für vorhandene Splittersiedlungen im Außenbereich eine Bebauung mit Wohngebäuden sowie mit kleinen Handwerks- oder Gewerbebetrieben vorsehen kann (s. dazu Jäde UPR 1991, 401; Gassner/Würfel BayVBl 1996, 31; Schink DVBl 1999, 367). Die Außenbereichssatzung unterscheidet sich von einer Innenbereichssatzung nach § 34 Abs. 4 BauGB vor allem dadurch, dass nicht die Schaffung bzw. Erweiterung eines Ortsteils i.S.d. § 34 Abs. 1 BauGB bezweckt wird, sondern die von der Außenbereichssatzung erfasste Fläche weiterhin zum Außenbereich gehört; sie erlaubt auch nicht die Erweiterung einer Splittersiedlung zu einem Ortsteil i.S.d. § 34 BauGB (BVerwG BauR 2000, 1175; OVG Lüneburg NVwZ-RR 2001, 368). Die Außenbereichssatzung hat nur eine Lückenschließungsfunktion (Hoppe/Bönker/Grotefels § 8 Rdnr. 362; Jäde/Dirnberger/Weiß § 35 Rdnr. 259).

7. Bauen im Vorgriff auf einen Bebauungsplan (§ 33 BauGB)

§ 33 BauGB (s. dazu Steiner DVBl 1991, 739; Uechtritz/Buchner BauR 2003, 813; Bartholomäe **144** BauR 2001, 725) stellt insofern einen Sonderfall dar, als diese Vorschrift für alle Fälle der §§ 30, 34 und 35 BauGB Anwendung findet, sofern sich ein Bebauungsplan in der Aufstellung befindet. Die Vorschrift bezweckt, eine Bebauung gemäß einem Bebauungsplan bereits in dem Zeitraum zwischen dessen endgültiger Konzeption und dem Inkrafttreten nach § 10 BauGB zuzulassen; der bauwillige Bürger soll nicht darunter leiden, dass sich das Bebauungsplanverfahren noch eine gewisse Zeit hinzieht (BVerwG NVwZ 1986, 647; BauR 1996, 671). Voraussetzung für eine Genehmigung nach § 33 BauGB ist deshalb, dass das Verfahren zur Aufstellung eines Bebauungsplans bereits so weit fortgeschritten ist, dass mit der Realisierung der vorliegenden Plankonzeption konkret zu rechnen ist – materielle **Planreife** (BVerwG BRS 23 Nr. 33; VGH Mannheim NVwZ-RR 1998, 97; OVG Münster NVwZ-RR 2001, 568). Zumindest die Auslegung nach § 3 BauGB und die Beteiligung der Träger öffentlicher Belange nach § 4 BauGB muss in der Regel abgeschlossen sein – formelle Planreife (§ 33 Abs. 1 Nr. 1 BauGB) –; hiervon ist aber nach § 33 Abs. 2 BauGB eine Ausnahme möglich (OVG Münster NVwZ 1992, 278; Haußner BauR 1993, 411). Eine Genehmigung nach § 33 BauGB scheidet aus, wenn die Genehmigungsbehörde zu erkennen gibt, dass sie den Bebauungsplan in dieser Form nicht genehmigen wird (BVerwG BRS 15 Nr. 13; VGH Mannheim BRS 27 Nr. 39), wenn beachtliche Bürgereinwendungen vorliegen (VGH Mannheim a.a.O.) oder wenn der Bebauungsplan inhaltliche Mängel aufweist, insbesondere im Hinblick auf § 1 Abs. 6, 7 BauGB bedenklich ist (VGH Kassel BRS 27 Nr. 20 und 28 Nr. 25). Eine Genehmigung nach § 33 Abs. 1 BauGB setzt ferner voraus, dass das Verfahren zur Aufstellung des Bebauungsplans nicht »stecken geblieben ist«, also kontinuierlich weiter betrieben wird (BVerwG 117, 25 = NVwZ 2003, 86).

Zu beachten ist, dass § 33 BauGB nur eine Genehmigung eines Bauvorhabens ermöglicht, das sonst vor Inkrafttreten des Bebauungsplans nicht genehmigt werden könnte. § 33 BauGB kann dagegen nicht die Errichtung eines Bauvorhabens verhindern, das nach der derzeitigen Rechtslage zulässig, nach dem zukünftigen Bebauungsplan aber unzulässig wäre. Denn § 33 BauGB dient nicht der Sicherung der Bauleitplanung während der Planaufstellung, hierfür sieht das BauGB vielmehr eine Veränderungssperre nach §§ 14 ff. BauGB vor. Diese Vorschriften wären überflüssig, wenn ein Bauvorhaben wegen eines in Aufstellung befindlichen Bebauungsplans bereits nach § 33 BauGB verhindert werden könnte (std. Rspr. seit BVerwGE 20, 127).

8. Einvernehmen nach § 36 BauGB

145 Da durch die Genehmigung von Bauvorhaben, die nicht auf einem Bebauungsplan beruhen, die Planungshoheit der Gemeinde beeinträchtigt werden kann, dürfen Baugenehmigungen nach §§ 31, 33, 34 und 35 BauGB nur im **Einvernehmen** mit der Gemeinde erteilt werden (BVerwG NVwZ 2000, 1048; Urt. v. 16.9.2004–4 C 7.03 –; Groß BauR 1999, 560). Das Einvernehmen wird nur verwaltungsintern erklärt, nach außen hin ergeht gegenüber dem Bauherrn nur eine Entscheidung der Bauaufsichtsbehörde (BVerwG NVwZ-RR 1992, 529; kritisch Jäde ThürVBl 1997, 217).

Die Gemeinde muss über die Erteilung des Einvernehmens innerhalb von zwei Monaten entscheiden, sonst gilt das Einvernehmen als erteilt (§ 36 Abs. 2 Satz 2 BauGB). Die **Frist** beginnt aber grundsätzlich erst nach Vorlage der vollständigen Planunterlagen. Sind die Unterlagen aus der Sicht der Gemeinde unvollständig, muss sie im Rahmen der Möglichkeiten, die ihr das Landesrecht eröffnet, innerhalb der Frist von 2 Monaten gegenüber dem Bauherrn oder gegenüber der Bauaufsichtsbehörde darauf hinwirken, dass der Bauantrag vervollständigt wird; anderenfalls gilt ihr Einvernehmen – trotz der Unvollständigkeit des Bauantrags – mit Ablauf der Zwei-Monats-Frist als erteilt (BVerwG Urt. v. 16.9.2004–4 C 7.03 –). Die Gemeinde kann die Frist auch dazu nutzen, ein nicht erwünschtes Bauvorhaben, das aber nach der bestehenden Rechtslage zugelassen werden müsste, durch einen Beschluss zur Aufstellung eines Bebauungsplans nach § 2 Abs. 1 BauGB sowie eine Veränderungssperre nach § 14

Abs. 1 BauGB zur Sicherung dieser Planung zu verhindern (BVerwG NVwZ 1986, 566; BauR 1988, 695; 1999, 1281; Urt. v. 16.9.2004–4 C 7.03 –; VGH Mannheim NVwZ 1994, 797). Über die Erteilung des Einvernehmens entscheidet nach § 22 Abs. 3 S. 1 ThürKO grundsätzlich der **Gemeinderat** (Stadtrat) bzw. ein **Gemeinderatsausschuss** (§ 26 ThürKO). In der Praxis hat es sich zumindest in größeren Gemeinden und Städten eingebürgert, einen Bauausschuss zu bilden, der auch über die Erteilung des Einvernehmens beschließt. Die Zuständigkeit des Gemeinderats entspricht der Bedeutung des Einvernehmens als Wahrung der Planungshoheit der Gemeinde (Art. 28 Abs. 2 GG) in den Fällen, in denen kein Bebauungsplan existiert. Eine Zuständigkeit des Bürgermeisters kommt nur ausnahmsweise in Betracht. Voraussetzung ist, dass es sich um eine laufende Angelegenheit des eigenen Wirkungskreises der Gemeinde handelt, die für die Gemeinde keine grundsätzliche Bedeutung hat und keine erheblichen Verpflichtungen erwarten lässt (§ 29 Abs. 2 Nr. 1 ThürKO). Das hängt u.a. von den zu erwartenden finanziellen Folgen ab, insbesondere von der Höhe der Erschließungskosten, von denen die Gemeinde einen Anteil von mindestens 10 % trägt (§ 129 Abs. 1 S. 3 BauGB). Die Kosten sind aber in der Relation zu Größe und Finanzkraft der jeweiligen Gemeinde zu gewichten. Der Gemeinderat kann in seiner Geschäftsordnung (§ 34 Abs. 1 ThürKO) klarstellen, unter welchen Voraussetzungen er von seiner Zuständigkeit bzw. von der Zuständigkeit eines Gemeinderatsausschusses zur Entscheidung über das Einvernehmen ausgeht.

Die kreisfreien Städte sind zugleich untere Bauaufsichtsbehörden (§ 59 Abs. 1 Nr. 1 ThürBO). In diesem Fall ist die Einholung des Einvernehmens entbehrlich. Das ergibt sich mittelbar aus der Vorschrift des § 69 Abs. 1 S. 1 ThürBO 2004, die eine Regelung über die Ersetzung eines rechtswidrig versagten Einvernehmens (s. unten Rdnr. 146) nur für den Fall einer Gemeinde trifft, die nicht untere Bauaufsichtsbehörde ist. Auch Bundesrecht enthält insoweit keine Vorgaben (BVerwG E 28, 268; 45, 207; NVwZ 1990, 460).

Wird das **Einvernehmen** der Gemeinde **nicht erteilt**, dann muss die Bauaufsichtsbehörde die **146** Baugenehmigung an sich ablehnen, auch wenn sie selbst das Bauvorhaben für genehmigungsfähig hält (BVerwG E 22, 342; NVwZ 1986, 566; NVwZ-RR 1993, 529). Nach § 36 Abs. 2 Satz 3 BauGB kann jedoch die nach Landesrecht zuständige Behörde ein rechtswidrig versagtes Einvernehmen der Gemeinde ersetzen (s. dazu Dippel NVwZ 1999, 921). Für Thüringen regelt § 69 ThürBO 2004 die Zuständigkeit und das Verfahren der Ersetzung. Die Systematik der Vorschrift geht von dem Regelfall aus, dass die Gemeinde nicht zugleich untere Bauaufsichtsbehörde ist. Wenn die Gemeinde das u.a. nach § 36 BauGB erforderliche Einvernehmen rechtswidrig versagt, soll das fehlende Einvernehmen ersetzt werden (§ 69 Abs. 1 S. 1 ThürBO 2004). Aus dem »Können« des § 36 Abs. 2 S. 3 BauGB wird also landesrechtlich ein »Sollen«. Die Ersetzung erfolgt in der Weise, dass die untere Bauaufsichtsbehörde die Genehmigung erteilt; zuvor ist die Gemeinde anzuhören und ihr Gelegenheit zu geben, binnen angemessener Frist erneut über das gemeindliche Einvernehmen zu entscheiden (§ 69 Abs. 3 ThürBO 2004). Die erteilte Genehmigung gilt zugleich – im Verhältnis zur Gemeinde – als Ersatzvornahme; sie ist daher insoweit zu begründen. Widerspruch und Anfechtungsklage der Gemeinde haben keine aufsichiebende Wirkung (§ 69 Abs. 4 ThürBO 2004).

Wenn die Gemeinde ihr Einvernehmen erteilt, kann die Baugenehmigungsbehörde den Bauantrag gleichwohl ablehnen (BVerwG NVwZ-RR 1993, 529; NVwZ 1997, 700). Da das Einvernehmen ein verwaltungsinterner Vorgang und damit kein Verwaltungsakt ist, muss in allen Fällen auf Erteilung der Baugenehmigung und nicht etwa auf Erteilung des Einvernehmens geklagt werden (BVerwGE 28, 145). Beklagter ist demnach die Bauaufsichtsbehörde; die Gemeinde ist aber beizuladen (BVerwG NVwZ 1986, 556; DVBl 1974, 235). Eine Beiladung scheidet allerdings aus, wenn die Gemeinde bereits als Beklagte am Verfahren beteiligt ist (BVerwG DÖV 1977, 371).

Das Einvernehmen darf nach **§ 36 Abs. 2 Satz 1 BauGB** nur aus den sich aus §§ 31 –35 BauGB ergebenden Gründen **versagt** werden (BVerwG NVwZ 1990, 657). Daraus folgt, dass nur in den Fällen der §§ 31, 33 Abs. 2 und 34 Abs. 2 Halbs. 2 BauGB ein Ermessen besteht; im übrigen muss das Einvernehmen dagegen erteilt werden, wenn das Bauvorhaben planungsrechtlich zulässig ist. In § 36 Abs. 2 BauGB wird § 14 BauGB nicht als Versagungsgrund angeführt. Hierbei handelt es sich um ein Redaktionsversehen, da das Erfordernis des Einvernehmens gerade dazu dient, der Gemeinde die Möglichkeit zu eröffnen, zur Verhinderung des Vorhabens eine Veränderungssperre zu erlassen (s. oben Rdnr. 145), und eine Ausnahme von der Veränderungssperre nach § 14 Abs. 2 Satz 2 BauGB nur im Einvernehmen mit der Gemeinde erteilt werden darf. Die Erklärung des Einvernehmens kann nach der Rechtsprechung des BVerwG (NVwZ 1997, 900) von der Gemeinde nicht zurückgenommen werden, da die Frist des § 36 Abs. 2 Satz 2 BauGB erkennen lasse, dass dem Bauherrn eine längere Ungewissheit nicht zugemutet werden soll. Das überzeugt nicht, weil sogar eine Baugenehmigung zurückgenommen werden kann. Dem BVerwG (a.a.O.) ist aber darin zuzustimmen, dass die Frist nicht verlängert werden kann.

Die Gemeinde kann nach § 36 Abs. 2 BauGB das Einvernehmen also nur versagen, wenn das Bauvorhaben bauplanungsrechtlich nicht zulässig ist. Aus bauordnungsrechtlichen Gründen darf daher das Einvernehmen nicht versagt werden. Wird das Einvernehmen zu Unrecht versagt, entstehen **Amtshaftungsansprüche** (BGHZ 65, 182 = NJW 1976, 184; NJW 1980, 387; NVwZ-RR 2003, 403; Lansnicker/Schwirtzek NVwZ 1996, 235). Dabei kann sich die Gemeinde nicht auf die mangelnde Rechtskenntnis ihrer Gemeinderatsmitglieder berufen. Diese sind nämlich als Inhaber eines öffentlichen Amtes verpflichtet, sich über die Rechtslage zu informieren, sofern sie selbst nicht hinreichend rechtskundig sind (BGH NJW 1981, 2122; BauR 1984, 498).

Neben dem Amtshaftungsanspruch gewährt der BGH (BGHZ 97, 446; 118, 253; BauR 1997, 446) auch einen Anspruch auf Entschädigung wegen enteignungsgleichen Eingriffs.

Erteilt die Bauaufsichtsbehörde trotz fehlenden Einvernehmens der Gemeinde die Baugenehmigung, dann kann die Gemeinde hiergegen wegen Verletzung ihrer Planungshoheit **Klage** erheben (BVerwG E 22, 248; BauR 1991, 55; NVwZ 1992, 878; 1994, 265). Ebenso kann die Gemeinde klagen, wenn die Bauaufsichtsbehörde eine Baugenehmigung unter Missachtung eines Bebauungsplans erteilt (BVerwG NVwZ 1982, 310; VGH Mannheim NVwZ 1999, 442) oder wenn gegen ein Bauvorhaben, das gegen einen Bebauungsplan verstößt, keine Beseitigungsanordnung erlassen wird (BVerwG NVwZ 2000, 1048).

9. öffentliche Bauten (§ 37 BauGB)

147 Bauvorhaben des Bundes oder der Länder mit besonderer öffentlicher Zweckbestimmung können nach § 37 BauGB auch abweichend von §§ 30 – 36 BauGB errichtet werden (s. dazu Ritgen DÖV 1997, 1034). Der Sinn dieser Vorschrift liegt darin, dass notwendige öffentliche Bauten, insbesondere technische Anlagen wie Fernsehtürme, Fernmeldeeinrichtungen, Forschungsvorhaben, aber auch Strafanstalten, psychiatrische Landeskrankenhäuser u.ä., die wegen ihrer besonderen Eigenarten und Auswirkungen nicht nach §§ 30, 34, 35 BauGB genehmigungsfähig sind, gleichwohl errichtet werden können, und zwar auch gegen den Willen der Gemeinde, da § 36 BauGB nicht anwendbar ist. § 37 BauGB stellt somit materiell-rechtlich eine Befreiungsregelung dar (BVerwG ZfBR 1981, 243; NVwZ 1993, 892; OVG Münster BauR 2004, 463). Für derartige Vorhaben ist nach **§ 75 Abs. 1 ThürBO** keine Baugenehmigung, sondern nur eine **Zustimmung** der oberen Bauaufsichtsbehörde erforderlich, die zudem unter bestimmten Voraussetzungen entfällt.

Die Zustimmung stellt einen Verwaltungsakt dar, bei dem zwischen den Belangen des öffentlichen Bauherrn und den städtebaulichen Interessen an der Einhaltung der §§ 30 ff. BauGB abzuwägen ist und die Zulässigkeit des öffentlichen Bauvorhabens verbindlich festgestellt wird (BVerwG NVwZ 1993, 892; VGH Kassel NVwZ 2001, 823; Krist BauR 1993, 516).

Erteilt die Gemeinde ihr nach § 36 BauGB erforderliches Einvernehmen zu einem Bauvorhaben des Bundes oder Landes nicht, dann wird dieses nach § 37 Abs. 1 BauGB bei Vorhaben mit besonderer öffentlicher Zweckbestimmung durch eine Entscheidung der höheren Verwaltungsbehörde ersetzt.

Für **Vorhaben der Landesverteidigung**, die nach § 75 Abs. 5 ThürBO weder einer Genehmigung noch einer Zustimmung bedürfen, enthält § 37 Abs. 2 BauGB eine Sonderregelung; derartige Vorhaben können sogar gegen den Willen der Gemeinde und der höheren Verwaltungsbehörde errichtet werden (s. dazu BVerwG NVwZ 1993, 892; OVG Lüneburg NuR 2000, 527).

Gegen eine Zustimmung kann der Nachbar ebenso wie gegen eine Baugenehmigung Rechtsmittel einlegen (VGH Kassel NVwZ 1995, 1010).

10. Erschließung des Bauvorhabens

Nach allen Tatbeständen der §§ 30 ff. BauGB darf eine Baugenehmigung nur erteilt werden, **148** wenn die Erschließung gesichert ist (s. dazu Sarnighausen NVwZ 1993, 424). Unter **Erschließung** ist der Anschluss an die Straße, die Abwasserbeseitigung sowie die Wasserversorgung zu sehen (BVerwG BauR 1974, 398; NJW 1975, 402; VGH Mannheim NVwZ-RR 1998, 13).

Die **wegemäßige Erschließung** ist als gesichert anzusehen, wenn das Bauvorhaben mit öffentlichen Fahrzeugen (Müllabfuhr, Feuerwehr, Krankenwagen, Post) erreicht werden kann und der zu erwartende Verkehr nicht zu einer Überbelastung der Straße führt (BVerwG E 64, 186 = NVwZ 1982, 377; NVwZ 1994, 299; BauR 2000, 1173). Hierfür reicht es bei Wohngebäuden aus, dass Großfahrzeuge (Feuerwehr, Müllabfuhr) in die Nähe des Gebäudes gelangen können und kleinere Fahrzeuge (Krankenwagen) über einen kurzen Wohnweg (vgl. BVerwG NVwZ 1994, 1910; VGH Mannheim NVwZ 1997, 89; NVwZ-RR 1998, 13) notfalls unmittelbar bis zum Grundstück fahren können; ein Stichweg von nur knapp 3 m Breite kann daher ausreichen (BVerwGE 92, 304 = NVwZ 1994, 299; einschränkend aber BVerwG BauR 2000, 1173). Die Erschließung ist aber nicht gesichert, wenn das Grundstück nur über eine Straße zu erreichen ist, deren Anbindung an das Verkehrsnetz unzureichend ist (BVerwGE 68, 352 = NJW 1984, 1773 – Einkaufszentrum; BVerwGE 75, 34 = NVwZ 1987, 406; NVwZ 1997, 389). Liegt das Baugrundstück nicht an einer öffentlichen Straße, muss die Zufahrt zu einer öffentlichen Straße nach Bauordnungsrecht öffentlich-rechtlich, also durch Baulast gesichert sein (§§ 4 Abs. 1, 80 ThürBO). Eine ordnungsgemäße **Abwasserbeseitigung** ist in der Regel nur durch einen Anschluss an eine Kanalisation gewährleistet (VGH Mannheim VBlBW 1981, 52). – Zu den Anforderungen an die Erschließung s. im einzelnen Brügelmann/Dürr, § 30 Rdnr. 15 ff.

In den Fällen der **§§ 30, 34 BauGB** muss gewährleistet sein, dass die Erschließungsanlagen **149** jedenfalls bei Fertigstellung des Bauvorhabens vorhanden sind (BVerwG NJW 1977, 405; NVwZ 1986, 38 u. 646; 1994, 281). Das ist der Fall, wenn die Gemeinde sich selbst zur Durchführung der Erschließung bereit erklärt hat oder aber einen Erschließungsvertrag mit einem Dritten geschlossen hat (BVerwG NJW 1977, 405; NVwZ 1986, 36).

Ferner hat die Rechtsprechung trotz der Regelung des § 123 Abs. 3 BauGB, wonach **kein Anspruch auf die Erschließung** besteht, in bestimmten Fällen einen solchen Anspruch angenommen, wenn nämlich das Erschließungsermessen der Gemeinde auf Null reduziert ist (BVerwG NVwZ 1993, 1102; OVG Lüneburg NVwZ-RR 2000, 486; Gloria NVwZ 1991, 720; Hofmann-Hoeppel BauR 1993, 520). So kann z.B. aus der Aufstellung eines Bebauungsplans ein Anspruch des Eigentümers eines vom Bebauungsplan erfassten Grundstücks auf den Bau der Erschließungsanlagen innerhalb eines angemessenen Zeitraums folgen, sofern das Grundstück durch den Bebauungsplan eine zuvor vorhandene Erschließung verliert (BVerwG

E 92, 8 = NVwZ 1993, 1102; E 88, 166 = NVwZ 1991, 1087; BauR 2000, 247). Das gleiche gilt, wenn das Grundstück mit Zustimmung der Gemeinde bereits bebaut wurde (BVerwGE 88, 166 = NVwZ 1991, 1087; E 92, 8 = NVwZ 1993, 1102). Schließlich muss die Gemeinde in der Regel auf das Angebot eines Dritten eingehen, die notwendigen Erschließungsanlagen auf eigene Kosten zu bauen (BVerwGE 92, 8 = NVwZ 1993, 1103; BauR 2000, 247). Dieser Grundsatz gilt aber nur bei Angeboten, deren Verwirklichung zu erwarten ist (BVerwG NVwZ-RR 2002, 413).

Schwierigkeiten entstehen vor allem in den Fällen des § 35 BauGB. Man kann hier bei privilegierten Vorhaben natürlich nicht dieselben Anforderungen stellen wie im Innenbereich (BVerwG E 74, 19 = NJW 1986, 2775; NVwZ 1986, 38); der Anschluss eines nach § 35 Abs. 1 Nr. 1 BauGB zulässigen landwirtschaftlichen Gebäudes an die Kanalisation und Wasserversorgung ist häufig gar nicht möglich. Hier ist es ausreichend, wenn die bauordnungsrechtlichen Anforderungen an die Abwasserbeseitigung und die Wasserversorgung (§§ 41, 42 ThürBO) erfüllt sind und eine den jeweiligen Anforderungen entsprechende Zufahrt vorhanden ist (BVerwG a.a.O.). Die **Privilegierung eines Vorhabens** nach § 35 Abs. 1 BauGB darf jedenfalls nicht an übertriebenen Erschließungsanforderungen scheitern (BVerwG DÖV 1983, 816 – ein vier Meter breiter Kiesweg reicht als Zufahrt zu einem Bauernhof aus). Demgemäß kann bei Jagdhäusern, Gartenhäusern und ähnlichen Bauvorhaben eine Erschließung durch eine befestigte Straße nicht verlangt werden (VGH Mannheim BRS 15 Nr. 70). Bei nichtprivilegierten Wohngebäuden sind dagegen an die Erschließung keine geringeren Anforderungen zu stellen als im Innenbereich (BVerwGE 74, 19; VGH Mannheim VBlBW 1988, 23: Fahrbahnbreite von 2,5 m nicht ausreichend; VGH Mannheim NVwZ-RR 1994, 562: Kleinkläranlage oder geschlossene Grube reicht zur Abwasserbeseitigung nicht aus).

C. Sicherung der Bauleitplanung

1. Veränderungssperre (§§ 14 ff. BauGB)

150   Zur Sicherung der Bauleitplanung vor tatsächlichen Veränderungen während des Verfahrens zur Aufstellung eines Bebauungsplans hat das BauGB den Gemeinden die Möglichkeit eingeräumt, eine förmliche Veränderungssperre (s. dazu Schenke WuV 1995, 253) zu erlassen (§ 14 BauGB) oder bei der Bauaufsichtsbehörde die Zurückstellung eines Baugesuchs um max. ein Jahr (§ 15 BauGB) zu beantragen (s. dazu Schenke a.a.O.; Stelkens ZfBR 1980, 119). **Voraussetzung** ist in beiden Fällen, dass die Gemeinde ausdrücklich die **Aufstellung oder Änderung eines Bebauungsplans** beschlossen und den Beschluss öffentlich bekannt gemacht hat (BVerwG NVwZ 1993, 471; OVG Weimar NVwZ-RR 2002, 415). Die Beschlüsse über die Aufstellung des Bebauungsplans und den Erlass der Veränderungssperre können in derselben Gemeinderatssitzung gefasst werden und beide Beschlüsse gemeinsam bekannt gegeben werden (OVG Weimar NVwZ-RR 2002, 415). Der Aufstellungsbeschluss muss in räumlicher Hinsicht hinreichend bestimmt sein; der Geltungsbereich der Veränderungssperre darf diesen Planbereich nicht überschreiten (OVG Weimar NVwZ-RR 2002, 415). Nicht notwendig ist dagegen, dass bereits Klarheit über die endgültige Konzeption des Bebauungsplans besteht (BVerwG E 51, 121 = NJW 1977, 400; NVwZ 1994, 695; BGH NJW 1982, 1281; Hauth BauR 1989, 271), sofern überhaupt eine **Planungskonzeption** erkennbar ist (OVG Lüneburg BauR 2000, 73; VGH Mannheim VBlBW 2002, 200). Es ist auch unschädlich, wenn die Bebauungsplankonzeption fehlerhaft oder rechtlich bedenklich ist, soweit die Mängel im Verfahren zur Aufstellung des Bebauungsplans noch behebbar sind (BVerwG BauR 1990, 694; VGH Mannheim ZfBR 1989, 172; OVG Berlin NVwZ-RR 1996, 313). Unzulässig ist dagegen eine Veränderungssperre, die nur erlassen wird, um ein Bauvorhaben zu verhindern, also eine

Bauleitplanung, die nicht positiv städtebauliche Ziele verfolgt, sondern z.B. eine bestimmte Nutzung verhindern will (VGH Mannheim NVwZ-RR 2003, 546).

Bsp. (VGH Mannheim VBlBW 1998, 310). Die Gemeinde erlässt eine Veränderungssperre zur Sicherung eines zukünftigen Gewerbegebiets, um eine geplante Grastrocknungsanlage eines Landwirts zu verhindern; mit der baulichen Nutzung des Gewerbegebiets ist jedoch in den nächsten 50 Jahren nicht zu rechnen.

Die Veränderungssperre wird nach § 16 BauGB als Satzung beschlossen und ist ortsüblich **151** bekannt zu machen (§ 16 Abs. 2 BauGB). Die Zurückstellung nach § 15 BauGB (s. dazu Rdnr. 159) erfolgt demgegenüber durch Verwaltungsakt; sie hat lediglich zur Folge, dass über einen Bauantrag innerhalb der Zurückstellungsfrist nicht entschieden werden darf. **Rechtsfolge einer Veränderungssperre** ist nach § 14 Abs. 1 BauGB, dass bauliche Vorhaben nach § 29 BauGB (Errichtung, Änderung und Nutzungsänderung einer baulichen Anlage) nicht mehr durchgeführt werden dürfen (Nr. 1) und auch sonstige wesentliche Veränderungen von Grundstücken oder baulichen Anlagen unzulässig sind (Nr. 2).

Ausgenommen von diesem Bauverbot des § 14 BauGB sind zunächst bereits vor Inkrafttreten **152** der Veränderungssperre **genehmigte Bauvorhaben,** ferner Unterhaltungsarbeiten sowie die Fortführung der bisherigen Nutzung (§ 14 Abs. 3 BauGB). Ein Bauvorhaben ist auch dann genehmigt i.S.v. § 14 Abs. 3 BauGB, wenn ein Bauvorbescheid erteilt worden ist (BVerwG 69, 1 = NJW 1984, 1473 – bspr. von Dürr JuS 1984, 770). § 14 Abs. 3 BauGB findet auch dann Anwendung, wenn das Anzeigeverfahren nach § 62b ThürBO 1994 bzw. das Verfahren der Genehmigungsfreistellung nach § 63a ThürBO 2004 durchgeführt worden ist, weil damit die formale Legalität des Bauvorhabens gegeben ist (VGH Mannheim VBlBW 1997, 141 zum Kenntnisgabe verfahren nach der LBO BW).

Außerdem kann die Bauaufsichtsbehörde im Einvernehmen mit der Gemeinde nach § 14 Abs. 2 **153** BauGB eine **Ausnahme** von der Veränderungssperre zulassen, wenn öffentliche Belange nicht entgegenstehen. Das wird in der Regel der Fall sein, wenn das Bauvorhaben die Verwirklichung des geplanten Bebauungsplans nicht beeinträchtigt (VGH Mannheim VBlBW 1985, 140; BauR 2003, 68). Nach BVerwG (NJW 1968, 2350) besteht unter dem Gesichtspunkt des **Folgenbeseitigungsanspruchs** sogar ein Rechtsanspruch auf eine Ausnahme nach § 14 Abs. 2 BauGB, wenn vor Inkrafttreten der Veränderungssperre ein Bauantrag zu Unrecht abgelehnt wurde und das Bauvorhaben die Planungsabsichten der Gemeinde nicht berührt. Bei einer Entscheidung über die Erteilung einer Ausnahme nach § 14 Abs. 2 BauGB spielen nur öffentliche Belange eine Rolle; daher hat der Nachbar keinen Anspruch darauf, dass nicht eine Baugenehmigung ergeht, die dem zukünftigen Bebauungsplan zuwiderläuft (BVerwG BauR 1989, 186).

Die **Dauer der Veränderungssperre** beträgt nach § 17 Abs. 1 Satz 1 BauGB zwei Jahre, die **154** Gemeinde kann die Veränderungssperre nach § 17 Abs. 1 Satz 3 BauGB um ein weiteres Jahr verlängern. Nach Ablauf der 3-Jahres-Frist kann eine Veränderungssperre nach § 17 Abs. 2 nochmals um ein weiteres Jahr auf maximal vier Jahre verlängert werden.

Dies setzt jedoch das Vorliegen besonderer Umstände voraus. Das BauGB geht im Anschluss an die Rechtsprechung des BGH (std. seit BGHZ 30, 338 – Freiburger Bausperren-Urteil) davon aus, dass auch eine umfangreiche Planung in drei Jahren abgeschlossen sein kann. Besondere Umstände i.S.d. § 17 Abs. 2 BauGB sind deshalb nur anzunehmen, wenn der Gemeinde wegen der ganz außergewöhnlichen Schwierigkeit der Planung aus von ihr nicht zu vertretenden Umständen die Aufstellung des Bebauungsplans innerhalb von drei Jahren unmöglich war (BVerwGE 51, 121 = NJW 1977, 400; NVwZ 1993, 475; OVG Münster BauR 2001, 1388). Verzögerungen der Planung infolge unzureichender Personalausstattung oder einer unnötig großen Dimensionierung des Bebauungsplangebiets (BVerwGE 51, 121), unnötig langer Verhandlungen mit betroffenen Bürgern oder beteiligten Fachbehörden (OVG Münster NJW 1975, 1751) sowie Entscheidungsschwächen des Gemeinderats (OVG Lüneburg BauR

2002, 594) stellen demnach keine besonderen Umstände dar, die ein Überschreiten der 3-Jahres-Frist rechtfertigen können.

155 Eine **abgelaufene Veränderungssperre** kann nach § 17 Abs. 3 BauGB **erneut beschlossen** werden, sofern das Bedürfnis zur Sicherung der Planungsabsichten weiter besteht. Sonstige Voraussetzungen für eine erneute Veränderungssperre nach Ablauf einer früheren Veränderungssperre sieht § 17 Abs. 3 BauGB nicht vor. Es bietet sich deshalb für eine verzögerlich planende Gemeinde geradezu an, nach Ablauf von drei Jahren nicht etwa die bestehende Veränderungssperre nach § 17 Abs. 2 BauGB zu verlängern, sondern statt dessen nach § 17 Abs. 3 BauGB eine erneute Veränderungssperre zu erlassen. Das BVerwG (E 51, 121 = NJW 1977, 400; eb. VGH Mannheim NVwZ-RR 1995, 135) hat hierzu entschieden, dass die Gemeinde grundsätzlich die Wahl zwischen der Verlängerung der bestehenden Veränderungssperre und dem Erlass einer erneuten Veränderungssperre habe. Unabhängig davon, welche Möglichkeit die Gemeinde wähle, müssten aber bei einer Bausperre von mehr als drei Jahren stets die besonderen Umstände des § 17 Abs. 2 BauGB gegeben sein; andernfalls sei sowohl die verlängerte als auch die erneute Veränderungssperre unwirksam. Diese Ansicht des BVerwG erscheint zutreffend, denn sie vermeidet das kuriose Ergebnis, dass eine Bausperre im 4. Jahr nur bei Vorliegen besonderer Umstände, nach dem 4. Jahr dagegen auch ohne diese besonderen Umstände verhängt werden kann.

156 Die Regelung des § 17 Abs. 1 BauGB über die Geltungsdauer einer Veränderungssperre stellt insofern eine rechtliche Besonderheit dar, als die Geltungsdauer nach der Rechtsprechung des BVerwG nicht für alle Normadressaten gleich ist. Denn nach **§ 17 Abs. 1 Satz 2 BauGB** ist auf die 2-Jahres-Frist einer Veränderungssperre die Dauer der **erstmaligen Zurückstellung** eines Baugesuchs nach § 15 BauGB **anzurechnen.** Diese Anrechnung bezieht sich aber nur auf den jeweiligen Baubewerber, dessen Bauantrag zurückgestellt worden ist, während für alle übrigen Grundstückseigentümer im Bereich der Veränderungssperre die volle 2-Jahres-Frist des § 17 Abs. 1 Satz 1 BauGB gilt (so BVerwG E 51, 121 = NJW 1977, 400; NVwZ 1993, 471 u. 475; VGH Mannheim BauR 2003, 840). Auf die Geltungsdauer der Veränderungssperre ist nach BVerwG NJW 1971, 445 (eb. BVerwG NVwZ 1990, 694; NVwZ 1993, 471 u. 475) eine sog. **faktische Zurückstellung** anzurechnen, d.h. der Zeitraum, der dadurch vergeht, dass ein Bauantrag oder eine Bauanfrage (vgl. VGH Mannheim VBlBW 1993, 349) verzögerlich behandelt oder rechtswidrig abgelehnt wird. Denn die Bauaufsichtsbehörde hätte es sonst in der Hand, die zeitliche Begrenzung des § 17 BauGB dadurch zu unterlaufen, dass sie über einen Bauantrag entweder nicht entscheidet oder ihn rechtswidrig ablehnt; für den Baubewerber hat die faktische Zurückstellung die gleiche Folge wie eine förmliche Zurückstellung nach § 15 BauGB. Als Beginn des Anrechnungszeitraums ist der Termin anzusetzen, zu dem bei sachgerechter Behandlung des Bauantrags eine Baugenehmigung erteilt worden wäre. Beim vereinfachten Baugenehmigungsverfahren nach § 63b ThürBO 2004 stellt sich hier kein Problem. Nach § 63b Abs. 2 S. 2 ThürBO 2004 gilt der Bauantrag als genehmigt, wenn die Bauaufsichtsbehörde nicht innerhalb der Frist des Abs. 2 S. 1 entschieden hat. Die Frist beträgt 3 Monate nach Eingang der vollständigen Antragsunterlagen; sie kann aus wichtigem Grund um bis zu 2 Monate verlängert werden. Für das Baugenehmigungsverfahren nach § 63c ThürBO 2004 gelten diese Fristen nicht. Auch eine analoge Anwendung kommt im Hinblick auf die unterschiedliche Regelung der Genehmigungsverfahren in der ThürBO nicht in Betracht; das gilt auch für eine analoge Anwendung der 3-Monatsfrist für die Untätigkeitsklage nach § 75 VwGO. Die angemessene Dauer eines Baugenehmigungsverfahrens nach § 63c ThürBO 2004 muss deshalb im Einzelfall bestimmt werden; dabei sind jedoch die Fristen für einzelne Verfahrensschritte wie die Anhörung anderer Stellen nach § 67 Abs. 1 und die Beteiligung der Nachbarn nach § 68 Abs. 2 ThürBO 2004 zu beachten. Die Anrechnung einer faktischen Zurückstellung kann dazu führen, dass eine Veränderungssperre für einzelne Grundstücke überhaupt nicht in Kraft tritt, wenn nämlich seit der faktischen Zurückstellung mehr als 3 Jahre

vergangen sind und die besonderen Umstände des § 17 Abs. 2 BauGB für eine Erstreckung des Bauverbots über drei Jahre hinaus nicht vorliegen (vgl. auch insoweit BVerwG E 51, 12 = NJW 1977, 400; BauR 1990, 694).

Dieser Rechtsprechung des BVerwG ist mit der **Einschränkung** zuzustimmen, dass eine nach § 17 Abs. 1 Satz 2 BauGB anzurechnende faktische Zurückstellung nur dann angenommen werden kann, wenn der Bauantrag gerade wegen der Aufstellung des Bebauungsplans nicht bearbeitet oder – etwa infolge fehlerhafter Anwendung des § 33 BauGB – abgelehnt wurde. Es gibt dagegen keine Rechtfertigung dafür, eine Ablehnung eines Baugesuchs auch dann als anzurechnende faktische Zurückstellung zu behandeln, wenn das Baugesuch völlig unabhängig von dem in Aufstellung befindlichen Bebauungsplan aus sonstigen Gründen abgelehnt wurde, etwa weil die Abstandsfläche nicht eingehalten werde (eb. OVG Berlin BauR 1991, 188; Jäde/Dirnberger/Weiß § 17 Rdnr. 11).

Die Veränderungssperre tritt nach § 17 Abs. 5 BauGB von selbst **außer Kraft**, wenn das **157** Verfahren zur Aufstellung des Bebauungsplans abgeschlossen ist; das gilt auch dann, wenn der Bebauungsplan fehlerhaft und daher unwirksam ist (BVerwG NVwZ 1990, 656). Ferner ist die Veränderungssperre nach § 17 Abs. 4 BauGB außer Kraft zu setzen, wenn die Voraussetzungen des § 14 BauGB entfallen sind, z.B. die Gemeinde ihre Planungsabsichten aufgegeben hat oder der Bauleitplanung unüberwindliche Hindernisse, z.B. die Festsetzungen eines neuen Regionalen Raumordnungsplans, entgegenstehen (VGH München BauR 1991, 60).

Wenn die Veränderungssperre länger als vier Jahre dauert, ist nach § 18 BauGB eine **Entschä-** **158** **digung** zu leisten (s. dazu Grube BauR 1999, 1419). Der betroffene Grundstückseigentümer muss also eine Veränderungssperre vier Jahre lang entschädigungslos hinnehmen; auf diese Frist ist jedoch die Dauer einer förmlichen oder faktischen Zurückstellung anzurechnen (BGHZ 58, 124; 73, 161; BauR 1981, 254; NVwZ 1982, 329). Dies gilt aber nur bei rechtmäßigen Veränderungssperren. Bei einer Veränderungssperre, die rechtswidrig ist, weil die Voraussetzungen des § 14 Abs. 1 BauGB nicht vorlagen, ist nach der zitierten Rechtsprechung des BGH von Anfang an eine Entschädigung zu zahlen; ebenso besteht eine Entschädigungspflicht, wenn die Voraussetzungen für eine Veränderungssperre, etwa infolge einer Änderung der Planung, nachträglich weggefallen sind (BGHZ 73, 161; BauR 1981, 254). Der im Anschluss an das sog. **Nassauskiesungsurteil des BVerfG** (E 58, 300 = NJW 1982, 745) weithin vertretenen Rechtsansicht, dass für eine faktische Veränderungssperre mangels einer gesetzlichen Grundlage keine Entschädigung beansprucht werden könne (so z.B. LG München NVwZ 1983, 636; Bender BauR 1983, 9; weitere Nachweise bei Dolde NJW 1984, 1729 Fn. 252), ist der BGH nicht gefolgt, sondern hat an seiner Rechtsprechung grundsätzlich festgehalten (BGHZ 90, 17 = NJW 1984, 1169 – bspr. von Bender VBlBW 1984, 225). Ein Entschädigungsanspruch scheidet allerdings aus, wenn der Betroffene es unterlassen hat, gegen die faktische Zurückstellung seines Baugesuchs Rechtsmittel einzulegen (BGH a.a.O.).

Zur Verhinderung eines unerwünschten Bauvorhabens kann die Gemeinde nach **§ 15 BauGB** **159** beantragen, dass die Bauaufsichtsbehörde die **Entscheidung** über den Bauantrag um maximal ein Jahr **zurückstellt** (Hill BauR 1981, 253). Der Zurückstellung steht die vorläufige Untersagung eines von der Genehmigung freigestellten Vorhabens gleich (§ 15 Abs. 1 S. 2 und 3 BauGB i.V.m. § 63a Abs. 2 Nr. 4 und Abs. 3 S. 2 ThürBO 2004). Voraussetzung für Zurückstellung und vorläufige Untersagung ist, dass der Beschluss zur Aufstellung eines Bebauungsplans gefasst worden ist. Die Bauaufsichtsbehörde muss dem Antrag der Gemeinde entsprechen (Battis/Krautzberger/Löhr § 15 Rdnr. 4). Umstritten ist, ob der von einer Zurückstellung betroffene Bauherr den Zurückstellungsbescheid mit der Anfechtungsklage angreifen kann (so OVG Lüneburg BRS 49 Nr. 156; VGH Kassel DVBl 1993, 1101; OVG Berlin NVwZ 1995, 399; Rieger BauR 2003, 1512) oder ob er nur eine Verpflichtungsklage auf Erteilung der begehrten Baugenehmigung bzw. des Bauvorbescheids erheben kann, da die isolierte Anfechtung des Zurückstellungsbescheids für den Bauherrn keinen Nutzen habe (so VGH Mannheim VBlBW 1999, 216; NVwZ-RR 2003, 333; Ernst/Zinkahn/Bielenberg § 15 Rdnr. 72; Berl. Komm. § 15 Rdnr. 19). Für eine Anfechtungsklage kann das Rechtsschutzbedürfnis schon im Falle der vorläufigen Untersagung nach § 15 Abs. 1 S. 2 BauGB nicht verneint werden. Für die Anfechtung des Zurückstellungsbescheids ergibt sie sich jedenfalls aus der Möglichkeit, bei Überschreiten der Frist Amtshaftungsansprüche geltend zu machen. Die Ansicht des VGH Mannheim, auch die Zurückstellung sei eine Entscheidung über den Bauantrag, ist unzutreffend; die Zurückstellung ist schon begrifflich keine Sachentscheidung (eb. Rieger a.a.O.).

Der Streit um die richtige Klageart hat auch Folgen für den vorläufigen Rechtsschutz. Wer eine Anfechtungsklage für zulässig erachtet, muss konsequenterweise dem Rechtsmittel gegen den Zurückstellungsbescheid aufschiebende Wirkung nach § 80 Abs. 1 VwGO zuerkennen (OVG Koblenz NVwZ-RR 2002, 708; BGH NVwZ 2002, 123), so dass die Bauaufsichtsbehörde über den Bauantrag nach der Zurückstellung entscheiden muss.

Nach der Rechtsprechung des VGH Mannheim (VBlBW 1985, 185; anders noch VGH Mannheim BauR 1981, 261) ist die Zeit einer faktischen Zurückstellung eines Bauantrags auch auf die Jahresfrist für eine Zurückstellung nach § 15 BauGB anzurechnen.

2. Teilungsgenehmigung (§ 19 BauGB)

160 Das früher für alle Teilungen eines Grundstücks im beplanten oder nichtbeplanten Innenbereich sowie für Grundstücksteilungen bebauter oder zu bebauender Grundstücke im Außenbereich gemäß § 19 BBauG/BauGB 1987 geltende Erfordernis einer Genehmigung durch die Bauaufsichtsbehörde ist durch das BauGB 1998 beseitigt worden und durch eine gemeindliche Teilungsgenehmigung ersetzt worden (s. dazu Groschupt NJW 1998, 418; Stöckle VBlBW 1999, 15). Nach § 19 Abs. 1 BauGB 1998 konnte die Gemeinde durch Satzung eine Genehmigungspflicht für Teilungen im Geltungsbereich eines Bebauungsplans begründen. Das BauGB 2004 hat die Teilungsgenehmigung nach § 19 Abs. 1 BauGB gänzlich abgeschafft. Dies wurde in den Gesetzesmaterialien (BT-Drucks. 15/2250; s. auch Dolde NVwZ 2003, 298) damit begründet, der städtebauliche Nutzen der Teilungsgenehmigung sei gering, der Verwaltungsaufwand dagegen hoch. Geblieben ist lediglich die Teilungsgenehmigung nach § 22 BauGB für Fremdenverkehrsgemeinden (s. unten Rdnr. 163).

161 **§ 19 Abs. 2 BauGB 2004** schreibt lediglich vor, dass durch Grundstücksteilungen keine Verhältnisse entstehen dürfen, die den **Festsetzungen des Bebauungsplans widersprechen**. Das ist z.B. der Fall, wenn durch eine Teilung das Grundstück so parzelliert wird, dass die im Bebauungsplan festgesetzte Bebauung nicht mehr realisiert werden kann (VGH Mannheim NVwZ 1989, 656 – Zerschneidung eines Baufensters). Nicht geregelt ist allerdings, welche Rechtsfolgen ein Verstoß gegen § 19 Abs. 2 BauGB hat. Da eine Genehmigungspflicht nicht besteht, kann eine gegen den Bebauungsplan verstoßende Grundstücksteilung kaum verhindert werden. Man könnte allenfalls daran denken, dass die Teilung wegen § 134 BauGB nichtig ist. Dies wäre aber kaum mit dem Grundsatz der Rechtssicherheit, der gerade im Grundstücksverkehr wichtig ist, kaum zu vereinbaren.

Die Annahme des OVG Berlin (BRS 65 Nr. 204), die Bauaufsichtsbehörde könne nach der bauaufsichtlichen Generalklausel (in Thüringen § 60 Abs. 2 ThürBO) ein Rückgängigmachen der Teilung anordnen, trifft jedenfalls für Thüringen nicht zu. Denn § 60 Abs. 2 ThürBO setzt rechtswidrige Anlagen voraus, kann daher bei rechtswidrigen Grundstücksverhältnissen nicht herangezogen werden.

162 **§ 22 BauGB** hat eine Genehmigungspflicht für die Begründung von **Wohnungseigentum** und die Teilung von Eigentumswohnungen geschaffen. Sinn der Regelung ist es nach den Gesetzesmaterialien (BT-Drucks. 10/6166, 143), die Umwandlung von Beherbergungsbetrieben und

Wohngebäuden in Zweitwohnungsanlagen zu verhindern, weil durch sog. **Rolladensiedlungen** das Ortsbild beeinträchtigt wird und außerdem ein Mangel an Unterkunftsmöglichkeiten für Feriengäste entstehen kann (BVerwG NVwZ 1995, 271; NVwZ 1996, 999; NVwZ-RR 1996, 373). § 22 BauGB fällt durch einen ungewöhnlich komplizierten Inhalt auf; auch bei sorgfältiger Lektüre ist die Vorschrift nur schwer verständlich.

§ 22 Abs. 1 BauGB sieht vor, dass die durch den Fremdenverkehr geprägten Gemeinden durch Bebauungsplan oder eine besondere Satzung eine **Genehmigungspflicht** für die Begründung von Wohnungseigentum einführen können, sofern die Fremdenverkehrsfunktion des Baugebiets (bei einem Bebauungsplan) oder sogar der gesamten Gemeinde bzw. eines Ortsteils (bei einer Satzung) durch Zweitwohnungsanlagen beeinträchtigt wird (s. dazu BVerwG NVwZ 1995, 375; NVwZ 1996, 999). Der Geltungsbereich muss nach Ansicht des BVerwG auf den durch den Fremdenverkehr geprägten Bereich beschränkt werden und kann sich daher nur ausnahmsweise auf den ganzen Ort erstrecken (BVerwG UPR 1996, 30; NVwZ 1998, 227). Ist eine solche Genehmigungspflicht nach § 22 Abs. 1 BauGB begründet worden, darf die Genehmigung für die Schaffung von Wohnungseigentum gleichwohl nur untersagt werden, wenn im konkreten Fall eine Beeinträchtigung der Belange des Fremdenverkehrs zu befürchten ist (§ 22 Abs. 4 BauGB).

Für die Erteilung der Genehmigung ist die Bauaufsichtsbehörde zuständig, die im Einverneh- **163** men mit der Gemeinde entscheidet. Die Entscheidung muss innerhalb eines Monats ergehen; die Frist kann verlängert werden. Wird die Frist versäumt, gilt die Genehmigung als erteilt (§ 22 Abs. 5 BauGB). Zur verfahrensmäßigen Absicherung der Genehmigungspflicht sieht § 22 Abs. 6 BauGB vor, dass bei einem von § 22 Abs. 1 BauGB erfassten Grundstück eine Vollziehung der Begründung von Wohnungseigentum durch Eintragung in das Grundbuch erst erfolgen darf, wenn dem Grundbuchamt ein Genehmigungsbescheid oder ein Negativattest vorgelegt worden ist.

3. Vorkaufsrecht (§§ 24 ff. BauGB)

§ 24 Abs. 1 BauGB begründet ein gesetzliches Vorkaufsrecht für die Gemeinde (s. dazu **164** Stock ZfBR 1987, 110; Bönker BauR 1996, 313). **Voraussetzung** ist, dass es sich um den Verkauf eines Grundstücks handelt, das im Bebauungsplan als öffentliche Bedarfsfläche oder als Fläche für Ausgleichsmaßnahmen nach § 1a Abs. 3 BauGB ausgewiesen ist (Nr. 1), das in einem Umlegungsgebiet (Nr. 2), Sanierungsgebiet (Nr. 3), Stadtumbaugebiet oder im Geltungsbereich einer Erhaltungssatzung (Nr. 4) gelegen ist, es sich um Bauerwartungsland im Außenbereich (Nr. 5) oder um unbebaute Wohnbaugrundstücke im Innenbereich (Nr. 6) handelt. Das Vorkaufsrecht kann auch lediglich für eine Teilfläche eines Grundstücks ausgeübt werden (BVerwG BauR 1990, 697; BGH NVwZ 1991, 297). Ferner kann die Gemeinde durch besondere Satzung nach § 25 Abs. 1 BauGB das Vorkaufsrecht auch für sonstige unbebaute Grundstücke im Geltungsbereich eines Bebauungsplans sowie für Gebiete, in denen sie städtebauliche Entwicklungsmaßnahmen beabsichtigt, einführen (vgl. BVerwG NVwZ 2000, 1044; VGH Mannheim NVwZ 1991, 284; OVG Münster BRS 59 Nr. 106).

Das Vorkaufsrecht darf aber nur ausgeübt werden, wenn das **Wohl der Allgemeinheit** dies rechtfertigt (§§ 24 Abs. 3, 25 Abs. 2 Satz 1 BauGB – s. dazu BVerwG NJW 1990, 2703). Der Gemeinde ist es daher verwehrt, sich aus anderen Gründen durch die Ausübung des Vorkaufsrechts Grundstücke zu beschaffen (BVerwG NJW 1993, 2695; NVwZ 2000, 1044; VGH Mannheim NVwZ-RR 2000, 769). Nach § 27a BauGB kann das Vorkaufsrecht in den in dieser Vorschrift angeführten Ausnahmefällen auch zugunsten Dritter ausgeübt werden, insbesondere für Zwecke des sozialen Wohnungsbaus bzw. für Wohnungen von Personen mit besonderem Wohnbedarf (Behinderte, Studenten, alte Personen, kinderreiche Familien – vgl. Brügelmann/ Gierke § 9 Rdnr. 200) oder zugunsten öffentlicher Bedarfs- und Erschließungsträger.

§ 26 BauGB schließt das Vorkaufsrecht in bestimmten Fällen aus, insbesondere bei Grundstücksgeschäften innerhalb der Familie. Der Käufer eines Grundstücks kann die Ausübung des Vorkaufsrechts nach § 27 BauGB dadurch abwenden, dass er sich verpflichtet, das Grundstück entsprechend den Festsetzungen des Bebauungsplans oder den Entwicklungszielen der Gemeinde zu nutzen.

165 Der Verkäufer eines Grundstücks, bei dem der Gemeinde nach §§ 24, 25 BauGB das Vorkaufsrecht zusteht, hat der Gemeinde nach § 28 Abs. 1 BauGB den Kaufvertrag anzuzeigen. Die Gemeinde kann dann innerhalb von 2 Monaten das Vorkaufsrecht ausüben (§ 28 Abs. 2 BauGB); die **Ausübung** des Vorkaufsrechts erfolgt durch einen von beiden Vertragsparteien anfechtbaren Verwaltungsakt (BVerwG NVwZ 2000, 1044). Innerhalb der Gemeinde ist in der Regel der Gemeinderat und nicht etwa der Bürgermeister für die Entscheidung über die Ausübung des Vorkaufsrechts zuständig; anders kann es aber bei großen Städten sein, soweit es sich um ein Geschäft der laufenden Verwaltung handelt (OVG Münster NVwZ 1995, 915). Die Ausübung des Vorkaufsrechts steht im Ermessen der Gemeinde; bei der Ermessensbetätigung sind auch die Interessen des Käufers zu berücksichtigen (BVerwG NVwZ 1994, 282). Will der Erwerber das Grundstück entsprechend den städtebaulichen Zielsetzungen der Gemeinde nutzen, scheidet nach § 26 Nr. 4 BauGB die Ausübung des Vorkaufsrechts aus (vgl. BVerwG NVwZ 1994, 284); das gleiche gilt bei Grundstücksgeschäften unter nahen Verwandten (§ 26 Nr. 1 BauGB).

Damit der Verkäufer seiner Verpflichtung zur Anzeige des Kaufvertrags auch nachkommt, darf das Grundbuchamt den Erwerber erst ins Grundbuch eintragen, wenn der Verkäufer oder der Käufer eine Bescheinigung der Gemeinde vorlegt, dass sie das Vorkaufsrecht nicht ausübt oder dass es durch Ablauf der 2-Monats-Frist erloschen ist (§ 28 Abs. 1 Satz 2 BauGB).

Übt die Gemeinde das Vorkaufsrecht nach §§ 24, 25 BauGB aus, tritt sie nach § 28 Abs. 2 BauGB i.V.m. §§ 506 ff. BGB in den Kaufvertrag als Erwerber ein. Beim Vorkaufsrecht nach § 27a BauGB wird dagegen der begünstigte Dritte der Vertragspartner des Verkäufers.

166 Hinsichtlich des **Kaufpreises** ist zunächst der im Kaufvertrag vereinbarte Preis maßgeblich (§ 28 Abs. 2 BauGB i.V.m. § 505 Abs. 2 BGB). Liegt dieser allerdings deutlich über dem Verkehrswert, ist der Verkehrswert nach § 28 Abs. 3 Satz 1 BauGB der Kaufpreis (sog. **preislimitiertes Vorkaufsrecht**). Da dieses dazu führen könnte, dass der Verkäufer das Grundstück zu einem Preis verkaufen muss, zu dem er es eigentlich gar nicht verkaufen wollte, kann er nach § 28 Abs. 3 Satz 2 BauGB innerhalb eines Monats vom Kaufvertrag zurücktreten. Eine Sonderregelung gilt für die Ausübung des Vorkaufsrechts bei öffentlichen Bedarfsflächen und Ausgleichsflächen (§ 24 Abs. 1 Nr. 1 BauGB). Da die Gemeinde sich diese Flächen notfalls im Wege der Enteignung beschaffen könnte, schreibt § 28 Abs. 4 BauGB vor, dass der bei einer Enteignung zu zahlende Betrag der maßgebliche Kaufpreis ist. Der **Rechtsschutz** gegen die Ausübung des Vorkaufsrechts erfolgt durch Widerspruch und Anfechtungsklage, wenn das Vorkaufsrecht zum vereinbarten Preis ausgeübt wird. Das Rechtsmittel kann sowohl vom Verkäufer als auch vom Käufer eingelegt werden (BGH NJW 1991, 239; NVwZ 2000, 1044). Beim sog. preislimitierten Vorkaufsrecht ist dagegen der Antrag nach § 217 BauGB auf gerichtliche Entscheidung durch die Kammer für Baulandsachen zu stellen (Battis/Krautzberger/Löhr, vor §§ 24 ff. Rdnr. 8; Brügelmann/Roos § 24 Rdnr. 174 ff.).

D. Zusammenarbeit mit Privaten (§§ 11, 12 BauGB)

1. Städtebauliche Verträge (§ 11 BauGB)

167 § 11 BauGB ermächtigt die Gemeinden zum Abschluss von privatrechtlichen oder öffentlich-rechtlichen Verträgen zur **Vorbereitung der Bauleitplanung** (städtebauliche Verträge – s. dazu

Spannowski DÖV 2000, 569; Kahl DÖV 2000, 793; Birk BauR 1999, 205; Oerder NVwZ 1997, 1190; Reidt BauR 2001, 46). Die Regelung stellt ebenso wie die Vorgängervorschrift des § 6 BauGB-MaßnG inhaltlich im Wesentlichen eine Kodifizierung der bereits zuvor anerkannten Rechtsgrundsätze dar.

Ein städtebaulicher Vertrag ist nach **§ 11 Abs. 1 Nr. 1 BauGB** insbesondere zulässig, wenn **168** die Gemeinde mit Hilfe eines Bauträgers ein neues Baugebiet schaffen will. Die Gemeinde kann ihm die Vorbereitung der Aufstellung des Bebauungsplans (insbes. die Ausarbeitung der Planunterlagen sowie die Anhörung von Grundstückseigentümern und Fachbehörden) und die eventuell notwendige Bodenordnung durch Umlegung übertragen. Der Bauträger erhält dadurch aber keine hoheitlichen Befugnisse gegenüber den Grundstückseigentümern. Die Aufstellung des Bebauungsplans durch eine Satzung nach § 10 BauGB bleibt weiterhin allein Sache der Gemeinde.

§ 11 Abs. 1 Nr. 2 BauGB hat die Zulässigkeit von privatrechtlichen Verträgen mit den Grund- **169** stückseigentümern im Vorfeld der Aufstellung eines Bebauungsplans bestätigt. In der Praxis spielen vor allem die sog. **Einheimischen-Modelle** (s. dazu VGH München NVwZ 1999, 1008; VGH Mannheim NVwZ 2001, 694) eine Rolle. Dabei verpflichten sich die Grundstückseigentü- mer vertraglich gegenüber der Gemeinde oder dem von dieser eingeschalteten Bauträger, die zukünftigen Baugrundstücke nur bzw. zumindest bevorzugt an Ortsansässige zu verkaufen; zur Absicherung dieser Verpflichtung geben die Grundstückseigentümer vorab ein Verkaufsangebot an die Gemeinde ab (sog. **Weilheimer Modell**). Das BVerwG (E 92, 56 = NJW 1993, 2695) hat eine derartige Vereinbarung auch schon früher für zulässig gehalten. Die Vertragsfreiheit der Grundstückseigentümer wird dadurch zwar beträchtlich eingeschränkt; dies ist aber zumutbar, da die Gemeinde den Bebauungsplan, der den Grundstücken überhaupt erst Baulandqualität verleiht, sonst nicht aufgestellt hätte. Zulässig sind ferner auch Vereinbarungen, wonach ein Einheimischer ein Baugrundstück (i.d.R. von der Gemeinde) zu einem verbilligten Kaufpreis erwerben kann, aber im Fall des Weiterverkaufs an einen Ortsfremden innerhalb einer be- stimmten Frist (i.d.R. 10–15 Jahre) den Mehrerlös an die Gemeinde herausgeben muss (BGH NVwZ 2003, 371).

§ 11 Abs. 1 Nr. 2 BauGB erlaubt ferner Verträge zur Beschaffung der nach § 1a Abs. 3 BauGB notwendigen Ausgleichsflächen (s. dazu Mitschang BauR 2003, 183 u. 337).

§ 1 Abs. 3 BauGB stellt klar, dass sich aus städtebaulichen Verträgen **kein Anspruch auf Aufstellung eines Bebauungsplans** ergibt, weil ein solcher Anspruch auch nicht vertraglich begründet werden kann (s. Rdnr. 41 ff.).

§ 11 Abs. 1 Nr. 3 BauGB regelt die sog. **Folgekostenvereinbarungen**. Hierunter sind vertrag- **170** liche Vereinbarungen zwischen Gemeinde und Bauträger über einen Zuschuss des Bauträgers zu den durch die Bebauung aufgrund des Bebauungsplans bedingten Aufwendungen der Ge- meinde für Infrastrukturmaßnahmen (z.B. Schule, Kinderspielplatz, Kindergarten, Sportanlagen, öffentlicher Personennahverkehr) zu verstehen. Das BVerwG (E 42, 333 = NJW 1973, 1895; E 90, 310 = NJW 1993, 1810) hatte bereits früher solche Verträge für zulässig gehalten, soweit zwischen der übernommenen Zahlungsverpflichtung und den Mehraufwendungen der Gemeinde ein unmittelbarer sachlicher Zusammenhang besteht; es durfte also nur »eine Art Aufwendungsersatz« vereinbart werden.

§ 11 Abs. 2 BauGB verlangt neben der Kausalität zwischen Zahlungsverpflichtung und Aufwendungen der Gemeinde, dass die vertraglich übernommene Verpflichtung angemessen ist; es darf also nicht zu einer finanziellen Ausnutzung des Mangels an Bauplätzen durch die Gemeinde kommen, sodass diese etwa mit der Aufstellung von Bebauungsplänen Gewinn machen könnte. § 11 Abs. 2 BauGB verbietet daher, dass die Gemeinde sich finanzielle Leistungen für Maßnahmen zusagen lässt, die nicht Voraussetzung für die Erteilung der Baugenehmigung sind (so auch schon früher BVerwG DÖV 1981, 269; vgl. auch BVerwG NVwZ 1994, 485; BGH DVBl 1999, 233).

171 Städtebauliche Verträge bedürfen nach § 11 Abs. 3 BauGB der **Schriftform**, soweit nicht eine andere Form vorgeschrieben ist. Daraus folgt, dass Verträge, in denen Grundstücke übereignet oder belastet werden, in der Form des § 313 BGB abgeschlossen werden müssen (BGHZ 58, 392; 70, 247; VGH Mannheim NVwZ 1997, 699).

2. Vorhabenbezogener Bebauungsplan – Vorhaben- und Erschließungsplan (§ 12 BauGB)

172 Der Vorhaben- und Erschließungsplan (s. dazu Birk NVwZ 1995, 625; Reidt BauR 1998, 909; Menke NVwZ 1998, 577; Werth BauR 1999, 130; Turiaux NJW 1999, 391; Thurow UPR 2000, 16) wurde zunächst durch § 55 BauZVO für das Gebiet der ehemaligen DDR eingeführt und durch § 246a Abs. 1 BauGB für die neuen Bundesländer übernommen. § 7 BauGB-MaßnG hat ihn dann bundesweit eingeführt; unter der Überschrift »vorhabenbezogener Bebauungsplan« wurde er in § 12 BauGB eingebracht. Der Vorhaben- und Erschließungsplan ist ausgerichtet auf die **Einschaltung einer Bauträgerfirma als Investor** und muss sich auf ein **konkretes Bauvorhaben**, nicht nur auf die Schaffung eines neuen Baugebiets beziehen (BVerwG NVwZ 2004, 329). Die Besonderheit des Vorhaben- und Erschließungsplans besteht in einer »Paketlösung« (so Neuhausen BauGB-MaßnG Rdnr. 345), nämlich dem Vorhaben- und Erschließungsplans des Investors, der gemeindlichen Satzung und dem Durchführungsvertrag zwischen Gemeinde und Investor (Pietzcker DVBl 1992, 658). Ein Investor, der in der Lage ist, die Aufschließung des Baugebiets einschließlich der Erschließungsmaßnahmen auf seine Kosten durchzuführen, kann der Gemeinde einen Vorhaben- und Erschließungsplan über die bauliche Nutzung des in Aussicht genommenen Baugebiets vorlegen. Da das Instrument des Vorhaben- und Erschließungsplans von der finanziellen Leistungsfähigkeit des Investors abhängt, kann die Gemeinde insoweit weitere Nachweise verlangen (OVG Bautzen NVwZ 1995, 181; Pietzcker a.a.O.).

173 Die Gemeinde entscheidet nach § 12 Abs. 2 BauGB auf **Antrag des Investors** über die **Einleitung des Verfahrens** zur Aufstellung des vorhabenbezogenen Bebauungsplans. Die Entscheidung steht nach § 12 Abs. 2 BauGB im Ermessen der Gemeinde; ein Rechtsanspruch besteht also nicht (VGH Mannheim NVwZ 2000, 1060; Reidt BauR 1998, 909). Fällt die Entscheidung positiv aus, wird zwischen dem Investor und der Gemeinde ein sog. **Durchführungsvertrag** abgeschlossen, in dem sich der Investor zur Durchführung der Planung und Erschließung sowie zur Tragung der dadurch entstehenden Kosten verpflichtet. Der Durchführungsvertrag muss jedenfalls noch vor dem Satzungsbeschluss des Gemeinderats nach § 10 Abs. 1 BauGB abgeschlossen werden. Ist dieses nicht geschehen, ist der Bebauungsplan nichtig (VGH München NVwZ-RR 2002, 260; VGH Mannheim NVwZ-RR 2003, 407). Für den vorhabenbezogenen Bebauungsplan nach § 12 BauGB gelten grundsätzlich dieselben Vorschriften wie für einen normalen Bebauungsplan. Allerdings enthält § 12 Abs. 3–6 BauGB einige Sonderbestimmungen. So ist die Gemeinde nach § 12 Abs. 3 Satz 2 BauGB nicht an den numerus clausus der Festsetzungen nach § 9 BauGB bzw. §§ 2 ff. BauNVO gebunden, da ein vorhabenbezogener Bebauungsplan auch sehr spezielle Regelungen enthalten kann (VGH Mannheim NVwZ 1997, 699; Reidt BauR 1998, 909). §§ 14–28 BauGB kommen nicht zur Anwendung, weil der Vorhabenträger ohnehin die Verfügungsgewalt über die vom Vorhaben- und Erschließungsplan erfassten Flächen haben muss; andernfalls wäre er zur Verwirklichung des Vorhaben- und Erschließungsplans gar nicht in der Lage (vgl. § 12 Abs. 1 BauGB sowie Birk NVwZ 1995, 625). Der Vorhabenträger kann nach § 12 Abs. 5 BauGB nur mit Zustimmung der Gemeinde ausgetauscht werden, wobei die Zustimmung nur verweigert werden darf, wenn zu befürchten ist, dass der neue Vorhabenträger den Vorhaben- und Erschließungsplan nicht ordnungsgemäß – insbesondere nicht termingerecht – durchführen wird. Wird der im Durchführungsvertrag vereinbarte **Termin für die Verwirklichung** des Vorhaben-

und Erschließungsplans nicht eingehalten, soll die Gemeinde den Bebauungsplan nach § 12 Abs. 6 BauGB aufheben, wobei Schadensersatzansprüche des Vorhabenträgers ausdrücklich ausgeschlossen werden. Diese Vorschrift zeigt, dass der Vorhaben- und Erschließungsplan anders als ein Bebauungsplan auf eine kurzfristige Verwirklichung angelegt ist.

Der vorhabenbezogene Bebauungsplan ist nach § 30 Abs. 2 BauGB die Grundlage für die Erteilung von Baugenehmigungen.

III. Bauordnungsrecht

A. Funktion und Geltungsbereich des Bauordnungsrechts

174 Das Bauordnungsrecht dient, wie die frühere Bezeichnung Baupolizeirecht noch deutlicher ersehen ließ, der präventiven **Gefahrenabwehr**. Es soll sicherstellen, dass durch die Errichtung und Nutzung baulicher Anlagen keine Gefährdung oder Beeinträchtigung der Bewohner des Hauses und der näheren Umgebung eintritt (Generalklausel des § 3 Abs. 1 ThürBO). Das **materielle Baurecht** der Thüringer Bauordnung (§§ 3–53 ThürBO) geht aber über das ältere Baupolizeirecht weit hinaus. Es dient z.b. auch dem Schutz vor Verunstaltung (§ 12 ThürBO), der Gewährleistung von sanitären und anderen Mindeststandards von Wohnungen (§ 46 ThürBO) und dem Schutz der natürlichen Lebensgrundlagen und dem Tierschutz (Generalklausel des § 3 Abs. 1, §§ 41 Abs. 2, 50 ThürBO).

Der zweite wesentliche Teil des Bauordnungsrechts, das **formelle Baurecht**, befasst sich insbesondere mit dem Verfahren zur Erteilung von Baugenehmigungen sowie der Ermächtigung für Maßnahmen der Bauaufsichtsbehörden zur Durchsetzung der baurechtlichen Bestimmungen (§§ 54–80 ThürBO).

Die Anforderungen der ThürBO gelten nach § 1 Abs. 1 ThürBO für alle baulichen Anlagen (Definition in § 2 Abs. 1 ThürBO) und Bauprodukte (§ 2 Abs. 9 ThürBO), aber auch für Grundstücke und sonstige Anlagen und Einrichtungen, an die in der ThürBO oder in auf Grund der ThürBO erlassenen Vorschriften Anforderungen gestellt werden (Beispiel: Werbeanlagen, § 13 ThürBO).

Hinweis: Einige der Begriffe, die besonders wichtig sind und die in der ThürBO häufig benutzt werden, werden vorab in § 2 ThürBO definiert. Bei der Auslegung und Anwendung einzelner Vorschriften empfliehlt es sich daher, stets zuerst zu prüfen, ob § 2 ThürBO eine **Legaldefinition** enthält.

Schwierigkeiten kann insbesondere der Begriff der baulichen Anlage (§ 2 Abs. 1 ThürBO) bereiten, an den zahlreiche Vorschriften der ThürBO anknüpfen (z.B. §§ 12, 13 Abs. 2, 15 Abs. 1, 17 ThürBO). Der Grundsatz der Genehmigungspflicht (§ 62 Abs. 1 ThürBO 2004) gilt für »Anlagen«. Der Begriff der Anlage wird aber in § 2 Abs. 1 S. 4 ThürBO nicht selbständig definiert, sondern über einen Verweis auf den Begriff der baulichen Anlage und auf die sonstigen Anlagen und Einrichtungen im Sinne des § 1 Abs. 2 S. 2 ThürBO (s.o.).

Nach § 2 Abs. 1 S. 1 ThürBO sind **bauliche Anlagen** mit dem Erdboden verbundene, aus Bauprodukten (§ 2 Abs. 9 ThürBO) hergestellte Anlagen. Eine Verbindung mit dem Erdboden besteht nach S. 2 auch dann, wenn die Anlage durch eigene Schwere auf dem Boden ruht oder auf ortsfesten Bahnen begrenzt beweglich ist oder wenn die Anlage dazu bestimmt ist, überwiegend ortsfest benutzt zu werden.

Bsp. (VGH Mannheim VBlBW 1993, 431): Eine im Garten aufgestellte Oldtimer-Lokomotive eines Eisenbahn-Fans ist eine bauliche Anlage.

Für die Frage, ob **fahrbare Anlagen** wie Wohnwagen (vgl. BVerwGE 44, 59 = NVwZ 1987, 144; VGH Kassel BRS 46 Nr. 136 = NVwZ 1987, 427) oder Verkaufsstände (VG Meiningen ThürVBl 1995, 20 = LKV 1995, 302; VGH Mannheim ESVGH 24, 136; OVG Lüneburg BauR 1993, 454; OVG Saar BauR 1993, 453) überwiegend ortsfest benutzt werden, kommt es nicht darauf an, ob die ortsfeste Benutzung überwiegt; maßgebend ist allein, ob die Anlage als Ersatz für ein Gebäude dient.

Bsp. (VGH Kassel BauR 1987, 183): Ein Schiff, das ortsfest über einen Steg zu erreichen ist und als Gaststätte benutzt wird, ist eine bauliche Anlage.

Bei **Werbeanlagen** ist zu unterscheiden: Für »fahrende Reklame«, z.B. an Taxen, Omnibussen oder Straßenbahnen, ist das Merkmal der Ortsfestigkeit zu verneinen; sie unterliegen allein den straßenverkehrsrechtlichen Vorschriften (§ 33 StVO). Dagegen sind im Straßenverkehr zugelassene Anhänger, die mit Werbeplakaten versehen sind, baugenehmigungspflichtig, wenn sie für längere Zeit oder immer wieder für kürzere Zeit an bestimmter Stelle abgestellt werden. Maßgeblich ist, ob mit dem abgestellten Werbeanhänger wie mit einer Werbetafel von einem festen Standort geworben wird (OVG Münster Urt. v. 17.2.1998 – 11 A 5274/96 –; vgl. auch BayObLG BauR 1993, 1004)

§ 2 Abs. 1 S. 3 ThürBO enthält einen Katalog von Anlagen, die kraft gesetzlicher Fiktion bauliche Anlagen sind, und unterstellt sie damit der Geltung des Bauordnungsrechts, obwohl sie, wie zum Beispiel Aufschüttungen und Abgrabungen (Nr. 1) der Begriffsbestimmung des S. 1 nicht oder nicht zweifelsfrei entsprechen.

B. Materiellrechtliche Regelungen des Bauordnungsrechts

Die ThürBO enthält eine Vielzahl von Anforderungen an bauliche Anlagen, die allerdings **175** zu einem erheblichen Teil keine rechtlichen Probleme aufwerfen. Wenn z.B. § 15 Abs. 1 ThürBO vorschreibt, dass eine bauliche Anlage standsicher sein muss, so ist das weniger ein juristisches als vielmehr ein technisches Problem; über die Forderung des § 45 Abs. 1 ThürBO, dass Aufenthaltsräume eine lichte Raumhöhe von 2,40 m aufweisen müssen, sind weder juristische noch technische Streitigkeiten denkbar. Im Folgenden sollen deshalb vor allem diejenigen Regelungen des Bauordnungsrechts behandelt werden, die in der Praxis – und damit auch im Examen – die meisten Schwierigkeiten bereiten.

1. Verunstaltungsverbot (§ 12 ThürBO)

Bauliche Anlagen dürfen nach § 12 ThürBO weder selbst verunstaltet wirken, **176**

Bsp. (OVG Hamburg BRS 42 Nr. 134): In ein Jugendstilgebäude, dessen Fassade durch die durchgängig dreigliedrige Unterteilung der Fenster geprägt ist, wird ein abweichend gegliedertes Kunststofffenster eingebaut.

noch darf die Umgebung (Straßen-, Orts- und Landschaftsbild) verunstaltet werden.

Bsp. a) (VGH Kassel BRS 49 Nr. 152): Eine großflächige Hauswandbemalung und -beschriftung kann eine Verunstaltung eines durch Alleebäume und villenartige Bebauung geprägten Straßenbildes darstellen.
b) (OVG Saarland BRS 29 Nr. 108). Verunstaltung einer durch eingeschlossige Bauweise mit Flachdach geprägten Umgebung durch Gebäude mit Satteldach und Kniestock.
c) (VGH München BRS 25 Nr. 124): Verunstaltung des Landschaftsbildes durch Feldscheune, deren Dach und Wände aus Wellaluminium hergestellt sind.
d) (VGH Kassel BRS 56 Nr. 126): Eine im 8-Sekunden-Takt wechselnde Lichtwerbung von 3,8 x 2,5 m Größe an einer bisher von Werbung freien Hauswand stellt eine Verunstaltung dar (eb. OVG Münster BauR 1998, 113 für eine Prismen-Werbeanlage in der Nähe einer gotischen Kirche).

Eine **Verunstaltung** setzt voraus, dass die bauliche Anlage über das Unschöne hinaus das Gesamtbild ihrer Umgebung in solcher Weise stört, dass ein für ästhetische Eindrücke offener Betrachter, der »gebildete Durchschnittsmensch«, in seinem ästhetischen Empfinden nicht bloß beeinträchtigt, sondern verletzt wird und die bauliche Anlage damit als hässlich empfindet (so die std. Rspr. der Verwaltungsgerichte seit BVerwGE 2, 172; eb. BVerwG NVwZ 1991, 64; OVG Weimar BRS 57 Nr. 181 = ThürVGRspr. 1996, 7). Wesentlich ist, dass das Verunstaltungsverbot es der Bauaufsichtsbehörde nicht gestattet, dem Bauherrn ästhetische Vorstellungen aufzuzwingen; auch ein nach Ansicht der Bauaufsichtsbehörde unschönes Gebäude muss genehmigt werden. Erst wenn die Grenze zwischen »Unschönheit« und eindeutiger Hässlichkeit überschritten ist und die Anlage »nachhaltigen Protest auslöst« (so

BVerwG NJW 1995, 2648; OVG Münster BauR 1998, 113; OVG Berlin BRS 64 Nr. 149), kann die Bauaufsichtsbehörde einschreiten bzw. die Baugenehmigung ablehnen. Die so ausgelegten Verunstaltungsverbote der Landesbauordnungen sind mit dem Rechtsstaatsprinzip und den Grundrechten (Kunstfreiheit, Art. 5 Abs. 3 GG und Eigentumsgarantie, Art. 14 GG) vereinbar (BVerfG NVwZ 1985, 819; BVerwG E 2,172; NVwZ 1991, 983; BRS 49 Nr. 143; DVBl 1995, 1008; OVG Münster NVwZ 1993, 89; zum Verhältnis von Verunstaltungsverbot und Kunstfreiheit bei einer Fassadenbemalung mit Graffiti-Motiven OVG Koblenz NJW 1998, 1422).

Die Verwendung neuer Baumaterialien stellt als solche noch keine Verunstaltung dar (VGH Mannheim ESVGH 16, 127). Auch ein bereits – etwa durch Werbeanlagen – verunstaltetes Gebiet kann noch weiter verunstaltet werden (OVG Münster NVwZ 1993, 89).

Bei der Beurteilung der Frage, ob ein Bauvorhaben verunstaltend wirkt, steht der Bauaufsichtsbehörde kein Beurteilungsspielraum zu, vielmehr unterliegt diese Frage voller **verwaltungsgerichtlicher Kontrolle** (BVerwGE 2, 172).

Weitere Beispiele für Verunstaltung:

Verunstaltung unter den jeweiligen Umständen **bejaht**: Prismen-Werbeanlage in einem Bereich einer großstädtischen Hauptgeschäftsstraße, in dem die Geschäftshausbebauung durch ein Kirchenbauwerk unterbrochen wird (OVG Münster BauR 1998, 113), großflächige Werbeanlage im Wohngebiet (VGH Mannheim BRS 44 Nr. 117), Schaukasten für großflächige Werbung im Wohngebiet (VGH Mannheim VBlBW 1992, 99), großflächige Werbeanlage vor Villa mit gärtnerisch gestaltetem Vorgarten (OVG Bautzen JbSächsOVG 2, 266, 269), Zigarettenautomat im Wohngebiet (OVG Münster BRS 18 Nr. 106), Dacheindeckung mit Wellasbestzement (OVG Münster BRS 24 Nr. 120), hervorspringende Dachgauben auf einem flach geneigten Dach (VGH München BRS 27 Nr. 113; zur Verunstaltung bei Dachgestaltungen auch VGH München BRS 52 Nr. 119 und 120; OVG Lüneburg BRS 32 Nr. 114; Simon BayVBl 1995, 139), Bretterzaun im Außenbereich (OVG Münster BRS 18 Nr. 34 und BRS 25 Nr. 125), Maschendrahtzaun im Außenbereich (VGH Mannheim BauR 1974, 120), Scheune aus Wellaluminium im Außenbereich (VGH München BRS 25 Nr. 124), Ersatz der Stuckfassade an klassizistischem Gebäude durch Glattputz (OVG Berlin BauR 1984, 624), 67 m² große Werbeanlage an Bürogebäude (VGH Kassel BRS 57 Nr. 179).

Verunstaltung **verneint**: Klassische Litfasssäule im Wohngebiet (OVG Hamburg NVwZ-RR 1998, 616); Werbetafel an einem in Naturstein ausgeführten Brückenbauwerk (OVG Münster BauR 1997, 1000), Einfriedung eines Grundstücks mit undurchsichtigem Holzflechtzaun trotz Festsetzung offener Bauweise (OVG Berlin BRS 54 Nr. 110), auffälliger Holzverschlag im Innenstadtbereich (VGH Mannheim BRS 28 Nr. 80), unauffällige Hütte im Außenbereich (VGH Mannheim BRS 30 Nr. 112), Tragluftschwimmhalle im Wohngebiet (OVG Münster BRS 28 Nr. 20), großflächige Werbetafel in Geschäftsstraße (VGH Mannheim VBlBW 1985, 334); Maschendrahtzaun um Fischteich (VGH Mannheim BRS 48 Nr. 108).

Über das allgemeine Verunstaltungsverbot des § 12 ThürBO hinaus können die Gemeinden zur Gestaltungspflege und zur Abwehr von Verunstaltungen **örtliche Bauvorschriften** als selbständige Satzungen (§ 83 Abs. 1 ThürBO) oder im Rahmen städtebaulicher Satzungen nach dem BauGB (§ 83 Abs. 2 ThürBO) erlassen. Diese Ermächtigung umfasst auch das Anlegen strengerer ästhetischer Maßstäbe, als es die allgemeinen Vorschriften der Landesbauordnungen zur Abwehr von Verunstaltungen zulassen (OVG Münster BRS 54 Nr. 112, dort auch zu verfassungsrechtlichen Grenzen; aus bundesrechtlicher Sicht BVerwG BauR 1997, 999 = NVwZ-RR 1998, 486). Siehe auch zu Werbesatzungen Rdnr. 178.

2. Werbeanlagen (§ 13 ThürBO)

177 § 13 ThürBO enthält eine **Legaldefinition** der Anlagen der Außenwerbung (Werbeanlagen): Es muss sich um ortsfeste Einrichtungen handeln. Damit scheidet fahrende und fliegende Werbung

(Busse, Luftschiffe) aus. Eine feste Verankerung im Erdboden ist aber nicht erforderlich. Es genügt, dass die Einrichtung eine erkennbar verfestigte Beziehung zu einem bestimmten Standort aufweist, z.B. wegen der Dauer der Aufstellung an einem Ort, und deswegen wie eine fest mit dem Erdboden verbundene Werbeanlage wirkt; insoweit gelten die gleichen Maßstäbe wie für bauliche Anlagen im Sinne des § 2 Abs. 1 ThürBO (OVG Weimar BRS 62 Nr. 160 = LKV 2000, 549 – neben Bundesstraße aufgestellter Planwagen mit Werbeaufschrift –).Die Einrichtung muss weiter der Ankündigung oder Anpreisung oder als Hinweis auf Gewerbe oder Beruf dienen. Werbung ist also nicht nur die Wirtschaftsreklame, sondern auch die Ankündigung von Sportveranstaltungen oder Konzerten. Schließlich muss die Einrichtung vom öffentlichen Verkehrsraum aus sichtbar sein.

§ 13 Abs. 1 S. 2 ThürBO enthält einen nicht abschließenden Katalog von Regelbeispielen für die Werbeanlage. Danach sind z.B. auch Bemalungen und Lichtwerbungen Werbeanlagen.

Bsp. (VGH München NVwZ 1997, 201): Eine durch Strahler bewirkte Lichtsäule über einer Diskothek, die mehrere Kilometer weit sichtbar ist, stellt eine Werbeanlage dar (eb. VG Stuttgart NVwZ-RR 2000, 13 für sog. »Skybeamer«).

§ 13 Abs. 6 ThürBO enthält dagegen einen Katalog von Maßnahmen, auf die, obwohl sie ebenfalls der Werbung dienen, die Vorschriften des Gesetzes nicht anzuwenden sind. Dazu gehört die Wahlwerbung für die Dauer eines Wahlkampfes (§ 13 Abs. 6 Nr. 4 ThürBO).
Werbeanlagen sind nach §§ 62 Abs. 1, 2 Abs. 1 S. 4, 1 Abs. 1 S. 2 und 13 Abs. 2 ThürBO **genehmigungspflichtig**, soweit es sich nicht um genehmigungsfreie Vorhaben nach § 63 Nr. 11 ThürBO handelt. Für Werbeanlagen, die keine baulichen Anlagen sind, folgt dies daraus, dass § 13 Abs. 2 Anforderungen an sie stellt.
Für **Werbeanlagen**, die **bauliche Anlagen** sind (§ 2 Abs. 1 ThürBO), gelten alle Anforderungen, die das Gesetz an bauliche Anlagen stellt (§ 13 Abs. 2 S. 1 ThürBO). Werbeanlagen sind nicht nur dann bauliche Anlagen im bauordnungsrechtlichen Sinn, wenn sie selbst unmittelbar (also durch eine eigene tragende Konstruktion, etwa Stahlstützen) mit dem Erdboden verbunden sind. Nach der Begriffsbestimmung in § 2 Abs. 1 S. 1 und 2 ThürBO ist es ausreichend, wenn die Werbeanlage nach ihrem Verwendungszweck dazu bestimmt ist, überwiegend ortsfest benutzt zu werden. Danach sind zum Beispiel auch an einer Hauswand angebrachte großflächige Plakattafeln bauliche Anlagen. Nur wenn eine Werbeanlage gegenüber der Gebäudewand nicht als selbständige, aus Bauprodukten hergestellte Anlage in Erscheidung tritt, handelt es sich nicht um eine (selbständig zu beurteilende) bauliche Anlage (keine bauliche Anlage daher z.B. Beschriftungen oder Bemalungen – VGH Mannheim BRS 50 Nr. 143; Lichtwerbung – OVG Münster NVwZ 1995, 718 u. VGH München NVwZ 1997, 201; Dia-Projektions-Werbeanlage – OVG Münster NVwZ-RR 2003, 823; Werbefolie – VGH Mannheim BRS 56 Nr. 134).
Auch Werbeanlagen, die keine baulichen Anlagen sind, dürfen weder bauliche Anlagen noch das Straßenbild, Ortsbild oder Landschaftsbild verunstalten noch die Sicherheit und Leichtigkeit des Verkehrs gefährden (§ 13 Abs. 2 S. 2 ThürBO). Entsprechende Anforderungen ergeben sich für Werbeanlagen, die bauliche Anlagen sind, aus §§ 12 und 19 Abs. 2 ThürBO. Schließlich ist eine störende Häufung von Werbeanlagen unzulässig – unabhängig davon, ob es sich um bauliche Anlagen handelt oder nicht (v.g. dazu OVG Weimar BRS 57 Nr. 181 = ThürVGRspr. 1996, 7 = LKV 1996, 137; OVG Münster NVwZ 1993, 89).
Die Gemeinden können nach § 83 Abs. 1 Nr. 1 und 2 ThürBO örtliche Bauvorschriften er- **178** lassen, mit denen sie zum Zweck der Erhaltung und Gestaltung von Ortsbildern besondere Anforderungen an die äußere Gestaltung u.a. von Werbeanlagen stellen (Nr. 1) oder aus ortsgestalterischen Gründen Werbeanlagen verbieten (Nr. 2). Diese **örtlichen Bauvorschriften** müssen **bauordnungsrechtlichen Zielen** dienen (BVerwG NVwZ-RR 1998, 486; VGH Mannheim NVwZ-RR 1988, 63; OVG Münster BauR 2004, 73). Die Gemeinden können dabei über die Abwehr von Verunstaltungen hinausgehende gestalterische Absichten verfolgen (BVerwG

NVwZ-RR 1998, 486; VGH Kassel BRS 47 Nr. 121; OVG Koblenz BRS 48 Nr. 111; OVG Münster NVwZ 1993, 87). Für örtliche Bauvorschriften gilt zwar nicht unmittelbar das bauplanungsrechtliche Abwägungsgebot des § 1 Abs. 6 BauGB; Landesrecht kann aber seine Geltung vorschreiben (BVerwG DVBl 1995, 754; NVwZ-RR 1998, 486). Für örtliche Bauvorschriften, die gem. § 83 Abs. 2 S. 1 ThürBO als Festsetzungen in Bebauungspläne oder andere Satzungen nach dem BauGB aufgenommen werden, gilt gem. § 83 Abs. 2 S. 2 ThürBO auch § 1 Abs. 7 BauGB entsprechend. Aber auch für andere örtliche Bauvorschriften ergibt sich zumindest aus dem Rechtsstaatsprinzip, dass die Gestaltungsziele mit entgegenstehenden öffentlichen und privaten Belangen abzuwägen sind (OVG Weimar ThürVGRspr. 1996, 7). Neben dem Abwägungsgebot ergeben sich Grenzen der Gestaltungsfreiheit der Gemeinden vor allem aus Art. 14 GG. Da das Aufstellen von Werbetafeln zu der durch Art. 14 GG geschützten Baufreiheit gehört, kann es nur eingeschränkt werden, wenn dies durch überwiegende öffentliche Belange gerechtfertigt ist. Dabei reicht allerdings wie bei Verordnungen der Ordnungsbehörden (§ 27 OBG) eine abstrakte Gefahr aus, d.h. dass nach allgemeiner Erfahrung unabhängig von der konkreten Werbeanlage eine Gefährdung bauordnungsrechtlicher Ziele zu befürchten ist. Das BVerwG hat deshalb generalisierende Regelungen, die die **Zulässigkeit von Werbeanlagen** überhaupt oder die Zulässigkeit bestimmter Werbeanlagen von der Art des Baugebiets abhängig machen, als vertretbar angesehen (BVerwGE 40, 94; NJW 1980, 2091). Während großflächige Werbeanlagen in Wohngebieten einen Fremdkörper darstellen und die Eigenart solcher Baugebiete beeinträchtigen können, ist dies in Mischgebieten, deren Eigenart gerade auch durch die gewerbliche Nutzung mitbestimmt wird, nicht der Fall (vgl. BVerwGE 40, 94; NJW 1980, 2091; VGH Mannheim BauR 1981, 462; OVG Münster NVwZ 1993, 87; eb. BauR 1998, 113 für ein Kerngebiet). In einem historischen Altstadtgebiet kann eine weitgehende Einschränkung von Werbeanlagen sachlich gerechtfertigt sein (BVerwG NJW 1980, 2091; OVG Weimar BRS 57 Nr. 181 = ThürVGRspr. 1996, 7 = LKV 1996, 137) Dagegen darf eine Ortsgestaltungssatzung zum Beispiel nicht dem über bauordnungsrechtliche Anliegen hinausgehenden Ziel dienen, die Werbung in der Gemeinde generell zurückzudrängen (OVG Koblenz BRS 48 Nr. 111). Übereinstimmend mit diesen Grundsätzen schränkt § 13 Abs. 4 ThürBO die Zulässigkeit von Werbeanlagen in Wohngebieten stark ein (s. dazu OVG Münster BRS 57 Nr. 178; OVG Hamburg NVwZ-RR 1998, 116). Zulässig sind hier im Wesentlichen nur Werbeanlagen (in reinen Wohngebieten nur als Hinweisschilder) an der Stätte der Leistung (dazu OVG Weimar BauR 2004, 1932 = LKV 2004, 420) sowie Anlagen für amtliche Mitteilungen und Veranstaltungshinweise. Im Außenbereich sind Werbeanlagen mit wenigen Ausnahmen unzulässig (§ 13 Abs. 3 ThürBO).

Bauplanungsrechtlich können **Werbeanlagen Nebenanlagen** i.S.d. § 14 BauNVO sein, wenn sie in einem funktionellen Zusammenhang mit einer gewerblichen oder sonstigen Nutzung auf dem Grundstück stehen (s. BVerwG BRS 57 Nr. 176; s. dazu auch oben Rdnr. 92). Andernfalls stellen sie eine selbständige **gewerbliche Hauptnutzung** dar, deren Zulässigkeit sich nach §§ 2 ff. BauNVO richtet; dies ist insbesondere bei den großflächigen Plakattafeln der Fall (BVerwG BauR 1993, 315). In einem Wohngebiet sind derartige Werbeanlagen in der Regel unzulässig, weil sie der Eigenart des Baugebiets nicht entsprechen (BVerwG BauR 1980, 452 und 455).

179 Zu beachten ist, dass Werbeanlagen nicht nur baurechtliche Probleme aufwerfen. **§ 33 Abs. 1 Nr. 3 StVO** verbietet jede Werbung außerhalb geschlossener Ortschaften, wenn dadurch der Verkehr abgelenkt oder belästigt werden könnte; auch durch innerörtliche Werbung darf der Verkehr außerhalb geschlossener Ortschaften nicht gestört werden. Ferner unterfallen Werbeanlagen nach **§ 9 Abs. 6 FStrG** dem Anbauverbot entlang der Bundesfernstraßen und Bundesautobahnen.

3. Abstandsregelungen (§ 6 ThürBO)

a) Abstandsflächen und Abstände (§ 6 Abs. 1–6 ThürBO)

Die ThürBO 2004 hat das Abstandsflächenrecht gegenüber den Regelungen der §§ 6 und 7 **180** ThürBO 1994 erheblich vereinfacht und zugleich auf das aus bauordnungsrechtlichen Gründen unverzichtbar erscheinende Maß reduziert. Ein **Ziel der Novellierung** ist es dabei, die Berechnung der Abstandsflächen (Abs. 4–6), die bisher auch wegen ihrer Kompliziertheit Anlass für zahlreiche Verwaltungsstreitverfahren zwischen Bauherren, Bauaufsichtsbehörden und Nachbarn waren, möglichst einfach zu gestalten, zumal die ThürBO 2004 bei einer Vielzahl von Gebäuden auf die Prüfung bauordnungsrechtlicher Anforderungen verzichtet und damit dem Architekten oder Planer die Alleinverantwortung überlässt (vgl. LT-Drucks. 3/3287, S. 55 ff.) Besonders einfach ist die Regelung des § 6 Abs. 5 S. 3 ThürBO 2004, die den Großteil der 1- und 2-Familien-Wohnhäuser erfasst; danach gilt nunmehr eine einheitliche Abstandsfläche von 3 m, so dass jedenfalls Unklarheiten und Streitigkeiten über die Berechnung der Abstandsfläche entfallen. Die ThürBO 2004 verzichtet weiterhin auf die im früheren Abstandsflächenrecht zum Teil enthaltenen Instrumente zur Korrektur bauplanungsrechtlicher Vorgaben, die mit der höchstrichterlichen Rechtsprechung zum Verhältnis zwischen bauplanungsrechtlicher Bauweise und dem Abstandsflächenrecht der Landesbauordnungen nicht vereinbar waren (BVerwG NVwZ 1994, 1008; BVerwGE 110, 355). Insgesamt hat der Gesetzgeber mit der ThürBO 2004 auch die Zielsetzung verfolgt, das Abstandsflächenrecht auf das unter bauordnungsrechtlichen Aspekten gebotene Minimum zu beschränken. Die Regel-Abstandsfläche ist von bisher 1,0 H auf 0,4 H (zur Berechnung: § 6 Abs. 4 ThürBO 2005) reduziert worden. Dies wird zwar durch den Wegfall des – ebenfalls komplizierten und besonders streitanfälligen – »Schmalseitenprivilegs« (§ 6 Abs. 6 ThürBO 1994; dazu OVG Weimar LKV 2002, 434) und anderer Anrechnungsregeln zum Teil ausgeglichen. Gleichwohl macht die Begründung des Gesetzentwurfs deutlich, dass das Abstandsflächenrecht der ThürBO 2004 einen bauordnungsrechtlichen Mindeststandards sichert, der sowohl von Qualitätsstandards als auch von weitergehenden städtebaulichen Standards unterschieden werden muss (LT-Drucks. 3/3287, S. 59).

Den **Grundsatz des Abstandsflächenrechts** enthält § 6 Abs. 1 S. 1 ThürBO. Danach sind vor **181** den Außenwänden von Gebäuden Abstandsflächen von oberirdischen Gebäuden freizuhalten. Ausnahmen von diesem Grundsatz lässt § 6 Abs. 7 ThürBO für die dort abschließend geregelten Fälle zu, insbesondere für Garagen (s. unten Rdnr. 193). Außenwand i.S.d. § 6 Abs. 1 ThürBO ist die zur Grundstücksgrenze hin ausgerichtete Gebäudeabschlusswand. Vor- und Rücksprünge oder eine sonstige Gliederung der Wand bleiben regelmäßig unberücksichtigt (OVG Weimar, B. v. 22.5.1997 – 1 ZEO 280/97 – und v. 9.7.1998 – 1 ZEO 1316/97 –; OVG Münster NVwZ-RR 1991, 527 = BRS 52 Nr. 100). Die Abstandsflächen liegen vor allen Außenwänden des Gebäudes, und zwar nicht nur im Bereich zur Grundstücksgrenze, sondern um das ganze Gebäude herum. Sie müssen in der Regel auf dem Grundstück selbst liegen (§ 6 Abs. 2 S. 2 ThürBO).

Die Abstandsflächen dienen zum einen dem **Schutz** sowohl **der Bewohner des Hauses** als **182** auch **der Nachbarn** vor dem Entzug von Licht, Luft und Sonne in den Wohn- und Aufenthaltsräumen. Ferner soll die Abstandsfläche, ergänzt durch die in § 6 Abs. 2 Satz 1 ThürBO genannten und in den Bestimmungen über den Brandschutz näher geregelten Abstände (§§ 29 Abs. 2 Nr. 1 und 31 Abs. 2), das Übergreifen von Bränden verhindern. Umstritten ist, ob die Abstandsvorschriften auch dem Schutz der nachbarlichen Wohnruhe und des Wohnfriedens (»Sozialabstand«) dienen. Das OVG Weimar hat das (übereinstimmend zu § 6 ThürBO 1994 und zu § 6 DDR-BauO) bejaht und damit begründet, dass nach § 6 Abs. 7 DDR-BauO bestimmte Vorbauten – wie etwa Erker und Balkone –, die die Belange der Belichtung, Belüftung und Besonnung regelmäßig nicht beeinträchtigen, einen bestimmen (Sozial-) Abstand zur

Nachbargrenze einhalten müssen, und dass § 6 Abs. 5 S. 2 DDR-BauO in Gewerbe- und Industriegebieten deutlich geringere Abstandsflächen zulasse als in Wohngebieten (OVG Weimar LKV 2003, 35; ThürVBl 1999, 257; vgl. auch OVG Saar BauR 2001, 1245; a.A. VGH Mannheim BauR 1999, 1282; VBlBW 2005, 74; zur Problematik Boeddinghaus BauR 2004, 763). Für die Gegenansicht spricht, dass Wohnruhe und Wohnfrieden bereits durch das Bauplanungsrecht (z.B. Schutz der Gebietsart, Anforderungen an gesunde Wohn- und Arbeitsverhältnisse in § 34 Abs. 1 S. 2 BauGB; seitliche Baugrenzen, Gebot der Rücksichtnahme) hinreichend geschützt werden und dem Bauplanungsrecht im Bereich der Abstandsregelungen grundsätzlich Vorrang vor dem Bauordnungsrecht zukommt (s. dazu unten Rdnr. 186), so dass es insoweit eines konkurrierenden bauordnungsrechtlichen Schutzes oder einer bauordnungsrechtlichen Konkretisierung des Planungsrechts nicht bedarf (vgl. VGH Mannheim VBlBW 2005, 74; s. auch Jeromin BauR 2000, 510).

183 Die Abstandsregelungen sind nachbarschützend (OVG Weimar LKV 2003, 35; ThürVBl 1999, 257; LKV 1994, 114). Dem Nachbarn steht gegen eine unter Verstoß gegen § 6 ThürBO erteilte Baugenehmigung ein Abwehrrecht zu, ohne dass es darauf ankäme, ob er durch das Vorhaben in spürbarer Weise tatsächlich beeinträchtigt ist (OVG Weimar ThürVBl 1999, 257). Das gilt aber dann nicht, wenn er seinerseits den geforderten Abstand nicht einhält (OVG Weimar, B. v. 6.6.1997 – 1 EO 396/97 –).

184 Die Abstandsflächen sind nicht nur bei der erstmaligen Bebauung eines Grundstücks, sondern auch bei **Umbauten** zu beachten (OVG Lüneburg BRS 46 Nr. 153 und 154).

185 **Nutzungsänderungen** sind nach der Rechtsprechung des OVG Weimar zu § 6 ThürBO 1994 abstandsrechtlich grundsätzlich unerheblich, da in der offenen Bebauung Abstandsflächen unabhängig von der Art der Nutzung der jeweiligen baulichen Anlage einzuhalten sind und auch die Bemessung der einzuhaltenden Abstandsflächen durch die Nutzungsart nicht beeinflusst wird (OVG Weimar ThürVBl 1999, 257; vgl. auch OVG Bautzen DÖV 1994, 614 = LKV 1995, 119; OVG Greifswald BauR 1999, 624 = LKV 1999, 197; a.A. VGH Mannheim VBlBW 1987, 465; OVG Münster NVwZ-RR 1998, 614). Etwas anderes gilt nach dieser Rechtsprechung aber dann, wenn die Art der Nutzung der baulichen Anlage ausnahmsweise im früheren Baugenehmigungsverfahren für die abstandsrechtliche Prüfung von Bedeutung war. Das ist zum Beispiel der Fall, wenn die bisherige Nutzung nach § 6 Abs. 7 ThürBO (bzw. nach § 6 Abs. 11 ThürBO 1994) in den Abstandsflächen zulässig war, während die neue Nutzung diese Voraussetzungen nicht mehr erfüllt, oder wenn die bisherige Nutzung einer baulichen Anlage, die die Abstandsflächen nicht einhält, im Wege einer Abweichung (§ 63e ThürBO 2004 bzw. §§ 6 Abs. 15, 68 Abs. 1 ThürBO 1994) oder lediglich im Hinblick auf eine Zustimmung des Grundstücksnachbarn zugelassen worden war. In einem solchen Fall ist das bereits bestehende und genehmigte Gebäude mit der beabsichtigten neuen Nutzung als Einheit an den geltenden Abstandsvorschriften zu messen (OVG Weimar ThürVBl 1999, 257). Dabei kann gegebenenfalls erneut eine Abweichung gestattet werden (§ 63e ThürBO). Allerdings sieht § 6 Abs. 5 S. 3 ThürBO 2004 nunmehr eine Differenzierung nach der Nutzungsart vor. Danach genügt vor den Außenwänden von »Wohngebäuden« der Gebäudeklassen 1 und 2 mit nicht mehr als drei oberirdischen Geschossen eine Tiefe der Abstandsfläche von 3 m. Sofern ein Wohngebäude bei seiner Errichtung auf der Grundlage der ThürBO 2004 nach § 6 Abs. 5 S. 3 mit einer Abstandsfläche von 3 m zulässig war, dürfte eine spätere Nutzungsänderung, die die Eigenschaft als Wohngebäude entfallen lässt (z.B. eine Umwandlung in ein Geschäftshaus) die Abstandsfrage neu aufwerfen. Dadurch wird aber die maßgeblich auf dem Gedanken des Bestandsschutzes beruhende Rechtsprechung des OVG Weimar nicht grundsätzlich hinfällig. Vielmehr wird nur der Kreis der Ausnahmefälle erweitert. Grundsätzlich wird man also sagen können, dass Nutzungsänderungen die Abstandsfrage immer dann, aber auch nur dann aufwerfen, wenn die abstandsrechtliche Beurteilung in einem früheren Genehmigungsverfahren an die Nutzungsart angeknüpft hat.

Nach § 6 Abs. 1 S. 3 ThürBO ist eine Abstandsfläche nicht erforderlich vor Außenwänden, die **186** an Grundstücksgrenzen errichtet werden, wenn nach planungsrechtlichen Vorschriften an die Grenze gebaut werden muss oder gebaut werden darf. Mit dieser klaren und einfachen **Vorrangregel** zieht die ThürBO 2004 die Konsequenzen aus dem Vorrang der Abstandsregelungen des Bauplanungsrechts gegenüber dem landesrechtlichen Bauordnungsrecht (BVerwG NVwZ 1994, 1008; BVerwGE 110, 355; s. auch oben Rdn. 180). Planungsrechtlich kann sich das Gebot oder die Erlaubnis zur Errichtung eines Gebäudes innerhalb der Abstandsfläche, die nach Bauordnungsrecht zu beachten wäre, aus Festsetzungen eines Bebauungsplans über die Bauweise (§ 22 BauNVO, insbesondere die geschlossene Bauweise, § 22 Abs. 3) und über die überbaubare Grundstücksfläche (§ 23 BauNVO), und zwar aus Baulinien (§ 23 Abs. 2 S. 1), Baugrenzen (§ 23 Abs. 3 S. 1) oder Bebauungstiefen (§ 23 Abs. 4 S. 1) ergeben. Im unbeplanten Innenbereich kann sich Entsprechendes aus dem Gebot des Einfügens (§ 34 Abs. 1 BauGB) ergeben. In allen Fällen, in denen die Abstandsregelungen des § 6 ThürBO und das Planungsrecht zu gegensätzlichen Resultaten führen, tritt danach das Bauordnungsrecht zurück. Der Gesetzgeber der ThürBO 2004 ist davon ausgegangen, dass alle Abstimmungsprobleme, die das bisherige Recht zum Teil durch Korrektur, zum Teil durch Ergänzung des Planungsrechts lösen wollte, durch den eindeutigen Vorrang des Planungsrechts gelöst werden und dass den Besonderheiten von Einzelfällen mit den vorhandenen Instrumentarien des Planungs- und Bauordnungsrechts, insbesondere mit der Befreiung nach § 31 Abs. 2 BauGB und der Zulassung von Abweichungen nach § 63e ThürBO sowie dem Gebot der Rücksichtnahme in ausreichender Weise Rechnung getragen werden kann (LT-Drucks. 3/3287, S. 56, 57). So hat der Gesetzgeber auch auf die bisherige Anbau-Baulast verzichtet. Nach § 6 Abs. 2 Nr. 2 ThürBO 1994 war ein fakultativer Grenzanbau nur zulässig, wenn öffentlich-rechtlich – durch Baulast (§ 80 ThürBO) – gesichert war, dass auch vom Nachbargrundstück her angebaut wird. Diese bauordnungsrechtliche Sicherung des Anbauzwangs konnte entfallen, weil bereits das Bauplanungsrecht eine ausreichende Regelung enthält (vgl. dazu die Doppelhausentscheidung BVerwGE 110, 355).

Die Abstandsflächen und die (Brandschutz-) Abstände nach § 29 Abs. 2 Nr. 1 und § 31 Abs. 2 **187** ThürBO müssen auf dem Grundstück selbst liegen (**§ 6 Abs. 2 S. 1 ThürBO**). Damit ist zwangsläufig auch ein entsprechender Abstand zur Grundstücksgrenze gewährleistet, der dem Nachbarschutz dient (s. oben Rdn. 181). Maßgeblich sind die Grenzen des Buchgrundstücks, wie sie katastermäßig ausgewiesen sind; ob der amtlich festgestellte Grenzverlauf mit den Eigentumsverhältnissen übereinstimmt, ist unerheblich (OVG Weimar NVwZ 1997, 304 = DÖV 1997, 38 = BRS 58 Nr. 102). Von dem Grundsatz des S. 1 gibt es zwei Ausnahmen: Zum einen dürfen die Abstandsflächen auch auf öffentlichen Verkehrs-, Grün- und Wasserflächen liegen, jedoch nur bis zu deren Mitte (§ 6 Abs. 2 S. 2 ThürBO). Zum anderen erlaubt § 6 Abs. 2 S. 3 ThürBO es auch, Abstandsflächen und (Brandschutz-) Abstände ganz oder teilweise auf das Nachbargrundstück zu verlagern, sofern der Nachbar sich durch Baulast (§ 80 ThürBO) verpflichtet, diesen Teil seines Grundstücks nicht zu überbauen (vgl. dazu VGH Mannheim NVwZ-RR 2002, 263). Diese Flächen sind dann aber abstandsrechtlich »verbraucht«. Deshalb wird im zweiten Halbsatz des § 6 Abs. 2 S. 3 ThürBO klargestellt, dass diese Abstandsflächen nicht auf die eigenen Abstandsflächen des belasteten Grundstücks angerechnet werden dürfen.

Die Abstandsflächen dürfen sich grundsätzlich nicht überdecken (**§ 6 Abs. 3 ThürBO**). Im **188** Verhältnis zu den Abstandsflächen auf den Nachbargrundstücken folgt dies bereits aus den Regelungen des § 6 Abs. 2 ThürBO. Praktische Bedeutung hat das Überdeckungsverbot des § 6 Abs. 3 daher für Abstände zwischen mehreren Gebäuden auf demselben Grundstück und für Abstandsflächen vor verschiedenen Gebäudeteilen. § 6 Abs. 3 ThürBO sieht im zweiten Halbsatz Ausnahmen vor, insbesondere (Nr. 1) für Außenwände, die in einem Winkel von mehr als 75 Grad zueinander stehen (Beispiel: rechtwinkliger Anbau an eine Gebäude).

Die Wandhöhe wird von der Geländeoberfläche bis zum Schnittpunkt der Wand mit der **189**

Dachhaut oder bis zum oberen Abschluss der Wand gemessen (**§ 6 Abs. 4 S. 2 ThürBO**). Die ThürBO 2004 enthält keine allgemeine Definition des Begriffs der Geländeoberfläche mehr. Unter Geländeoberfläche ist grundsätzlich die natürliche Geländeoberfläche zu verstehen. Daher sind jedenfalls Veränderungen der Geländeoberfläche, die allein mit dem Ziel vorgenommen werden, die Abstandsfläche zu verkürzen, unbeachtlich (VGH Mannheim BauR 1997, 92; vgl. auch LT-Drucks. 3/3287, S. 57). Die ThürBO 2004 legt für die Berechnung der Wandhöhe nunmehr eine einheitliche und klare Regel zugrunde: Das Maß H entspricht den tatsächlichen Abmessungen der Wandflächen. Eine Anrechnungsregel gibt es nur noch für Dachflächen: Die Höhe von Dächern mit einer Neigung von weniger als 70 Grad wird zu einem Drittel der Wandhöhe zugerechnet (**§ 6 Abs. 4 S. 3 ThürBO**). Beträgt die Dachneigung 70 Grad und mehr, wird die Höhe des Dachs voll hinzugerechnet (**§ 6 Abs. 4 S. 4 ThürBO**). Die bisherigen Anrechnungregeln für Giebelflächen sind dagegen ebenso entfallen wie die Mittelungsberechnungen für Wände mit unterschiedlichen Traufhöhen. Auch das bisherige »Schmalseitenprivileg« (§ 6 Abs. 6 ThürBO 1994) ist gestrichen worden. Die Abstandsfläche stellt sich nunmehr als (um den Faktor 0,4 – siehe unten – verzerrte) Projektion der tatsächlichen Wandabmessungen dar, nicht mehr wie nach der ThürBO 1994 als rechnerisch ermittelter Streifen gleich bleibender Tiefe. Die Neuregelung führt zwar rechnerisch vielfach, etwa bei der Spitze von Giebelwänden, zu höheren Werten von H. Dennoch führt die Neuregelung wegen des Bemessungsfaktors (s. unten) durchweg zu deutlich geringeren Abstandsflächen als nach bisherigem Recht. Soweit die Neuregelung dennoch in Einzelfällen zu größeren Abstandsflächen führen kann (Beispiel: vor Giebelflächen wegen des Wegfalls der reduzierten Anrechnung der Giebelfläche und des Schmalseitenprivilegs), hat der Gesetzgeber dies wegen des massiven Eindrucks der Giebelwand auf gegenüberliegende Wände als gerechtfertigt angesehen (LT-Drucks. 3/3287, S. 58).

Bei der Bemessung der Abstandsflächen bleiben nach § 6 Abs. 6 ThürBO vor die Außenwand vortretende Bauteile wie Gesimse und Dachüberstände sowie unter den in Ziff. 2 a) – c) kumulativ genannten Voraussetzungen auch Vorbauten außer Betracht.

190 Die **Tiefe der Abstandsfläche** beträgt grundsätzlich **0,4 H**, mindestens jedoch **3 m** (§ 6 Abs. 5 S. 1 ThürBO). Damit ist der Bemessungsfaktor gegenüber der ThürBO 1994 (1 H) deutlich reduziert worden, so dass die oben dargestellten Auswirkungen der neuen Berechnungsregel für die Wandhöhe mehr als ausgeglichen werden. In Gewerbegebieten und Industriegebieten sowie in Sondergebieten, deren Nutzung mit einem Gewerbe- oder Industriegebiet vergleichbar ist, genügt eine Tiefe von **0,2 H**, mindestens jedoch **3 m** (§ 6 Abs. 5 S. 2 ThürBO). Die praktisch bedeutsamste Vereinfachung und zugleich Reduzierung der Abstandsfläche gilt für den Großteil der Ein- und Zweifamilien-Wohnhäuser: Nach § 6 Abs. 5 S. 3 ThürBO genügt eine Abstandsfläche von 3 m Tiefe vor den Außenwänden von Wohngebäuden der Gebäudeklassen 1 und 2 (Definition in § 2 Abs. 3 ThürBO – das neue Konzept der Gebäudeklassen richtet sich nach den unterschiedlichen Anforderungen des Brandschutzes) mit nicht mehr als drei oberirdischen Geschossen. Diese Vereinfachung kommt insbesondere den Architekten oder Planern entgegen, die in den Fällen der Genehmigungsfreiheit nach § 63a ThürBO allein die Verantwortung für die Einhaltung des Bauordnungsrechts tragen.

191 Die für Gebäude (Def. in § 2 Abs. 2 ThürBO) geltenden Abstandsregelungen gelten sinngemäß auch für **bauliche Anlagen** (Def. in § 2 Abs. 1 ThürBO) sowie **anderen Anlagen und Einrichtungen** (Def. in § 2 Abs. 1 S. 4 i.V.m. § 1 Abs. 1 S. 2 ThürBO), wenn von ihnen Wirkungen wie von Gebäuden ausgehen (§ 6 Abs. 1 S. 2 ThürBO), jedoch mit einer Einschränkung. Die Abstandsflächen sind hier nur gegenüber Gebäuden und Nachbargrenzen einzuhalten. Untereinander sowie zu anderen Grenzen als Nachbargrenzen, z.B. zu öffentlichen Verkehrsflächen, müssen solche Anlagen und Einrichtungen keine Abstandsfläche wahren. Schwierigkeiten kann die Frage bereiten, wann Wirkungen wie von Gebäuden anzunehmen sind. Dies beurteilt sich danach, ob von der Anlage vergleichbare Wirkungen ausgehen, die

bei Gebäuden die Einhaltung von Abstandsflächen erforderlich machen; das hängt wiederum von den durch die Abstandsflächen geschützten Belangen (s. oben Rdnr. 182, 183) ab (OVG Weimar LKV 2003, 35; OVG Berlin BRS 54 Nr. 91). Die Rechtsprechung hat Wirkungen, wie sie von Gebäuden ausgehen, zum Beispiel bejaht für eine frei liegende Dachterrasse (OVG Weimar LKV 2003, 35; a.A. OVG Koblenz NVwZ-RR 2001, 290), eine Plakatwand (OVG Lüneburg BRS 33 Nr. 124), einen 24 m hohen Stahlgittermast für Funkantennen (OVG Lüneburg BRS 39 Nr. 122) und eine 3 m hohe Lärmschutzwand (VGH Kassel BRS 40 Nr. 216).

Die Gemeinden können die Maße der Abstandsflächentiefe durch **örtliche Bauvorschriften** **192** abweichend von § 6 ThürBO regeln, soweit dies zur Gestaltung des Ortsbildes oder zur Verwirklichung der Festsetzungen einer städtebaulichen Satzung erforderlich ist und eine ausreichende Belichtung sowie der Brandschutz gewährleistet sind (§ 83 Abs. 1 Nr. 5 ThürBO).

b) Garagen und andere abstandsflächenfreie Bauten (§ 6 Abs. 7 ThürBO)

Garagen sind nach § 6 Abs. 7 Nr. 1 ThürBO in den Abstandsflächen zulässig und müssen **193** auch selbst keine Abstandsflächen einhalten, wenn sie die in der Vorschrift angegebenen Höchstmaße einhalten. Das Gleiche gilt, ebenfalls nach § 6 Abs. 7 Nr. 1 ThürBO, für Gebäude ohne Aufenthaltsräume und Feuerstätten. Abstandsflächenfrei sind außerdem gebäudeunabhängige Solaranlagen (Nr. 2) sowie Stützmauern und geschlossene Einfriedungen (Nr. 3) mit den angegebenen Höchstmaßen.

Garagen und Gebäude ohne Aufenthaltsräume und Feuerstätten sind nur abstandsflächenfrei, wenn sie eine mittlere Wandhöhe bis zu 3 m und eine Gesamtlänge je Grundstücksgrenze von 9 m nicht überschreiten. Was unter Wandhöhe zu verstehen ist, ergibt sich mangels eigenständiger Regelung in Abs. 7 aus § 6 Abs. 4 ThürBO (OVG Weimar BRS 64 Nr. 127 = ThürVBl 2002, 89 = LKV 2002, 185 zu §§ 6 Abs. 4, 11 ThürBO 1994). Die grenzseitige Giebelwand einer Garage ist danach in vollem Umfang einzubeziehen, da eine reduzierte Anrechnung der Giebelwandfläche weder in Abs. 4 noch in Abs. 7 vorgesehen ist. Dachflächen mit einer Neigung von weniger als 70 Grad sind zu einem Drittel hinzuzurechen, steilere Dachflächen sind voll hinzuzurechnen (§ 6 Abs. 4 S. 3 und 4 ThürBO). Anders als bei der Ermittlung der Wandhöhe für die Bemessung der Abstandsfläche muss aber für die Einhaltung des Höchstmaßes nach § 6 Abs. 7 S. 1 Nr. 1 ThürBO aus der ermittelten Wandhöhe eine durchschnittliche Wandhöhe berechnet werden. Damit ist gewährleistet, dass abstandsflächenfreie Garagen auch in **Hanglagen** zulässig sind. Eine Überschreitung der durchschnittlichen Wandhöhe kann dann aber jedenfalls nicht wegen der Hanglage als Abweichung nach § 63e ThürBO zugelassen werden (vgl. OVG Lüneburg BRS 33 Nr. 113).

§ 6 Abs. 7 ThürBO lässt sowohl Eckgaragen als auch mehrere Grenzgaragen auf einem Grundstück zu. Das Längenmaß von 9 m gilt »je Grundstücksgrenze«. § 6 Abs. 7 S. 2 ThürBO begrenzt jedoch die Gesamtlänge der Garagen und Gebäude nach S. 1 Nr. 1 und der Solaranlagen nach Nr. 2, die die Abstandsflächen gegenüber den Grundstücksgrenzen nicht einhalten, auf insgesamt 15 m. Damit soll »Einmauerungseffekten« vorgebeugt werden (LT-Drucks. 3/3287, S. 61).

Die nach § 6 Abs. 7 S. 1 ThürBO abstandsflächenfreien Garagen und anderen Bauten müssen, wie die Vorschrift jetzt ausdrücklich klarstellt, nicht notwendig an die Grundstücksgrenze oder an das Gebäude angebaut werden. Sie können vielmehr auch mit einem Abstand zur Grenze oder zum Gebäude in den Abstandsflächen errichtet werden. Anders als nach bisherigem Recht stellt die Vorschrift nicht mehr auf die Nachgrenze ab, sondern auf die Grundstücksgrenze. Damit ist klargestellt, dass jedenfalls abstandsflächenrechtlich – vorbehaltlich etwa entgegenstehender Vorschriften des Planungsrechts oder der Garagenverordnung – einer Grenzbebauung nach Maßgabe des § 6 Abs. 7 ThürBO auch an der vorderen Grundstücksgrenze zur Straßenseite hin nichts entgegensteht.

194 Da der Gesetzgeber in § 6 Abs. 7 ThürBO an der Grundstücksgrenze oder in ihrer Nähe stehende Garagen generell für zulässig erklärt hat, muss der Nachbar die damit verbundene Beeinträchtigung durch eine Verschattung sowie den Fahrzeuglärm und die Abgase grundsätzlich hinnehmen und kann sich insoweit auch nicht auf das Gebot der Rücksichtnahme berufen (BVerwG BRS 44 Nr. 177). Anders kann es aber sein, wenn die Zufahrt zur Garage unangemessen lang ist (OVG Schleswig BRS 54 Nr. 101) oder die Garage unmittelbar vor einem Fenster eines Aufenthaltsraumes errichtet wird und die Möglichkeit besteht, die Garage ohne Nachteile für den Bauherrn auch an anderer Stelle zu errichten (VGH München NVwZ-RR 1995, 9).

Bauplanungsrechtlich können Garagen nach § 23 Abs. 5 S. 2 BauNVO auch auf den nicht überbaubaren Grundstücksflächen zugelassen werden.

4. Stellplätze und Garagen, Abstellplätze für Fahrräder (§ 49 ThürBO)

195 § 49 ThürBO regelt die Verpflichtung zur Herstellung der notwendigen Stellplätze (§ 2 Abs. 5 S. 1 ThürBO) und Garagen (§ 2 Abs. 5 S. 2 ThürBO) sowie der Abstellmöglichkeiten für Fahrräder. Die ThürBO 2004 hat auch diese Vorschrift gegenüber dem bisherigen Recht erheblich entschlackt und von bisher 14 Absätzen auf 5 Absätze reduziert. So hat der Gesetzgeber auf konkrete Einzelanforderungen weitgehend verzichtet und sich mit der Forderung begnügt, dass die Stellplätze oder Garagen »geeignet« sein müssen. Danach ist im jeweiligen Einzelfall zu prüfen, ob die Stellplätze den Zweck, die öffentlichen Verkehrsflächen vom ruhenden Verkehr zu entlasten, tatsächlich erfüllen. Auch auf eine Vorschrift zur nachträglichen Forderung von Stellplätzen wurde im Hinblick auf die nach Maßgabe der §§ 48, 49 ThürVwVfG bestehenden Möglichkeiten verzichtet. Schließlich ist auch die bisherige Regelung, dass von Stellplätzen keine Störungen der Umgebung ausgehen sollen, entfallen, weil die bauplanungsrechtlichen und immissionsschutzrechtlichen Regelungen ausreichen (vgl. LT-Drucks. 3/3287, S. 83 f.).

§ 49 ThürBO geht von dem Grundsatz aus, dass der durch ein Bauvorhaben ausgelöste Stellplatzbedarf eine Nebenfolge eines Bauvorhabens ist und damit vom Bauherren selbst und nicht auf Kosten der Allgemeinheit sicherzustellen ist. Deshalb fordert § 49 Abs. 1 S. 1 ThürBO, dass bei der Errichtung von Anlagen, bei denen ein Zu- und Abgangsverkehr zu erwarten ist, die notwendigen und geeigneten Stellplätze oder Garagen hergestellt werden. Notwendig sind Stellplätze oder Garagen nach dieser Vorschrift, wenn und soweit insbesondere unter Berücksichtigung der örtlichen Verkehrsverhältnisse und des öffentlichen Personenenahverkehrs zu erwarten ist, dass der Zu- und Abgangsverkehr mittels Kraftfahrzeug erfolgt.

196 Der **Zahl der notwendigen Stellplätze** ist jeweils im Einzelfall zu ermitteln. Sie richtet sich gemäß § 49 Abs. 1 S. 1 ThürBO danach, welcher Zu- und Abgangsverkehr mit Kraftfahrzeugen zu erwarten ist. Bei der danach erforderlichen Verkehrsprognose sind alle Gesichtspunkte zu berücksichtigen, die Einfluss auf den Zu- und Abgangsverkehr mit Kraftfahrzeugen haben können. § 49 Abs. 1 S. 1 ThürBO nennt »insbesondere«, also nicht abschließend, die örtlichen Verkehrsverhältnisse und den öffentlichen Personennahverkehr (ÖPNV). Die durch die ThürBO 2004 ausdrücklich eingeführte Möglichkeit, eine überdurchschnittlich gute Erschließung durch den ÖPNV stellplatzmindernd zu berücksichtigen, ist von erheblicher praktischer Bedeutung. Wenn ein Bauvorhaben besonders gut mit öffentlichen Verkehrsmitteln erreicht werden kann, wenn es zum Beispiel weniger als 400 m von einem ÖPNV-Haltepunkt entfernt ist und dieser Haltepunkt im Abstand von weniger als 20 Minuten angefahren wird (vgl. Nr. 49.2 der Bekanntmachung des Ministeriums für Bau und Verkehr zum Vollzug der Thüringer Bauordnung, ThürStAnz 2004. S. 1971 ff., 1984), kann das die Prognose rechtfertigen, dass ein erheblicher Teil des Zu- und Abgangsverkehrs mit öffentlichen Verkehrsmitteln erfolgt, so dass die Zahl der notwendigen Stellplätze für Kraftfahrzeuge reduziert werden kann. Wichtige weitere

Gesichtspunkte sind die Lage und die Art der Nutzung, die deshalb auch im Zusammenhang der Regelung der Stellplatzablösung in § 49 Abs. 3 S. 2 ThürBO (dazu s. unten Rdnr. 198 ff.) als Differenzierungsmerkmale genannt werden. Die gleiche Art von Gebäude kann also je nach Standort einen ganz unterschiedlichen Stellplatzbedarf auslösen. Anhaltspunkte für den durchschnittlichen Bedarf an Stellplätzen für ausgewählte Nutzungen lassen sich einer Tabelle entnehmen, die in der Bekanntmachung des Ministeriums für Bau und Verkehr zum Vollzug der Thüringer Bauordnung (ThürStAnz 2004. S. 1971) als Anlage zu Nr. 49.1.7 enthalten ist (S. 1985–1986). Derartige Richtzahlen haben allerdings lediglich norminterpretierenden Charakter, sind also im Außenverhältnis nicht verbindlich (vgl. VGH Mannheim BRS 50 Nr. 126; BayVerfGH BayVBl 1986, 523; Jäde/Dirnberger/Michel § 49 ThürBO 2004 Rdnr. 43 ff., 45). Zudem können sie nur Anhaltspunkte für den typischen Bedarf liefern, nicht aber die an den Umständen des jeweiligen Einzelfalls anknüpfende Prognose ersetzen.

Nach § 12 BauNVO dürfen in Wohngebieten nur die für die zugelassene Nutzung erforderlichen Stellplätze und Garagen angelegt werden (s. dazu BVerwGE 94, 151 = NJW 1994, 1546; Dürr BauR 1997, 6).

Die Stellplatzverpflichtung entfällt auch nicht bei Bauvorhaben, die in einer **Fußgängerzone** liegen, weil auch diese Vorhaben einen Kfz-Verkehr auslösen (BVerwG Buchholz 406.17 Bauordnungsrecht Nr. 18). Zwar kommt in diesem Fall die Anlage von Stellplätzen auf dem Baugrundstück nicht in Betracht. Es bleibt aber die Möglichkeit, die Stellplätze außerhalb der Fußgängerzone anzulegen oder einen Ablösebetrag nach § 49 Abs. 3 ThürBO zu zahlen.

Die technischen Anforderungen an Garagen und Stellplätze sind in der Thüringer Garagenverordnung vom 28.3.1995 (GVBl I S. 185) geregelt.

Bei der Änderung oder **Nutzungsänderung** ist nur der **Mehrbedarf** zu decken (§ 49 Abs. 1 **197** S. 2 ThürBO). Bisher schon fehlende Stellplätze können also nicht bei Gelegenheit eines Umbaus oder einer Nutzungsänderung nachgefordert werden. Die nachträgliche Forderung von Stellplätzen ist nur unter den Voraussetzungen der §§ 48, 49 ThürVwVfG möglich.

Die Gemeinden können durch **örtliche Bauvorschriften** oder durch städtebauliche Satzungen nach § 83 Abs. 1 Nr. 7, Abs. 2 ThürBO die Herstellung von Stellplätzen und Garagen in bestimmten Teilen des Gemeindegebietes oder für bestimmte Nutzungen in bestimmten Teilen des Gemeindegebietes untersagen oder einschränken, wenn Gründe des Verkehrs oder städtebauliche Gründe dies rechtfertigen. In diesem Fall entfällt die Stellplatzpflicht (§ 49 Abs. 1 S. 3 ThürBO). Auch ein Stellplatzablösebetrag kann dann nicht mehr verlangt werden.

Nach § 49 Abs. 2 ThürBO hat der Bauherr **drei** grundsätzlich gleichwertige **Möglichkeiten, 198** um seiner Stellplatzpflicht zu genügen: Er kann erstens die notwendigen **Stellplätze** oder **Garagen auf dem Baugrundstück** herstellen. Das setzt allerdings voraus, dass er auf dem Baugrundstück selbst über hinreichend Platz verfügt, um »geeignete« Stellplätze oder Garagen in der »notwendigen« Zahl herstellen zu können (§ 49 Abs. 1 S. 1 ThürBO). »Gefangene« Stellplätze, die nur über den davor liegenden anderen Stellplatz angefahren werden können, sind z.B. in der Regel nicht geeignet (OVG Koblenz BauR 2002, 1840).

Der Bauherr kann zweitens **Stellplätze** oder **Garagen in zumutbarer Entfernung** vom Baugrundstück auf einem geeigneten Grundstück herstellen, dessen Benutzung dann aber für diese Zweck öffentlich-rechtlich gesichert werden muss (durch Baulast, § 80 ThürBO). Schwierigkeiten kann hier die Frage aufwerfen, welche Entfernung zumutbar ist.

Bsp. (VGH Mannheim BRS 44 Nr. 109): Bei einem Wohngebiet beträgt die zumutbare Entfernung maximal 300 m, bei einem Ladengeschäft sogar nur 150 m. Bei einem Spielsalon ist ein Parkplatz in 800 m Entfernung nicht mehr ausreichend (VGH Mannheim BRS 44 Nr. 110).

Der Bauherr kann sich dabei auch an einer Gemeinschaftanlage auf einem dafür im Bebauungsplan vorgesehenen Grundstück beteiligen. Die ThürBO 2004 erwähnt diese Möglichkeit zwar nicht mehr, sie ergibt sich aber aus § 9 Abs. 1 Nr. 22 BauGB (vgl. dazu BVerwG BauR 1989, 439).

Der Bauherr kann drittens seine Stellplatzpflicht durch **Zahlung eines Geldbetrages** ablösen, wenn die Gemeinde dazu ihr Einverständnis erklärt. Das BVerwG hat mit Urteil vom 16.9.2004 klargestellt, dass Stellplatzablösebeträge **keine unzulässigen Sonderabgaben** sind und auch sonst keinen verfassungsrechtlichen Bedenken unterliegen (BVerwG BauR 2005, 375 = NVwZ 2005, 215).

Die ThürBO 2004 stellt die Ablösung der Stellplatzpflicht durch Zahlung eines Ablösebetrages, anders als die ThürBO 1994, gleichberechtigt neben die reale Herstellung der notwendigen Stellplätze. Der Bauherr hat dementsprechend eine **Wahlfreiheit**. Er kann sich auch dann für eine Stellplatzablösung mit Einverständnis der Gemeinde entscheiden, wenn für ihn eine zumutbare Möglichkeit besteht, die notwendigen Stellplätze auf dem Baugrundstück selbst herzustellen. Wenn der Bauherr sich für die Zahlung eines Ablösebetrages entschieden und die Gemeinde ihr Einverständnis erklärt hat, kann die Bauaufsichtsbehörde, anders als nach bisherigem Recht, die Erteilung einer Baugenehmigung nicht mit der Begründung verweigern, dass der Bauherr die Stellplätze auf dem Baugrundstück selbst herstellen könne.

199 Das **Einverständnis der Gemeinde** ist deshalb erforderlich, weil sie den Ablösebetrag für die Herstellung zusätzlicher Parkeinrichtungen oder für die Instandhaltung, Instandsetzung oder Modernisierung bestehender Parkeinrichtungen (§ 49 Abs. 4 Nr. 1 ThürBO) oder für sonstige investive Maßnahmen zur Entlastung der Straßen vom ruhenden Verkehr (§ 49 Abs. 1 Nr. 2 ThürBO) verwenden muss. Der Ablösebetrag ist also zweckgebunden. Mit dem Einverständnis zur Zahlung des Ablösebetrages übernimmt die Gemeinde gleichzeitig die Verpflichtung, eine der in § 49 Abs. 4 ThürBO benannten Maßnahmen durchzuführen. Sie übernimmt dabei eine nicht unerhebliche wirtschaftliche Belastung, denn der Betrag für die Stellplatzablösung ist nicht kostendeckend, wie sich aus § 49 Abs. 3 S. 3 ThürBO ergibt. Als investive Maßnahmen zur Entlastung der Straßen vom ruhenden Verkehr kommen beispielsweise in Betracht Maßnahmen zur Schaffung und Verbesserung eines Radwegenetzes oder Maßnahmen zur Erhöhung der Attraktivität und Akzeptanz des ÖPNV. Bei ihrer Entscheidung darf die Gemeinde auch nach der Neuregelung der ThürBO 2004 strukturpolitische Gesichtspunkte berücksichtigen. Denn sie ist nicht verpflichtet, die Genehmigungsfähigkeit eines Bauvorhabens sicherzustellen, das ohne Stellplatzablösung nicht genehmigt werden kann. Die Gemeinde kann eine Ablösung auch dann verweigern, wenn das Bauvorhaben bauplanungsrechtlich zulässig ist (BVerwG BRS 40 Nr. 146; NVwZ 1987, 410; VGH Kassel NVwZ-RR 1992, 466). Ein Anspruch auf die Erteilung des Einverständnisses der Gemeinde besteht daher in der Regel nicht. Die Gemeinde darf ihr Einverständnis aber nicht willkürlich verweigern.

200 Die Bauaufsichtsbehörde entscheidet, sofern sie ein Baugenehmigungsverfahren durchführt, in dem die Einhaltung des Bauordnungsrechts geprüft wird, nur über die Zahl der notwendigen Stellplätze und gegebenenfalls über Eignung und zumutbare Entfernung real herzustellender Stellplätze. Sie entscheidet dagegen, anders als nach § 49 Abs. 7 ThürBO 1994, nicht mehr über eine Gestattung der Ablösung.

Danach stellt sich die Entscheidung der Gemeinde über die Erteilung des Einverständnisses zur Stellplatzablösung jedenfalls nunmehr als eigenständiger Verwaltungsakt dar, der außerhalb des Baugenehmigungsverfahrens unmittelbar im Verhältnis zwischen der Gemeinde und dem Bauherrn ergeht (vgl. Jäde/Dirnberger/Michel, § 49 ThürBO 2004 Rdnr. 100; insoweit übereinstimmend schon VGH Kassel BRS 38 Nr. 135; VGH Mannheim BRS 55 Nr. 128). Das wird besonders deutlich in den Fällen, in denen eine präventive Prüfung der Einhaltung des Bauordnungsrechts und damit auch der Einhaltung der Stellplatzpflicht durch die Bauaufsichtsbehörde nicht mehr stattfindet (Genehmigungsfreistellung nach § 63a ThürBO, vereinfachtes Baugenehmigungsverfahren nach § 63b ThürBO). Hier liegt es allein in der Verantwortung des Bauherrn bzw. des Planers, die Einhaltung der Stellplatzpflicht auf eine der drei möglichen

Weisen sicherzustellen. Für eine Ablösung ist er auf das Einverständnis der Gemeinde angewiesen. Im Fall der Verweigerung ist das Bauvorhaben – sofern der Bauherr die Stellplatzpflicht
nicht in anderer Weise erfüllt – bauordnungsrechtlich unzulässig. Der Bauherr muss dann die
Erteilung des Einvernehmens im Wege der Verpflichtungsklage gegen die Gemeinde erstreiten.
Die Gemeinde, die ihr Einverständnis versagt hat, ist nicht im Rahmen der Verpflichtungsklage
des Bauherrn auf Erteilung der Baugenehmigung notwendig beizuladen (VGH Mannheim BRS
55 Nr. 128).
Die **Höhe des Geldbetrages** je Stellplatz ist durch Satzung der Gemeinde festzulegen
(§ 49 Abs. 3 S. 2 ThürBO). Dabei kann die Satzung unterschiedliche Beträge festlegen. Als
Differenzierungskriterien nennt das Gesetz beispielhaft die Art der Nutzung und die Lage
der Anlage (§ 49 Abs. 3 S. 2 ThürBO). Die Gemeinde kann z.b. Nutzungen begünstigen, die
zu einer Belebung der Innenstädte beitragen (LT-Drucks. 3/3287, S. 84). Die Höchstgrenze
liegt bei 60 % der durchschnittlichen Herstellungskosten von Parkeinrichtungen einschließlich
Grunderwerb (§ 49 Abs. 3 S. 3, Abs. 4 Nr. 1 ThürBO).
§ 49 ThürBO trifft keine Regelung über die Art und Weise, wie die Gemeinde den Ablösebetrag **201**
im konkreten Fall feststellen und gegenüber dem Bauherrn geltend machen kann. Eindeutig ist
aber, dass das Gesetz von einer ausschließlichen Rechtsbeziehung zwischen Gemeinde und
Bauherr ausgeht, so dass eine Festsetzung und zwangsweise Durchsetzung der Forderung der
Gemeinde durch die Bauaufsichtsbehörde, etwa auf dem Weg einer selbständig vollziehbaren
Auflage zur Baugenehmigung, nach neuem Recht ausscheidet. Die Gemeinde hat neben der
Entscheidung über ihr grundsätzliches Einverständnis mit der Stellplatzablösung auch über die
Höhe des auf der Grundlage ihrer Satzung im konkreten Fall zu fordernden Ablösebetrages zu
entscheiden. Daneben sind weitere Modalitäten festzulegen, z.B. der Zeitpunkt der Fälligkeit
(vgl. dazu Bultmann, BauR 2001, 174 ff., 185 f.), der ebenfalls in der ThürBO nicht geregelt
ist. Als Handlungsform kommt der Erlass eines **Leistungsbescheids** durch die Gemeinde in
Betracht (Jäde/Dirnberger/Michel, § 49 ThürBO 2004, Rdnr. 106); dabei kann die Gemeinde
ihre Zustimmung zur Stellplatzablösung mit der Leistungsaufforderung zur Zahlung des
Ablösebetrages verbinden und den Zeitpunkt der Fälligkeit festlegen. Möglich ist auch der
Abschluss eines **Ablösevertrages** zwischen Gemeinde und Bauherr. Die Zulässigkeit von
Stellplatzablöseverträgen ist heute nicht mehr umstritten (vgl. schon BVerwG E 23, 213;
NJW 1980, 1294; VGH Mannheim BauR 1981, 272). Stellplatzablöseverträge sind öffentlich-
rechtliche Verträge (BVerwG BRS 35 Nr. 126). Die Form des Ablösevertrages ermöglicht eine
flexible und konsensuale Regelung aller im Einzelfall anstehenden Fragen im Rahmen des
geltenden Satzungsrechts.
Im Fall eines Ablösevertrags muss die Gemeinde ihre Forderung aus dem Vertrag durch **202**
Leistungsklage geltend machen. Sofern der Erlass eines Leistungsbescheids als zulässig
angesehen wird, muss der Bauherr fristgerecht Widerspruch und Anfechtungsklage erheben.
Der Bauherr kann die Rückerstattung des Ablösebetrages verlangen, wenn er zwar die
Baugenehmigung erhält, das Bauvorhaben dann aber nicht realisiert (OVG Münster NVwZ-RR
1998, 15; a.A. VGH Mannheim BauR 1991, 66). Das Argument des VGH Mannheim lautet,
die Verpflichtung zur Zahlung der vereinbarten Ablösesumme hänge nur von der Erteilung der
Baugenehmigung, nicht aber von der Verwirklichung des Bauvorhabens ab. Allerdings entfällt
auch die Verpflichtung zur Herstellung eines realen Stellplatzes, wenn das Bauvorhaben nicht
verwirklicht wird. Der Ablösebetrag hat u.a. eine Ausgleichsfunktion; er gleicht die Ersparnis
der realen Herstellungskosten bis zu einem gewissen Grad aus (BVerwG BauR 2005, 375).
Mit dieser Ausgleichfunktion wäre es schwerlich zu vereinbaren, wenn der Bauherr mit dem
Ablösebetrag belastet bliebe, obwohl er keine Herstellungskosten erspart und auch keinen
Stellplatzbedarf auslöst.
Das Gesetz sieht keine bestimmte Frist vor, in der die Gemeinde ihrer Verpflichtung nach
§ 49 Abs. 4 ThürBO nachkommen muss. Der Gemeinde steht ein weiter Handlungsspielraum

zu. Die Rechtsprechung ist bisher großzügig und hat auch Zeiträume von 10 Jahren und länger nicht beanstandet (OVG Münster BRS 39 Nr. 128; OVG Lüneburg BRS 47 Nr. 117).Ob der Bauherr einen Rückforderungsanspruch hat, wenn die Gemeinde den Ablösebetrag nicht vorschriftsgemäß verwendet (dazu OVG Lüneburg BRS 47 Nr. 117 und BRS 49 Nr. 142; VGH München BayVBl 1987, 531), ist fraglich. Denn für den Bauherrn ist der Zweck der Ablösung erreicht, wenn sein Bauvorhaben genehmigt worden ist. Die Maßnahmen der Gemeinde nach § 49 Abs. 4 dienen nicht mittelbar dem Bauvorhaben, müssen also nicht notwendig dem durch das Bauvorhaben ausgelösten Verkehr zugute kommen. Auch ein öffentlich-rechtlicher Erstattungsanspruch wegen Nichtigkeit eines Ablösevertrages kann gegen Treu und Glauben verstoßen, wenn der Bauherr nicht gleichzeitig anbietet, auf welche baurechtlich zulässige Weise er seiner Stellplatzpflicht nachkommen will (BVerwG NJW 1998, 3135).

203 Wenn nach Art oder Nutzung einer Anlage mit einem erheblichen Zu- oder Abgangsverkehr mit Fahrrädern zu rechnen ist, sind **Abstellmöglichkeiten für Fahrräder** im erforderlichen Umfang herzustellen (§ 49 Abs. 5 ThürBO). Diese Pflicht ist zwingend. Sie kann nicht durch Zahlung eines Geldbetrages abgelöst werden.

5. Sonstige materiell-rechtliche Vorschriften des Bauordnungsrechts

204 Hier sollen nur diejenigen Vorschriften erörtert werden, deren Auslegung Schwierigkeiten aufweist oder die besonders bedeutungsvoll sind, so dass sie jeder, der sich mit dem Baurecht befasst, kennen muss.

a) § 3 Abs. 1 ThürBO enthält die **bauordnungsrechtliche Generalklausel**. Sie ist der allgemeinen polizei- und ordnungsbehördlichen Generalklausel (§ 2 Abs. 1 ThürPAG, § 2 Abs. 1 ThürOBG) nachgebildet.Die Frage, ob eine bauliche Anlage die öffentliche Sicherheit oder Ordnung gefährdet, ist deshalb unter Heranziehung der zur polizeilichen Generalklausel entwickelten Grundsätze zu beantworten; erforderlich ist eine konkrete Gefahr, wie sie etwa vorliegt, wenn ein Gebäude nach einem Brand einzustürzen droht.

Bsp. (VGH Mannheim VBlBW 1984, 117): Anbringen eines Kaugummiautomaten, der durch eine verkehrsreiche Straße von einer Schule getrennt wird.

Der Bauherr muss ferner nach § 3 Abs. 3 ThürBO die von der obersten Bauaufsichtsbehörde durch öffentliche Bekanntmachung eingeführten und damit allgemein verbindlichen **Technischen Baubestimmungen** beachten (Bekanntmachung der Liste der Technischen Baubestimmungen in der Fassung Dezember 2003, ThürStAnz 2004, S. 1996).

205 **b) § 4 Abs. 1 ThürBO** verlangt eine **Erschließung** durch eine befahrbare öffentliche Verkehrsfläche oder eine befahrbare öffentlich-rechtlich, d.h. durch eine Baulast nach § 80 ThürBO gesicherte Zufahrt zu einer solchen Verkehrsfläche. Ein dinglich gesichertes Wegerecht nach § 1018 BGB reicht deshalb nicht aus, erst recht nicht das Notwegerecht nach § 917 BGB (OVG Münster NJW 1977, 725; VGH Mannheim VBlBW 1982, 92).

206 **c) § 15 ThürBO** fordert. dass bauliche Anlagen im Ganzen und in ihren Teilen für sich allein standsicher sind und die **Standsicherheit** anderer baulicher Anlagen und die Tragfähigkeit des Baugrunds des Nachbargrundstücks nicht gefährden. Die Einhaltung der Anforderungen an die Standsicherheit ist nach § 63d ThürBO durch einen bauvorlageberechtigten Architekten oder Ingenieur nach Maßgabe des § 63d Abs. 1 S. 2 und Abs. 2 S. 1und 2 ThürBO nachzuweisen; ausgenommen sind grundsätzlich nur verfahrensfreie Bauvorhaben (§ 63 ThürBO), nicht aber Bauvorhaben, für die eine Genehmigungsfreistellungsverfahren nach § 63a ThürBO oder ein vereinfachtes Baugenehmigungsverfahren nach § 63b ThürBO durchzuführen ist. Eine bauaufsichtliche Prüfung des Standsicherheitsnachweises (s. die Übersicht bei Friege ThürVBl 2005, 25 ff., 30) findet außer in den Fällen des § 63d Abs. 3 ThürBO nicht mehr statt (§ 63d

Abs. 5 ThürBO). Näheres kann in einer Verordnung geregelt werden (§ 82 Abs. 3 ThürBO). Bis zum Erlass dieser Verordnung gelten die Übergangsbestimmungen des § 85 Abs. 5 ThürBO.

d) Die dem **Immissionsschutz** dienende Regelung des **§ 16 ThürBO** wird weitgehend durch **207** das Bundesimmissionsschutzgesetz verdrängt. Im Rahmen der Erteilung einer Baugenehmigung ist deshalb § 22 BImSchG zu beachten (BVerwG NVwZ 1987, 884; 1989, 666). Danach sind vermeidbare schädliche Umwelteinwirkungen zu vermeiden und unvermeidbare Umwelteinwirkungen auf ein Mindestmaß zu reduzieren. In der baurechtlichen Praxis wird zur Klärung der Frage, ob eine schädliche Umwelteinwirkung (§ 3 Abs. 1 BImSchG) vorliegt, auf die technischen Regelwerke (TA Lärm, TA Luft, VDI-Richtlinie, DIN-Vorschriften) zurückgegriffen. Der Baugenehmigung beigefügte Auflagen hinsichtlich der zulässigen Immissionswerte reichen nur aus, wenn auch tatsächlich gewährleistet ist, dass die Auflage beachtet wird.

e) Die ThürBO 2004 setzt das neue, nach Gebäudeklassen differenzierende Brandschutzkon- **208** zept der Musterbauordnung 2002 (Jäde Musterbauordnung 2002, ders., NVwZ 2003, 668) um. Ein wesentliches Ziel der neuen **Brandschutzvorschriften** ist es, mehrgeschossige Wohnhäuser in Holzbauweise zu ermöglichen (LT-Drucks. 3/3287, S. 39). Dies wird u.a. dadurch erreicht, dass die tragenden und aussteifenden Teile von Bauteilen, die hochfeuerhemmend sein müssen, auch aus brennbaren Baustoffen (wie Holz) bestehen können, sofern sie allseitig eine brandschutztechnisch wirksame Bekleidung aus nichtbrennbaren Baustoffen (Brandschutzbekleidung) und Dämmstoffe aus nichtbrennbaren Baustoffen haben (§ 26 Abs. 2 S. 2 Nr. 3, S. 3 Nr. 2 ThürBO). **§ 17 ThürBO** enthält die brandschutztechnische Generalklausel. Danach sind bauliche Anlage so anzuordnen, zu errichten, zu ändern und instand zu halten, dass der Entstehung eines Brandes und der Ausbreitung von Feuer und Rauch (Brandausbreitung) vorgebeugt wird und bei einem Brand die Rettung von Menschen und Tieren sowie wirksame Löscharbeiten möglich sind. Die Einzelheiten sind in den §§ 26 ff. ThürBO geregelt. Besondere Bedeutung haben die Vorschriften über **Brandwände** (29 ThürBO). Brandwände sind erforderlich bei Gebäudeabschlusswänden, sofern sie nicht Brandabstände einhalten § 29 Abs. 2 Nr. 1 i.V.m. § 6 Abs. 2 S. 1 ThürBO) und als innere Brandwände, insbesondere zur Unterteilung ausgedehnter Gebäude in Abständen von nicht mehr als 40 m (§ 29 Abs. 2 Nr. 2 ThürBO). Die im einzelnen in § 29 ThürBO geregelten Anforderungen an Brandwände sollen sicherstellen, dass die Brandausbreitung auf andere Gebäude oder Brandabschnitte ausreichend lang verindert wird (§ 29 Abs. 1 ThürBO).

f) Die ThürBO 2004 hat die früheren Regelungen zur **Wasserversorgung und Abwasser- 209 beseitigung** weitgehend gestrichen, weil sich die Anforderungen bereits aus dem bauplanungsrechtlichen Erfordernis der ausreichenden Erschließung nach §§ 30 ff. BauGB ergeben. In **§ 41 Abs. 2 und § 42 ThürBO** finden sich lediglich noch ergänzende bauordnungsrechtliche Regelungen. Die sparsame Verwendung von Trinkwasser soll gewährleistet sein (§ 41 Abs. 2 S. 1 ThürBO). Dem finanziellen Anreiz zu einem sparsamen Umgang mit Trinkwasser dient das Erfordernis eines eigenen Wasserzählers für jede Wohnung (§ 41 Abs. 2 S. 2 ThürBO). § 42 ThürBO enthält bauordnungsrechtliche Anforderungen an Kleinkläranlagen und Gruben.

g) **§§ 45, 46 ThürBO** stellen zur Gewährleistung gesunder Wohnverhältnisse Mindestanforde- **210** rungen an **Aufenthaltsräume und Wohnungen**. Aufenthaltsräume sind Räume, die zum nicht nur vorübergehenden Aufenthalt von Menschen bestimmt oder geeignet sind (§ 2 Abs. 6 ThürBO). Der Aufenthalt muss weder täglich erfolgen noch sich über mehrere Stunden erstrecken (VGH Mannheim BRS 29 Nr. 68 – Betsaal einer Sekte). Die ThürBO 2004 hat auch hier auf Detailregelungen, wie sie in der ThürBO 1994 enthalten waren, weitgehend verzichtet und sich auf die zur Gefahrenabwehr erforderlichen Regelungen beschränkt. Aufenthaltsräume müssen eine **lichte Raumhöhe von 2,40 m** haben (§ 45 Abs. 1 S. 1 ThürBO). Ausgenommen sind Aufenthaltsräume in Wohnungen der Gebäudeklassen 1 und 2 und im Dachraum (§ 45 Abs. 1 S. 2 ThürBO). Die Ausnahmeregelung betrifft insbesondere Ein- und Zweifamilienwohnhäuser. Der Gesetzgeber geht hier wie an anderen Stellen davon aus, dass eine Regelung zur

Gefahrenabwehr nicht erforderlich ist, weil die Bauherren im eigenen Interesse und im Übrigen der Immobilienmarkt ausreichende Standards gewährleisten. Aufenthaltsräume müssen ausreichend **belüftet** und mit Tageslicht **belichtet** werden können (§ 45 Abs. 2 S. 1 ThürBO). Dazu müssen sie Fenster mit einem Rohbaumaß der Fensteröffnungen von mindestens 1/8 der Netto-Grundfläche des Raumes einschließlich der Netto-Grundfläche verglaster Vorbauten und Loggien haben (§ 45 Abs. 2 S. 2 ThürBO).

Jede Wohnung muss ein **Bad** mit Badewanne oder Dusche und eine **Toilette** haben (§ 46 Abs. 3 ThürBO).

Wohngebäude der Gebäudeklassen 3–5, also Mehrfamilienwohnhäuser, müssen über leicht erreichbare und gut zugängliche **Abstellräume** für Kinderwagen und Fahrräder verfügen; jede Wohnung muss einen ausreichend großen Abstellraum haben (§ 46 Abs. 2 ThürBO).

211 **Hinweis:** Der Begriff des **Vollgeschosses** spielt in den bauordnungsrechtlichen Regelungen der ThürBO 2004 keine Rolle mehr. Er wird aber im Bauplanungs- und Erschließungsbeitragsrecht (§§ 30 Abs. 1, 34 Abs. 1, 131 Abs. 2 Nr. 1 BauGB) unmittelbar oder mittelbar noch als landesrechtlicher Anknüpfungspunkt vorausgesetzt (§§ 16 Abs. 2 Nr. 3, 20 Abs. 1 BauNVO). Deshalb enthält die ThürBO 2004 in einer Übergangsbestimmung (**§ 85 Abs. 2 ThürBO**) einen Vollgeschossbegriff, der gilt, solange § 20 Abs. 1 BauNVO zur Begriffsbestimmung des Vollgeschosses auf das Landesrecht verweist.

C. Verfahrensvorschriften

1. Genehmigungspflicht und Genehmigungsverfahren

a) Überblick

212 Die Regelungen der ThürBO über die Baugenehmigung (§§ 62–75) gehen von dem **Grundsatz** aus, dass die Errichtung, Änderung und Nutzungsänderung von Anlagen (§ 2 Abs. 1 S. 4 ThürBO) der Baugenehmigung bedürfen. Die Genehmigungsbedürftigkeit macht die Baurechtmäßigkeit des Vorhabens formellrechtlich von einer **präventiven Prüfung** durch die Bauaufsichtsbehörde abhängig. Im »klassischen« Baugenehmigungsverfahren wird gemäß § 63c ThürbO in vollem Umfang die bauplanungsrechtliche Zulässigkeit des Vorhabens (§§ 29 bis 38 BauGB) geprüft. Geprüft wird grundsätzlich auch die Einhaltung der bauordnungsrechtlichen Anforderungen nach der ThürBO. Allerdings bleibt § 63d ThürBO unberührt, der die Verantwortung für die **bautechnischen Nachweise** (Standsicherheit, Brand-, Schall-, Wärme- und Erschütterungsschutz) weitgehend auf bauvorlageberechtigte Architekten und Ingenieure verlagert. Die dadurch erreichte Entlastung der Bauaufsichtsbehörden ist ein Kernstück der Bemühungen der ThürBO 2004 um ein schlankeres, schnelleres und effizienteres bauaufsichtliches Prüfungsverfahren. Schließlich werden andere öffentlich-rechtliche Anforderungen nur geprüft, soweit wegen der Baugenehmigung eine Entscheidung nach anderen öffentlich-rechtlichen Vorschriften entfällt oder ersetzt wird (z.B. die Erlaubnis der Denkmalschutzbehörde nach § 12 Abs. 3 S. 2 ThürDSchG). Bis zum 31.12.2005 sind nach der Übergangsbestimmung des § 85 Abs. 3 ThürBO alle öffentlich-rechtlichen Vorschriften zu prüfen, soweit diese nicht in einem anderen Verfahren als dem Baugenehmigungsverfahren zu prüfen sind.

Vom Grundsatz der Genehmigungspflicht sieht das Gesetz verschiedene **Ausnahmen** vor. Diese Ausnahmen betreffen aber allesamt nur das Prüfungsverfahren. Sie entbinden weder von der Verpflichtung zur Einhaltung der Anforderungen des materiellen Rechts noch von der gegebenenfalls bestehenden Pflicht, nach anderen Vorschriften erforderliche behördliche Entscheidungen einzuholen, und sie lassen auch die bauaufsichtlichen Eingriffsbefugnisse unberührt (§ 62 Abs. 2 S. 1 ThürBO). Folgende Ausnahmen von der grundsätzlichen Genehmigungspflicht und vom Prüfungsumfang des § 63c ThürBO sieht das Gesetz vor:

a) **Verfahrensfreie Bauvorhaben** (§ 63 ThürBO): Die in § 63 Abs. 1 ThürBO abschließend aufgeführten kleineren Baumaßnahmen sind von jedem bauaufsichtlichen Verfahren freigestellt. Sie können durchgeführt werden, ohne zuvor eine Bauaufsichtsbehörde oder Gemeinde zu beteiligen. Auch die Anfertigung und Einreichung irgendwelcher Unterlagen ist nicht erforderlich. Auch Nutzungsänderungen und die Beseitigung von Anlagen sind nach Maßgabe des § 63 Abs. 2 und 3 ThürBO verfahrensfrei. Generell verfahrensfrei sind Instandhaltungsarbeiten (§ 63 Abs. 4 ThürBO).

b) **Genehmigungsfreistellung** (§ 63a ThürBO): Die in § 63a Abs. 1 ThürBO genannten Bauvorhaben, darunter Wohngebäude der Gebäudeklassen 1 bis 3 (Nr. 1), sind gemäß Abs. 2 genehmigungsfrei gestellt. Dazu müssen sie im Geltungsbereich eines Bebauungsplanes oder Vorhaben- und Erschließungsplanes liegen, sie dürfen den Festsetzungen dieses Planes nicht widersprechen und die Erschließung muss gesichert sein. Weitere Voraussetzung ist aber, dass die Gemeinde nicht innerhalb der Monatsfrist (Abs. 3 Satz 2) erklärt, dass das vereinfachte Genehmigungsverfahren durchgeführt werden soll, oder eine vorläufige Untersagung nach § 15 Abs. 1 S. 2 BauGB beantragt. Dazu muss der Bauherr die erforderlichen Unterlagen bei der Gemeinde einreichen; die Bauaufsichtsbehörde erhält eine Ausfertigung der Unterlagen (§ 63a Abs. 3 S. 1). Hier findet also ein Verfahren statt, aber zunächst nur bei der Gemeinde. Die Gemeinde erhält damit die Möglichkeit, das Verfahren auf das vereinfachte Baugenehmigungsverfahren »umzusteuern«, insbesondere wenn sie Zweifel am Vorliegen der planungsrechtlichen Voraussetzungen der Genehmigungsfreistellung hat (§ 63a Abs. 4 S. 1 ThürBO), oder zur Sicherung eines in Aufstellung befindlichen Plans eine vorläufige Untersagung zu beantragen. Macht die Gemeinde von diesen Möglichkeiten nicht fristgerecht Gebrauch oder erklärt sie dies vor Fristablauf, kann der Bauherr ohne weiteres Verfahren mit der Ausführung des Vorhabens beginnen (§ 63a Abs. 3 S. 2 ThürBO).

c) **Vereinfachtes Baugenehmigungsverfahren** (§ 63b ThürBO): Bei den in § 63b Abs. 1 aufgeführten Vorhaben findet (soweit sie nicht genehmigungsfrei gestellt sind) ein Baugenehmigungsverfahren statt. Aber der Prüfungsumfang ist erheblich reduziert. Die Prüfung umfasst nur die bauplanungsrechtliche Zulässigkeit (§§ 29–38 BauGB), die Entscheidung über beantragte Abweichungen (§ 63e Abs. 1 und 2 S. 1 ThürBO) sowie andere öffentlich-rechtliche Vorschriften, soweit wegen der Baugenehmigung eine Entscheidung nach anderen öffentlich-rechtlichen Vorschriften entfällt oder ersetzt wird (z.B. § 12 Abs. 3 S. 2 ThürDSchG). Auch hier gilt bis zum 31.12.2005 die Übergangsbestimmung des § 85 Abs. 3 ThürBO. Die Einhaltung bauordnungsrechtlicher Vorschriften wird im vereinfachten Verfahren nicht geprüft, soweit sich nicht aus den Vorschriften über Bautechnische Nachweise (§ 63d ThürBO) etwas anderes ergibt.

d) **Sonderfälle** regeln § 74 ThürBO (Genehmigung Fliegender Bauten) und § 75 ThürBO (Bauaufsichtliche Zustimmung bei Bauvorhaben, die durch staatliche Baudienststellen betreut werden).

b) Genehmigungspflicht (§ 62 Abs. 1 ThürBO)

Nach § 62 Abs. 1 ThürBO bedarf die Errichtung, Änderung und Nutzungsänderung von Anlagen **213** grundsätzlich der Baugenehmigung. Anlagen sind bauliche Anlagen und sonstige Anlagen und Einrichtungen, an die in der ThürBO oder in Vorschriften, die aufgrund der ThürBO ergehen, Anforderungen gestellt sind (§§ 2 Abs. 1 S. 4 i.V.m. § 1 Abs. 1 S. 2 ThürBO).

Bsp.: Ein »Skybeamer« (Werbung durch Himmelsstrahler) oder eine Werbeanlage in Gestalt einer großflächigen Bemalung und Beschriftung einer Hauswand sind keine baulichen Anlage (s. dazu Rdnr. 177); Werbeanlagen bedürfen aber wegen § 13 Abs. 2 S. 2 ThürBO einer Baugenehmigung, soweit sie nicht nach § 63 Abs. 1 Nr. 11 ThürBO verfahrensfrei sind.

Bei einer **Änderung** einer Anlage ist nicht nur der geänderte Teil, sondern das gesamte Bauvorhaben Gegenstand des Baugenehmigungsverfahrens. Dieses gilt aber nur dann, wenn die Änderung sich auf das gesamte Bauvorhaben auswirkt (s. dazu oben Rdnr. 77). Wenn die Änderung baurechtlich isoliert betrachtet werden kann, kommt es nur auf die Zulässigkeit der Änderung an (BVerwG NVwZ 2000, 1047)

Nutzungsänderungen bedürfen nach der Grundsatzregelung des § 62 Abs. 1 einer Baugenehmigung, auch wenn sie nicht mit baulichen Maßnahmen verbunden sind. Nach § 63 Abs. 2 Nr. 1 und 2 ThürBO sind Nutzungsänderungen aber verfahrensfrei, wenn für die neue Nutzung keine anderen öffentlich-rechtlichen Anforderungen in Betracht kommen als für die bisherige Nutzung und wenn die Errichtung oder Änderung der Anlage, die anders genutzt werden soll, nach Maßgabe des § 63 Abs. 1 ThürBO verfahrensfrei wäre (zu § 63 Abs. 2 ThürBO s. unten Rdn. 214).

§ 62 Abs. 1 ThürBO 2004 sieht anders als das bisherige Recht keine grundsätzliche Genehmigungspflicht für die Beseitigung von Anlagen mehr vor. § 63 Abs. 3 ThürBO stellt die **Beseitigung von Anlagen** in großem Umfang verfahrensfrei; im Übrigen sieht die Vorschrift ein Anzeigeverfahren mit je nach Gebäudeklasse und Umfeld abgestuften Anforderungen an Nachweis und Prüfung der Standsicherheit vor.

Die grundsätzlich genehmigungspflichtigen Tatbestände der Errichtung und Änderung von Anlagen sind abzugrenzen von **Instandhaltungsarbeiten**, die nach § 63 Abs. 4 uneingeschränkt verfahrensfrei sind (S. dazu unten Rdn. 214).

c) Verfahrensfreie Bauvorhaben (§ 63 ThürBO)

214 Für die in § 63 ThürBO aufgeführten Bauvorhaben ist keinerlei präventives Prüfungsverfahren erforderlich. Der Bauherr kann sie durchführen, ohne Bauunterlagen erstellen und der Gemeinde oder der Bauaufsicht vorlegen zu müssen. § 63 Abs. 1 ThürBO enthält einen umfangreichen Katalog kleinerer Baumaßnahmen. Der Katalog der verfahrensfreien Bauvorhaben in § 63 Abs. 1 ThürBO 2004 ist gegenüber der entsprechenden Regelung in § 63 Abs. 1 ThürBO 1994 eingeschränkt worden, um auch in Fällen, in denen Bauvorhaben zwar keine bauordnungsrechtlichen, aber planungsrechtliche Fragen aufwerfen, die gemeindliche Planungshoheit zu gewährleisten (LT-Drucks. 3/3287, S. 88). Aus dem Katalog des § 63 Abs. 1 ThürBO bedürfen nur wenige Regelungen einer Erläuterung:

Nach Nr. 1 a) sind **Gebäude** mit einer Brutto-Grundfläche bis zu 10 m² verfahrensfrei, außer im Außenbereich. Gebäude sind selbständig benutzbare, überdeckte bauliche Anlage, die von Menschen betreten werden können und geeignet oder bestimmt sind, dem Schutz von Menschen, Tieren oder Sachen zu dienen (§ 2 Abs. 2 ThürBO). Gebäude müssen danach ein Dach haben. Seitenwände sind dagegen nicht erforderlich; es reicht aus, dass die Anlage durch Pfeiler oder sonstige Einrichtungen seitlich begrenzt wird (OVG Koblenz BRS 32 Nr. 115). Ferner muss das Bauwerk von Menschen durch eine Tür oder eine ähnliche Öffnung betreten werden können. Ein Tank mit Einstiegsluke ist daher kein Gebäude.

Die ThürBO 2004 hat **Garagen** einschließlich **überdachter Stellplätze** mit einer mittleren Wandhöhe bis zu 3 m und mit einer Brutto-Grundfläche bis zu 40 m², soweit sie nicht im Außenbereich liegen, neu in den Katalog der verfahrensfreien Bauvorhaben aufgenommen (Nr. 1 b). Stellplätze sind Flächen, die dem Abstellen von Kraftfahrzeugen außerhalb der öffentlichen Verkehrsflächen dienen (§ 2 Abs. 5 S. 1 ThürBO). Garagen sind Gebäude oder Gebäudeteile zum Abstellen von Kraftfahrzeugen (§ 2 Abs. 5 S. 2 ThürBO). Zur Berechnung der mittleren Wandhöhe siehe Rdn. 193. Nicht überdachte Stellplätze mit einer Fläche bis zu 40 m² und deren Zufahrten sind nach Nr. 13 b) verfahrensfrei.

Nach Nr. 1 c) und d) sind **land- und forstwirtschaftliche Betriebsgebäude** ohne Feuerungsanlagen mit einer traufseitigen Wandhöhe bis zu 5 m und Gewächshäuser mit einer Firsthöhe bis zu 5 m verfahrensfrei, wenn sie höchstens 100 m^2 Brutto-Grundfläche haben. Für den Begriff der Land- und Forstwirtschaft verweisen die Vorschriften jeweils ausdrücklich auf § 35 Abs. 1 Nr. 1 und 2 BauGB i.V.m. § 201 BauGB. Weitere Voraussetzung ist bei land- und forstwirtschaftlichen Betriebsgebäuden nach Nr. 1 c), dass die Gebäude nur zur Unterbringung von Sachen oder zum vorübergehenden Schutz von Tieren bestimmt sind. Dabei kommt es nicht auf die tatsächliche Nutzung an, sondern auf die objektive Nutzungsmöglichkeit (vgl. VGH Mannheim BRS 22 Nr. 134); ein zum wochenendmäßigen Wohnen geeignetes Gebäude ist deshalb auch dann nicht verfahrensfrei, wenn es tatsächlich zum Aufbewahren landwirtschaftlicher Produkte genutzt wird.

Verfahrensfrei gestellt hat die ThürBO 2004 auch Terrassenüberdachungen mit einer Fläche bis zu 30 m^2 und einer Tiefe bis zu 3 m, außer im Außenbereich (Nr. 1 g) und **Wochenendhäuser** mit einer Brutto-Grundfläche bis zu 40 m^2 und einer Firsthöhe bis zu 4 m auf genehmigten Wochenendplätzen (Nr. 1 i).

Nach Nr. 6 b) sind **offene, sockellose Einfriedungen** für Grundstücke, die einem land- oder forstwirtschaftlichen Betrieb im Sinne des § 35 Abs. 1 Nr. 1 und 2 BauGB i.V.m. § 201 BauGB dienen, verfahrensfrei. Offen sind Einfriedungen, wenn sie nicht wie eine Mauer geschlossen wirken, sondern eine Durchsicht ermöglichen, z.B. Maschendrahtzäune, Knotengitterzäune oder Gatter. Eine geschlossene Wirkung ist gegeben, wenn die Bauteile größer sind als die Zwischenräume.

Werbeanlagen mit einer Ansichtsfläche bis zu 1 m^2 sind verfahrensfrei, außer im Außenbereich (Nr. 11 a). Bei beidseitig oder mehrseitig beschrifteten Werbeanlagen kommt es auf die jeweils von einem bestimmten Standort aus sichtbare Werbefläche an (OVG Münster BauR 1986, 549).

Unbedeutende Anlagen wie die in Nr. 14e aufgeführten Beispiele sind verfahrensfrei. Frei liegende Dachterrassen stellen keine unbedeutenden Anlage in diesem Sinne dar (OVG Weimar LKV 2003, 35).

Nach § 63 Abs. 2 Nr. 1 ThürBO sind **Nutzungsänderungen** verfahrensfrei, wenn für die neue Nutzung keine anderen öffentlich-rechtlichen Anforderungen in Betracht kommen als für die bisherige Nutzung. Der Ausdruck »in Betracht kommen« bedeutet, dass auch die ernsthafte Möglichkeit, dass andere öffentlich-rechtliche Anforderungen gelten können, die Verfahrensfreiheit entfallen lässt. Andere öffentlich-rechtliche Vorschriften gelten im Sinne des § 63 Abs. 2 Nr. 1 ThürBO auch dann, wenn zwar für die alte und die neue Nutzung dieselbe Vorschrift gilt, das neue Vorhaben nach dieser Vorschrift aber anders zu beurteilen ist.

Bsp.: Umwandlung einer Gaststätte in eine Diskothek im nichtbeplanten Innenbereich (OVG Münster NVwZ 1983, 685; VGH München BRS 47 Nr. 52). Eine baurechtlich bedeutsame Nutzungsänderung setzt nach der Rechtsprechung des BVerwG (E 47, 185; NVwZ 1999, 523) eine Funktionsänderung voraus (s. dazu im Einzelnen oben Rd. 77).

Die Wiederaufnahme einer unterbrochenen Nutzung bedarf nur dann einer neuen Genehmigung, wenn die für die frühere Nutzung erteilte Baugenehmigung nicht mehr wirksam ist (OVG Weimar DVBl 2000, 826 = BauR 2000, 719; zur Wirksamkeit der Baugenehmigung bei Aufgabe der Nutzung s. unten Rdn. 224).

Nach § 63 Abs. 2 Nr. 2 ThürBO ist die Änderung der Nutzung von Anlagen auch dann verfahrensfrei, wenn die Errichtung oder Änderung unter den Katalog der verfahrensfreien Bauvorhaben in § 63 Abs. 1 ThürBO fällt.

Verfahrensfrei ist nach § 63 Abs. 3 S. 1 ThürBO die **Beseitigung von Anlagen**, die nach dem Katalog des Abs. 1 verfahrensfrei sind (Nr. 1), von freistehenden Gebäuden der Gebäudeklassen 1 und 3 (Nr. 2) und von sonstigen Anlagen, die keine Gebäude sind, mit einer Höhe bis zu 10 m. Im Übrigen ist die beabsichtigte Beseitigung von Anlagen mindestens einen Monat zuvor der Bauaufsichtsbehörde anzuzeigen (§ 63 Abs. 3 S. 2 ThürBO). § 63 Abs. 3 S. 3–7 ThürBO stellt nach Gebäudeklassen und Umfeld abgestufte Anforderungen an den Nachweis und die bauaufsichtliche Prüfung der Standsicherheit.

Verfahrensfrei sind **Instandhaltungsarbeiten** (§ 63 Abs. 4 ThürBO). Instandhaltungsarbeiten sind nur solche Arbeiten, die den Bestand des Gebäudes unter Wahrung seines bisherigen Nutzungszwecks unverändert erhalten (BVerwG BRS 36 Nr. 99; VGH Mannheim BRS 47 Nr. 195). Anbauten, Umbauten oder Erweiterungen sind keine Instandhaltung. In Zweifelsfällen ist durch Vergleich des Zustands des Gebäudes vor und nach Durchführung der Maßnahmen unter qualitativen und quantitativen Gesichtspunkten zu prüfen, ob die Identität des wiederhergestellten mit dem ursprünglichen Bauwerk erhalten geblieben ist (BVerwG BauR 1986, 302). Daran fehlt es, wenn der Arbeitsaufwand den für einen Neubau erforderlichen Arbeitsaufwand erreicht oder gar übersteigt (BVerwG BauR 1980, 180), wenn mehr als ein Drittel der Gebäudesubstanz erneuert wird (VGH Mannheim, Urt. v. 21.1.1987–8 S 3427/86) oder wenn sich die Frage nach der baurechtlichen Zulässigkeit des geänderten Vorhabens stellt (VGH Mannheim VBlBW 1997, 141). Keine Instandhaltung liegt auch vor, wenn die Anlage sukzessiv vollständig erneuert wird (Salamitaktik).

d) Von der Genehmigung freigestellte Vorhaben (§ 63a ThürBO)

215 Die in § 63a Abs. 1 ThürBO genannten Bauvorhaben können unter den Voraussetzungen des § 63a Abs. 2 ThürBO vom Baugenehmigungsverfahren freigestellt werden, sie unterliegen jedoch der Verpflichtung zur Unterrichtung der Gemeinde, die innerhalb eines Monats, insbesondere bei Zweifeln am Vorliegen der planungsrechtlichen Voraussetzungen, erklären kann, dass das vereinfachte Baugenehmigungsverfahren (§ 63b ThürBO) durchgeführt werden soll, oder zur Sicherung eines in Aufstellung befindlichen Bebauungsplanes eine vorläufige Untersagung (§ 15 Abs. 1 S. 2 ThürBO) beantragen kann.

Die Genehmigungsfreistellung nach gilt insbesondere für Wohngebäude der Gebäudeklassen 1–3 (§ 63a Abs. 1 Nr. 1 ThürBO) und damit für die üblichen Ein- und Zweifamilienwohnhäuser, sowohl als freistehende Häuser als auch als Doppel- und Reihenhäuser (zu den Gebäudeklassen s. § 2 Abs. 3 ThürBO). Sie gilt für sonstige Gebäude der Gebäudeklassen 1 und 2 (Nr. 2), für sonstige bauliche Anlagen, die keine Gebäude sind (Nr. 3) sowie für Nebengebäude und Nebenanlagen dieser Vorhaben (Nr. 4). Ausgenommen sind Sonderbauten (abschließender Katalog in § 2 Abs. 4 ThürBO) und Parkplätze mit einer Größe von 0,5 ha.

Die **weiteren Voraussetzungen**, unter denen die in Abs. 1 aufgeführten Bauvorhaben von der Genehmigung freigestellt sind, sind in § 63a Abs. 2 ThürBO geregelt. Danach muss das Bauvorhaben im Geltungsbereich eines **Bebauungsplans** oder eines Vorhaben- und Erschließungsplans liegen (Nr. 1). Es darf den Festsetzungen des Bebauungsplans nicht widersprechen (Nr. 2), d.h. es muss ohne Ausnahme oder Befreiung (§ 31 Abs. 1 und 2 BauGB) zulässig sein. Weiterhin muss die **Erschließung** im Sinne des Baugesetzbuchs (§ 30 Abs. 1 BauGB) gesichert sein (Nr. 3).

Schließlich bleibt das Vorhaben aber nur freigestellt, wenn die Gemeinde nicht innerhalb der Frist nach § 63a Abs. 3 S. 2 ThürBO von der Möglichkeit Gebrauch macht, auf das vereinfachte Baugenehmigungsverfahren umzusteuern oder eine vorläufige Untersagung zu beantragen (Nr. 4).

Das Verfahren im Einzelnen wird unten (Rdnr. 240) dargestellt.

e) Vereinfachtes Baugenehmigungsverfahren (§ 63b ThürBO)

215a Der Anwendungsbereich des vereinfachten Baugenehmigungsverfahrens nach § 63b Abs. 1 ThürBO ist deckungsgleich mit dem Anwendungsbereich der Genehmigungsfreistellung nach § 63a Abs. 1 (s. oben Rdnr. 215); es gelten jedoch nicht die weiteren Voraussetzungen einer Genehmigungsfreistellung nach § 63a Abs. 2 ThürBO. Das vereinfachte Verfahren findet bei den in § 63a Abs. 1 und § 63b Abs. 1 ThürBO übereinstimmend genannten Bauvorhaben statt, wenn eine Genehmigungsfreistellung nicht erfolgen kann, weil eine der Voraussetzungen des § 63a Abs. 2 Nr. 1–4 ThürBO fehlt, u.a. also dann, wenn die Gemeinde erklärt, dass ein vereinfachtes Baugenehmigungsverfahren durchgeführt werden soll. Das vereinfachte Baugenehmigungsverfahren unterscheidet sich vom »vollen« Baugenehmigungsverfahren nach §§ 64 ff. ThürBO vor allem durch den Prüfungsumfang und durch die Entscheidungsfrist von 3 Monaten (s. unten Rdn. 235 a).

2. Die Bauaufsichtsbehörden (§ 59 ThürBO)

Für baurechtliche Maßnahmen sind die unteren Bauaufsichtsbehörden sachlich zuständig, **216** soweit nichts anderes bestimmt ist (§ 61 Abs. 1 ThürBO). Die Aufgaben der **unteren Bauaufsichtsbehörden** werden seit der zum 1.7.1997 wirksam gewordenen **Kommunalisierung** staatlicher Aufgaben (Gesetz zur Kommunalisierung staatlicher Aufgaben vom 31.6.1997, GVBl S. 207, §§ 3, 130a ThürKO) von den Landkreisen und kreisfreien Städten im übertragenen Wirkungskreis wahrgenommen (§ 59 Abs. 1 Nr. 1 ThürBO 2004; die Vorschrift ist an die Kommunalisierung angepasst worden). **Obere Bauaufsichtsbehörde** ist das Landesverwaltungsamt, **oberste Bauaufsichtsbehörde** das für das Bauordnungsrecht zuständige Ministerium (§ 59 Abs. 1 Nr. 2 und 3 ThürBO).

3. Die Baugenehmigung

a) Voraussetzungen für die Erteilung der Baugenehmigung

Nach § 70 Abs. 1 ThürBO ist die Baugenehmigung zu erteilen, wenn dem Bauvorhaben keine **217** öffentlich-rechtlichen Vorschriften entgegenstehen, die im bauaufsichtlichen Genehmigungsverfahren zu prüfen sind. Privatrechtliche Hinderungsgründe bleiben demnach außer Betracht (s. Rdnr. 220). Im Übrigen ergibt sich der **Prüfungsumfang** aus der durch die **ThürBO 2004** neu eingeführten Vorschrift des **§ 63 c.** Danach prüft die Bauaufsichtsbehörde bei genehmigungsbedürftigen baulichen Anlagen, sofern nicht ein vereinfachtes Verfahren durchzuführen ist, in vollem Umfang die bauplanungsrechtlichen Vorschriften (§§ 29 bis 38 BauGB) und die bauordnungsrechtlichen Anforderungen nach den Bestimmungen der ThürBO. Andere öffentlich-rechtliche Vorschriften prüft sie dagegen nur, soweit wegen der Baugenehmigung eine Entscheidung nach anderen öffentlich-rechtlichen Vorschriften entfällt oder ersetzt wird (§ 63c Abs. 1 Nr. 3 ThürBO), z.B. nach § 9 ThürNatG, § 12 ThürDSchG oder § 9 Abs. 5 FStrG (**Hinweis:** bis zum 31.12.2005 gilt Ziff. 3 in der Fassung der Übergangsbestimmung des § 85 Abs. 3 ThürBO, s. dazu weiter unten). Nach der Konzeption des Gesetzes sollen also nicht spezifisch baurechtliche Vorschriften des öffentlichen Rechts nur noch dann geprüft werden, wenn das jeweilige Fachrecht diese Prüfung dem Baugenehmigungsverfahren »aufdrängt« (LT-Drucks. 3/3287, S. 94).

Unproblematisch ist das in den Fällen, in denen das Fachrecht ein eigenständiges Prüfungsverfahren vor einer anderen Behörde vorsieht. In diesen Fällen nicht koordinierter Anlagengenehmigungsverfahren hatte die Bauaufsichtsbehörde das Fachrecht nicht zu prüfen; vielmehr war die Entscheidung der Fachbehörde auch für die Baugenehmigungsbehörde verbindlich (BVerwG NVwZ 1989, 1163). Fraglich konnte hier nur sein, ob die Bauaufsichtsbehörde die Baugenehmigung erteilen kann und muss, wenn die daneben nach anderen Vorschriften erforderliche Genehmigung noch nicht vorliegt (so VGH München NVwZ 1994, 305; VGH Mannheim NVwZ-RR 1991, 140, 248 u. 540; BauR 2003, 492; a.M. OVG Bautzen BRS 57 Nr. 187; OVG Münster BauR 2003, 1870).

Bsp. (VGH Mannheim BauR 1996, 532): Eine Baugenehmigung darf nicht deswegen versagt werden, weil die ebenfalls erforderliche sanierungsrechtliche Genehmigung nach § 144 BauGB noch nicht erteilt wurde.

Nach der Neufassung des § 70 Abs. 1 und der Einführung des § 63c in der ThürBO 2004 ist geklärt, dass die vieldiskutierte **Schlusspunkttheorie** (s. dazu OVG Münster BauR 2003, 1870 = DÖV 2004, 302; Ortloff NVwZ 2003, 660; Mampel BauR 2002, 719) jedenfalls für das Thüringer Landesrecht keine Geltung beanspruchen kann (vgl. auch LT-Drucks. 3/3287, S. 103). Nach dieser Theorie bildet die Baugenehmigung den Schlusspunkt des behördlichen Zulassungsverfahrens. Sie darf daher erst erteilt werden, wenn alle anderen sonst noch notwendigen behördlichen Entscheidungen vorliegen. Dafür spricht der rechtsstaatliche Grundsatz der Rechtssicherheit, zumal die Baugenehmigung nach § 70 Abs. 6 ThürBO zusammen mit der Vorlage der erforderlichen Bautechnischen Nachweise und der Baubeginnsanzeige im Regelfall zur Baufreigabe führt (vgl. OVG Weimar BauR 1999, 164 = ThürVGRspr. 1998, 162). Der Grundsatz der Rechtssicherheit lässt dem Gesetzgeber jedoch einen weiten Spielraum für unterschiedliche Lösungen. Die ThürBO 2004 hat dem Ziel einer Beschleunigung des Baugenehmigungsverfahrens und der Reduzierung des Prüfungsumfangs den Vorzug gegeben und dafür eine Verlagerung der Risiken und der Verantwortung auf den Bauherrn in Kauf genommen (LT-Drucks 3/3287, S. 103). Damit entspricht sie einem nach wie vor anhaltenden allgemeinen Trend der Bauordnungsgesetzgebung in den Ländern. Das BVerwG (E 99, 351 = NVwZ 1996, 377; NJW 1997, 1085) hat die Beurteilung der Schlusspunkttheorie aus bundesrechtlicher Sicht ausdrücklich offen gelassen und entschieden, dass das Verhältnis von Baugenehmigung zu sonstigen Genehmigungen sich nach dem jeweiligen Landesrecht richtet.

Hinweis: Zu einzelnen Regelungen des Verhältnisses zwischen Baugenehmigung und sonstigen spezialgesetzlichen Gestattungen s. unten Rdnr. 225 ff.

Andere öffentlich-rechtliche Vorschriften können darüber hinaus mittelbar im Rahmen der Anwendung baurechtlicher Normen zu beachten sein, z.B. das Immissionsschutzrecht im Rahmen des Gebots der Rücksichtnahme. Bei Außenbereichsvorhaben eröffnet § 35 Abs. 3 BauGB über den Begriff der öffentlichen Belange mittelbar den Zugriff auf andere öffentlich-rechtlichen Vorschriften (Friege ThürVBl 2005, 25, 29).

Problematischer sind die Fälle, in denen das Fachrecht zwar Anforderungen an bauliche Anlagen stellt, aber kein eigenständiges Prüfungsverfahren vor einer anderen Behörde vorsieht. Nach der Rechtsprechung des BVerwG muss die Bauaufsichtsbehörde in diesem Fall auch die Einhaltung von spezialgesetzlichen Anforderungen an das Bauvorhaben überwachen (BVerwG NVwZ 1986, 203).

Bsp. a) (BVerwG NVwZ 1987, 884; NVwZ 1989, 666): Über die Einhaltung des § 22 BImSchG ist im Baugenehmigungsverfahren zu entscheiden, da §§ 22 ff. BImSchG kein besonderes Genehmigungsverfahren vorsehen.
b) (OVG Koblenz BauR 2002, 1692): Die Baugenehmigung kann wegen Verstoßes gegen strafrechtliche Vorschriften (Verbot der Prostitution nach Art. 297 EGStGB) verweigert werden.

Die in § 63c ThürBO 2004 getroffene Regelung beruht auf dem Gedanken, das Fachrecht zu einer Koordinierung seiner Anforderungen mit dem Baugenehmigungsverfahren zu drängen (vgl. dazu die Begründung zum Gesetzentwurf, LT- Drucks. 3/3287, S. 94 f.). Das sachnähere Fachrecht soll also auf die Dauer regeln, ob die Einhaltung seiner Vorschriften durch ein eigenes präventives Prüfungsverfahren sichergestellt, oder ob an dessen Stelle eine Prüfung im Rahmen des Baugenehmigungsverfahrens ausdrücklich vorgesehen werden soll. Der Gesetzgeber war sich dessen bewusst, dass es an einer solchen Koordination bisher vielfach fehlt. Dem trägt die **ThürBO 2004** mit einer **Übergangsbestimmung** in **§ 85 Abs. 3** Rechnung. Danach sind die §§ 63b Abs. 1 S. 1 Nr. 3 und 63c Abs. 1 Nr. 3 bis zum 31.12.2005 in folgender Fassung anzuwenden: »3. andere öffentlich-rechtliche Vorschriften, soweit diese nicht in einem anderen als in einem Baugenehmigungsverfahren zu prüfen sind.« Damit muss die

Bauaufsichtsbehörde zunächst weiterhin alle öffentlich-rechtlichen Vorschriften prüfen, sofern nicht ein spezielles Verfahren vorrangig ist.

Ob die strikte Beschränkung des Prüfungsumfang in § 63c Abs. 1 Nr. 3 ThürBO sinnvoll und durchzuhalten ist, erscheint fraglich. Auch wenn die erwünschte Koordinierung durch das Fachrecht in allen das einschlägige Fachrecht betreffenden Bundes- und Landesgesetzen innerhalb der Übergangsfrist bis zum 31.12.2005 verwirklicht werden sollte, stellt sich die Frage, ob im Baugenehmigungsverfahren **zwingende Verbote** nach anderen öffentlich-rechtlichen Vorschriften zu beachten sind. Die Formulierung des § 63a Abs. 1 Nr. 3 ThürBO, wonach andere öffentlich-rechtliche Anforderungen nur zu prüfen sind, soweit wegen der Baugenehmigung eine Entscheidung nach anderen öffentlich-rechtlichen Vorschriften entfällt oder ersetzt wird, ist ersichtlich nur auf präventive Prüfungsverfahren zugeschnitten, nicht aber auf zwingende Verbote nach anderen öffentlich-rechtlichen Vorschriften (s. unten Rdnr. 218, z.B. Absolutes Anbauverbot an Bundesautobahnen und Bundesfernstraßen nach § 9 Abs. 1 FStrG, das auf § 13 Abs. 1 und 2 ThürNatG in Verbindung mit einer Landschaftsschutzverordnung beruhende Verbot der Errichtung baulicher Anlagen im Landschaftsschutzgebiet oder das Verbot der Beeinträchtigung oder Zerstörung von Lebensstätten wildwachsender Pflanzen- und wildlebender Tierarten nach § 28 Abs. 1 Nr. 2 ThürNatG). Die Naturschutzbehörden sind im Rahmen ihres Aufgabenbereichs zur Gefahrenabwehr und zur Ahndung von Ordnungswidrigkeiten durch Bußgelder zuständig (§§ 36, 54 ThürNatG). Anders als bei der allgemeinen Eingriffsregelung (§§ 6 ff., 9 Abs. 3 ThürNatG, s. dazu unten Rdnr. 218 a) gibt es aber kein Verfahren zur präventiven Prüfung von Vorhaben und keine Zuständigkeitszuweisung für die Bauaufsichtsbehörde. Es kann aber im Ergebnis wohl kaum richtig sein, dass die Bauaufsichtsbehörde wegen der Beschränkung des Prüfungsumfangs nach § 63c Abs. 1 Nr. 3 ThürBO zwingende Verbote, die sich aus anderen öffentlich-rechtlichen Vorschriften ergeben, nicht zu beachten hätte. Es befriedigt auch nicht, darauf zu verweisen, dass die Beachtung solcher Vorschriften vielfach mittelbar über die Anwendung baurechtlicher Vorschriften gesichert werden kann (z.B. als öffentlicher Belang im Sinne von § 35 Abs. 3 BauGB oder als Konkretisierung der Anforderungen des Gebots der Rücksichtnahme) und dass die Bauaufsichtsbehörde die Erteilung der Baugenehmigung mangels Sachbescheidungsinteresses verweigern kann, wenn das Vorhaben mit zwingenden Vorschriften des Fachrechts offensichtlich nicht vereinbar ist. Vielmehr hat die Bauaufsichtsbehörde auch nach dem Auslaufen der Übergangsbestimmung des § 85 Abs. 3 ThürBO zwingende Verbote oder Gebote aus anderen öffentlich-rechtlichen Vorschriften unabhängig von Zuständigkeitsregelungen stets zu beachten (s. im Einzlnen unten Rdnr. 218). Soweit eine Befreiung von den zwingenden Verboten in Betracht kommt (z.B. § 9 Abs. 8 FStrG, § 36a ThürNatG), hat darüber zunächst die zuständige Fachbehörde zu entscheiden. Ihre Entscheidung ist vorgreiflich. Die Bauaufsichtsbehörde kann eine Baugenehmigung deshalb erst nach der Befreiung durch die Fachbehörde erteilen.

Die folgenden öffentlich-rechtlichen Vorschriften enthalten zwingende Vorschriften, die im Baugenehmigungsverfahren zu beachten sind:

Für Bauvorhaben bedeutsame Regelungen des Fachrechts finden sich zunächst im **Straßen-** **218** **recht**.

Nach § 9 Abs. 1 FStrG darf an Bundesautobahnen im Bereich von 0 – 40 m, an Bundesstraßen außerhalb der Ortsdurchfahrten im Bereich von 0 – 20 m kein Hochbau errichtet werden, ferner keine bauliche Anlage, die eine unmittelbare oder mittelbare Zufahrt zu einer Bundesstraße hat (hierzu BVerwG E 54, 328; E 74, 217 = NJW 1987, 456). Entsprechendes gilt nach § 24 Abs. 2 ThürStrG für Landes- und Kreisstraßen (0–20 m-Streifen). Von diesem **absoluten** **Anbauverbot** kann die oberste Landesstraßenbaubehörde nach § 9 Abs. 8 FStrG bzw. § 24 Abs. 9 ThürStrG Befreiung erteilen; die Voraussetzungen hierfür sind die gleichen wie für eine Befreiung nach § 31 Abs. 2 BauGB (BVerwG E 48, 123 = NJW 1975, 2082; E 74, 217 = NJW 1987, 456; NVwZ-RR 2001, 713). Oberste Straßenbaubehörde ist in Thüringen das für Straßenbau zuständige Ministerium (§ 46 Abs. 1 ThürStrG). Die **Befreiung vom absoluten Anbauverbot** ergeht in Form eines selbständigen **Verwaltungsakts**, so dass bei einer Versagung auf Erteilung der Befreiung und nicht etwa auf Erteilung der Baugenehmigung zu klagen ist (BVerwGE 16, 116).

Dagegen besteht im Bereich von 40–100 m entlang der BAB bzw. 20–40 m entlang der Bundesstraßen nur ein **relatives Anbauverbot** (§ 9 Abs. 2 FStrG). Entsprechendes gilt nach § 24 Abs. 2 ThürStrG für Landes- und Kreisstraßen. Bauliche Anlagen dürfen in diesem Schutzstreifen nur mit Zustimmung der obersten Landsstraßenbaubehörde bzw., bei Landes- und Kreisstraßen, der unteren Straßenbaubehörde errichtet werden. Ebenso ist nach § 9 Abs. 2 S. 1 Nr. 2 FStrG, § 24 Abs. 2 S. 1 Nr. 2 ThürStrG für erhebliche Änderungen und Nutzungsänderungen einer außerhalb der Ortsdurchfahrten unmittelbar oder mittelbar an eine Bundesstraße bzw. an eine Landes- oder Kreisstraße angeschlossenen baulichen Anlage eine Zustimmung erforderlich (s. dazu BVerwG E 54, 328; NJW 1982, 2569). Diese Zustimmung ist nach BVerwGE 16, 116 kein Verwaltungsakt, sondern ein Verwaltungsinternum. Sie darf nur aus Gründen der Sicherheit und Leichtigkeit des Verkehrs sowie wegen Ausbauabsichten oder der Straßenbaugestaltung versagt werden (§ 9 Abs. 3 FStrG; § 24 Abs. 3 ThürStrG). Im Fall der Versagung ist nicht auf Erteilung der Zustimmung, sondern auf Erteilung der Baugenehmigung zu klagen.

Hinweis: Eine Übersicht zum Straßenrecht findet sich bei Sauthoff (NVwZ 1994, 17; 1998, 239; 2004, 674).

218a Im **Naturschutzrecht** kann die Festsetzung eines Schutzgebietes nach §§ 11 ff. ThürNatG einem Bauvorhaben entgegenstehen. Während in einem Naturschutzgebiet in der Regel überhaupt nicht gebaut werden darf (absolutes Veränderungsverbot – VGH Mannheim NVwZ 1994, 1133), begründet eine Landschaftsschutzverordnung nur ein relatives Bauverbot, d.h. es dürfen nur solche Bauvorhaben errichtet werden, die dem Schutzzweck der Landschafts-schutzverordnung nicht zuwiderlaufen (§ 13 Abs. 2 ThürNatG – s. dazu BVerwG NuR 1996, 600; VGH Mannheim NVwZ-RR 1990, 464; NVwZ 1998, 422 – Golfplatz; VGH Kassel NuR 1990, 236; BauR 1994, 235; OVG Münster NVwZ-RR 1994, 260).

Eine Landschaftsschutzverordnung kann grundsätzlich auch den Innenbereich erfassen, muss dann aber in ihrem Regelungsgehalt Rücksicht darauf nehmen, dass die Grundstücke Baulandqualität haben (VGH Kassel NVwZ-RR 1997, 25; OVG Lüneburg NVwZ-RR 1996, 132; vgl. auch BVerwGE 55, 272).

Im Fall eines Bauverbots nach einer Schutzgebietsverordnung kann ein Bauvorhaben nur genehmigt und durchgeführt werden, nachdem die obere Naturschutzbehörde eine Befreiung nach § 36a ThürNatG (s. dazu die Überleitungsbestimmung für bestehende Schutzgebiete in § 56b Abs. 3 ThürNatG) erteilt hat (s. dazu oben Rdnr. 217).

Hinweis: Eine Rechtsprechungsübersicht zum Naturschutzrecht findet sich bei Schmidt (NVwZ 1988, 982; 1991, 31; 1993, 539; 1996, 437; 1999, 363).

218b **§ 22 BImSchG** ist bei nicht immissionsschutzrechtlich genehmigungsbedürftigen, aber immissionsträchtigen Anlagen – nicht nur Gewerbebetrieben, sondern auch sonstigen Anlagen im Sinne des § 3 Abs. 5 BImSchG (vgl. BVerwG E 68, 69 = NJW 1984, 989 – Kirchenglocken; E 81, 197 = NJW 1989, 1291 u. BauR 2000, 234 – Sportplatz; NVwZ 1987, 494 und 1989, 666 – Volksfest; NJW 1988, 2396 – Feuerwehrsirene) zu beachten. Nach § 22 BImSchG sind Immissionen zu vermeiden bzw. zu reduzieren. Die Vorschrift enthält allerdings kein Verbot von unvermeidbaren Immissionen, auch wenn dadurch die Nachbarschaft erheblich beeinträchtigt wird. Andererseits geht § 22 BImSchG vom »dynamischen Immissionsschutz« aus; denn die Vorschrift gilt nicht nur für die Errichtung, sondern auch für das Betreiben einer Anlage. Dieses bedeutet, dass auch genehmigte Vorhaben den steigenden Anforderungen des Immissionsschutzrechts entsprechen müssen und sich – z.B. bei einer Herabsetzung der Grenzwerte – nicht darauf berufen können, dass die immissionsschutzrechtlichen Anforderungen zum Zeitpunkt der Erteilung der Baugenehmigung geringer gewesen wären (BVerwG E 98, 235 = NVwZ 1996, 379).

Hinweis: Eine Rechtsprechungsübersicht zum Immissionsschutzrecht findet sich bei Engelhardt NuR 1984, 87; NuR 1992, 108; Rid/Hamann NVwZ 1989, 200; Hansmann NVwZ 1991, 829; vgl. auch Feldhaus NVwZ 1995, 963; UPR 1999, 1; Boeddinghaus UPR 1999, 321.

Von den **wasserrechtlichen** Vorschriften ist im Baugenehmigungsverfahren vor allem die **218c** Festsetzung eines Wasserschutzgebiets (§ 19 WHG; § 28 ThürWG) bedeutsam. Die Beschränkungen reichen hier vom absoluten Bauverbot im engeren Schutzbereich (Zone I und II) bis zu dem wesentlich weniger eingreifenden Verbot der Lagerung von wassergefährdenden Flüssigkeiten im weiteren Schutzbereich (Zone III).

Hinweis: Eine Übersicht über wasserrechtliche Probleme findet sich bei Salzwedel NVwZ 1982, 596; 1985, 711; 1988, 493; 1991, 946.

b) Zulassung von Abweichungen (§ 63e ThürBO)

Ebenso wie im Bauplanungsrecht (**§ 31 BauGB**) besteht nach **§ 63e ThürBO** auch im **219** Bauordnungsrecht die Möglichkeit, eine Abweichung von den allgemein geltenden Vorschriften zuzulassen. § 31 BauGB und § 63e ThürBO sind aber dennoch scharf zu trennen; § 31 BauGB bezieht sich ausschließlich auf bauplanungsrechtliche Vorschriften, § 63e ThürBO ausschließlich auf bauordnungsrechtliche Normen.

Anders als § 31 BauGB und auch anders als andere Laundesbauordnungen unterscheidet § 63e ThürBO nicht zwischen Ausnahme und Befreiung. Die Vorschrift knüpft nicht an die Unterscheidung von dispositiven und zwingenden Vorschriften an, sondern macht jede Abweichung von den gleichen tatbestandlichen Voraussetzungen (und einer fehlerfreien Ermessensentscheidung) abhängig. Die Bauaufsichtsbehörde kann Abweichungen von Vorschriften der ThürBO sowie von Vorschriften, die aufgrund der ThürBO ergangen sind, einschließlich örtlicher Bauvorschriften der Gemeinde (§ 83 ThürBO), zulassen, wenn sie unter Berücksichtigung des Zwecks der jeweiligen Anforderung und unter Würdigung der öffentlich-rechtlich geschützten nachbarlichen Belange mit den öffentlichen Belangen, insbesondere den Anforderungen der bauordnungsrechtlichen Generalklausel (§ 3 Abs. 1 ThürBO) vereinbar sind (§ 63e Abs. 1 S. 1 ThürBO). Auch die bauordnungsrechtliche Abweichung setzt, ähnlich wie die Befreiung nach § 31 Abs. 2 BauGB (s. oben Rdnr. 102), voraus, dass eine **atypische**, vom Regelfall abweichende **Situation** vorliegt. Dieses Erfordernis lässt sich bei der Abweichung nach § 63e ThürBO mit der ausdrücklich gebotenen Berücksichtigung des Normzwecks der Vorschrift, von der abgewichen werden soll, begründen. Im Regelfall erfordert der Zweck der Regelung die Anforderung. Nur in den Fällen, in denen die vom Gesetz regelmäßig vorausgesetzte Rechtfertigung der Anforderung durch das Regelungsziel (Schutzgut) nicht besteht, kommt eine Abweichung in Betracht. Dabei müssen die die Abweichung rechtfertigenden Gründe einen **Grundstücksbezug** haben; allein in der Person des Bauherrn liegende Gründe können eine Abweichung nicht rechtfertigen (OVG Weimar ThürVBl 1999, 257; vgl auch VGH Mannheim NVwZ-RR 1994, 133). § 63e Abs. 1 S. 1 ThürBO ist nachbarschützend, soweit die Vorschrift die Berücksichtigung nachbarlicher Interessen verlangt (vgl. dazu die Rechtsprechung des BVerwG zur sachlich entsprechenden Frage der **nachbarschützenden Wirkung** des § 31 Abs. 2 BauGB, s. unten Rdnr. 273).

§ 63e Abs. 2 ThürBO 2004 hat das Verfahren sowohl für die Abweichung von bauordnungsrechtlichen Vorschriften nach § 63e Abs. 1 ThürBO als auch für Ausnahmen und Befreiungen nach planungsrechtlichen Vorschriften neu geregelt. Danach sind Abweichungen bzw. Ausnahmen und Befreiungen nunmehr gesondert **schriftlich** zu beantragen. Das gilt, wie Satz 2 klarstellt, entsprechend für Anlagen, die keiner Genehmigung bedürfen, sowie für Abweichungen von Vorschriften, die im Genehmigungsverfahren nicht geprüft werden. Auch soweit bautechnische Nachweise nicht bauaufsichtlich geprüft werden, bedarf es, wie sich aus § 63d Abs. 5 S. 1 ThürBO ergibt, für Abweichungen von den nachzuweisenden Anforderungen eines schriftlichen Antrags und einer Abweichungsentscheidung nach § 63e ThürBO. Neu ist auch die Regelung des § 63e Abs. 3 ThürBO 2004, nach der über Abweichungen von örtlichen Bauvorschriften sowie über planungsrechtliche Ausnahmen und Befreiungen bei verfahrensfreien Bauvorhaben nicht die Bauaufsichtsbehörde, sondern die Gemeinde entscheidet.

Eine Abweichung von Technischen Baubestimmungen (§ 3 Abs. 1 ThürBO) kann nur unter den Voraussetzungen des **§ 3 Abs. 3 S. 3 ThürBO** zugelassen werden; weitergehende Abweichungen nach § 63e ThürBO sind nicht zulässig (§ 63e Abs. 1 S. 2 ThürBO).

c) Privatrechtliche Einwendungen gegen die Baugenehmigung

220 Nach § 70 Abs. 4 ThürBO wird die Baugenehmigung unbeschadet privater Rechte Dritter erteilt. Daraus folgt, dass die Erteilung der Baugenehmigung die privaten Rechtsverhältnisse am Baugrundstück nicht berührt (BVerwG NVwZ 1999, 413; VGH München BauR 2001, 774). Der Inhaber eines privaten Rechts, etwa eines Wegerechts, braucht also nicht zu befürchten, dass ihm die Ausübung seines Rechts durch die Erteilung der Baugenehmigung unmöglich gemacht oder erschwert werden könnte.

Bsp. (VGH Mannheim NJW 1996, 3429): Wenn die Baugenehmigung wegen fehlerhafter Eintragung der Grundstücksgrenze im Lageplan zu einer Überbauung des Nachbargrundstücks führt, berührt das die Rechtmäßigkeit der Baugenehmigung nicht; der Nachbar muss sich hiergegen zivilrechtlich (§ 1004 BGB) zur Wehr setzen.

Es wurde deshalb früher grundsätzlich angenommen, dass die Bauaufsichtsbehörde die privatrechtlichen Verhältnisse unbeachtet lassen müsse. Dieses würde jedoch dazu führen, dass die Bauaufsichtsbehörde verpflichtet wäre, ein möglicherweise umfangreiches Baugenehmigungsverfahren zu betreiben, obwohl klar erkennbar ist, dass der Antragsteller wegen entgegenstehender privater Rechte von der Baugenehmigung gar keinen Gebrauch machen kann; in einem derartigen Fall fehlt es am sog. **Sachbescheidungsinteresse** (BVerwG E 50, 282 = NJW 1976, 1987; E 42, 115 = NJW 1973, 1518). Die Bauaufsichtsbehörde kann in derartigen Fällen unter Hinweis auf entgegenstehende private Rechte den Bauantrag ablehnen, sie ist hierzu aber nicht verpflichtet (BVerwG E 42, 115 = NJW 1973, 1518; E 50, 282 = NJW 1976, 1987). Von dieser Möglichkeit ist aber nur dort Gebrauch zu machen, wo die entgegenstehenden privaten Rechte offensichtlich sind (VGH Mannheim NVwZ-RR 1995, 563). Es ist nicht Sache der Bauaufsichtsbehörde, über die Wirksamkeit von privatrechtlichen Nutzungsverträgen zu entscheiden oder gar Nachlassstreitigkeiten zu regeln.

d) Nebenbestimmungen (§ 70 Abs. 3 ThürBO)

221 Die Baugenehmigung kann unter Auflagen und Bedingungen und mit dem Vorbehalt des Widerrufs oder der nachträglichen Aufnahme, Änderung oder Ergänzung einer Auflage sowie befristet erteilt werden (§ 70 Abs. 3 S. 1 ThürBO). Dieser Katalog der zulässigen Nebenbestimmungen entspricht dem des § 36 Abs. 2 ThürVwVfG. Da sich aus Art. 2, 14 GG ein Rechtsanspruch auf die Baugenehmigung ergibt, kommt die Beifügung einer derartigen Nebenbestimmung nur in Betracht, wenn sie dazu dient, einen sonst gegebenen Grund zur Versagung der Baugenehmigung zu beseitigen (vgl. § 36 Abs. 1 ThürVwVfG). Andererseits darf die Bauaufsichtsbehörde eine Baugenehmigung nicht ablehnen, wenn sich der Versagungsgrund durch eine Auflage oder Bedingung beseitigen lässt (VGH Mannheim BRS 22 Nr. 143).

Grundsätzlich ist eine Auflage ein selbständiger Verwaltungsakt, der unabhängig von dem Hauptverwaltungsakt angefochten werden kann (BVerwG E 41, 180; E 65, 139 = NJW 1982,

2269; Kopp/Ramsauer VwVfG, § 36 Rdnr. 29). Will die Bauaufsichtsbehörde die Wirksamkeit der Baugenehmigung von einem besonderen Umstand abhängig machen, muss sie eine Bedingung beifügen (Kopp/Ramsauer, VwVfG, § 36 Rdnr. 19). Diese Differenzierung zwischen Auflage und Bedingung wird jedoch in manchen Fällen den Regelungsbedürfnissen des Baurechts nicht gerecht:

Bsp. (BVerwG BauR 1974, 261): Ein Bauunternehmer erhält die Genehmigung zur Errichtung einer Transportbetonanlage mit der Auflage, der von der Anlage ausgehende Lärmpegel dürfe die in einem Gewerbegebiet nach der TA Lärm zulässigen Werte von tagsüber 65 dB (A), nachts 50 dB (A) nicht überschreiten (eb. VGH Mannheim VBlBW 2000, 161 für eine Großbäckerei mit nächtlichem Auslieferungsverkehr).

Weder die Auflage noch die Bedingung entsprechen hier den Interessen von Bauherr und der Behörde. Eine Bedingung würde bedeuten, dass die Baugenehmigung entfällt, sobald die Immissionsgrenzwerte überschritten werden. Dies hätte zur Folge, dass dann sogar die Anlage als solche nicht mehr geschützt wäre. Diese Lösung wird dem Interesse des Bauherrn nicht gerecht. Wollte man dagegen eine selbständige Auflage annehmen, dann hätte der Widerspruch gegen diese Auflage aufschiebende Wirkung, so dass der Betrieb jedenfalls bis zur rechtskräftigen Entscheidung hinsichtlich der Immissionen keiner Beschränkung unterliegt. Diese Lösung liegt nicht im Interesse der Bauaufsichtsbehörde.

Das BVerwG hat diesen Interessenwiderstreit durch das Institut der **modifizierenden Auflage** 222 gelöst (BVerwG BauR 1974, 261 = DÖV 1974, 380; NVwZ 1984, 366; vgl. auch VGH Mannheim BRS 28 Nr. 113; BRS 29 Nr. 121; NVwZ-RR 1994, 133; VBlBW 2000, 161; OVG Lüneburg BRS 42 Nr. 177; OVG Münster BRS 48 Nr. 152; VGH München BRS 56 Nr. 141; Weyreuther DVBl 1984, 365, der zutreffend von »**modifizierender Genehmigung**« spricht). Es handelt sich dabei um eine Auflage, die sich inhaltlich als teilweise Ablehnung oder zumindest als Änderung des beantragten Bauvorhabens darstellt. Sie lässt sich konstruieren als Ablehnung des Bauantrags, verbunden mit der Erteilung einer nicht beantragten Genehmigung (VGH Mannheim BauR 1988, 704; NVwZ-RR 1994, 133). Will der Bauherr sich mit der ihm abweichend von seinem Antrag erteilten Baugenehmigung nicht abfinden, dann muss er Widerspruch einlegen und Verpflichtungsklage auf Erteilung einer Baugenehmigung entsprechend seinem ursprünglichen Bauantrag erheben (BVerwG BauR 1974, 261; NVwZ 1984, 366). Baut er dann trotz der modifizierenden Auflage gemäß dem eingereichten Bauantrag, so handelt es sich dabei um einen nicht genehmigten Schwarzbau auf eigenes Risiko (BVerwG BauR 1974, 261). Legt der Bauherr gegen die mit einer modifizierenden Auflage verbundene Baugenehmigung keinen Widerspruch ein, dann kann er bauen; die Bauaufsichtsbehörde hat dann, wenn er die Auflage nicht einhält, die Möglichkeit, sie zwangsweise durchzusetzen (VGH Mannheim BRS 29 Nr. 121; OVG Lüneburg BRS 42 Nr. 177).

Weitere Beispiele für modifizierende Auflagen:

a) (VGH Mannheim BRS 28 Nr. 113): Ein Gebäude muss statt des vorgesehenen Flachdachs mit einem Satteldach versehen werden.
b) (VGH München DVBl 1974, 136): Die Außenmauer zum Nachbargrundstück muss als Brandwand hergestellt werden.
c) (OVG Lüneburg BRS 42 Nr. 177): Die Fenster zum Nachbarhaus müssen mit undurchsichtigem Glas versehen werden.
d) (VGH Mannheim VBlBW 2000, 161): Eine Großbäckerei darf erst ab 7.00 Uhr Backwaren ausliefern.

Diese relativ differenzierte Rechtsprechung des BVerwG, die sich auch in der baurechtlichen Praxis durchgesetzt hatte, ist durch das Urteil des BVerwG vom 22.11.2000 (E 112, 221 = NVwZ 2001, 429) in Frage gestellt worden. Das BVerwG geht in dieser Entscheidung davon aus, dass »nach der inzwischen gefestigten Rechtsprechung des BVerwG« alle Nebenbestimmungen unabhängig von ihrer Rechtsnatur mit der Anfechtungsklage anzugreifen seien. Dem Missstand, dass dann eine Baugenehmigung ohne die für ihre Rechtmäßigkeit erforderlichen Nebenbestimmungen verwirklicht werden könne, müsse durch die Anordnung des Sofortvollzugs der Nebenbestimmungen gemäß § 80 Abs. 2 Nr. 4 VwGO begegnet werden. Schmidt (VBlBW 2004, 81) hat zu Recht darauf hingewiesen, dass diese neue Erkenntnis keineswegs auf einer gefestigten Rechtsprechung beruhte, aber gleichwohl im praktischen Ergebnis zu begrüßen ist. Sie entbindet nämlich den Bauherrn von der Klärung der Frage, wie eine Nebenbestimmung rechtlich einzuordnen ist und welche Klageart er wählen muss.

e) Rechtswirkungen der Baugenehmigung

223 Die Baugenehmigung ist nicht die originäre Verleihung des Rechts zum Bauen. Die **Baufreiheit** hat vielmehr ihre Wurzel in den Grundrechten der Art. 14 Abs. 1 und Art. 2 Abs. 1 GG (vgl. Strauch, S. 355 Rdnr. 16). Das Baugenehmigungsverfahren dient der **präventiven Kontrolle** der Übereinstimmung des Bauvorhabens mit den öffentlich-rechtlichen Vorschriften, die die Baufreiheit in verfassungsrechtlich zulässiger Weise ausgestalten und begrenzen. Vor Zugang der Baugenehmigung darf daher mit der Errichtung eines genehmigungspflichtigen Bauvorhabens auch dann nicht begonnen werden, wenn keine Zweifel an der Einhaltung des materiellen Rechts ersichtlich sind (§ 70 Abs. 6 ThürBO). Wer »schwarz« baut, handelt ordnungswidrig (§ 81 Abs. 1 Nr. 3 ThürBO).

Dem entsprechend hat die Baugenehmigung eine **feststellende** und eine **rechtsgestaltende Wirkung**. Zum einen stellt sie fest, dass dem Bauvorhaben keine öffentlich-rechtlichen Vorschriften entgegenstehen, zum anderen hebt sie das präventive Bauverbot auf und gestattet dem Bauherrn die Errichtung des Bauwerks (BVerwG E 48, 242; E 68, 241 = NJW 1984, 1474; NVwZ 1989, 863 u. 1163; 1990, 559). Die Baugenehmigung erschöpft sich aber nicht in der Gestattung des Bauens, sie erlaubt vielmehr auch die dauernde Nutzung des gemäß der Baugenehmigung gebauten und unterhaltenen Bauvorhabens (BVerwG DVBl 1991, 751; Battis § 3 IV 3). Dabei ist es nicht von Bedeutung, ob die Baugenehmigung rechtmäßig oder rechtswidrig ist (OVG Münster NVwZ 1988, 943; VGH Mannheim NVwZ-RR 1990, 171). Solange die Baugenehmigung wirksam ist, kommt daher der Abbruch eines zwar materiell rechtswidrigen, aber entsprechend der Baugenehmigung errichteten Bauvorhabens nicht in Betracht.

Die Baugenehmigung ist ein dinglicher Verwaltungsakt; sie wirkt daher auch für und gegen den **Rechtsnachfolger** (§ 60 Abs. 4 ThürBO). Dies gilt auch für die der Baugenehmigung beigefügten Nebenbestimmungen.

Von **DDR-Behörden** erteilte Baugenehmigungen gelten nach Art. 19 S. 1 des Einigungsvertrages grundsätzlich ohne zeitliche Beschränkung fort und haben dann die gleichen Rechtswirkungen wie nach heutigem Recht erteilte Baugenehmigungen (OVG Weimar ThürVBl 1994, 265). Sie konnten jedoch nach Art. 19 S. 2 Einigungsvertrag dann aufgehoben werden, wenn sie im konkreten Fall mit rechtsstaatlichen Grundsätzen oder mit den Regelungen des Einigungsvertrages nicht vereinbar waren. Im Übrigen können DDR-Baugenehmigungen ebenso wie nach neuem Recht erteilte Baugenehmigungen nur unter den Voraussetzungen der §§ 48 ff. ThürVwVfG aufgehoben werden (Art. 19 S. 3 Einigungsvertrag).

224 Die Baugenehmigung **erlischt** nach § 72 Abs. 1 ThürBO, wenn innerhalb von 3 Jahren nach der Erteilung der Genehmigung nicht mit der Ausführung begonnen oder die Bauausführung länger als 2 Jahre unterbrochen worden ist. Maßgebend für den Beginn der Bauausführung ist der Zeitpunkt der Aushebung der Baugrube (VGH München BRS 47 Nr. 143). In der Baugenehmigung können diese Fristen, wie sich aus § 72 Abs. 1 ThürBO ergibt, abweichend geregelt werden. Wird gegen die Baugenehmigung ein Rechtsbehelf eingelegt (Nachbarwiderspruch und -klage), so ist der Lauf der Fristen bis zur Bestandkraft der Baugenehmigung gehemmt (§ 72 Abs. 1, 2. Halbsatz ThürBO). Auf schriftlichen Antrag, der vor Fristablauf bei der Bauaufsichtsbehörde eingegangen sein muss, können die **Fristen** auch rückwirkend jeweils bis zu 1

Jahr **verlängert** werden (§ 72 Abs. 2 ThürBO). Trotz der Formulierung als Ermessensvorschrift ist davon auszugehen, dass die Bauaufsichtsbehörde einem rechtzeitig gestellten Antrag auf Fristverlängerung stattgeben muss, wenn das Bauvorhaben weiterhin den öffentlich-rechtlichen Vorschriften entspricht. Wenn das nicht der Fall ist, muss der Verlängerungsantrag abgelehnt werden (BGH BauR 1988, 712).

Schließlich erlischt die Baugenehmigung auch, wenn ein Bauwerk errichtet wird, das von der Baugenehmigung hinsichtlich Standort, Nutzungsart oder Gestaltung so weit abweicht, dass eine Identität zwischen Bauwerk und Baugenehmigung nicht mehr besteht.

Bsp. (VGH Mannheim VBlBW 1982, 199): Statt eines genehmigten 2-geschossigen Garagenanbaus mit Trockenraum im Obergeschoss wird ein 3-geschossiger Anbau mit Wohnräumen errichtet.

Die Baugenehmigung erlischt ferner durch einen Verzicht des Bauherrn (OVG Hamburg BauR 2000, 1840). Der Verzicht kann ausdrücklich erklärt werden; er kann auch konkludent erfolgen, insbes. durch die Einreichung eines neuen Bauantrags, wenn damit unzweideutig klargestellt wird, dass das ursprünglich beantragte Bauvorhaben aufgegeben wird (VGH Mannheim NVwZ 1995, 280).

Die ThürBO enthält keine Regelung darüber, ob bzw. wie lange die Baugenehmigung bei einer **Nutzungsänderung** weiter gilt. § 72 ThürBO betrifft nur die Errichtung des Bauvorhabens. Im Fall der Nutzungsänderung ist daher auf die allgemeine Regelung des § 43 Abs. 2 ThürVwVfG abzustellen (OVG Weimar DVBl 2000, 826 = ThürVGRspr. 2000, 81). Danach bleibt ein Verwaltungsakt so lange wirksam, bis er sich erledigt hat. Eine Erledigung einer Baugenehmigung ist zunächst anzunehmen, wenn die bisherige Nutzung endgültig aufgegeben wurde und eine neue Nutzung aufgenommen wird (BVerwG BauR 1988, 565). Wird dagegen nur die bisherige Nutzung beendet, ohne dass eine andersartige Nutzung erfolgt, kann von einer Erledigung mangels einer Rechtspflicht zur Nutzung des genehmigten Baubestands nicht ohne weiteres ausgegangen werden (OVG Weimar a.a.O.). Jedenfalls muss dem Eigentümer eine gewisse Überlegungszeit zugebilligt werden. Denn es ist in derartigen Fällen häufig noch völlig offen, ob die bisherige Nutzung wieder aufgenommen wird oder ob eine andere Nutzung erfolgen soll (BVerwG NVwZ 1988, 569). Das BVerwG (E 98, 235; kritisch dazu Uechtritz DVBl 1997, 347) hat entschieden, dass der durch die Baugenehmigung vermittelte Bestandsschutz erst entfalle, wenn ein Gebäude mehr als 2 Jahre lang nicht genutzt werde; es hat dabei die zu § 35 Abs. 4 Nr. 3 BauGB entwickelten Grundsätze (s. oben Rdnr. 141) herangezogen.

Bsp. (BVerwG E 98, 235 = NVwZ 1996, 379): Eine in einem allgemeinen Wohngebiet gelegene, baurechtlich unter Verstoß gegen § 4 Abs. 3 Nr. 2 BauNVO genehmigte Autolackiererei steht wegen Konkurses des bisherigen Betreibers 20 Monate lang still und wird dann von einem anderen Inhaber fortgeführt. Die Nachbarn wenden ein, der Betrieb genieße keinen Bestandsschutz mehr, so dass die Wiederaufnahme des Betriebs ohne eine erneute Genehmigung unzulässig sei. Das BVerwG hat festgestellt, dass der Bestandsschutz noch nicht erloschen sei, weil die Frist von 2 Jahren noch nicht erreicht sei.

Die Baugenehmigung hat grundsätzlich nur baurechtliche Wirkungen. Soweit für das beabsich- **225** tigte Vorhaben oder seine Nutzung eine Genehmigung nach sonstigen Gesetzen erforderlich ist (s. dazu oben Rdnr. 217 ff.), ist diese neben der Baugenehmigung einzuholen. Die Erteilung der Baugenehmigung kann nach der ThürBO nicht davon abhängig gemacht werden, dass zuvor eine nach einer anderen gesetzlichen Regelung erforderliche Genehmigung eingeholt wird (sog. **Separationsmodell** – vgl. BVerwG E 74, 315 = NVwZ 1987, 1713; NVwZ 1996, 377 u. 378; a.M. die sog. **Schlusspunkttheorie**, wonach die Baugenehmigung der Schlusspunkt aller Genehmigungsverfahren sei – s. dazu oben Rdnr. 217). Etwas anderes gilt allerdings, wenn in einem Spezialgesetz ein Verbot der Errichtung baulicher Anlagen enthalten ist, wie dies z.B. in § 9 Abs. 1 FStrG (Anbauverbot entlang der Bundesstraßen – s. oben Rdnr. 218) der Fall ist. Solange nicht eine **Ausnahme** hiervon gewährt ist, muss die Erteilung einer Baugenehmigung abgelehnt werden, weil diese nicht nur die baurechtliche Zulässigkeit des Vorhabens feststellt, sondern zugleich auch das Bauen gestattet (vgl. Gaentzsch NJW 1986, 2787). Zur Frage, ob wegen § 63c ThürBO nach dem Auslaufen der Übergangsfrist des § 85 Abs. 3 ThürBO etwas anderes gilt s. oben Rdnr. 217.

Bsp. (VGH Mannheim BWVPr 1986, 62): Eine Werbeanlage im Außenbereich kann wegen § 20 Abs. 1 NatSchG erst zugelassen werden, wenn eine Ausnahme nach § 20 Abs. 2 NatSchG erteilt worden ist.

Eine **Bindungswirkung** der Baugenehmigung für andere Verfahren tritt freilich ein, wenn in dem spezialgesetzlichen Verfahren dasselbe zu prüfen ist wie im Baugenehmigungsverfahren, weil insoweit die Feststellungswirkung der Baugenehmigung eine abweichende Beurteilung der Rechtslage nicht mehr zulässt.

Bsp. (BVerwGE 80, 258 = NVwZ 1989, 258): Soweit in der Baugenehmigung die Vereinbarkeit der Gaststätte mit der Umgebung bejaht worden ist, darf diese Frage nach Ansicht des BVerwG in der gaststättenrechtlichen Entscheidung nicht abweichend beurteilt werden. Dagegen tritt durch eine Ablehnung der Baugenehmigung eine Bindung der Gaststättenbehörde nicht ein, weil insoweit keine – negative – Feststellungswirkung des Genehmigungsbescheids gegeben ist (BVerwG NVwZ 1990, 559; OVG Bremen NVwZ 1994, 80). Die Gaststättenbehörde ist daher durch die Baugenehmigung für eine Gaststätte nicht gehindert, die Gaststättenerlaubnis wegen spezieller gaststättenrechtlicher Versagungsgründe, etwa Unzuverlässigkeit des Gastwirts, zu versagen. Eine Bindung der Bauaufsichtsbehörde durch die Erteilung der Gaststättenerlaubnis tritt nicht ein, weil die Gaststättenerlaubnis keine Feststellungswirkung hat (VGH München NVwZ 1988, 1140; VGH Mannheim NVwZ 1990, 1094).

In einigen gesetzlichen Regelungen ist allerdings eine Konzentration verschiedener Genehmigungsverfahren vorgesehen:

Planfeststellungen

226 Nach § 75 Abs. 1 VwVfG ist neben einem Planfeststellungsbeschluss eine andere behördliche Entscheidung nicht erforderlich; durch den Planfeststellungsbeschluss werden alle öffentlich-rechtlichen Beziehungen zwischen dem Träger des Vorhabens und den durch den Plan betroffenen Personen geregelt.

Immissionsschutzrecht

227 Nach § 13 BImSchG schließt die Genehmigung nach § 6 BImSchG alle anderen Genehmigungen, also auch die Baugenehmigung ein. Welche Anlagen einer Genehmigung nach § 6 BImSchG bedürfen, ergibt sich aus §§ 1 u. 2 der 4. BImSchV.

Wasserrecht

228 Die Gewässerbenutzungserlaubnis nach § 7 WHG wird durch die Wasserbehörde (§§ 103, 105 ThürWG) erteilt und schließt eine nach baurechtlichen Vorschriften erforderliche Genehmigung oder Zustimmung ein (§ 17 ThürWG). Dagegen ersetzt die Baugenehmigung eine wasserbehördliche Genehmigung für bauliche Anlagen an, in, unter oder über oberirdischen Gewässern nach § 79 Abs. 1 und 4 ThürWG, wenn sie im Einvernehmen mit der Wasserbehörde ergeht.

Naturschutzrecht

229 Im **Naturschutzrecht** ist nach §§ 18 BNatSchG, 6 ff. ThürNatG ein Eingriff in Natur und Landschaft unzulässig, wenn der Naturhaushalt oder das Landschaftsbild erheblich oder nachhaltig beeinträchtigt wird (s. dazu Köck NuR 2004, 1; Lüttkes BauR 2003, 983) und ein solcher Eingriff nicht durch Ausgleichsmaßnahmen aufgefangen werden kann oder durch überwiegende öffentliche Belange gerechtfertigt wird. Als Eingriff in Natur und Landschaft gilt nach § 6 Abs. 2 Nr. 1 ThürNatG insbesondere die Errichtung, Erweiterung, Änderung oder Beseitigung von baulichen Anlagen im Sinne der ThürBO im Außenbereich. Die Eingriffsregelung der §§ 18 ff. BNatSchG ist dagegen nach der Neuregelung durch das EAG Bau vom 24.6.2004 (BGBl I S. 1359) nicht im beplanten (§ 30 BauGB) oder nicht-beplanten Innenbereich (§ 34 BauGB) oder im Bereich

eines in der Aufstellung befindlichen Bebauungsplans (§ 33 BauGB) anzuwenden (§ 21 Abs. 2 BNatSchG). Für den **Anwendungsbereich** der §§ 30, 33 BauGB ist der Rückgriff auf § 18 BNatSchG deswegen entbehrlich, weil die Eingriffsregelung bereits bei der Aufstellung des Bebauungsplans nach § 1a Abs. 3 BauGB zu berücksichtigen war (s. dazu oben Rdnr. 25). Im nicht beplanten Innenbereich spielen Belange des Naturschutzes und der Landschaftspflege in der Regel keine Rolle, so dass auf eine Anwendung der §§ 18 ff. BNatSchG verzichtet werden kann. Soweit Entscheidungen über Vorhaben nach § 35 Abs. 1 und 4 BauGB und über die Errichtung von baulichen Anlagen nach § 34 BauGB getroffen werden, ist die Zuständigkeit durch § 21 Abs. 3 BNatSchG und § 9 Abs. 1 ThürNatG dahingehend geregelt, dass die Bauaufsichtsbehörde im Einvernehmen mit der unteren Naturschutzbehörde (Landkreise und kreisfreie Städte, vgl. § 36 Abs. 4 ThürNatG) sowie der unteren Forstbehörde bzw. der unteren Landwirtschaftsbehörde entscheidet.

In Gebieten von gemeinschaftlicher Bedeutung und **Europäischen Vogelschutzgebieten** (§ 33 BNatSchG, § 26a ThürNatG) sind Projekte auf ihre Verträglichkeit mit den Erhaltungszielen des Gebiets entsprechend dem Schutzzweck und den dazu erlassenen Vorschriften zu prüfen (§ 34 Abs. 1 BNatSchG, § 26b Abs. 1 ThürNatG). Nach § 37 Abs. 1 S. 1 BNatSchG gilt dies allerdings nicht für Vorhaben im Geltungsbereich eines Bebauungsplanes nach § 30 BauGB und während der Planaufstellung nach § 33 BauGB. Hier soll die Verträglichkeit bereits bei der Bauleitplanung gewährleistet werden (§ 1 Abs. 6 Nr. 7 b und § 1a Abs. 4 BauGB). § 34 gilt aber für Vorhaben im unbeplanten Innenbereich nach § 34 BauGB und im Außenbereich nach § 35 BauGB, außerdem für Bebauungspläne, die eine Planfeststellung ersetzen (§ 37 Abs. 1 S. 2 BNatSchG). Die Verträglichkeitsprüfung erfolgt in dem Verfahren, das für die behördliche Gestattung, sonstige Entscheidung oder Anzeige in Rechtsvorschriften vorgesehen ist, durch die für das Verfahren zuständige Behörde, also im Baugenehmigungsverfahren durch die Bauaufsichtsbehörde.

Für Bauvorhaben in **Landschaftsschutzgebieten** oder anderen Schutzgebieten nach §§ 11 ff ThürNatG ist regelmäßig eine vorgreifliche Befreiung nach § 36a ThürNatG von den Bauverboten der Schutzgebietsverordnung erforderlich (s. dazu oben Rdnr. 217). Zuständig dafür ist die obere Naturschutzbehörde (Thüringer Landesverwaltungsamt, § 36 Abs. 3 ThürNatG).

Denkmalschutzrecht
Einzelne Gebäude und bauliche Anlagen sowie bauliche Ensembles sind vor allem in **230** Altstadtgebieten oft **Kulturdenkmale** im Sinne des § 2 ThürDSchG. Die Eintragung in das Denkmalbuch (§ 4 Abs. 1 ThürDSchG) hat für unbewegliche Denkmale nach der Konzeption des Gesetzes nur deklaratorischen Charakter und stellt keinen Verwaltungsakt dar (OVG Weimar DÖV 2004, 491 = ThürVGRspr. 2004. 205). Ein Kulturdenkmal muss nach § 7 ThürDSchG im Rahmen des Zumutbaren denkmalgerecht erhalten und pfleglich behandelt werden. Einer Erlaubnis der Denkmalschutzbehörde bedarf nach § 13 Abs. 1 Nr. 1 ThürDSchG u.a., wer ein Kulturdenkmal zerstören oder beseitigen, umgestalten, instand setzen oder im äußeren Erscheinungsbild verändern will. Baugenehmigungen und bauordnungsrechtliche Zustimmungen schließen die denkmalschutzrechtliche Erlaubnis ein; sie bedürfen insoweit der (verwaltungsinternen) Zustimmung der Denkmalschutzbehörde (§ 12 Abs. 3 S. 2 ThürDSchG). **Hinweis:** Eine Übersicht über das Denkmalschutzrecht findet sich bei Moench NJW 1983, 1998; NVwZ 1984, 146; 1988, 304; Moench/Otting NVwZ 2000, 146 u. 515 sowie Müller BauR 1988, 425; 1994, 18.

4. Das Baugenehmigungsverfahren

Die §§ 64 ff. ThürBO regeln den Regelfall des Baugenehmigungsverfahrens, das durchzufüh- **231** ren ist, wenn das Bauvorhaben nicht nach § 63 ThürBO verfahrensfrei ist, wenn nicht ein

Genehmigungsfreistellungsverfahren nach § 63a ThürBO oder ein vereinfachtes Baugenehmigungsverfahren nach § 63b ThürBO durchzuführen ist und wenn es sich nicht um Fälle der §§ 74, 75 ThürBO handelt (vgl. den Überblick oben Rdnr. 212).

Das Verfahren zur Erteilung einer Baugenehmigung beginnt mit der Stellung eines **Bauantrags**, der schriftlich bei der unteren Bauaufsichtsbehörde einzureichen ist (§ 64 Abs. 1 ThürBO). Mit dem Bauantrag sind alle für die Beurteilung des Bauvorhabens und die Bearbeitung des Bauantrags erforderlichen Unterlagen (Bauvorlagen) einzureichen (§ 64 Abs. 2 ThürBO). Ein Bauantrag, der nur Veränderungen an einem ungenehmigten Gebäudebestand zum Gegenstand hat, ist daher nicht genehmigungsfähig (OVG Weimar DÖV 2004, 301). Bauvorlagen für die nicht verfahrensfreie Errichtung und Änderung von Gebäuden müssen grundsätzlich von einem Entwurfsverfasser unterschrieben sein, der bauvorlageberechtigt ist (§ 65 Abs. 1 ThürBO). **Bauvorlageberechtigt** sind **Architekten und Ingenieure** nach Maßgabe der abschließenden Regelung in § 65 Abs. 2 ThürBO. Die Verfassungsmäßigkeit des sog. **Architektenmonopols** ist vom BVerfG (E 28, 364 = NJW 1970, 1591) bestätigt worden. Die Bauvorlageberechtigung schließt grundsätzlich die Berechtigung zur Erstellung der bautechnischen Nachweise ein, soweit nicht in § 63d Abs. 2 ff. ThürBO Abweichendes bestimmt ist (§ 63d Abs. 1 S. 2 ThürBO). Die Baugenehmigung ist ein antragsbedürftiger Verwaltungsakt. Eine ohne Antrag erteilte Baugenehmigung ist zwar rechtswidrig, aber nicht nichtig, weil der Antrag nachgeholt werden kann (§ 45 Abs. 1 Nr. 1 ThürVwVfG). Die Bauaufsichtsbehörde kann aber bei Schwarzbauten von Amts wegen eine Baugenehmigung erteilen, wenn das Gebäude materiell rechtmäßig ist (vgl. BVerwG NVwZ 1990, 659 zum Antragsgebot im Rahmen eines Baugebots). Sie kann dabei auch den Bauherrn auffordern, Bauvorlagen einzureichen und dies ggf. mit Zwangsmitteln durchsetzen. Derartige Maßnahmen sind auf § 60 Abs. 2 ThürBO zu stützen (s. dazu unten Rdnr. 252).

232 § 67 Abs. 1 S. 1 ThürBO regelt, welche anderen Verwaltungsträger im Baugenehmigungsverfahren anzuhören sind. Stets anzuhören ist die Gemeinde, da ihre Planungshoheit immer berührt sein kann. Im Übrigen hängt die **Anhörungspflicht** davon ab, dass entweder die Anhörung durch Rechtsvorschrift vorgeschrieben ist (z.B. das nach § 9 Abs. 1 ThürNatG erforderliche Einvernehmen der unteren Naturschutzbehörde und der unteren Forstbehörde oder der unteren Landwirtschaftsbehörde bei Eingriffen in Natur und Landschaft) oder die Genehmigungsfähigkeit des Bauantrags ohne die Stellungnahme der anderen Stelle nicht beurteilt werden kann (z.B. Anhörung der Immissionsschutzbehörde bei nicht genehmigungspflichtigen Anlagen nach §§ 22 ff. BImSchG). Neu eingeführt wurde mit der ThürBO 2004 die Möglichkeit, dass die Beteiligung oder Anhörung entfällt, wenn die Gemeinde oder die jeweilige Stelle dem Bauantrag bereits vor Einleitung des Baugenehmigungsverfahrens zugestimmt oder auf eine Beteiligung verzichtet hat (§ 67 Abs. 1 S. 2 ThürBO). Damit erhält der Bauherr die Möglichkeit, bereits im Vorfeld des Baugenehmigungsverfahrens zentrale Fragen seines Bauvorhabens mit der Gemeinde oder mit Fachbehörden abzustimmen und auf diese Weise das Verfahren zu beschleunigen. Der Verfahrensbeschleunigung dienen auch die im Wesentlichen bereits durch die ThürBO 1994 eingeführten Regelungen des § 67 Abs. 1 S. 3 und 4 ThürBO. Danach gilt die **Zustimmung** oder das Einvernehmen einer Körperschaft, Behörde oder sonstigen Stelle als erteilt, wenn sie dies nicht innerhalb einer Frist von 2 Monaten nach Eingang des Ersuchens verweigert, es sei denn, eine Rechtsvorschrift bestimmt etwas anderes (S. 3). Für sonstige Stellungnahmen gilt eine Frist von 1 Monat nach Aufforderung zur Stellungnahme. Verspätete Stellungnahmen sind nur zu berücksichtigen, wenn sie für die Rechtmäßigkeit der Baugenehmigung von Bedeutung sind (S. 4). Ein Ermessen besteht insoweit nicht mehr. Der Verfahrensbeschleunigung dient auch der in der ThürBO 2004 neu gefasste § 67 Abs. 2: Die Bauaufsichtsbehörde prüft innerhalb von 2 Wochen die Vollständigkeit des Bauantrags und teilt dem Bauherrn den Eingang mit (S. 1). Bei Unvollständigkeit oder sonstigen erheblichen Mängeln des Bauantrags fordert die Bauaufsichtsbehörde den Bauherrn zur Behebung der

Mängel innerhalb angemessener Frist auf (S. 2). Werden die Mängel nicht innerhalb der Frist behoben, gilt der Bauantrag als zurückgenommen (S. 3).

Wenn eine Gemeinde das nach den bauplanungsrechtlichen Bestimmungen (§§ 14 Abs. 2 **233** S. 2, 22 Abs. 5 S. 1, 36 Abs. 1 S. 1 und 2 BauGB) erforderliche Einvernehmen rechtswidrig versagt hat, soll die Bauaufsichtsbehörde das fehlende **Einvernehmen ersetzen** (§ 69 Abs. 1 ThürBO). Wenn die Gemeinde zugleich untere Bauaufsichtsbehörde ist, gilt dies entsprechend für das Widerspruchsverfahren, d.h. im Widerspruchsverfahren soll die Widerspruchsbehörde (Landesverwaltungsamt) das Einvernehmen der Gemeinde ersetzen. Damit hat der Landesgesetzgeber von der Befugnis des § 36 Abs. 2 S. 3 BauGB Gebrauch gemacht. Vor Erlass der das Einvernehmen ersetzenden Baugenehmigung ist die Gemeinde anzuhören (§ 69 Abs. 3 ThürBO). Die Genehmigung gilt zugleich als Ersatzvornahme, gegen die die Gemeinde mit Widerspruch und Anfechtungsklage, die allerdings keine aufschiebende Wirkung haben, vorgehen kann (§ 69 Abs. 4 ThürBO).

Nach § 68 Abs. 1 ThürBO sind die Eigentümer benachbarter Grundstücke (**Nachbarn**) nach **234** näherer Maßgabe der Absätze 2 bis 6 zu beteiligen. Was unter einem benachbarten Grundstück zu verstehen ist, definiert die Vorschrift nicht. Aber **§ 68 Abs. 2 ThürBO 2004** grenzt den Kreis der förmlich zu beteiligenden Nachbarn, anders als die ThürBO 1994, erheblich ein. Nur vor der Erteilung von Abweichungen und Befreiungen soll die Bauaufsichtsbehörde die davon betroffenen Nachbarn benachrichtigen, wenn zu erwarten ist, dass öffentlich-rechtlich geschützte nachbarliche Belange berührt werden. Der **Kreis der zu Beteiligenden** umfasst danach nicht mehr alle potentiellen Inhaber von nachbarlichen Abwehrrechten im materiell-rechtlichen Sinn, wie das noch für § 69 ThürBO 1994 anzunehmen war (vgl. die Vorauflage Rdnr. 243 m.w.N.). Vom verfahrensrechtlichen Begriff des Nachbarn im Sinne von § 68 ThürBO ist der materiell-rechtliche Begriff des Nachbarn als Inhaber nachbarschützender Abwehrrechte zu unterscheiden (vgl. zu Letzterem OVG Weimar DÖV 1997, 471 = ThürVBl 1997, 41). Umfang und Reichweite von nachbarrechtlichen Abwehrrechten können sehr zweifelhaft sein und sind vielfach von konkreten Umständen des Einzelfalls abhängig; etwa bei der Frage, ob ein Bauvorhaben den Festsetzungen über die Art der Nutzung in einem geplanten oder faktischen Baugebiet entspricht oder ob das Gebot der Rücksichtnahme verletzt ist. Der Kreis der möglichen Inhaber von Abwehrrechten kann daher sehr weit sein. Da erst im Baugenehmigungsverfahren, nicht zuletzt auch durch die Nachbarbeteiligung, geklärt werden soll, ob das Bauvorhaben Nachbarrechte verletzt, würde der Aspekt der Rechtssicherheit dafür sprechen, als Nachbarn alle diejenigen zu beteiligen, die im Sinne der Klagebefugnis des § 42 Abs. 2 VwGO geltend machen können, durch die beantragte Baugenehmigung in eigenen Rechten verletzt zu sein. Dann wäre umfassend gewährleistet, dass bereits im Baugenehmigungsverfahren offengelegt werden kann, welche möglichen nachbarlichen Abwehrrechte der beantragten Baugenehmigung entgegenstehen können und welche Prozessrisiken der Bauherr eingeht, wenn er von der erteilten Baugenehmigung Gebrauch macht. § 68 Abs. 2 ThürBO fordert eine solche umfassende Beteiligung durch die Bauaufsichtsbehörde nicht mehr. Eine Nachbarbeteiligung soll nur »**vor einer Abweichung oder Befreiung**« erfolgen, was einen entsprechenden Antrag des Bauherrn voraussetzt (§ 63e Abs. 2 S. 1 ThürBO), darüber hinaus aber auch die Einschätzung der Bauaufsichtsbehörde, dass eine Abweichung oder Befreiung erforderlich ist oder jedenfalls sein könnte. In Fällen, in denen sowohl der Bauherr als auch die Bauaufsichtsbehörde davon ausgehen, dass es einer Abweichung oder Befreiung von nachbarschützenden Vorschriften eindeutig nicht bedarf (z.B. weil das Vorhaben nach der Art der Nutzung im allgemeinen Wohngebiet ohne Befreiung zulässig ist), findet eine Nachbarbeteiligung nicht statt. Die zusätzliche Voraussetzung, dass »zu erwarten« ist, dass öffentlich-rechtlich geschützte nachbarliche Belange »berührt« werden, kann im Sinne der Klagebefugnis nach § 42 Abs. 2 VwGO als Möglichkeit eines nachbarlichen Abwehrrechts verstanden werden. Eine Verletzung von geschützten Nachbarrechten muss nicht schon feststehen, ihre Möglichkeit muss aber erkennbar sein (vgl. LT-Drucks. 3/3287, S. 101 f.). Die in § 68 Abs. 2 ThürBO 2004 vorgenommene Einschränkung der förmlichen Nachbarbeteiligung hat für den Bauherrn zur Folge, dass ihm in erheblichem Umfang das Risiko späterer Nachbarwidersprüche und -klagen bleibt. Nach der Begründung des Gesetzentwurfs hat der Gesetzgeber dies bewusst in Kauf genommen, um eine ausufernde Nachbarbeteiligung auf der Grundlage des bisherigen Rechts zu korrigieren; der Bauherr habe es zudem in der Hand, sich gegen Risiken durch Auswahl geeigneter Planer sowie durch freiwillige Beteiligung von Nachbarn abzusichern (LT-Drucks. 3/3287, S. 101).

Der beteiligte Nachbar muss **Einwendungen** innerhalb von 2 Wochen nach Zugang der Benachrichtigung schriftlich oder zur Niederschrift bei der Bauaufsichtsbehörde vorbringen (§ 68 Abs. 2 S. 2 ThürBO). Die Vorschrift enthält keine materielle Präklusion im Fall nicht fristgerecht vorgebrachter Einwendungen. Wenn der Nachbar dem Bauvorhaben nicht zustimmt, auch wenn er sich gar nicht äußert, und wenn seinen Einwendungen nicht entsprochen wird, muss ihm die Baugenehmigung mit dem Teil der Unterlagen, auf den sich die Einwendungen beziehen, zugestellt werden (§ 68 Abs. 6 ThürBO). Zur Rechtsmittelfrist bei unterbliebener Zustellung s. unten Rdnr. 282.

Der Nachbar hat verfahrensrechtlich die Stellung eines Beteiligten im Sinne von § 13 Abs. 1 Nr. 1 ThürVwVfG (§ 68 Abs. 4 S. 1 ThürBO). Ihm stehen daher kraft Gesetzes alle Verfahrensrechte nach dem ThürVwVfG zu, soweit nicht speziellere Regelungen der ThürBO vorgehen. Einer Anhörung nach § 28 ThürVwVfG bedarf es nicht, weil das in § 68 ThürBO geregelte Beteiligungsverfahren an ihre Stelle tritt (§ 28 Abs. 4 S. 2 ThürBO). § 68 Abs. 4 und 5 sehen Verfahrenserleichterungen im Fällen vor, in denen eine große Zahl von Nachbarn zu beteiligen ist.

Der Erbbauberechtigte ist an Stelle des Eigentümers zu beteiligen (§ 68 Abs. 5 S. 1 ThürBO). Dem Eigentümer stehen dinglich Berechtigte, nicht aber nur obligatorisch Berechtigte gleich.

Der Bauherr kann die Nachbarn auch selbst und schon vor Einreichung des Bauantrags beteiligen, indem er Lagepläne und Bauzeichnungen von ihnen unterschreiben lässt oder auf andere Weise ihre Zustimmung zu dem Bauvorhaben einholt; in diesem Fall entfällt die Benachrichtigung durch die Bauaufsichtsbehörde (§ 68 Abs. 3 ThürBO). Die **Unterschrift des Nachbarn** unter die genannten Unterlagen kann danach nicht lediglich als Bestätigung der Kenntnisnahme gewertet werden, sondern hat die Bedeutung eines Verzichts sowohl auf die formelle Rechtsposition der Beteiligung im Baugenehmigungsverfahren und der formellen Berechtigung zur Erhebung von Rechtsbehelfen als auch auf materielle Abwehrrechte. Gleichwohl erhobene Rechtsbehelfe sind bereits unzulässig (vgl. VGH Mannheim NVwZ 1983, 229; a.A. – nur materielle Verzichtswirkung – OVG Saar AS 16, 395). Die in der Unterschrift liegende Verzichtserklärung gegenüber der Bauaufsichtsbehörde kann jedenfalls nach Erteilung der Baugenehmigung nicht mehr widerrufen werden (VGH Mannheim BRS 27 Nr. 164; VGH München BauR 1980, 85; OVG Münster BauR 1984, 622), sondern nur nach Maßgabe der §§ 119 ff. BGB angefochten werden (VGH Mannheim BRS 32 Nr. 164; OVG Saar BRS 38 Nr. 179). Eine wirksame Zustimmung bindet auch den Rechtsnachfolger (vgl. VGH Kassel NVwZ-RR 1995, 495 = BRS 56 Nr. 180).

235 Eine Entscheidungsfrist für die Bauaufsichtsbehörde sieht die ThürBO für das volle Baugenehmigungsverfahren nach §§ 64 ff. nicht vor. Die für das vereinfachte Baugenehmigungsverfahren geltende Frist von 3 Monaten (§ 63b Abs. 2 ThürBO) gilt hier nicht.

Die **Baugenehmigung** ist schriftlich zu erteilen, aber nicht in elektronischer Form (§ 70 Abs. 2, 1. Halbs. ThürBO). Eine mündlich erteilte Baugenehmigung ist also unwirksam. Eine Begründung ist nur erforderlich, soweit Abweichungen oder Befreiungen zugelassen werden und der Nachbar nicht zugestimmt hat (§ 70 Abs. 2, 2. Halbs. ThürBO).

Der Bauherr darf nach § 70 Abs. 6 ThürBO mit der Bauausführung erst beginnen, wenn ihm die Baugenehmigung zugegangen ist, wenn eine nach § 63d Abs. 3 ThürBO erforderliche bauaufsichtliche Prüfung der bautechnischen Nachweise erfolgt ist, und wenn der Bauaufsichtsbehörde die **Baubeginnsanzeige** (§ 70 Abs. 8 ThürBO) vorliegt. Da nach der ThürBO die Schlusspunkttheorie nicht gilt (s. oben Rdnr. 217), kann dem Baubeginn das Erfordernis einer Genehmigung oder Zulassung nach anderen Vorschriften entgegen stehen. Darauf kann die Baugenehmigung informatorisch hinweisen.

5. Vereinfachtes Baugenehmigungsverfahren (§ 63b ThürBO)

Soweit ein vereinfachtes Baugenehmigungsverfahren durchzuführen ist (s. oben Rdnr. 215 **235a** a), prüft die Bauaufsichtsbehörde die bauordnungsrechtliche Zulässigkeit des Vorhabens grundsätzlich (Ausnahme: Abweichungen) nicht. Geprüft werden nach § 63b Abs. 1 nur:
1. die bauplanungsrechtliche Zulässigkeit des Vorhabens (§§ 29–38 BauGB),
2. beantragte Abweichungen nach § 63e Abs. 1 und Abs. 2 S. 2 ThürBO sowie
3. andere öffentlich-rechtliche Vorschriften, soweit wegen der Baugenehmigung eine Entscheidung nach anderen öffentlich-rechtlichen Vorschriften entfällt oder ersetzt wird.

Zu Nr. 3 ist die Übergangsbestimmung nach § 85 Abs. 3 ThürBO zu beachten, die den Prüfungsumfang bis zum 31.12.2005 erweitert. Zu Bedeutung und Problematik des § 63b Abs. 1 Nr. 3 und zur Übergangsbestimmung des § 85 Abs. 3 ThürBO kann auf die Darstellung zu § 63c Abs. 1 Nr. 3 verwiesen werden (Rdnr. 217).

Das vereinfachte Baugenehmigungsverfahren ändert nichts an den Anforderungen des § 63d ThürBO hinsichtlich der bautechnischen Nachweise und deren bauaufsichtlicher Prüfung (§ 63b Abs. 2 ThürBO).

Die Bauaufsichtsbehörde muss über den Bauantrag innerhalb einer **Frist** von **drei Monaten** nach Vorlage der vollständigen Antragsunterlagen entscheiden; sie kann diese Frist gegenüber dem Antragsteller aus wichtigem Grund um bis zu zwei Monate verlängern (§ 63b Abs. 3 S. 1 ThürBO). Trifft die Bauaufsichtsbehörde innerhalb dieser Frist keine Entscheidung, gilt der Bauantrag als genehmigt.

6. Rücknahme der Baugenehmigung

Mangels einer speziellen Regelung in der ThürBO gilt für die **Rücknahme** einer Bauge- **236** nehmigung § 48 ThürVwVfG (s. dazu Schenke DVBl 1989, 433). Daraus folgt, dass die Bauaufsichtsbehörde eine baurechtliche Fehlentscheidung wegen § 48 Abs. 4 ThürVwVfG nur innerhalb eines Jahres seit Kenntnis der Rechtswidrigkeit der Baugenehmigung zurücknehmen kann. Dabei reicht es für den Beginn der Jahresfrist nicht aus, dass die Behörde die Tatsachen kennt, die die Rechtswidrigkeit begründen. Vielmehr muss die Behörde auch erkannt haben, dass die Baugenehmigung rechtswidrig ist (so BVerwG NVwZ 1986, 119 im Anschluss an BVerwG – GS – E 70, 356 = NJW 1985, 819 m. Bspr. Hendler JuS 1985, 947; BVerwGE 84, 1 = NVwZ-RR 1990, 604; VGH Mannheim NVwZ-RR 1993,58).

Die Rücknahme der Baugenehmigung steht im **Ermessen** der Bauaufsichtsbehörde. Hierbei sind die Belange des Bauherrn, insbesondere sein Vertrauensschutz, und das Interesse der Allgemeinheit an der Verhinderung von rechtswidrigen Bauten bzw. der Wiederherstellung eines rechtmäßigen Zustands gegeneinander abzuwägen.

Für die durch eine Rücknahme der Baugenehmigung entstandenen Vermögensschäden ist **237** der Bauherr nach § 48 Abs. 3 ThürVwVfG zu **entschädigen**; ferner kann der Bauherr einen Amtshaftungsanspruch nach Art. 34 GG, § 839 BGB geltend machen (BGHZ 60, 112; NVwZ 1987, 447; NJW 1988, 2884, s. auch Schlick/Rinne NVwZ 1997, 1065 u. 1071; Lansnicker/Schwirtzek NVwZ 1996, 235). Bei einem Amtshaftungsanspruch stellt allerdings der vertragliche Schadensersatzanspruch gegen den Architekten eine anderweitige Ersatzmöglichkeit i.S.d. § 839 Abs. 1 Satz 2 BGB dar, der den Anspruch ausschließt (BGH NVwZ 1993, 602).

Die in Rdnr. 236, 237 dargelegten Beschränkungen für die Rücknahme einer Baugenehmi-

gung gelten nach **§ 50 ThürVwVfG** nicht, wenn ein Nachbar Widerspruch gegen die Baugenehmigung eingelegt hat und die Baugenehmigung während des Vorverfahrens oder des
verwaltungsgerichtlichen Verfahrens aufgehoben wird, soweit dadurch dem Widerspruch oder
der Klage des Nachbarn abgeholfen wird. Denn in diesem Fall durfte der Bauherr nicht
auf den Fortbestand der ihm erteilten Baugenehmigung vertrauen. Voraussetzung für eine
Anwendung des § 50 ThürVwVfG ist allerdings, dass der Widerspruch nicht unzulässig oder
offensichtlich unbegründet war (BVerwG NVwZ 1990, 857; OVG Bautzen NVwZ 1993, 488). Mit
der Beschränkung auf den Umfang der Abhilfe knüpft § 50 ThürVwVfG an den Prüfungsumfang
der Widerspruchsbehörde und des Gerichts an, wie er von der Rechtsprechung bei Verwal-
tungsakten mit Drittwirkung entwickelt worden ist (Stelkens/Bonk/Sachs VwVfG § 50 Rdnr. 58;
vgl. auch OVG Weimar DÖV 1999, 170 = ThürVBl 1998, 280). Eine Baugenehmigung kann
also nicht nach Maßgabe des § 50 ThürVwVfG, sondern nur unter den Einschränkungen des
§ 48 ThürVwVfG aufgehoben werden, wenn die Aufhebung ausschließlich im Hinblick auf eine
Verletzung objektiv-rechtlicher, nicht nachbarschützender Vorschriften erfolgen soll.

7. Der Bauvorbescheid (§ 73 ThürBO)

238 Bereits vor Einreichung eines förmlichen Baugesuchs können nach § 73 ThürBO einzelne
Fragen durch einen Bauvorbescheid abgeklärt werden (s. dazu OVG Frankfurt/Oder NVwZ-RR
2000, 271). In der Regel geht es dabei um die bauplanungsrechtliche Frage der grundsätzlichen
Bebaubarkeit des Grundstücks (sog. **Bebauungsgenehmigung**, vgl. BVerwG BauR 1987,
538). Es reicht dabei aus, dass die grundsätzliche Bebaubarkeit des Grundstücks mit einem
bestimmten Vorhaben geklärt werden soll (BVerwG NVwZ 1995, 894). Der Bauvorbescheid
wird vom BVerwG (BVerwG E 48, 242; E 69, 1 = NJW 1984, 1473 und E 68, 241 = NJW
1984, 1474 – bspr. von Dürr JuS 1984, 770; BauR 1989, 454; eb. OVG Münster NVwZ 1997,
1006) als vorweggenommener Teil der Baugenehmigung, und zwar des feststellenden Teils
der Baugenehmigung verstanden. Soweit über eine baurechtliche Zulässigkeitsfrage durch
einen Bauvorbescheid entschieden worden ist, ist diese Frage damit abschließend geklärt;
die Bauaufsichtsbehörde ist hieran im Baugenehmigungsverfahren gebunden (VGH Mannheim
BauR 2003, 840; OVG Münster NVwZ 1997, 1006; s. auch Schneider BauR 1988, 13). Die
Bindung tritt auch für den Nachbarn ein, soweit ihm der Bauvorbescheid zugestellt worden ist
oder er auf sonstige Weise von ihm Kenntnis erlangt hat (BVerwG BRS 22 Nr. 184). Soweit
der Bauvorbescheid zu Unrecht erteilt wurde, kann er nach § 48 ThürVwVfG zurückgenommen
werden (OVG Berlin NVwZ-RR 1988, 6; Finkelnburg/Ortloff II S. 113). Dies steht nicht im
Widerspruch zur Bindungswirkung des Bauvorbescheids. Denn ein Bauvorbescheid kann keine
stärkere Rechtsposition vermitteln als eine Baugenehmigung, die zurückgenommen werden
kann (s. oben Rdnr. 236). – Zur Frage des Rechtsschutzes des Nachbarn gegen einen
Bauvorbescheid s. im übrigen unten Rdnr. 308.
Die Bindungswirkung des Bauvorbescheids besteht auch dann, wenn sich die **Sach- oder
Rechtslage** zwischenzeitlich **geändert** hat, da der Bauvorbescheid ein Verwaltungsakt ist und
die Wirksamkeit eines Verwaltungsakts durch nachträgliche Rechtsänderungen nicht berührt
wird (BVerwGE 69, 1 = NJW 1984, 1473; Dürr JuS 1984, 1473). Die Bauaufsichtsbehörden
können den Bauvorbescheid aber in diesem Fall unter den Voraussetzungen des § 49 Abs. 2
Nr. 4 VwVfG widerrufen (OVG Koblenz BRS 36 Nr. 171; Dürr JuS 1984, 775; Weidemann BauR
1987, 9).

239 Die Bauaufsichtsbehörde hat sich auf die **Prüfung** der zur Beantwortung gestellten Fragen zu
beschränken, auch wenn zweifelhaft ist, ob das Bauvorhaben nicht an anderen Zulässigkeits-
voraussetzungen scheitern wird.

Bsp. (BVerwGE 61, 218 = NJW 1981, 2426): Eine auf die Vereinbarkeit des Vorhabens mit § 34 BauGB beschränkte Bauvoranfrage ist auch dann positiv zu bescheiden, wenn die nach Bauordnungsrecht erforderliche öffentlich-rechtlich gesicherte Zufahrt zu einer öffentlichen Straße nicht besteht.

Etwas anderes gilt aber, wenn das Hindernis für die Zulässigkeit des Bauvorhabens schlechterdings nicht ausräumbar ist; in diesem Fall fehlt das Sachbescheidungsinteresse (BVerwGE 48, 242 und 61, 128).

Der Bauherr hat einen **Rechtsanspruch** auf Erteilung des Bauvorbescheids, wenn öffentlich-rechtliche Vorschriften dem Bauvorhaben nicht entgegenstehen.

Der Bauvorbescheid gilt nach § 73 S. 2 ThürBO **drei Jahre**, d.h. vor Ablauf der 3-Jahres-Frist muss der Bauantrag gestellt worden sein (VGH Kassel BauR 1989, 451). Die Frist kann auf schriftlichen Antrag jeweils bis zu einem Jahr verlängert werden (§ 73 S. 3 ThürBO). Das kann auch mehrfach geschehen. Der Verlängerungsantrag muss aber noch vor Ablauf der Geltungsdauer des Bauvorbescheids gestellt worden sein (s. oben Rdnr. 224). Eine Verlängerung setzt voraus, dass das Bauvorhaben weiterhin genehmigungsfähig ist (OVG Lüneburg NVwZ-RR 1995, 247; OVG Münster BRS 47 Nr. 140).

Außer durch einen Bauvorbescheid kann eine Bindung der Bauaufsichtsbehörde auch durch eine schriftliche Zusicherung (§ 38 Abs. 1 Satz 1 ThürVwVfG) auf Erteilung einer Baugenehmigung oder einen öffentlich-rechtlichen Vertrag mit entsprechender Verpflichtung eintreten (vgl. OVG Münster BauR 1988, 68). Voraussetzung ist, dass die **Zusicherung** von dem für die Erteilung einer Baugenehmigung zuständigen Beamten der Bauaufsichtsbehörde stammt. Erklärungen anderer Stellen, insbesondere von Bürgermeistern oder Bediensteten der Gemeinden, sind unbeachtlich.

8. Das Verfahren der Genehmigungsfreistellung (§ 63a ThürBO)

§ 63a ThürBO stellt die in Abs. 1 genannten Bauvorhaben – darunter insbesondere Ein- und **240** Zweifamilienhäuser üblichen Zuschnitts – unter den weiteren Voraussetzungen des Abs. 2 – Übereinstimmung mit den Festsetzungen eines Bebauungsplanes und gesicherte Erschließung (im Einzelnen s. oben Rdnr. 215) – grundsätzlich vom Erfordernis einer Baugenehmigung und damit von der Durchführung eines Genehmigungsverfahrens vor der Bauaufsichtsbehörde frei. Zugleich regelt die Vorschrift aber ein **eigenständiges Verfahren** der Unterrichtung der Gemeinde, das der Gemeinde zur Wahrung ihrer Planungshoheit die Möglichkeit gibt, insbesondere die planungsrechtlichen Voraussetzungen für die Genehmigungsfreistellung nach § 63a Abs. 2 Nr. 1–3 ThürBO zu prüfen (§ 63a Abs. 4 S. 1) und im Falle von Zweifeln die Durchführung eines vereinfachten Baugenehmigungsverfahrens nach § 63b ThürBO zu verlangen sowie zur Sicherung eines in Aufstellung befindlichen Planes eine vorläufige Untersagung des Bauvorhabens nach § 15 Abs. 1 S. 2 BauGB zu beantragen (§ 63a Abs. 2 Nr. 4 ThürBO). Eine vergleichbare Regelung ist zuerst in Baden-Württemberg eingeführt worden (Kenntnisgabeverfahren) und war dort im Gesetzgebungsverfahren sehr umstritten. Die **Bedenken** richten sich vor allem dagegen, dass eine mit der gebotenen Sorgfalt durchgeführte präventive Kontrolle des Bauvorhabens durch die Gemeinde in der Regel schon wegen der relativ kurzen Fristen kaum möglich sei und man sich erklärtermaßen auf die – häufig nur recht eingeschränkt vorhandene – Gesetzestreue von Bauherrn und Architekten verlasse. Das Kenntnisgabeverfahren bringt auch für den Bauherrn nicht nur Vorteile, denn der Wegfall einer Baugenehmigung hat zur Folge, dass der Bauherr auch nicht mehr die Vorteile der Bestandskraft einer Baugenehmigung genießt; der Bauherr handelt »auf eigene Gefahr« (so VG Münster BauR 1999, 626; Ortloff NVwZ 2000, 752). Die Regelung liegt aber im anhaltenden Trend zur Beschleunigung und zur Reduzierung des Prüfungsumfangs bauaufsichtlicher Verfahren einschließlich der damit notwendig verbundenen Verlagerung von Risiken und Verantwortung auf Bauherren und planende Architekten und Ingenieure. Der Gesetzgeber der ThürBO 2004 ist jedenfalls davon ausgegangen, dass die vergleichbaren Regelungen in

den Bauordnungen anderer Länder sich inzwischen praktisch bewährt haben und auch von den Kommunen akzeptiert werden. Nennenswerte Missbräuche seien nicht bekannt geworden (LT-Drucks. 3/3287, S. 90).
Damit die Gemeinde die ihr eingeräumte Prüfungsbefugnis und die Verfahrensrechte nach § 63a Abs. 2 Nr. 4 ThürBO wahrnehmen kann, ist der Bauherr verpflichtet, die erforderlichen **Unterlagen** unmittelbar bei der Gemeinde einzureichen; eine Fertigung der Unterlagen legt die Gemeinde unverzüglich der Bauaufsichtsbehörde vor (§ 63a Abs. 3 S. 1 ThürBO). Die Gemeinde hat für ihre Prüfung von der Einreichung der Unterlagen an **einen Monat** Zeit (§ 63a Abs. 3 S. 2 ThürBO). Sie kann innerhalb dieser Frist erklären, dass das vereinfachte Baugenehmigungsverfahren durchgeführt werden soll. In diesem Fall hat sie die vorgelegten Unterlagen dem Bauherrn zurückzureichen oder, wenn der Bauherr dies bei der Vorlage seiner Unterlagen bestimmt hat, gleichzeitig mit ihrer Erklärung an die Bauaufsichtsbehörde weiterzuleiten (§ 63a Abs. 3 S. 3, 4 ThürBO). Im **vereinfachten Baugenehmigungsverfahren** wird u.a. die bauplanungsrechtliche Zulässigkeit geprüft (§ 63b ThürBO). Die Gemeinde kann die Durchführung des vereinfachten Baugenehmigungsverfahrens also insbesondere dann verlangen, wenn sie Zweifel hat, ob das Bauvorhaben den Festsetzungen ihres städtebaulichen Planes entspricht; aber auch wenn sie aus anderen Gründen eine Überprüfung des Bauvorhabens für erforderlich hält. Das stellt § 63a Abs. 4 S. 1 ausdrücklich klar. Allerdings muss es sich um Gründe handeln, die in dem Verfahren nach § 63b zu prüfen sind. Die Gemeinde kann innerhalb dieser Frist aber auch unter den Voraussetzungen des § 15 Abs. 1 S. 2 BauGB eine **vorläufige Untersagung** beantragen. Die vorläufige Untersagung nach § 15 Abs. 1 S. 2 BauGB entspricht in ihren Wirkungen der Zurückstellung eines Baugesuchs nach § 15 Abs. 1 S. 1 BauGB im Fall der Durchführung eines Baugenehmigungsverfahrens und ist unter den gleichen Voraussetzungen zulässig. Sie setzt danach voraus, dass die Gemeinde die Aufstellung eines Bebauungsplanes beschlossen, aber von der Möglichkeit des Beschlusses einer (generell wirkenden) Veränderungssperre (§ 14 BauGB) keinen Gebrauch gemacht hat, und dass zu befürchten ist, dass die Durchführung der Planung durch das Vorhaben unmöglich gemacht oder wesentlich erschwert werden würde. Will die Gemeinde keine dieser beiden Möglichkeiten wahrnehmen, kann sie die Monatsfrist verstreichen lassen oder schon vor Ablauf der Frist dem Bauherrn schriftlich mitteilen, dass kein Genehmigungsverfahren durchgeführt werden soll und dass sie eine Untersagung nicht beantragen wird (§ 63a Abs. 3 S. 3 ThürBO). Dann darf der Bauherr sofort mit der Ausführung beginnen, ohne die Monatsfrist abwarten zu müssen. Hat die Gemeinde die Monatsfrist ohne Erklärung verstreichen lassen, bleibt es bei der Genehmigungsfreistellung und der Bauherr kann dann mit der Ausführung seines Vorhabens beginnen. Die Gemeinde kann nach Ablauf der Monstsfrist, auch wenn sie nachträglich Bedenken hat, nicht mehr die Durchführung eines vereinfachten Genehmigungsverfahrens verlangen oder die vorläufige Untersagung beantragen. Allerdings gilt auch hier, dass die Genehmigungsfreistellung nicht von der Einhaltung des materiellen Rechts entbindet (§ 62 Abs. 2 S. 1 ThürBO), so dass die Bauaufsichtsbehörde bei Anhaltspunkten für Verstöße gegen das materielle Recht einschreiten kann und gegebenenfalls muss.
Der Bauherr hat von dem Zeitpunkt an, zu dem er nach § 63a Abs. 3 S. 2 und 3 ThürBO mit der Ausführung des Bauvorhabens beginnen darf, 3 Jahre lang Zeit, um mit der Ausführung zu beginnen. Danach muss das Genehmigungsfreistellungsverfahren erneut durchgeführt werden (§ 63a Abs. 3 S. 5 ThürBO). Die Frist von 3 Jahren entspricht der Geltungsdauer einer Baugenehmigung nach § 72 Abs. 1 ThürBO.

9. Die Baulast (§ 80 ThürBO)

241 Zur Sicherung öffentlich-rechtlicher Verpflichtungen, die sich nicht schon aus öffentlich-rechtlichen Vorschriften ergeben, kann der Grundstückseigentümer nach § 80 ThürBO eine

Baulast (s. dazu Hürth ZfBR 1997, 12; Wenzel BauR 2003, 569) übernehmen. Die Baulast kann auch eine bauplanungsrechtliche Verpflichtung sichern (OVG Lüneburg NJW 1985, 1796; OVG Hamburg NJW 1987, 915). Die ThürBO fordert in einer Reihe von Fällen die öffentlich-rechtliche Sicherung von Verpflichtungen des Grundstückseigentümers als Voraussetzung für die Zulassung von Alternativen. Beispiele sind § 4 Abs. 1 S. 1 (öffentlich-rechtlich gesicherte Zufahrt zu einer befahrbaren öffentlichen Verkehrsfläche als ausreichende Erschließung) oder § 6 Abs. 2 S. 3 (Verlagerung der Abstandsfläche auf das Nachbargrundstück). Die in diesen Vorschriften geforderte öffentlich-rechtliche Sicherung erfolgt durch Übernahme einer Baulast (OVG Weimar B. v. 31.12.1996–1 EO 655/94 –).

Ein Anspruch gegen den Eigentümer eines benachbarten Grundstücks auf Übernahme einer Baulast besteht grundsätzlich nicht, und zwar auch dann nicht, wenn ein Grundstück ohne eine Baulast nicht bebaubar ist (Neuhäuser NVwZ 1996, 738). Allerdings kann aus der Bestellung einer Grunddienstbarkeit ausnahmsweise die Verpflichtung zur Übernahme einer Baulast abgeleitet werden, wenn nämlich sonst die durch Dienstbarkeit gesicherte Verpflichtung zur Ermöglichung der Bebauung an öffentlich-rechtlichen Hindernissen scheitern würde (BGH NJW 1989, 1607; NVwZ 1990, 192).

Die Baulast stellt eine öffentliche Last dar, die keine subjektiven Rechte begründet und zwar auch dann nicht, wenn sie zugunsten eines Dritten (in der Regel des Nachbarn) übernommen wurde (BGH NJW 1978, 1430; OVG Münster NJW 1988, 1043); sie kann aber von einer entsprechenden privatrechtlichen Vereinbarung begleitet sein (VGH Mannheim VBlBW 1986, 225). Die Baulast wirkt auch gegenüber dem Rechtsnachfolger (§ 80 Abs. 1 S. 2 ThürBO).

Die Baulast setzt zunächst eine Verpflichtungserklärung des Grundstückseigentümers gegenüber der Bauaufsichtsbehörde nach Maßgabe des § 80 Abs. 2 ThürBO voraus (Schriftform, öffentlich beglaubigte oder vor der Bauaufsichtsbehörde geleistete oder von ihr anerkannte Unterschrift). Wirksam wird die Baulast erst mit der Eintragung in das bei der Bauaufsichtsbehörde geführte Baulastenverzeichnis (§ 80 Abs. 1 S. 2, Abs. 4 S. 1 ThürBO).

Die Baulast geht nach § 80 Abs. 3 S. 1 ThürBO durch schriftlichen Verzicht der Bauaufsichtsbehörde unter. Der Verzicht ist zu erklären, wenn an der Baulast kein öffentliches Interesse mehr besteht (§ 80 Abs. 3 S. 2 ThürBO). Vor dem Verzicht sind der Verpflichtete und die Begünstigten anzuhören (§ 80 Abs. 3 S. 3 ThürBO). Sie können die Baulast aber – anders als die Grunddienstbarkeit – nicht ohne Mitwirkung der Bauaufsichtsbehörde aufheben. Auch der Verzicht wird erst mit der Löschung der Baulast im Baulastenverzeichnis – als Gegenakt zur Eintragung – wirksam (§ 80 Abs. 3 S. 4 ThürBO).

10. Beseitigung von Anlagen (§ 77 Satz 1 ThürBO)

a) Voraussetzungen

Werden Anlagen (§ 2 Abs. 1 S. 4 ThürBO) im Widerspruch zu öffentlich-rechtlichen Vorschriften **242** errichtet oder geändert, kann die Bauaufsichtsbehörde die teilweise oder vollständige Beseitigung der Anlagen anordnen, wenn nicht auf andere Weise rechtmäßige Zustände hergestellt werden können (§ 77 S. 1 ThürBO). Werden Anlagen im Widerspruch zu öffentlich-rechtlichen Vorschriften genutzt, kann diese Nutzung nach § 77 Satz 2 ThürBO untersagt werden.

Nach einer verbreiteten Faustformel kann eine **Beseitigungsanordnung** nur ergehen, wenn das Gebäude formell und materiell baurechtswidrig ist (BVerwG NVwZ 1989, 353; NVwZ 2002, 1250; OVG Lüneburg NVwZ-RR 1996, 6; Ortloff NVwZ 2004, 660). Das ist allerdings nur eine Faustformel und keine für alle Fälle passende Regel. **Formelle Baurechtswidrigkeit** (formelle Illegalität) bedeutet, dass das Gebäude nicht durch eine Baugenehmigung gedeckt wird (OVG Münster NVwZ 1988, 943; VGH Mannheim BauR 1989, 193; VBlBW 2004, 264); bei einem verfahrensfreien Vorhaben kann selbstverständlich eine formelle Baurechtswidrigkeit nicht vorausgesetzt werden, hier reicht die materielle Baurechtswidrigkeit für eine Beseitigungsanordnung aus (VGH Mannheim BauR 1991, 75). Ist ein materiell-rechtlich unzulässiges Gebäude genehmigt worden, kann die Beseitigung erst angeordnet werden, wenn die Baugenehmigung bestandskräftig aufgehoben oder der sofortige Vollzug dieser Maßnahme angeordnet wurde (OVG Münster NVwZ 1988, 943). Zulässig ist es aber, den Abbruch zusammen mit der Rücknahme der Baugenehmigung anzuordnen mit der Maßgabe, dass der Abbruch erst nach der Bestandskraft der Rücknahme vollzogen werden darf (OVG Lüneburg NVwZ 1996, 605; VGH Mannheim VBlBW 2004, 264).

Danach zeigt sich, dass die Faustformel »formelle und materielle Baurechtswidrigkeit« als Voraussetzung für eine Beseitigungsanordnung sehr verkürzt ist. Treffender ist die folgende Formulierung:

Eine Beseitigungsanordnung ist zulässig, wenn das Vorhaben seit seiner Errichtung im Widerspruch zu materiellem Baurecht steht und nicht durch eine Baugenehmigung gedeckt ist (VGH Mannheim NJW 1984, 319; BauR 1991, 75 u. 450; NVwZ 1997, 463; VBlBW 2004, 264).

243 **Materielle Baurechtswidrigkeit** (Illegalität) bedeutet, dass die Anlage seit ihrer Errichtung ununterbrochen gegen öffentlich-rechtliche Vorschriften verstößt (VGH Mannheim BauR 1991, 75; 1989, 193; VBlBW 2004, 264). Stand die Anlage bei ihrer Errichtung in Übereinklang mit dem materiellen Baurecht, genießt sie Bestandsschutz, so dass ihre Beseitigung bei einer nachträglichen Änderung der rechtlichen oder tatsächlichen Verhältnisse nicht mehr angeordnet werden kann (BVerwG NJW 1971, 1624; Jäde/Dirnberger/Michel, § 77 Rdnr. 17 ff., 21). Nicht zugestimmt werden kann der zitierten Rechtsprechung allerdings, soweit auch eine nur zwischenzeitlich eingetretene Übereinstimmung mit dem materiellen Baurecht Bestandsschutz vermitteln soll, auch wenn diese Änderung der Rechtslage nur eine beschränkte Zeit andauerte. Denn der Bauherr kann insoweit keinen Vertrauensschutz beanspruchen (s. dazu Dürr VBlBW 2000, 457).

Die materielle Baurechtswidrigkeit kann nach der Rechtsprechung des BVerwG (E 48, 271 = NJW 1976, 340) nicht schon daraus abgeleitet werden, dass ein Bauantrag für das zu beseitigende Vorhaben bestandskräftig abgelehnt wurde; anders ist es freilich bei einem rechtskräftigen Urteil eines Verwaltungsgerichts. Denn durch die Rechtskraft wird bindend festgestellt, dass das Bauvorhaben baurechtlich unzulässig ist. Demgegenüber bedeutet die Bestandskraft der Ablehnung des Bauantrags nur, dass das Baugenehmigungsverfahren abgeschlossen ist. Der Bauherr ist aber nach Ansicht des BVerwG durch die Bestandskraft nicht gehindert, denselben Bauantrag nochmals zu stellen; die Bauaufsichtsbehörde sei wegen Art. 14 GG verpflichtet, erneut eine sachliche Entscheidung über die Zulässigkeit des Bauvorhabens zu treffen. Diese Rechtsprechung des BVerwG weicht freilich von den sonstigen Grundsätzen über die Bestandskraft eines Verwaltungsakts ab, wonach nur bei einer geänderten Sach- oder Rechtslage nach § 51 ThürVwVfG eine erneute Sachentscheidung über einen bereits früher gestellten Antrag verlangt werden kann (kritisch auch Gaentzsch NJW 1986, 879; Ortloff NJW 1987, 1670).

Ausnahmsweise kann eine Beseitigungsanordnung allein auf die formelle Baurechtswidrigkeit gestützt werden, wenn die Anlage ohne Substanzverlust und mit verhältnismäßig geringen Kosten für Entfernung und Lagerung beseitigt werden kann (VGH Kassel BauR 1992, 66; OVG Schleswig BauR 1992, 742; OVG Bautzen LKV 1993, 428; OVG Weimar, B. b. 4.11.1993–1 B 113/92 und v. 28.2.1995–1 EO 238/94 –). Das kommt etwa bei Werbeanlagen in Betracht (OVG Weimar ThürVBl 1994, 291; 1995, 113; 1997, 16 = BRS 58 Nr. 208). Einer allein auf formelle Baurechtswidrigkeit gestützten Beseitigungsanordnung kann aber insbesondere der Grundsatz der Verhältnismäßigkeit entgegenstehen. Bei Werbeanlagen kann die Beseitigung aber ausnahmsweise erforderlich und auch im Übrigen verhältnismäßig sein, wenn die Gefahr der Nachahmung mit der Folge einer verbreiteten Missachtung des

Genehmigungserfordernisses besteht und dieser Gefahr allein mit einem Nutzungsverbot nicht wirksam begegnet werden kann (OVG Weimar a.a.O.).

Zu den tatbestandlichen Voraussetzungen für eine Beseitigungsanordnung gehört weiter, dass nicht auf andere Weise rechtmäßige Zustände geschaffen werden können. Dieses Tatbestandsmerkmal ist Ausfluss des Grundsatzes der **Erforderlichkeit**, eines Teilaspekts des rechtsstaatlichen Grundsatzes der Verhältnismäßigkeit (dazu unten Rdnr. 244). Dem Gesetzgeber ist die Beachtung dieses Gesichtspunktes bei der Beseitigungsanordnung aber so wichtig, dass er ihn in den Tatbestand aufgenommen hat. Die Worte »auf andere Weise« sind deshalb dahingehend zu ergänzen, dass eine andere Weise gemeint ist, die zur Herstellung rechtmäßiger Zustände ebenso geeignet ist, für den Betroffenen aber weniger eingreifende Wirkung hat, als das bei einer Beseitigungsanordnung der Fall ist. Eine solche schonendere Alternative bietet sich insbesondere an, wenn die bauliche Anlage durch rechtliche oder tatsächliche Maßnahmen legalisiert werden kann, z.B. durch Aufstellung eines Bebauungsplans (VGH Mannheim BauR 1989, 193); dieses setzt aber bereits konkrete Planungsabsichten der Gemeinde voraus (VGH Mannheim VBlBW 2004, 264). Die Bauaufsichtsbehörde muss ferner prüfen, ob zur Herstellung eines rechtmäßigen Zustands die vollständige Beseitigung erforderlich ist oder ob ein Teilabbruch genügt (VGH Mannheim BauR 1989, 193). Die Bauaufsichtsbehörden sind zwar in der Regel nicht verpflichtet, von sich aus Vorschläge zu machen, wie durch eine bauliche Veränderung, etwa eine räumliche **Verkleinerung** oder eine Entfernung der für ein Wohngebäude typischen Bauteile wie Fenster, Teppichboden, Terrasse usw. ein rechtmäßiger Zustand hergestellt werden kann, vielmehr ist es Sache des Bauherrn, derartige Vorschläge zu machen (BVerwG NVwZ-RR 1997, 273; OVG Lüneburg BauR 2000, 87; VGH Mannheim VBlBW 2004, 264). Etwas anderes hat aber jedenfalls dann zu gelten, wenn sich eine bestimmte Maßnahme zur Schaffung eines rechtmäßigen Zustands geradezu aufdrängt, z.B. die Entfernung einer überdachten Terrasse bei einem sonst unauffälligen Gebäude (BVerwG BRS 15 Nr. 118).

Auch wenn die Voraussetzungen des § 77 Satz 1 ThürBO gegeben sind, ist die Bauaufsichts-behörde nicht zu einem Einschreiten verpflichtet, vielmehr steht der Erlass einer Beseitigungs-anordnung in ihrem **Ermessen** (VGH Mannheim NVwZ-RR 1997, 464; BRS 58 Nr. 211; VBlBW 2004, 264). Dabei hat die Bauaufsichtsbehörde alle in Betracht kommenden öffentlichen und privaten Belange abzuwägen. Dem Ermessen, das der Behörde für Beseitigungsanordnungen wie für Nutzungsuntersagungen in § 77 ThürBO eingeräumt ist, ist dabei die Tendenz eigen, die im öffentlichen Interesse grundsätzlich gebotene Pflicht zum Einschreiten zu verwirklichen; denn das Ermessen wird durch die Norm nur eröffnet, um der Bauaufsichtsbehörde in Aus-nahmefällen zu ermöglichen, von dem an sich gebotenen Einschreiten abzusehen, wenn dies nach den konkreten Umständen angezeigt ist (OVG Weimar ThürVGRspr. 1997, 42 = BRS 58 Nr. 208; ThürVGRspr. 1998, 81 = BRS 59 Nr. 213; zum »intendierten Ermessen« BVerwG E 72, 1; 105, 55; kritisch Maurer, Allgemeines Verwaltungsrecht, § 7 Rdnr. 12; Borowski DVBl 2000, 149). Es ist daher in der Regel nicht ermessensfehlerhaft, wenn die Behörde zur Wiederherstellung eines rechtmäßigen Zustands eine Beseitigungsanordnung erlässt (BVerwG NJW 1986, 393; NVwZ 1997, 273; NVwZ 2002, 1250).

§ 77 Satz 1 ThürBO spricht umfassend von einem Widerspruch zu öffentlich-rechtlichen Vor-schriften, beschränkt sich jedenfalls dem Wortlaut nach nicht – wie § 70 Abs. 1 ThürBO – auf die von der Bauaufsichtsbehörde zu prüfenden Vorschriften. Im Hinblick auf die rechtsstaatliche Zuständigkeitsordnung muss § 77 Satz 1 ThürBO einschränkend in dem Sinne ausgelegt wer-den, dass die Bauaufsichtsbehörde nicht wegen eines Verstoßes gegen eine Rechtsvorschrift einschreiten kann, deren Überwachung zu den Aufgaben einer Spezialbehörde gehört (BVerwG NVwZ 1992, 480 für Abfallrecht).

Bsp. (VGH Kassel BRS 46 Nr. 212 – Errichtung eines Gewächshauses in einem Landschaftsschutzgebiet): Wegen des Verstoßes gegen die Landschaftsschutzverordnung kann nur die Naturschutzbehörde
einschreiten, nicht die Bauaufsichtsbehörde (eb. Hahn DVBl 1992, 1408).

Allerdings kann neben einem Verstoß gegen eine spezialgesetzliche Vorschrift zugleich
auch ein Verstoß gegen baurechtliche Bestimmungen vorliegen; wegen letzterem kann die
Bauaufsichtsbehörde einschreiten (BVerwG NVwZ 1992, 480).

Bsp. (OVG Koblenz NVwZ 1994, 561; NVwZ 1995, 511): Die ungenehmigte Lagerung von Klärschlamm
verstößt nicht nur gegen das Abfallrecht, sondern stellt zugleich einen rechtswidrigen Lagerplatz i.S.d. § 2
Abs. 1 S. 3 Nr. 2 ThürBO dar, sodass auch die Bauaufsichtsbehörde tätig werden kann (eb. auch BVerwG
NVwZ 1994, 296 für Straßenaufbruchmaterial).

b) Verhältnismäßigkeit

244 Bei Erlass einer Beseitigungsanordnung muss die Behörde den Grundsatz der **Verhältnismäßigkeit** beachten. Einen Teilaspekt der Verhältnismäßigkeit, die Erforderlichkeit der
Maßnahme, berücksichtigt § 77 S. 1 ThürBO schon als Tatbestandsmerkmal (s.oben Rdnr.
243); weitergehend verlangt aber die Verhältnismäßigkeit im engeren Sinn, dass der Schaden
für den Betroffenen nicht außer Verhältnis zu dem öffentlichen Interesse am Abbruch eines
Gebäudes stehen darf (BVerwG NVwZ 1989, 353; NVwZ-RR 1997, 273; VGH Mannheim BauR
1989, 193).

Bsp. a) (BVerwG NVwZ 1989, 353): Es ist unverhältnismäßig, wegen fehlender Erschließung die Beseitigung
eines Gebäudes anzuordnen, wenn der Nachbar die Benutzung eines Privatwegs gestattet.
b) (OVG Lüneburg BauR 1984, 277): Es ist unverhältnismäßig, die Rückversetzung einer Außenwand, die
um wenige cm den Grenzabstand unterschreitet, zu verlangen, wenn diese Maßnahme 20.000 DM kostet.
c) (VGH Mannheim BRS 28 Nr. 164; BauR 1991, 450): Der Abbruch eines Wochenendhauses von Eltern
eines geistig und körperlich behinderten Kindes kann unverhältnismäßig sein.
d) (VGH Mannheim BRS 39 Nr. 223): Drohende Obdachlosigkeit macht eine Beseitigungsanordnung nicht
rechtswidrig, denn es ist davon auszugehen, dass die Gemeinde eine Obdachlosenunterkunft zur Verfügung
stellen wird.

Der Grundsatz der Verhältnismäßigkeit hindert die Bauaufsichtsbehörden aber jedenfalls bei
Schwarzbauten nicht, auch die Beseitigung größerer Bauwerke zu verlangen, denn der
Bauherr hat in einem solchen Fall bewusst auf eigenes Risiko gebaut und muss deshalb
auch einen größeren finanziellen Schaden hinnehmen (BVerwG NVwZ-RR 1997, 273; OVG
Lüneburg BauR 2000, 87). Insbesondere bei Wochenendhäusern im Außenbereich ist in
der Regel eine Beseitigung geboten. Etwas anderes hat aber zu gelten, wenn z.B. durch
Ausweisung eines Wochenendhausgebiets gemäß § 10 BauNVO in absehbarer Zeit mit der
Legalisierung des rechtswidrig errichteten Gebäudes zu rechnen ist (VGH Mannheim BauR
1989, 193).
Es verstößt gegen den Grundsatz der Verhältnismäßigkeit, wenn die Behörde die Beseitigung
anordnet, obwohl zur Herstellung eines rechtmäßigen Zustands eine **Nutzungsuntersagung**
ausreicht (VGH Mannheim BRS 24 Nr. 199). Dabei ist allerdings zu beachten, dass eine
Nutzungsuntersagung dann nicht ausreicht, wenn der rechtswidrige Zustand und die durch ihn
ausgelöste Gefahrenlage gerade in der objektiven Erscheinungsform und Nutzungsmöglichkeit
des Gebäudes liegt. Ein objektiv als Wochenendhaus geeignetes Gebäude verstößt auch dann
gegen § 35 Abs. 3 BauGB, wenn es tatsächlich nur zum Abstellen von Geräten benutzt wird.

c) Gleichheitsgrundsatz

245 Während ein Anspruch auf Erteilung einer Baugenehmigung nicht damit begründet werden
kann, dass die Bauaufsichtsbehörde in anderen Fällen ebenfalls entgegen geltendem Baurecht
eine Baugenehmigung erteilt habe (»keine Gleichheit im Unrecht«), kann der Adressat einer

Beseitigungsanordnung sich unter Umständen mit Aussicht auf Erfolg auf die Verletzung des **Art. 3 Abs. 1 GG** berufen, weil die Behörde in anderen gleichgelagerten Fällen die Beseitigung nicht verlangt hat (BVerwG NVwZ-RR 1992, 360; BRS 58 Nr. 248; OVG Weimar ThürVBl 1994, 291; Urt. v. 30.12.2002 – 1 KO 881/99 –; OVG Münster NVwZ-RR 1995, 635; VGH Mannheim NVwZ-RR 1997, 465; BauR 1999, 734). Allerdings ist die Bauaufsichtsbehörde nicht verpflichtet, gegen alle rechtswidrigen Bauten in ihrem Zuständigkeitsbereich gleichzeitig und schlagartig vorzugehen, sie kann durchaus nach objektiven Kriterien, etwa Alter oder auffälliger Lage differenzieren (BVerwG BRS 58 Nr. 209; VGH Mannheim BRS 58 Nr. 210 u. 211; NVwZ-RR 1997, 465).

Bsp. (BVerwG NVwZ 1988, 144): Es ist mit Art. 3 GG vereinbar, wenn der Abbruch von festen Wochenendhäusern angeordnet wird, während Wohnwagen geduldet werden.

Bei einer Vielzahl gleichartiger Fälle genügt es, wenn die Bauaufsichtsbehörde nach einem auf sachlichen Erwägungen beruhenden Konzept vorgeht, auch wenn die Maßnahme insgesamt einen längeren Zeitraum in Anspruch nimmt (OVG Weimar ThürVBl 1994, 291; Urt. v. 30.12.2002 – 1 KO 881/99 –). Erst wenn sich überhaupt kein sachlicher Gesichtspunkt für eine differenzierte Behandlung gleich erscheinender Fälle findet, ist Art. 3 GG verletzt (BVerwG BRS 58 Nr. 209; VGH Mannheim BRS 58 Nr. 210; OVG Lüneburg NVwZ-RR 1994, 249); das ist insbesondere der Fall, wenn gleichzeitig mit der Beseitigungsanordnung der Bau gleichartiger Vorhaben genehmigt wird oder die Behörde sich in einem Vergleich in einem anderen Verfahren verpflichtet, ein derartiges Gebäude zu dulden (VGH Mannheim NJW 1989, 603). Durch einen rechtlichen oder tatsächlichen Irrtum der Bauaufsichtsbehörde bei der Beurteilung anderer Bauvorhaben tritt aber eine Ermessenseinschränkung nicht ein (VGH Kassel NJW 1984, 318). Eine Berufung auf Art. 3 GG setzt stets voraus, dass der »Berufungsfall« in räumlicher Nähe des zu beseitigenden Gebäudes liegt (VGH Mannheim NJW 1984, 319).

d) Verwirkung

Schließlich kann die Behörde die Befugnis zum Erlass einer Beseitigungsanordnung auch ver- **246** wirken, wenn sie trotz Kenntnis des rechtswidrigen Bauvorhabens jahrelang nichts unternimmt und durch entsprechendes Verhalten den Eindruck erweckt, sie habe sich mit dem Gebäude abgefunden (BVerwG Buchholz 406.17 Nr. 35); bloße Untätigkeit der Behörde reicht allerdings nicht aus. Das gilt auch, wenn vorgetragen wird, Abweichungen von der Baugenehmigung seien in der ehemaligen DDR an der Tagesordnung gewesen, ohne dass die Behörden dagegen eingeschritten wären (OVG Weimar B. v. 13.4.1999 – 1 ZEO 636/98 –), es sei denn, das Vorhaben fällt unter § 11 Abs. 3 der DDR-Verordnung über Bevölkerungsbauwerke (dazu unten Rdnr. 246 a).

Bsp. (VGH Mannheim BRS 32 Nr. 186): Die Bauaufsichtsbehörde hatte früher einmal nach Besichtigung des Gebäudes sowie der Nachbargebäude den Abbruch eines benachbarten Hauses angeordnet, der Eigentümer hatte daraufhin umfangreiche Ausbauarbeiten vorgenommen. Der durch das Verhalten der Behörde geschaffene Vertrauenstatbestand steht einer späteren Beseitigungsanordnung entgegen.

Erst recht tritt durch den bloßen Zeitablauf keine Verwirkung ein (VGH Kassel NJW 1984, 318). Neben dem zeitlichen Aspekt und der durch ein entsprechendes Verhalten der Behörde geschaffenen Vertrauensgrundlage muss hinzukommen, dass der Eigentümer sein Vertrauen betätigt und einen Vertrauenstatbestand geschaffen hat, d.h. Aufwendungen vorgenommen hat, die im Fall einer Beseitigung des Gebäudes verloren wären (VGH Mannheim BRS 40 Nr. 228; 39 Nr. 144).

e) Verjährung nach der DDR-VO über Bevölkerungsbauwerke

246a Ein Hindernis für den Erlass einer Beseitigungsanordnung für einen zu DDR-Zeiten errichteten Schwarzbau kann sich aus **§ 11 Abs. 3 der DDR-Verordnung** über Bevölkerungsbauwerke vom 8.11.1984 (GBl I S. 433; neugefasst durch die 2. VO über Bevölkerungsbauwerke vom 13.7.1989, GBl I S. 191) ergeben. Nach § 11 Abs. 1 Ziff. 3 dieser Verordnung war der Vorsitzende des Rats berechtigt, den Bauauftraggeber, der ein Bauwerk widerrechtlich errichtet oder verändert hatte, durch Auflage zu verpflichten, innerhalb einer angemessenen Frist auf seine Kosten das Bauwerk oder den Bauwerksteil zu beseitigen und den ursprünglichen Zustand wiederherzustellen, sofern das gesellschaftliche Interesse dies erforderte. § 11 Abs. 3 der VO bestimmte, dass eine Auflage gemäß Abs. 1 Ziff. 3 nicht mehr erteilt werden durfte, wenn seit der Fertigstellung des Bauwerks **fünf Jahre** vergangen waren. Praktische Bedeutung hat diese Vorschrift vor allem deshalb in großem Umfang erlangt, weil in der DDR häufig mit Genehmigung errichtete Wochenendhäuser und Gartenlauben im Außenbereich (»Datschen«) ausgebaut und zu Dauerwohnzwecken genutzt worden sind. Die Verwaltungsbehörden der DDR waren gegen diese Umbauten und Umnutzungen in vielen Fällen nicht vorgegangen. Als die Bauaufsichtsbehörden nach der Vereinigung damit begannen, gegen ungenehmigt zu Dauerwohnhäusern erweiterte Datschen mit Nutzungsverboten und Beseitigungsanordnungen vorzugehen, beriefen sich die Betroffenen auf § 11 Abs. 3 der DDR-VO über Bevölkerungsbauwerke. Es war aber umstritten, ob und in welcher Weise die Bauaufsichtsbehörden diese Regelung zu berücksichtigen hatten. Die VO über Bevölkerungsbauwerke war mit dem Inkrafttreten des Gesetzes der DDR zur Einführung des Gesetzes vom 20.7.1990 über die Bauordnung (GBl I S. 950) am 1.8.1990 außer Kraft getreten. Wenn zu diesem Zeitpunkt die Fünf-Jahres-Frist für eine Beseitigungsanordnung abgelaufen war, stellte sich die Frage, ob die nach dem geltenden Recht der DDR eingetretene Rechtsfolge der Unzulässigkeit einer Beseitigungsanordnung auch nach der Änderung der Rechtslage für die Bauaufsichtsbehörden bindend war. Einigkeit bestand darin, dass § 11 Abs. 3 der VO über Bevölkerungsbauwerke nicht die Rechtswirkungen einer nach Art. 19 S. 1 des Einigungsvertrages fortgeltenden Baugenehmigung hatte. Weitgehende Einigkeit bestand auch darin, dass die Vorschrift **keinen Bestandsschutz im heutigen Sinn** vermittelt (OVG Bautzen LKV 1994, 336; a.A. Gohrke/ Brehsan LKV 1999, 396). Denn Voraussetzung für den aus Art. 14 GG abgeleiteten Bestandsschutz ist die formelle oder zumindest materielle Rechtmäßigkeit des Vorhabens. § 11 Abs. 3 bewirkte aber keine Legalisierung rechtswidrig errichteter oder veränderter Bauwerke, sondern schützte lediglich vor dem Erlass einer Beseitigungsanordnung. Nach einer auch in der Vorauflage vertretenen Auffassung konnte der Ablauf der Fünf-Jahres-Frist nur im Rahmen der Ermessenserwägungen zugunsten der Betroffenen berücksichtigt werden (vgl. Finkelnburg/ Ortloff II S. 185 f.). Das OVG Weimar hat mit Urteil vom 18.12.2002 (ThürVBl 2003, 134 = ThürVGRspr. 2003, 113 = BRS 65 Nr. 206) entschieden, dass § 11 Abs. 3 der VO über Bevölkerungsbauwerke nach ihrem Inhalt und Normzweck eine **Verjährungsregelung** darstellt und dass eine zur Zeit ihrer Geltung eingetretene Verjährung einer Beseitigungsanordnung auch nach heutigem Recht entgegensteht. Anhaltspunkte dafür, dass das Einführungsgesetz zur DDR-Bauordnung vom 20.7.1990 über die Abschaffung der Verjährungsvorschrift des § 1 Abs. 3 VO über Bevölkerungsbauwerke hinaus die Unbeachtlichkeit einer bereits eingetretenen Verjährung habe anordnen wollen, gebe es nicht. Das Gesetz könne auch nicht in diesem Sinne ausgelegt werden, zumal ein nachträglicher Eingriff in eine bereits abgelaufene Verjährung eine nach dem Rechtsstaatspinzip in der Regel unzulässige Rückwirkung darstelle. Aus diesem Grund könne auch aus dem Fehlen von entsprechenden Überleitungsregelungen im Einigungsvertrag und in der ThürBO 1994 nicht die Unbeachtlichkeit einer nach § 1 Abs. 3 VO über Bevölkerungsbauwerke eingetretenen Verjährung abgeleitet werden. Mit Eintritt der Verjährung habe der Bauherr eine **schutzwürdige verfahrensrechtliche Rechtsposition**

erlangt, die ihrer Bedeutung und ihrem Gewicht nach mit einer Position des materiellen Rechts vergleichbar war. Er habe mit einer Abrissverfügung nicht mehr rechnen müssen, sondern habe sich darauf einrichten können, dass seine Investition, sein rechtswidrig errichtetes Gebäude, in dem er möglicherweise sogar seinen Lebensmittelpunkt hatte, Bestand haben werde. Die Schutzwürdigkeit dieser Position könne nicht mit der Begründung in Abrede gestellt werden, die VO über Bevölkerungsbauwerke sei zu einem Zeitpunkt erlassen worden, als sich die DDR noch nicht dem Rechtsstaatsprinzip verpflichtet hatte; dies wäre kein Argument dafür, den Schutz rechtsstaatlicher Grundsätze heute zu versagen.

f) Adressat einer Beseitigungsanordnung

Besondere Probleme können bei einer Beseitigungsanordnung dadurch entstehen, dass der **247** Verpflichtete nur **Miteigentümer** ist, oder aber das Gebäude zwischenzeitlich verkauft oder vermietet wurde.

In der Rechtsprechung ist nunmehr anerkannt, dass eine Beseitigungsanordnung nicht gegen alle Miteigentümer gerichtet werden muss (VGH Mannheim NVwZ 1992, 392). Denn der Umstand, dass der Adressat der Beseitigungsanordnung nicht allein verfügungsberechtigt ist, berührt nicht die Rechtmäßigkeit, sondern lediglich die Vollstreckbarkeit der Beseitigungsanordnung. Die Behörde kann die Beseitigungsanordnung allerdings nur durchsetzen, wenn sie auch gegen die übrigen Miteigentümer eine Beseitigungsanordnung, zumindest aber eine **Duldungsverfügung** erlässt (BVerwG BauR 1972, 32 und 298; VGH München NVwZ-RR 2002, 609). Die Duldungsverfügung ist auf die allgemeine Eingriffsbefugnis der Bauaufsichtsbehörden in § 60 ThürBO zu stützen (OVG Weimar BRS 56 Nr. 216 = DÖV 1997, 555 = ThürVGRspr. 1997, 57; vgl. auch BVerwG BauR 1994, 494 = DÖV 1994, 868; VGH Kassel BRS 56 Nr. 200). Bei einer Klage hiergegen ist nur zu prüfen, ob der Duldungsverpflichtete durch den Abbruch des Gebäudes in seinen Rechten verletzt wird (VGH Mannheim BRS 38 Nr. 206 u. 202). Durch die Veräußerung des Gebäudes oder den Tod des Adressaten der Beseitigungsanord- **248** nung wird die Rechtmäßigkeit nicht beeinträchtigt, die Beseitigungsanordnung gilt nach der ausdrücklichen Regelung des 60 Abs. 4 ThürBO auch gegen den **Rechtsnachfolger** (s. dazu Schwarz BauR 1985, 497). Denn die Beseitigungsanordnung ist ein objektbezogener Verwaltungsakt, dessen Rechtmäßigkeit von der Person des jeweiligen Eigentümers unabhängig ist (so BVerwG NJW 1971, 1624; VGH Mannheim NVwZ-RR 1989, 593; NVwZ 1992, 392; OVG Münster NVwZ-RR 1998, 159; VGH Kassel NVwZ 1998, 1315; zur Frage der Rechtmäßigkeit einer Beseitigungsanordnung gegen den früheren Eigentümer bei Änderung der Sachlage im Widerspruchsverfahren OVG Münster NVwZ-RR 1997, 12; vgl. auch Schwarz BauR 1985, 497; Guckelberger VerwArch 1999, 499). Im übrigen finden hinsichtlich der Frage, an wen eine Beseitigungsanordnung zu richten ist, die allgemeinen Grundsätze des Ordnungsrechts zur Verantwortlichkeit des Verhaltens- und Zustandsstörers entsprechende Anwendung; es ist jedoch darauf zu achten, dass das Bauordnungsrecht, etwa die Vorschrift über die Verantwortung des Bauherrn (§ 55 ThürBO) zu Modifikationen führen kann (vgl. OVG Weimar BRS 59 Nr. 217 = ThürVGRspr. 1997, 71; VGH München BRS 49 Nr. 227). So darf die Bauaufsichtsbehörde bei einer abweichend von der Baugenehmigung errichteten baulichen Anlage denjenigen in Anspruch nehmen, der im Außenverhältnis wirtschaftlich als Verantwortlicher auftritt (OVG Weimar BRS 59 Nr. 217 = ThürVGRspr. 1997, 71).

Der Eigentümer eines zu **beseitigenden Gebäudes** kann sich schließlich auch nicht darauf berufen, er habe das Gebäude ganz oder teilweise vermietet und könne es deshalb nicht beseitigen (BVerwG NVwZ 1995, 272). Denn die Beseitigungsanordnung ist ein Kündigungsgrund (VGH Kassel BRS 38 Nr. 203). Wenn der Mieter allerdings nicht auszieht, muss die Bauaufsichtsbehörde auch ihm gegenüber jedenfalls vor der Vollstreckung der Beseitigungsanordnung durch Ersatzvornahme eine Duldungsverfügung erlassen (BVerwG NVwZ 1995, 272; OVG Weimar DÖV 1997, 964 = LKV 1997, 368; OVG Münster NVwZ-RR 1995, 635). Ist die Beseitigungsanordnung bestandskräftig, kann sie gegenüber dem Adressaten oder seinem Rechtsnachfolger (OVG Münster BauR 2003, 1877) durch Ersatzvornahme oder, wenn diese untunlich ist (vgl. dazu VGH Kassel BRS 39 Nr. 233), durch Androhung und Festsetzung eines Zwangsgeldes, durchgesetzt werden. Einwendungen sind im **Vollstreckungsverfahren** (s. dazu Rasch BauR 1988, 266) nur noch soweit zulässig, als eine Verletzung der Vorschriften über das Vollstreckungsverfahren gerügt wird, die Sach- oder Rechtslage sich nachträglich geändert hat (BVerwG MDR 1977, 607; BRS 32 Nr. 195) oder aber der Betroffene einwendet, er sei gar nicht Rechtsnachfolger (VGH Kassel NVwZ 1985, 281).

11. Sonstige Maßnahmen der Bauaufsichtsbehörde

a) Nutzungsuntersagung (§ 77 Satz 2 ThürBO)

249   Nach § 77 Satz 2 ThürBO kann die Bauaufsichtsbehörde die Nutzung von Anlagen (§ 2 Abs. 1 S. 4 ThürBO) untersagen, wenn zwar nicht die Anlage selbst, wohl aber ihre Nutzung im Widerspruch zu öffentlich-rechtlichen Vorschriften steht. Auch bei der Nutzungsuntersagung ist der Grundsatz der Verhältnismäßigkeit zu beachten. Das Nutzungsverbot darf daher nur so weit gehen, wie dies zur Beseitigung des rechtswidrigen Zustands notwendig ist.

Bsp. (VGH Mannheim BauR 1996, 605): Eine Nutzungsuntersagung ist unzulässig, wenn die Rechtswidrigkeit des Bauvorhabens durch eine Befreiung beseitigt werden kann und die rechtlichen Voraussetzungen hierfür vorliegen.

Andererseits ist auch bei der Nutzungsuntersagung dem Ermessen die Tendenz eigen, die im öffentlichen Interesse gebotene Pflicht zum Einschreiten zu verwirklichen; das Ermessen wird nur eröffnet, um der Behörde in Ausnahmefällen zu ermöglichen, von dem an sich gebotenen Einschreiten abzusehen, wenn dies nach den konkreten Umständen opportun ist (OVG Weimar BRS 58 Nr. 208 = ThürVGRspr. 1997, 42; BRS 59 Nr. 213 = ThürVGRspr. 1998, 81). Daher genügt es für Nutzungsuntersagungen grundsätzlich, wenn die Bauaufsichtsbehörde zum Ausdruck bringt, dass der beanstandete Zustand wegen seiner Rechtswidrigkeit beseitigt werden müsse (OVG Weimar a.a.O.; BVerwG BRS 36 Nr. 93). Die Ermessensausübung bedarf in solchen Fällen auch keiner eingehenden Begründung gemäß § 39 ThürVwVfG (OVG Weimar a.a.O. und ThürVBl 1995, 113).

Mit der Nutzungsuntersagung kann auch eine Räumungsanordnung verbunden werden; die Rechtsgrundlage dafür bildet die bauaufsichtliche Generalklausel in § 60 Abs. 2 ThürBO (OVG Weimar BRS 59 Nr. 217 = LKV 1997, 369).

Bei **vermieteten Gebäuden** kann die Nutzungsuntersagung sowohl an den Eigentümer als auch an den Mieter gerichtet werden (VGH Kassel DÖV 1984, 377). Die an den Eigentümer gerichtete Nutzungsuntersagung verbietet ihm lediglich die Selbstnutzung sowie eine Neuvermietung, zwingt ihn aber nicht zur Kündigung eines bereits bestehenden Mietverhältnisses (VGH Kassel BRS 40 Nr. 229). Deshalb kann der Mieter auch nicht gegen eine Nutzungsuntersagung Rechtsmittel einlegen, die lediglich an den Eigentümer adressiert ist (VGH Mannheim VBlBW 1984, 19); ebenso ist auch eine Beiladung des Mieters nicht erforderlich (BVerwG BauR 1988, 355).

250   Eine Nutzungsuntersagung kann allein auf die formelle Baurechtswidrigkeit gestützt werden (OVG Weimar ThürVBl 1994, 111; BRS 59 Nr. 213 = ThürVGRspr. 1998, 81; OVG Lüneburg NVwZ-RR 2002, 822; VGH Kassel NVwZ-RR 2002,823; OVG Koblenz BauR 1997, 103; a.A. VGH Mannheim BauR 1985, 537; OVG Berlin NVwZ-RR 2001, 229). Denn ein Widerspruch zu öffentlich-rechtlichen Vorschriften liegt bereits vor, wenn das Vorhaben ein Verfahrenser-

fordernis und das damit verbundene präventive Bau- und Benutzungsverbot missachtet (OVG Weimar BRS 59 Nr. 213 = ThürVGRspr. 1998, 81). Wenn das Vorhaben allerdings erkennbar materiell-rechtlich nicht zu beanstanden ist, kann es unverhältnismäßig sein, die Benutzung zu untersagen; dem Eigentümer kann stattdessen aufgegeben werden, Bauvorlagen zur Prüfung einzureichen (OVG Saar BauR 1984, 614; OVG Lüneburg NVwZ 1989, 170). Das kann insbesondere bei einer Nutzungsänderung gelten. Ist dagegen zweifelhaft, ob die Nutzung materiell-rechtlich zulässig ist, kann eine Nutzungsuntersagung ausgesprochen werden (VGH Mannheim NVwZ 1990, 480). Es entspricht dann auch regelmäßig einer sachgerechten Ermessensausübung, die Nutzung zu untersagen (OVG Weimar BRS 58 Nr. 208 = ThürVGRspr. 1997, 42; BRS 59 Nr. 213 = ThürVGRspr. 1998, 81). Wenn sich die Ermessenserwägungen der Behörde allerdings auch auf die Annahme einer materiellen Illegalität des Vorhabens stützen, muss diese Annahme auch auf zutreffenden Erwägungen beruhen; die Behörde ist jedoch im Rahmen eines Nutzungsverbots nicht gehalten, ihre Prüfung der materiellen Rechtslage nach den für ein Baugenehmigungsverfahren geltenden Maßstäben zu vertiefen (OVG Weimar BRS 59 Nr. 213 = ThürVGRspr. 1998, 81).

b) Baueinstellung (§ 76 ThürBO)

Die Bauaufsichtsbehörde kann nach § 76 Abs. 1 S. 1 ThürBO die Baueinstellung verfügen, **251** wenn eine Anlage im Widerspruch zu öffentlich-rechtlichen Vorschriften errichtet, geändert oder beseitigt wird (vgl. OVG Münster NVwZ-RR 2002, 564). Das gilt nach Satz 2 der Vorschrift auch, wenn die Ausführung eines Vorhabens entgegen den Bestimmungen des § 70 Abs. 6 –8 ThürBO begonnen wurde (Nr. 1) oder wenn bei der Ausführung eines genehmigungsbedürftigen Vorhabens von den genehmigten Bauvorlagen bzw. bei der Ausführung eines genehmigungsfreigestellten Vorhabens von den (bei der Gemeinde) eingereichten Unterlagen abgewichen wird (Nr. 2a und b). Insoweit genügt also schon die formelle Illegalität; es ist nicht von Bedeutung, ob die tatsächliche Ausführung des Bauvorhabens materiell-rechtlich zulässig und genehmigungsfähig ist (OVG Weimar BauR 1999, 164 = ThürVGRspr. 1998, 162 = ThürVBl 1999, 19; VGH Mannheim BRS 23 Nr. 203; OVG Münster BRS 16 Nr. 133; NVwZ 1988, 369; OVG Bautzen LKV 1993, 427). Maßgeblich für eine Abweichung von den genehmigten Bauvorlagen ist ausschließlich die Baugenehmigung; hält ein Gebäude den in der Baugenehmigung vorgeschriebenen Abstand zum Nachbargrundstück lediglich deshalb nicht ein, weil sich im Nachhinein aufgrund einer katasteramtlichen Neuvermessung ein anderer Grenzverlauf ergeben hat, als er den genehmigten Bauvorlagen zugrunde liegt, rechtfertigt dies keine Baueinstellung (OVG Weimar BRS 64 Nr. 195 = ThürVBl 2001, 278). Die Erforderlichkeit der Baugenehmigung muss grundsätzlich geklärt sein; in Zwefelsfällen muss die Fortdauer der Baueinstellung laufend überwacht werden (OVG Weimar B. v. 29.11.1999–1 EO 658/99 –). Im Widerspruch zu öffentlich-rechtlichen Vorschriften wird eine Anlage nicht nur dann errichtet, wenn sie gegen Vorschriften verstößt, die von der Bauaufsichtsbehörde zu prüfen sind; eine solche Einschränkung enthält § 76 ThürBO nicht. Eine Baueinstellung kann deshalb auch angeordnet werden, wenn eine nach § 144 Abs. 1 Nr. 1 BauGB erforderliche sanierungsrechtliche Genehmigung der Gemeinde fehlt (OVG Weimar BauR 1999, 164 = ThürVGRspr. 1998, 162 = ThürVBl 1999, 19; vgl. auch VGH Mannheim NVwZ-RR 1991, 284). § 76 ThürBO greift nicht nur bei formeller Illegalität ein, sondern auch bei Vorhaben, die formell legal, aber materiell baurechtswidrig sind. Auch verfahrensfreie Bauvorhaben können deshalb eingestellt werden, wenn sie gegen das materielle Baurecht verstoßen, das ungeachtet der Verfahrensfreiheit für sie gilt (§ 62 Abs. 2 S. 1 ThürBO). Werden unzulässige Bauarbeiten trotz einer schriftlich oder mündlich verfügten Einstellung fortgesetzt, kann die Bauaufsichtsbehörde die **Baustelle** nach § 76 Abs. 2 ThürBO **versiegeln** und die an der Baustelle vorhandenen **Bauprodukte, Geräte,**

Maschinen und Bauhilfsmittel beschlagnahmen. Wenn das Gebäude bereits fertiggestellt ist, kommen Maßnahmen nach § 76 ThürBO nicht mehr in Betracht.

Für die Ausübung des **Ermessens** bei der Baueinstellung gilt ebenso wie bei Beseitigung und Nutzungsverbot nach der Rechtsprechung des OVG Weimar, dass ein Einschreiten gegen baurechtswidrige Zustände grundsätzlich geboten ist. Dem entspricht im Fall der fehlenden sanierungsrechtlichen Genehmigung (s.o.) ein Anspruch der Gemeinde auf Erlass einer Baueinstellungsverfügung, der im Wege der einstweiligen Anordnung gem. § 123 VwGO gerichtlich durchgesetzt werden kann (OVG Weimar BauR 1999, 164 = ThürVGRspr. 1998, 162 = ThürVBl 1999, 19).

Bei einer Baueinstellung kann regelmäßig auch die sofortige Vollziehung nach § 80 Abs. 2 Nr. 4, Abs. 3 S. 2 VwGO angeordnet werden. Die Behörde muss dabei ausnahmsweise kein über das öffentliche Interesse an der Durchsetzung der Baueinstellung hinausgehendes besonderes Vollzugsinteresse nachweisen. Denn eine Baueinstellung kann ihren Zweck, die Schaffung vollendeter Tatsachen zu verhindern, regelmäßig nur bei einem schnellen und effektiven Zugriff erreichen (OVG Weimar LKV 1995, 296; VGH Kassel BRS 23 Nr. 207; VGH Mannheim BRS 23 Nr. 204; VGH München BRS 32 Nr. 190; OVG Berlin BRS 58 Nr. 200 = LKV 1997, 366). Das macht allerdings eine vorherige Anhörung nach § 28 Abs. 2 Nr. 1 ThürVwVfG nicht immer entbehrlich (OVG Weimar ThürVBl 1994, 236 = LKV 1995, 296). Die Bauaufsichtsbehörde muss die Umstände des Einzelfalls prüfen; dabei kommt es auf die Schwere des Verstoßes, den drohenden Schaden (kritisch insoweit Jäde/Dirnberger/Michel § 76 Rdnr. 17 a), aber auch Erreichbarkeit und Kooperationsbereitschaft des Bauherrn an.

c) Maßnahmen nach § 60 Abs. 2 ThürBO

252 Schließlich kann die Bauaufsichtsbehörde nach § 60 Abs. 2 ThürBO generell diejenigen Maßnahmen treffen, die zur Einhaltung der baurechtlichen und der sonstigen öffentlich-rechtlichen Vorschriften über Errichtung, Änderung, Nutzungsänderung und Beseitigung sowie Nutzung und Instandhaltung von Anlagen (§ 2 Abs. 1 S. 4 ThürBO) erforderlich sind, soweit nicht andere, sachnähere Behörden zuständig sind. Es handelt sich hierbei um eine dem § 5 ThürOBG entsprechende **Generalklausel.** Die Überwachungs- und Eingriffsbefugnis des § 60 Abs. 2 ThürBO ist damit zwar nicht auf baurechtliche Vorschriften beschränkt. Die ThürBO 2004 hat aber mit der Formulierung »soweit nicht andere, sachnähere Behörden zuständig sind« eine Kollisionsregel für Zuständigkeitskonflikte eingeführt, nach der die Zuständigkeit der Bauaufsicht zurücktritt, wenn die Überwachung der Einhaltung bestimmter öffentlich-rechtlicher Anroderungen anderen Fachbehörden zugewiesen ist.

Schwierigkeiten kann die **Abgrenzung** der Anwendungsbereiche von **§ 60 Abs. 2 und § 77 ThürBO** bereiten. § 77 ThürBO ist die speziellere Vorschrift. Eine Beseitigungsanordnung nach § 77 S. 1 ThürBO setzt aber voraus, dass die Anlage von Anfang an rechtswidrig war. Bei später eingetretener Baurechtswidrigkeit, z.B. wegen mangelhafter Unterhaltung des Gebäudes, kann die Bauaufsichtsbehörde nur nach § 60 Abs. 2 ThürBO vorgehen (Strauch in Huber (Hrsg.), Thüringer Staats- und Verwaltungsrecht, S. 385; vgl. auch VGH Mannheim VBlBW 1988, 111). Auch die Anordnung zu Aufräumarbeiten und zur Wiederherstellung des früheren Zustands im Anschluss an die Beseitigung einer Anlage kann nicht auf § 77 S. 1 ThürBO, sondern allenfalls auf § 60 Abs. 2 ThürBO gestützt werden, soweit nicht speziellere Vorschriften (z.B. des Abfallrechts für eine bestimmte Anforderung an die Beseitigung des beim Abbruch angefallenen Bauschutts) eingreifen (VGH Mannheim BRS 28 Nr. 153; 30 Nr. 115; OVG Münster BRS 47 Nr. 193; VGH München BayVBl 1991, 245). Gleiches gilt für eine Räumungsanordnung, die zum Zweck der Durchsetzung eines Nutzungsverbots mit diesem verbunden wird (OVG Weimar BRS 59 Nr. 217 = ThürVGRspr. 1997, 71 = ThürVBl 1997, 163).

Auch **präventive Maßnahmen** wie die Untersagung einer beabsichtigten Aufstellung eines

Wohnwagens im Außenbereich (VGH Mannheim BauR 1978, 300; VGH Kassel BauR 2002, 61) oder ein präventives Nutzungsverbot müssen auf § 60 Abs. 2 ThürBO gestützt werden. Schließlich hat auch eine **Verkleinerungsverfügung** in § 60 Abs. 2 ThürBO und nicht in § 77 S. 1 ThürBO ihre Rechtsgrundlage, soweit der Bauherr nicht nur zum teilweisen Abbruch verpflichtet, sondern aufgefordert wird, die verbleibenden Gebäudeteile wieder in einen ordnungsgemäßen Zustand zu versetzen (vgl. VGH Mannheim BRS 27 Nr. 200). Nach § 60 Abs. 2 ThürBO kann die Bauaufsichtsbehörde dem Bauherrn eines ungenehmigten Bauwerks aufgeben, prüfungsfähige Bauvorlagen (**Baupläne**) einzureichen (VGH Kassel NVwZ-RR 2004, 32). Außerdem ist § 60 Abs. 2 ThürBO die Ermächtigungsgrundlage für die Anordnung an den Hauseigentümer, ein Mietverhältnis über Räume, die baurechtlich nicht als Wohnräume genutzt werden dürfen, zu kündigen (VGH Mannheim VBlBW 1983, 335). Die Behörde hat dabei aber zu prüfen, ob nicht primär eine Nutzungsuntersagung gegenüber dem Mieter zweckmäßig ist. § 60 Abs. 2 ThürBO ist schließlich die gesetzliche Grundlage für die privatrechtsgestaltende Anordnung der Duldung von Beseitigungsanordnungen und Nutzungsverboten, mit denen Vollstreckungshindernisse im Hinblick auf private Rechte Dritter überwunden werden sollen (OVG Weimar BRS 59 Nr. 216 = DÖV 1997, 555; LKV 1997, 368 = DÖV 1997, 964).

IV. Nachbarschutz

1. Allgemeines

253 Das Nachbarrecht unterteilt sich in das öffentliche und das private Nachbarrecht (vgl. Birkl/ Jäde Teil A; Hagen NVwZ 1991, 817; Stühler BauR 2004, 614; Brügelmann/Dürr § 30 Rdnr. 22 ff.). Das **öffentliche Nachbarrecht** (Sendler, Nachbarschutz im Städtebaurecht, BauR 1970, 4 ff. und 74 ff.; aus neuerer Zeit: Roeser in Berl. Komm. vor §§ 29 ff.; Brügelmann/ Dürr a.a.O. Rdnr. 45 ff.; Mampel, Nachbarschutz im öffentlichen Baurecht; Hoppenberg Kap. H; Birkl Teil E; zur Einführung: Muckel JuS 2000, 132) ergibt sich im Wesentlichen aus den baurechtlichen Bestimmungen, ferner dem Bundesimmissionsschutzgesetz sowie sonstigen spezialgesetzlichen Regelungen, z.B. § 5 Gaststättengesetz. Das **private Nachbarrecht** (s. dazu Dehner, Nachbarrecht im Bundesgebiet; Ketteler VerwRundschau 1993, 5) ist vor allem in §§ 906 ff. BGB sowie den landesrechtlichen Nachbargesetzen geregelt, in Thüringen im NachbarG vom 22.12.1992 (GVBl. S. 599). Zu beachten ist dabei, dass Streitigkeiten aus dem Nachbarrechtsgesetz stets vor den Zivilgerichten auszutragen sind.

Die grundsätzliche Berechtigung des **öffentlich-rechtlichen Nachbarschutzes** wird seit BVerwGE 11, 95 und 22, 129 nicht mehr in Frage gestellt (s. zur früheren Diskussion: Sellmann DVBl 1963, 273; Redeker NJW 1959, 749; Bachof DVBl 1961, 128). Die Baugenehmigung ist ein Verwaltungsakt mit Doppelwirkung, der mit der Begünstigung des Bauherrn zugleich den Nachbarn belastet bzw. belasten kann; daher muss diesem schon wegen Art. 19 Abs. 4 GG eine Rechtsschutzmöglichkeit eröffnet werden (BVerwGE 22, 129).

254 Die **privatrechtliche Abwehrmöglichkeit** nach § 1004 BGB ist nicht ausreichend, da es z.B. gegen eine Störung der Wohnruhe durch Verkehrslärm oder einen Entzug der Besonnung und Belichtung keinen privatrechtlichen Schutz gibt; umgekehrt kann sich auch der Gewerbetreibende nicht mit privatrechtlichen Mitteln gegen eine heranrückende Wohnbebauung schützen, die die Fortführung seines Betriebes aus immissionsschutzrechtlichen Gründen in Frage stellen kann. Ein umfassender Ausgleich der Belange des Bauherrn und der Nachbarn kann nur im Rahmen des öffentlichen Rechts erfolgen. Im Übrigen sind BVerwG und BGH darum bemüht, die Abwehrrechte des Nachbarn im öffentlichen Recht und im Zivilrecht parallel auszugestalten (vgl. Hagen NVwZ 1991, 817; Arbeitskreis baulicher Nachbarrecht BBauBl. 1991, 14; Jäde in Birkl A Rdnr. 19 ff.; Mampel Rdnr. 15 ff.). So ist die Anforderung an eine unzumutbare Beeinträchtigung i.S.d. § 3 BlmSchG bzw. des Gebots der Rücksichtnahme (s. unten Rdnr. 265) identisch mit einer wesentlichen Beeinträchtigung i.S.d. § 906 BGB (BGHZ 70, 102 = NJW 1978, 419; NJW 1990, 2465; BVerwG E 79, 254 = NJW 1988, 2396; E 81, 197 = NJW 1989, 1271; VBlBW 2000, 361). Grundsätzlich bietet das öffentliche Recht dem Nachbarn primär präventiven Schutz, das Zivilrecht primär repressiven (nachträglichen) Schutz (Mampel Rdnr. 98 ff.).

Eine gewisse **Verknüpfung des öffentlichen und des privaten Nachbarrechts** ergibt sich allerdings zunächst dadurch, dass nach der Rechtsprechung des BGH die dem Schutz der Nachbarn dienenden öffentlich-rechtlichen Vorschriften zugleich Schutzgesetze i.S.d. § 823 Abs. 2 BGB sind, so dass bei Verletzung derartiger Vorschriften Schadensersatzansprüche sowie Beseitigungs- und Unterlassungsansprüche entsprechend § 1004 BGB vor den Zivilgerichten geltend gemacht werden können (BGHZ 66, 354 = NJW 1976, 188; NJW 1970, 1180; WM 1984, 572; OLG Karlsruhe, Die Justiz 1975, 309 und 1993, 257 zu § 5 LBO BW). Nach der Rechtsprechung des BGH (NJW 1997, 55) kann sogar eine der Baugenehmigung beigefügte Auflage, die dem Schutz des Nachbarn dient, von diesem durch eine **zivilgerichtliche Klage** durchgesetzt werden.

Ferner können auch bei der Beurteilung, ob ein Bauvorhaben die Nachbarschaft rechtswidrig beeinträchtigt und daher Abwehransprüche nach §§ 1004, 906 BGB gegeben sind, die Festsetzungen eines Bebauungsplans nicht außer Betracht bleiben. Wer gemäß dem Bebauungsplan baut und das Gebäude nutzt, handelt nicht rechtswidrig und kann daher auch zivilrechtlich nicht zur Unterlassung gezwungen werden (so Roeser in Berl. Komm. vor §§ 29 ff. Rdnr. 4; Gaentzsch NVwZ 1986, 604; Jäde in Birkl A Rdnr. 27; Finkelnburg/Ortloff II S. 178). Die Gegenmeinung beruft sich demgegenüber darauf, dass § 906 BGB nur auf die Ortsüblichkeit abstellt und davon abweichende Festsetzungen eines Bebauungsplans daher unbeachtlich seien (so BGH NJW 1976, 1204; 1983, 751; Säcker in MünchKomm zum BGB § 906 Rdnr. 17; Hagen NVwZ 1991, 817; Battis/Krautzberger/Löhr § 31 Rdnr. 54). Dem ist entgegenzuhalten, dass jede mit höheren Emissionen verbundene Nutzung auf Grund der Festsetzung eines Bebauungsplans von vornherein unzulässig wäre, wenn nur die bereits vorhandene und damit ortsübliche Beeinträchtigung hingenommen werden müsste. Ein Bebauungsplan ist eine Rechtsnorm und damit auch für zivilrechtliche Rechtsbeziehungen maßgeblich.

Dagegen kann eine Baugenehmigung zivilrechtliche Abwehransprüche des Nachbarn nicht ausschalten, weil die Baugenehmigung nach § 70 Abs. 4 ThürBO unbeschadet der privaten Rechte des Nachbarn ergeht (so Hagen NVwZ 1991, 817; Breuer DVBl 1983, 438; Jäde in Birkl A Rdnr. 16; a.M. Roeser in Berl. Komm. vor §§ 29 ff. Rdnr. 6; Battis/Krautzberger/Löhr § 31 Rdnr. 54).

2. Der Begriff des Nachbarn

Nach der verwaltungsgerichtlichen Rechtsprechung ist Nachbar nicht nur der Eigentümer eines **255** unmittelbar angrenzenden Grundstücks und auch nicht nur der Nachbar, der nach § 68 ThürBO förmlich im Baugenehmigungsverfahren zu beteiligen ist, sondern jeder, der von der Errichtung oder der Nutzung der baulichen Anlage in seinen rechtlichen Interessen betroffen wird (BVerwG E 28, 131; NJW 1983, 1507, OVG Weimar DÖV 1997, 471; weitere Rspr.-Nachweise bei Ziekow NVwZ 1989, 231). Dabei ist der Kreis der Nachbarn bei einem emissionsträchtigen Gewerbebetrieb wesentlich weiter zu ziehen als bei einem Einfamilienhaus; das OVG Lüneburg (DVBl 1975, 190) hat z.B. bei einem Atomkraftwerk sogar eine 100 km entfernt wohnende Person als »Nachbar« angesehen. Inzwischen wird der Kreis der Nachbarn allerdings räumlich auf Personen im Umkreis der Anlage beschränkt, die sich durch ihr enges räumliches Verhältnis zur Anlage von der Allgemeinheit unterscheiden (OVG Lüneburg NVwZ 1985, 357 – Kraftwerk Buschhaus).

In rechtlicher Hinsicht werden bisher nur **dinglich Berechtigte als Nachbarn** anerkannt, **256** **nicht** aber obligatorisch Berechtigte wie **Mieter oder Pächter** (BVerwG NJW 1989, 2766; DVBl 1989, 1056; NJW 1994, 1233; NVwZ 1998, 956; weitere Nachweise bei Ziekow a.a.O.; Schmidt-Preuß NJW 1995, 27). Begründet wird dieses damit, dass das Baurecht die objektiven Rechtsbeziehungen zwischen den Grundstücken regele und Anknüpfungspunkt hierfür das Eigentum sei; der Eigentümer »repräsentiere« sozusagen das Grundstück in den Rechtsbeziehungen zu anderen Grundstücken (so OVG Berlin NVwZ 1989, 267). Es komme hinzu, dass der Kreis der dinglich Berechtigten mit Hilfe des Grundbuchs überschaubar und in der Regel konstant sei, während die obligatorischen Rechte an den Nachbargrundstücken weniger leicht feststellbar und einem häufigen Wechsel unterworfen seien. Es ist umstritten, ob diese Rechtsansicht noch aufrechterhalten werden kann, nachdem das BVerfG (NJW 1993, 2035) nicht nur die mietvertragliche Rechtsposition des Mieters gegenüber dem Vermieter als vermögenswertes Recht dem Eigentumsschutz unterstellt, sondern das aus dem Mietvertrag abgeleitete Besitzrecht des Mieters an der Wohnung als ein dem Erbbaurecht vergleichbares verdinglichtes Recht an der Wohnung selbst als Eigentum anerkannt hat. Zum Teil wird daraus gefolgert, dass Mieter öffentlich-rechtliche Abwehrrechte auf Grund der Verletzung baurechtlicher Normen geltend machen können (so. Jäde UPR 1993, 350; Thews NVwZ

1995, 224; Brohm § 30 Rdnr. 9; Seibel BauR 2003, 1674; a.M. Mampel Rdnr. 279 ff.; Ortloff NVwZ 1994, 229; Schmidt-Preuß NJW 1995, 27; OVG Lüneburg NVwZ 1996, 918). Diese Schlussfolgerung wird nach der anderen Auffassung nicht als zwingend angesehen. Die Normen des öffentlichen Rechts knüpfen nach traditionellem Verständnis und innerer Systematik aus den oben genannten Gründen an das Grundstückseigentum und vergleichbare dingliche Rechtsstellungen an und regeln deren Inhalt und Schranken (Art. 14 Abs. 1 S. 2 GG). Sie regeln dagegen nicht unmittelbar die Rechte und Pflichten der nur obligatorisch Berechtigten im Verhältnis zur Bauaufsichtsbehörde. Dass Entscheidungen im Verhältnis zwischen Eigentümer und Bauaufsichtsbehörde mittelbar Auswirkungen auf die Interessen der Mieter haben, reicht für die Annahme eines unmittelbaren Eingriffs von Baugenehmigungen oder anderen auf Grund baurechtlicher Vorschriften ergehenden Entscheidungen in die Grundrechtsposition von Wohnungsmietern noch nicht aus (BVerwG DVBl 1999, 899; zur ähnlich gelagerten Problematik bei Mieterhöhungs- und Zweckentfremdungsgenehmigungen BVerwG E 72, 226 und 95, 341). Etwas anderes könnte sich nur ergeben, wenn der Gesetzgeber in Vorschriften des öffentlichen Baurechts ausweislich des durch Auslegung zu ermittelnden Normprogramms unmittelbar einen Nutzungs- und Interessenkonflikt zwischen Grundeigentümer und Mieter regeln und konfligierende Eigentumsrechte von Grundeigentümer und Mieter im Hinblick auf Entscheidungsbefugnisse der Bauaufsichtsbehörde gegeneinander abgrenzen will. Eine solche Regelung würde allerdings von Normzweck und Systematik des öffentlichen Baurechts, insbesondere des Bauplanungsrechts, abweichen (vgl. insoweit differenzierend zwischen Bauplanungs- und Bauordnungsrecht Schmidt-Preuß NJW 1995, 27). Von der Frage des Schutzes des Eigentumsrechts des Mieters durch baurechtliche Vorschriften muss der Schutz anderer Rechtsgüter des Mieters wie Leben und Gesundheit (Art. 2 Abs. 2 GG) durch baurechtliche Vorschriften unterschieden werden (s. unten).

Für sonstige Miet- oder Pachtverhältnisse bleibt es jedenfalls dabei, dass nur dem Eigentümer oder sonstigen dinglich Berechtigten die nachbarlichen Abwehransprüche zustehen. Auch dem Inhaber eines eingerichteten und ausgeübten Gewerbebetriebs, der nach der Rechtsprechung des BVerfG (E 30, 335; 45, 173) den Schutz des Art. 14 genießt, stehen nach der Rechtsprechung des BVerwG eigene baurechtliche Abwehrrechte gegen faktische Beeinträchtigungen ihres Gewerbebetriebes durch Entscheidungen der Bauaufsichtsbehörde nicht zu (BVerwG NJW 1989, 2766; NVwZ 1991, 566; DVBl 1989, 1056; vgl. auch die Bespr. von Selmer JuS 1999, 508).

Soweit nicht das Eigentum, sondern andere Rechtsgüter, insbesondere Leben und Gesundheit (Art. 2 Abs. 2 GG) geschützt werden sollen, muss auch dem Mieter oder Pächter uneingeschränkt ein baurechtlicher Abwehranspruch eingeräumt werden (BVerwG NJW 1989, 2766; VGH München NVwZ 1995, 919; Battis/Krautzberger/Löhr § 31 Rdnr. 95). Das gleiche muss auch für Rechtsnormen gelten, die nicht speziell das Eigentum, sondern andere Rechtsgüter schützen wollen, wie dieses z.B. beim Immissionsschutz der Fall ist.

257 Zu den dinglich Berechtigten, die Rechtsmittel gegen eine dem Nachbarn erteilte Baugenehmigung einlegen können, zählen in erster Linie die Eigentümer, daneben die Wohnungseigentümer (BVerwG NJW 1988, 3279; NVwZ 1990, 655), der Erbbauberechtigte und der Nießbraucher (BVerwG a.a.O.) sowie der bereits durch eine Auflassungsvormerkung gesicherte Käufer (BVerwG NJW 1983, 1626; NJW 1988, 1228); nicht dagegen Hypothekengläubiger oder Inhaber einer Grunddienstbarkeit (Gelzer/Bracher/Reidt Rdnr. 2033), eines dinglichen Vorkaufsrechts (VGH Mannheim NJW 1995, 308) sowie Personen, die erst ein Anwartschaftsrecht auf den Eigentumserwerb haben, ohne dass dieses durch eine Vormerkung gesichert ist (VGH München BRS 28 Nr. 131).

Der **Wohnungseigentümer** kann gegenüber einer Beeinträchtigung seines Sondereigentums durch andere Bauvorhaben einen öffentlich-rechtlichen Abwehranspruch geltend machen, ebenso kann er als Miteigentümer eine Beeinträchtigung des gemeinschaftlichen Eigentums abwehren (BVerwG NJW 1988, 3279; NVwZ 1989, 250; NVwZ 1990, 655; a.M. VGH München NVwZ-RR 2004, 248: nur in Einzelfällen gemäß § 21 Abs. 2 WEG). Dagegen können Streitigkeiten innerhalb der Wohnungseigentümergemeinschaft hinsichtlich der Nutzung einzelner Wohnungen oder des gemeinschaftlichen Eigentums nicht vor dem Verwaltungsgericht ausgetragen werden, weil hierfür ausschließlich das WEG maßgeblich ist und damit nach § 43 WEG das Amtsgericht zuständig ist (BVerwG a.a.O.); das gilt auch, soweit ein Mieter einer Wohnung bauliche Maßnahmen durchführt (VGH Mannheim VBlBW 1992, 24) oder die Störung vom Pächter eines Ladengeschäfts (Teileigentum nach § 1 Abs. 3 WEG) ausgeht (BVerwG BauR 1998, 997).

Miterben können dagegen nur gemeinsam, nicht jeder für sich allein Rechtsmittel wegen der Beeinträchtigung eines geerbten Grundstücks einlegen (VGH Mannheim BauR 1992, 60).

3. Die geschützte Rechtsstellung des Nachbarn

Ein Rechtsmittel des Nachbarn ist nur begründet, wenn nachbarschützende Normen verletzt **258** sind. Dagegen ist die Klage genauso wie der Widerspruch eines Nachbarn unbegründet, wenn die Baugenehmigung zwar rechtswidrig ist, aber die verletzten Vorschriften nicht dem Nachbarschutz dienen (std. Rspr. seit BVerwGE 22, 129; vgl. z.B. BVerwG E 89, 69 = NVwZ 1992, 977; E 101, 364 = NVwZ 1997, 384). Die Richtigkeit dieser Rechtsansicht folgt zwangsläufig aus § 113 Abs. 1 Satz 1 VwGO.

Bsp. a) (VGH Kassel BauR 1990, 709): Die Genehmigung einer Tennishalle auf einer durch Bebauungsplan ausgewiesenen Grünfläche ist zwar rechtswidrig, verletzt aber den Nachbarn der Grünanlage nicht in seinen Rechten, da die Festsetzung einer Grünfläche ausschließlich öffentlichen Belangen dient.
b) (OVG Münster NVwZ-RR 1999, 366): Die Genehmigung der Verdoppelung der Tribünenplätze eines Fußballstadions ohne gleichzeitige Anlage zusätzlicher Stellplätze verstößt zwar gegen die Stellplatzpflicht nach der Bauordnung. Gleichwohl kann der Nachbar dagegen nicht vorgehen, weil die Stellplatzpflicht nicht dem Schutz der Nachbarschaft dienen.

Trotz eines Verstoßes gegen eine nachbarschützende Norm kann das Rechtsmittel mangels eines Rechtsschutzbedürfnisses zurückgewiesen werden, wenn der Nachbar tatsächlich nicht betroffen wird (OVG Münster NVwZ 1983, 414 und 1986, 317; VGH Mannheim VBlBW 1982, 334; 1985, 143; 1992, 262; a.M. OVG Münster NVwZ 2003, 361; Jacob BauR 1984, 1; Mampel BauR 1993, 44); dies ist z.B. der Fall, wenn das Nachbargrundstück wegen steiler Hanglage oder geringer Breite überhaupt nicht bebaubar ist. Allerdings hat der Nachbar bei Schutznormen, die eine konkrete Maßangabe enthalten – z.B. die Abstandsregelungen – einen Anspruch auf vollständiges Einhalten der Norm; bereits durch ein Unterschreiten um wenige cm wird er regelmäßig in seinen Rechten verletzt (OVG Weimar ThürVBl 1999, 257).

Ob eine Norm nachbarschützend ist, richtet sich zunächst nach ihrem Schutzzweck. Der **259** Nachbar kann nur eine Verletzung solcher Normen rügen, die zumindest auch seinen Belangen dienen sollen (sog. **Schutznormtheorie**, s. dazu OVG Berlin BauR 1985, 434 mit lesenswerter Darstellung der Entwicklung des Nachbarschutzes). Letztlich wurzelt der Nachbarschutz im nachbarlichen Gemeinschaftsverhältnis und leitet sich daraus her, dass bestimmte Vorschriften auch der Rücksichtnahme auf individuelle Interessen oder deren Ausgleich untereinander dienen (so BVerwG E 78, 85 = NJW 1988, 839; E 82, 61 = NVwZ 1989, 1163; E 94, 151 = NJW 1994, 1546; E 101, 364 = NVwZ 1997, 384).

Die Rechtsprechung erkannte früher nur solchen Normen eine nachbarschützende Funktion zu, bei denen der Kreis der geschützten Personen hinreichend bestimmt und abgrenzbar ist (st. Rspr. seit BVerwGE 27, 29 und 32, 173; eb. auch die überwiegende Literatur, z.B. Breuer DVBl 1983, 437; Schlichter NVwZ 1983, 642; Sendler BauR 1970, 75). Begründet wurde dies mit dem Schutzbedürfnis des Bauherrn, dem es nicht zugemutet werden könne, jahrelang im Ungewissen darüber zu bleiben, ob die Baugenehmigung noch angefochten werden kann. Diese Rechtsprechung hat das BVerwG (NVwZ 1987, 409) aufgegeben, weil eine eindeutige Abgrenzung des geschützten Personenkreises in vielen Fällen, insbesondere bei Immissionen, nicht möglich sei. Entscheidend für den Nachbarschutz sei, dass die Norm nach ihrem Schutzzweck einen Personenkreis schützen soll, der sich durch individualisierende Tatbestandsmerkmale von der Allgemeinheit unterscheidet. Dies soll insbesondere dann der Fall sein, wenn auf eine bestimmte Schwelle der Beeinträchtigung abgestellt wird. Das Erfordernis eines individualisierenden Tatbestandsmerkmals soll klarstellen, dass eine Norm, die Belange der Allgemeinheit und damit letztlich die Interessen von jedermann schützt, keine subjektiven Abwehrrechte begründen kann. Dies ist z.B. für § 35 Abs. 3 BauGB anzunehmen, wo ausdrücklich auf öffentliche Belange abgestellt wird; dasselbe gilt etwa für das Erfordernis einer gesicherten Erschließung in §§ 30, 34 und 35 BauGB oder den Nachweis einer ausreichenden Zahl von Stellplätzen (§ 49 ThürBO). Es darf also nur auf die jeweilige Zweckbestimmung der Norm abgestellt werden; eine Norm ist dann nachbarschützend, wenn sie dem Ausgleich der Interessen von Bauherrn und Nachbarn dient (BVerwG E 82, 61; E 94, 151; NVwZ 1997, 384; Dürr NVwZ 1985, 719).

260 Diese nachbarschützende Zweckbestimmung kann sich einmal bereits aus dem **Wortlaut** ergeben, z.B. § 31 Abs. 2 BauGB, der die Würdigung nachbarlicher Interessen bei der Entscheidung über eine Befreiung verlangt. Daneben kann die nachbarschützende Wirkung aus dem **Sinngehalt** der Vorschrift entnommen werden, so dienen z.B. die Vorschriften über Brandwände (§ 29 ThürBO) erkennbar nachbarlichen Belangen. Schließlich ist ein Nachbarschutz auch dann anzunehmen, wenn die Grundstückseigentümer eine **bau- und bodenrechtliche Schicksalsgemeinschaft** bilden, d.h. der Vorteil des einen gleichzeitig der Nachteil eines anderen ist, was insbesondere bei der Ausweisung von Baugebieten durch entsprechende Bebauungspläne der Fall ist (BVerwG E 94, 151 = NJW 1994, 1548; E 101, 364 = NVwZ 1997, 384; s. auch. Rdnr. 269).

Umgekehrt scheidet ein Nachbarschutz aus, wenn die Vorschrift ausdrücklich oder ihrem Sinngehalt nach nur öffentlichen Belangen dienen soll, z.B. die Vorschrift eines eigenen Wasserzählers für jede Wohnung (§ 41 Abs. 2 S. 2 ThürBO), oder wenn sie ausschließlich dem Schutz der Bewohner des Hauses dient, z.B. die Anforderungen der §§ 45, 46 ThüBO an Aufenthaltsräume und Wohnungen.

261 Ein Nachbarschutz konnte nach der früheren Rechtsprechung des BVerwG auch unmittelbar aus **Art. 14 GG** abgeleitet werden, wenn das Eigentum an dem Grundstück durch bauliche Maßnahmen auf dem Nachbargrundstück schwer und unerträglich beeinträchtigt wird (BVerwG E 32, 173 = NJW 1969, 1787; 44, 244 = NJW 1974, 811; 50, 282 = NJW 1976, 1987). Es musste sich jedoch um wirklich schwerwiegende Beeinträchtigungen handeln, die die Grenze zur Enteignung überschreiten (BVerwGE 44, 244); das BVerwG (E 32, 173) sprach von offensichtlichen Missgriffen der Bauaufsichtsbehörde. Das BVerwG hat diese Rechtsprechung aber inzwischen weitgehend aufgegeben (BVerwGE 89, 69 = NVwZ 1992, 977; E 101, 364 = NVwZ 1997, 384; s. auch Mampel NJW 1999, 975).

Das BVerwG übernimmt auch für den Nachbarschutz seine zuvor entwickelte Rechtsprechung zum Bestandsschutz (s. dazu oben Rdnr. 136 f), wonach sich aus Art. 14 GG grundsätzlich **keine subjektiven Rechte** ergeben, weil es dafür der inhaltlichen Ausgestaltung des Eigentumsbegriffs durch den Gesetzgeber bedarf. Diese Rechtsprechung ist zwar deswegen problematisch, weil bei einer Beeinträchtigung des Nachbargrundstücks, die dessen Nutzbarkeit durch Lärm, vollständige Verschattung oder Ausschluss der Zugänglichkeit unzumutbar einschränkt, der Eigentumsschutz nicht davon abhängen kann, dass der Gesetzgeber ein Schutzgesetz erlässt. Gleichwohl ist dieser Rechtsprechung im Ergebnis schon deswegen zuzustimmen, weil jeder Eingriff in das Eigentumsrecht zugleich das Rücksichtnahmegebot verletzt, so dass es für den Nachbarschutz im Bauplanungsrecht in der Regel keines Rückgriffs auf Art. 14 GG bedarf (so auch schon BVerwG E 86, 89 = NVwZ 1992, 977; NVwZ 1996, 888). Nur in Ausnahmekonstellationen ist eine Heranziehung des Art. 14 GG zur Gewährleistung eines effektiven Nachbarschutzes noch vorstellbar (s. dazu Dürr VBlBW 2000, 457; a.m. aber die h.M., z.B. Ortloff NVwZ 2003, 664; Battis/Krautzberger/Löhr § 31 Rdnr. 82).

Anders ist es allerdings, wenn das Grundstück der Nachbarn durch das genehmigte Bauvor- **262** haben unmittelbar gegenständlich in Anspruch genommen wird.

Bsp. (BVerwGE 50, 282 = NJW 1976, 1987; eb. auch BRS 60 Nr. 182): Nach der Bebauung eines nicht an eine Straße grenzenden Grundstücks würde dem Bauherrn nach § 917 BGB ein Notwegrecht über das Nachbargrundstück zustehen.

Bei einer unmittelbaren Inanspruchnahme seines Grundstücks durch Notwegrechte, Durchleitungsrechte nach § 26 NachbarG o. ä. kann der Nachbar sein Abwehrrecht unmittelbar auf Art. 14 GG stützen und zwar auch dann, wenn die Beeinträchtigung nicht schwer und unerträglich ist (BVerwG E 50, 282; NJW 1974, 817; BRS 60 Nr. 182). Denn in diesem Fall wird der Kernbereich des Art. 14 GG berührt; niemand braucht einen rechtswidrigen unmittelbaren Zugriff auf sein Grundstück zu dulden, unabhängig davon, ob es sich dabei um einen zivilrechtlichen oder einen öffentlich-rechtlichen Eingriff handelt.

Die Grundsätze zum Nachbarschutz des Art. 14 GG gelten auch für **Art. 2 Abs. 2 GG**; der Schutz von Leben und Gesundheit kann nicht geringer sein als der des Eigentums (BVerwGE = NJW 1978, 554). Ein Rückgriff auf Art. 2 Abs. 2 GG ist durchweg entbehrlich, weil bereits weit vor einer Gefährdung der Gesundheit der Schutz des § 22 BImSchG bzw. das Gebot der Rücksichtnahme eingreift (vgl. VGH Mannheim NVwZ-RR 1995, 561; Finkelnburg/Ortloff II 203; Hoppenberg H 428; Jäde in Birkl A Rdnr. 42). In der Praxis wird eine Verletzung des Art. 2 Abs. 2 GG vor allem bei der Gefährdung durch elektromagnetische Strahlungen von Mobilfunkanlagen geltend gemacht, allerdings durchweg ohne Erfolg (BVerfG NJW 2002, 1638; BVerwG NVwZ 1996, 1023; OVG Lüneburg NVwZ 2001, 451; OVG Münster NVwZ-RR 2004, 481). Wegen einer Beeinträchtigung des Kleinklimas durch »Verbau« einer Frischluftschneise wird Art. 2 Abs. 2 GG nicht verletzt (VGH Mannheim NVwZ-RR 1995, 561).

4. Nachbarschutz durch Verfahrensvorschriften

Im Anschluss an die Rechtsprechung des BVerfG (E 53, 30 = NJW 1980, 759 – KKW **263** Mülheim-Kärlich; BVerfGE 56, 216 = NJW 1981, 1436 – Asylverfahren) wird auch in der baurechtlichen Literatur die Frage diskutiert, ob in der Missachtung von Verfahrensvorschriften eine Verletzung von Rechten des Nachbarn liegen kann (s. dazu Schlichter NVwZ 1983, 647; Roeser in Berl. Komm. vor § 29 ff. Rdnr. 55; Finkelnburg/Ortloff II 204; Mampel Rdnr. 1657 ff.). Diese Frage ist grundsätzlich zu verneinen. Das BVerfG hält nur solche Verfahrensvorschriften für drittschützend, die nach dem Willen des Gesetzgebers die Grundrechte des betroffenen Bürgers grundlegend sichern sollen. Solche Verfahrensvorschriften gibt es im Bauplanungsrecht lediglich hinsichtlich der Bürgerbeteiligung bei der Bauleitplanung. Außerdem stellt das Gebot des **§ 2 Abs. 3 BauGB** i.d.F. des EAG Bau 2004, bei der Aufstellung der Bauleitpläne die Belange, die für die Abwägung von Bedeutung sind (**Abwägungsmaterial**), zu ermitteln und zu bewerten, ausweislich des § 214 Abs. 1 S. 1 Nr. 1 BauGB eine Verfahrensvorschrift dar (vgl. dazu oben Rdnr. 43), die drittschützend ist. Das BVerwG (E 107, 215 = DVBl 1999, 100 m. Anm. Schmidt-Preuß) hat die lange Zeit sowohl im Bauplanungsrecht als auch im Fachplanungsrecht umstrittene Frage der drittschützenden Wirkung des Abwägungsgebots in dem Sinne entschieden, dass das Abwägungsgebot des § 1 Abs. 7 BauGB drittschützende Wirkung hinsichtlich solcher privaten Belange hat, die für die Abwägung erheblich sind. Nach der Ausgestaltung des Gebots der Ermittlung und Bewertung des Abwägungsmaterials als verfahrensrechtliche Grundlage der Abwägung durch das EAG Bau 2004 handelt es sich danach um eine Verfahrensvorschrift, die hinsichtlich der Ermittlung und Bewertung solcher privaten Belange, die für die Abwägung erheblich sind, drittschützend ist. Die Anerkennung der drittschützenden Wirkung des Abwägungsgebots bedeutet nicht, dass der private Belang sich in der Abwägung durchsetzt; der Bürger hat lediglich ein subjektives Recht darauf, dass sein Belang in der Abwägung seinem Gewicht entsprechend »abgearbeitet« wird. Das Ergebnis der Abwägung ist offen und kann auch in der völligen Zurückstellung des privaten Belangs bestehen (BVerwG a.a.O.).

Im bauordnungsrechtlichen Verfahrensrecht stellt sich die Frage, ob die Vorschriften über die **Nachbarbeteiligung** am Baugenehmigungsverfahren eine selbständig drittschützende Funktion haben (Ortloff NJW 1983, 961). Nach der Rechtsprechung des OVG Weimar kommt der Vorschrift des § 69 ThürBO 1994 (§ 68 ThürBO 2004) lediglich eine gegenüber den materiellen Abwehrrechten dienende Funktion zu; eine selbständige Schutzaufgabe gegenüber den Nachbarn lässt sich daraus grundsätzlich nicht herleiten (OVG Weimar B. v. 3.7.1998–1 EO 173/98 –). Die unterbliebene Beteiligung des Nachbarn kann zudem im Widerspruchsverfahren geheilt werden (§ 45 Abs. 1 Nr. 3 ThürVwVfG); sie kann auch gem. § 46 ThürVwVfG jedenfalls in Fällen der gebundenen Entscheidung keinen durchgreifenden Rechtsmangel begründen (OVG Weimar a.a.O.; Jäde/Dirnberger/Michel, zu § 69 ThürBO 1994, Rdnr. 20, 20d und e).

Eine Verletzung von Rechten des Nachbarn kann sich allerdings daraus ergeben, dass eine Baugenehmigung nicht den Anforderungen des § 37 ThürVwVfG an die Bestimmtheit eines Verwaltungsaktes entspricht und daher nicht feststellbar ist, ob bzw. in welchem Maß der Nachbar in seinen Rechten betroffen wird (OVG Münster NVwZ-RR 1996, 311; VGH München NVwZ-RR 1998, 9).

Eine Verletzung von Rechten des Nachbarn liegt nicht vor, wenn ein genehmigungspflichtiges Vorhaben ohne Baugenehmigung errichtet wird (VGH München NVwZ 1989, 269; OVG Münster BauR 1999, 628) – der Nachbar kann freilich ein Einschreiten der Bauaufsichtsbehörde beantragen, wenn der **Schwarzbau** gegen nachbarschützende Normen des materiellen Baurechts verstößt (s. dazu unten Rdnr. 283).

264 Das BVerwG (NVwZ 1983, 92; eb. OVG Lüneburg DVBl 1983, 184; OVG Saar NJW 1982, 2086; a.M. OVG Münster BauR 1982, 554; OVG Hamburg BauR 1977, 256) hat eine Verletzung von Rechten des Nachbarn auch dann verneint, wenn ein Großvorhaben ohne Durchführung der nach § 1 Abs. 3 BauGB in solchen Fällen erforderlichen Bauleitplanung genehmigt wird. Das BVerwG begründet dieses damit, dass es nach dem BauGB (vgl. § 1 Abs. 3 S. 2 BauGB 2004) kein Recht auf Aufstellung eines Bebauungsplans gebe. Dieser Rechtsprechung kann nicht zugestimmt werden (so auch Brohm NJW 1981, 1689; Battis/Krautzberger/Löhr § 3 Rdnr. 4; Finkelnburg/Ortloff II 207; Mampel Rdnr. 1677). Das Gebot gerechter Abwägung bei der Aufstellung von Bebauungsplänen und die Vorschriften über die Bürgerbeteiligung dienen auch dem Schutz privater Interessen (BVerwG E 107, 215 = NJW 1999, 592). Werden diese Vorschriften bei der Genehmigung eines Großvorhabens missachtet, dann werden Verfahrensrechte der betroffenen Grundstückseigentümer verletzt, die dem Schutz des Art. 14 GG dienen.

5. Das Gebot der Rücksichtnahme

265 Das BVerwG versucht, die Problematik der nachbarschützenden Wirkung von baurechtlichen Vorschriften generell dadurch zu lösen, dass es auf das Gebot der Rücksichtnahme zurückgreift und baurechtlichen Normen im Rahmen des Gebots der Rücksichtnahme nachbarschützende Wirkung zuerkennt. Ziegert (BauR 1984, 19) hat das Gebot der Rücksichtnahme deshalb zu Recht als »archimedischen Punkt« im System des Nachbarschutzes des BVerwG bezeichnet. Das baurechtliche Gebot der Rücksichtnahme (hierzu insbes. BVerwG E 52, 122 = NJW 1978, 62; E 82, 343 = NJW 1990, 1192; NVwZ-RR 1997, 516 mit komprimierter Zusammenfassung der Rechtsprechung des BVerwG; OVG Weimar ThürVGRspr. 2003, 159; 1996, 13; LKV 1994, 114; Weyreuther, Das bauplanungsrechtliche Gebot der Rücksichtnahme und seine Bedeutung für den Nachbarschutz, BauR 1975, 1 ff.; Hauth BauR 1993, 673; Sarnighausen NVwZ 1993, 1054; Decker JA 2003, 246; ausführlich Mampel Rdnr. 754 ff.) soll einen angemessenen Ausgleich zwischen den Belangen des Bauherrn und seiner Umgebung bewirken. Jeder Bauherr muss bedenken, welche Folgen die Verwirklichung seines Bauvorhabens für die Umgebung haben wird; er muss unter Umständen sogar ein nach den baurechtlichen Vorschriften zulässiges Vorhaben unterlassen, wenn dadurch eine schwere Beeinträchtigung der Umgebung eintritt. Allerdings muss niemand eigene Interessen zurückstellen, um gleichgewichtige Belange anderer zu schonen (BVerwGE 52, 172). Auf nicht genehmigte Bauvorhaben muss keine Rücksicht genommen werden (BVerwG BauR 1992, 491; NVwZ 1994, 165); ebenso nicht auf Erweiterungsabsichten, soweit diese nicht bereits im vorhandenen Gebäudebestand angelegt sind (BVerwG DVBl 1993, 652 – Schweinemastanstalt). Das Gebot der Rücksichtnahme verlangt eine Abwägung der Belange aller betroffenen Personen; fällt diese Abwägung zu Gunsten der Umgebung aus, muss der Bauherr hierauf Rücksicht nehmen (BVerwG NVwZ 1994, 687; 1996, 379; NVwZ-RR 1996, 516). Dieses setzt voraus, dass der Nachbar einer ihm im Hinblick auf die jeweilige Situation billigerweise nicht mehr zumutbaren Beeinträchtigung ausgesetzt ist (BVerwG BauR 1985, 68 – Zufahrt zum Parkhaus einer Hochschule).

Bsp. a) (BVerwGE 52, 122 = NJW 1978, 62): Das Gebot der Rücksichtnahme ist verletzt, wenn ein Landwirt eine Schweinemastanstalt für 300 Schweine unmittelbar neben einem Wohngebäude errichtet, obwohl er ohne weiteres einen den Nachbarn weniger belästigenden Standort wählen könnte.
b) (VGH Kassel BauR 2000, 1345): Kein Verstoß gegen das Gebot der Rücksichtnahme, wenn durch ein Bauvorhaben die freie Aussicht des Nachbarn eingeschränkt wird; a.M. aber VGH München BauR 2003, 657, wenn durch einen Erweiterungsbau die Aussicht des Nachbarn völlig verbaut wird.
c) (BVerwG NVwZ 1989, 1060; VGH Mannheim VBlBW 2000, 113 u. 116): Der Bauherr braucht wegen des Gebots der Rücksichtnahme keinen größeren als den gesetzlichen Grenzabstand einzuhalten, auch wenn das Bauvorhaben infolge eigener Fehlplanungen des Nachbarn (zu geringer Grenzabstand und zu kleine Fenster) erhebliche Nachteile für den Nachbarn zur Folge hat.
d) (BVerwG BauR 1981, 354): Es verstößt gegen das Gebot der Rücksichtnahme, wenn in einem mit 2–3 geschossigen Wohnhäusern bebauten Gebiet ein 12-geschossiges Wohn- und Geschäftshaus genehmigt wird.
e) (OVG Münster NVwZ 1988, 376): Eine Schweinemastanstalt mit 500 Schweinen verstößt auch in einem Dorf gegen das Gebot der Rücksichtnahme.
f) (VGH Mannheim BauR 1992, 45): Wegen der zu erwartenden immissionsschutzrechtlichen Probleme ist es rücksichtslos, neben einem großen Schreinereibetrieb ein Studentenwohnheim zu errichten (eb. OVG Münster BauR 1996, 222: Wohnhaus neben genehmigtem Schrottlagerplatz).
g) (OVG Lüneburg BauR 1993, 440): Die Erweiterung eines Kundenparkplatzes verstößt gegen das Gebot der Rücksichtnahme, wenn durch die Abgase der Fahrzeuge die benachbarten Felder eines Landwirts, der sich auf Bioland-Produkte spezialisiert hat, mit Schadstoffen belastet werden.
h) (BVerwGE 89, 69 = NVwZ 1992, 977): Eine erhebliche Überschreitung der im Bebauungsplan festgesetzten Zahl der Wohnungen kann gegen das Gebot der Rücksichtnahme verstoßen; hier: 9 Wohnungen statt der nach dem Bebauungsplan zulässigen 2 Wohnungen (vgl. auch VGH Kassel BauR 2000, 1945). Wenn die Festsetzung der zulässigen Zahl der Wohnungen im Bebauungsplan als solche drittschützende Wirkung hat (vgl. zu einem solchen Fall OVG Weimar ThürVGRspr. 1997, 29 = NVwZ-RR 1997, 596) bedarf es allerdings keines Rückgriffs auf das Gebot der Rücksichtnahme; der Nachbar kann sich dann grundsätzlich gegen jede Überschreitung dieser Festsetzung wehren.
i) (OVG Bremen BauR 2003, 509): Unzureichende Zahl von Stellplätzen kann bei unzumutbarer Störung durch den Parksuchverkehr gegen das Rücksichtnahmegebot verstoßen (eb. OVG Münster NVwZ-RR 1999, 365).
j) (OVG Weimar ThürVGRspr. 2003, 159): Keine Verletzung des Gebots der Rücksichtnahme durch Bestattungsinstitut mit Trauerhalle in allgemeinem Wohngebiet; eine gebietsunverträgliche Störung ergibt sich nicht bereits aus der Konfrontation mit dem Tod (eb. OVG Münster NVwZ-RR 1998, 621), maßgeblich sind allein bodenrechtlich relevante Umstände, nicht subjektive Empfindungen des Einzelnen und subjektiv unerwünschte Anblicke (vgl. auch BVerwG NVwZ 1997, 384).

Das Gebot der **Rücksichtnahme** verpflichtet nicht nur den Bauherrn zur Rücksichtnahme, sondern auch den Nachbarn, soweit es um schützenswerte Belange des Bauherrn geht.

Bsp. a) (BVerwGE 98, 235 = NVwZ 1996, 379 – lesenswert!): Wenn in einem durch Bebauungsplan festgesetzten allgemeinen Wohngebiet eine eigentlich als störender Gewerbebetrieb dort unzulässige Autolackiererei genehmigt wurde, kann dies nicht dazu führen, dass das Nachbargrundstück wegen der Immissionen dieses Betriebs nicht mit einem Wohnhaus bebaut werden darf. Vielmehr muss ein Kompromiss zwischen den beiderseitigen Interessen gefunden werden, etwa durch eine bessere Isolierung des Betriebsgebäudes, eine Veränderung der Arbeitsabläufe oder notfalls auch durch den Einbau von Schallschutzfenstern in das Wohnhaus (ähnlich auch BVerwG NVwZ 2000, 1050 – Errichtung eines Wohnhauses neben bestehendem Sportplatz).

b) (VGH Mannheim BauR 2003, 1203): Wer selbst zu nahe an der Grenze baut, kann vom Eigentümer des Nachbargrundstücks nicht die Einhaltung der vollen Abstandsfläche verlangen.

266 Das Gebot der Rücksichtnahme hat wie beinah alle baurechtlichen Regelungen nicht uneingeschränkt nachbarschützende Wirkung. Wenn z.B. auf die historische Dachlandschaft Rücksicht genommen werden muss, so verstößt ein Flachdach zwar gegen das Rücksichtnahmegebot, aber nicht gegen die subjektiven Rechte der benachbarten Gebäudeeigentümer. Das objektivrechtliche Gebot der Rücksichtnahme ist nur nachbarschützend, soweit es einen Kreis von Betroffenen schützt, der sich nach individualisierenden Tatbestandsmerkmalen von der Allgemeinheit unterscheiden lässt (vgl. dazu oben Rdnr. 259). **Nachbarschutz** kommt dem Rücksichtnahmegebot nur zu, soweit in »qualifizierter und zugleich individualisierter Weise« auf die Belange von Nachbarn Rücksicht genommen werden muss (BVerwG E 52, 122 = NJW 1978, 62; BVerwG E 67, 334 = NJW 1984, 138; BVerwG E 82, 343 = BauR 1989, 710; NVwZ-RR 1997, 516). Dabei hängt das Maß der Rücksichtnahme nach der zitierten Rechtsprechung von einer Abwägung der beiderseitigen Belange ab (Mampel Rdnr. 793 ff.).

267 Nach Ansicht des BVerwG (E 89, 69 = NVwZ 1992, 977; NVwZ 1999, 897; E 107, 215; vgl. auch OVG Weimar ThürVBl 1997, 181; eb. insbes. Roeser in Berl. Komm. vor § 29 ff. Rdnr. 30; Geiger in Birkl E Rdnr. 47) stellt das Gebot der Rücksichtnahme kein allgemeines baurechtliches Gebot dar, sondern hat nur insoweit nachbarschützende Wirkung, als der Gesetzgeber es als einfachrechtliches Gebot in verschiedenen baurechtlichen Vorschriften normiert hat. Das Gebot der Rücksichtnahme wurde zunächst als ein öffentlicher Belang i.S.d. § 35 Abs. 3 BauGB bei Außenbereichsvorhaben angesehen (BVerwGE 52, 122 = NJW 1978, 62); nunmehr greift das BVerwG (NVwZ 1994, 687) zur Ableitung des Rücksichtnahmegebots auch auf § 35 Abs. 3 Nr. 3 (schädliche Umwelteinwirkungen) zurück. Ferner wurde es im nichtbeplanten Innenbereich als Merkmal des Einfügens dem Tatbestand des § 34 BauGB zugeordnet (BVerwG NJW 1981, 1973; NVwZ 1987, 128; s. auch VGH Mannheim VBlBW 2003, 18: »Einmauern« kann rücksichtslos sein). Schließlich soll das Gebot der Rücksichtnahme bei Vorhaben im beplanten Bereich in § 15 Abs. 1 BauNVO (unzumutbare Beeinträchtigung der Nachbarschaft) verankert sein, soweit das Vorhaben den §§ 2 ff. BauNVO entspricht (BVerwGE 67, 334 = NJW 1984, 138; E 101, 364 = DVBl 1997, 61; NVwZ 2000, 1050). Wenn das Bauvorhaben nur auf Grund einer Befreiung von den Festsetzungen eines Bebauungsplans zugelassen werden könnte, leitet das BVerwG (E 82, 343 = NJW 1990, 1192) das Gebot der Rücksichtnahme aus der nach § 31 Abs. 2 BauGB gebotenen Würdigung nachbarlicher Belange ab. Dieser Rechtsprechung des BVerwG ist entgegengehalten worden (Breuer DVBl 1982, 1065; Redeker DVBl 1984, 870), dass sich das Rücksichtnahmegebot allein im Wege der Auslegung kaum aus den angeführten Vorschriften ableiten lässt. Dem BVerwG ist sicher darin zuzustimmen, dass das Gebot der Rücksichtnahme sich in einigen baurechtlichen Bestimmungen wiederfindet; dieses trifft vor allem für das Einfügen in § 34 Abs. 1 BauGB (eigentlich nur eine andere terminologische Umschreibung der Rücksichtnahme) sowie für § 15 Abs. 1 BauNVO (Belästigungen oder Störungen der Umgebung) zu. Auch die nach §§ 31 Abs. 2, 34 Abs. 3 BauGB gebotene Würdigung nachbarlicher Belange lässt sich als gesetzliche Anforderung des Gebots der Rücksichtnahme verstehen. Damit erschöpft sich aber die Bedeutung des Gebots der Rücksichtnahme nicht. Es ist vielmehr gerade dann von Bedeutung, wenn die maßgeblichen Normen erkennbar keinen Nachbarschutz bezwecken, aber andererseits die Betroffenheit des Nachbarn unzweifelhaft gegeben ist.

Bsp. (VGH Mannheim Beschl. v. 17.12.1992–5 S 2155/92): Ein Weiler im Außenbereich mit wenigen Gebäuden wird aus einer Quelle versorgt, die so schwach ist, dass der Wasserbedarf im Sommer nicht mehr vollständig gedeckt werden kann. Die Bauaufsichtsbehörde erteilt gleichwohl die Baugenehmigung für ein 6-Familien-Wohnhaus in einer Baulücke. Der VGH Mannheim hat einen Verstoß gegen das Rücksichtnahmegebot bejaht. Das Schutzbedürfnis der Eigentümer der vorhandenen Gebäude ist evident; eine nachbarschützende Norm ist aber nicht vorhanden. Wenn man diesen Konflikt nicht ungelöst lassen will, bleibt nur der Rückgriff auf das Gebot der Rücksichtnahme.

Das gleiche gilt für ein Überschreiten des zulässigen Maßes der baulichen Nutzung (§§ 16 ff. BauNVO). Das Rücksichtnahmegebot lässt sich hier – entgegen der Rechtsprechung des BVerwG (E 67, 334 = NJW 1984, 138) – nicht auf § 15 BauNVO stützen, da diese Vorschrift nach dem Wortlaut und der Systematik nur für §§ 2–14 BauNVO gilt (eb. BVerwG NVwZ 1995, 899). Schließlich ist es mit den herkömmlichen Auslegungsregeln nicht zu vereinbaren, wenn das BVerwG das Gebot der Rücksichtnahme im Außenbereich als öffentlichen Belang i.S.d. § 35 Abs. 3 BauGB ansieht (so BVerwGE 52, 122) und ihm gleichwohl nachbarschützende Wirkung zuerkennt; aus einer Vorschrift zum Schutz öffentlicher Belange lassen sich keine subjektiven Abwehrrechte ableiten.

Beim Gebot der Rücksichtnahme handelt es sich daher auch um ein allgemeingültiges Rechtsprinzip des öffentlichen Rechts, das nicht nur im Baurecht, sondern auch in anderen Rechtsgebieten Bedeutung hat (vgl. Brügelmann/Dürr § 30 Rdnr. 64 ff.; siehe z.B. BVerwGE 68, 58 = NJW 1984, 250 – Immissionsschutz; BGHZ 88, 34 = NJW 1984, 975; BVerwGE 78, 40 = NJW 1988, 434 – Gewässerbenutzung; OVG Münster NVwZ 1983, 485 – Nichtraucherschutz; OVG Lüneburg NJW 1985, 217 – Kinderspielplatz). Gesetzlich ist das Gebot der Rücksichtnahme z.B. in § 1 StVO verankert. Das Gebot der Rücksichtnahme ist ein dem im Zivilrecht entwickelten nachbarlichen Gemeinschaftsverhältnis (BGHZ 28, 110 und 48, 374; Brox JA 1984, 182) vergleichbares Institut (BGH BauR 2001, 859; VGH Mannheim BauR 2003, 1203), das auf eine analoge Anwendung der §§ 242, 226 BGB gestützt werden kann (eb. Stühler VBlBW 1987, 126; Wasmuth NVwZ 1988, 322; vgl. auch BVerwG BauR 1997, 281; 1988, 332).

Das Gebot der Rücksichtnahme darf aber **nicht** zu einer **allgemeinen Billigkeitslösung** im Bereich des Baunachbarrechts führen. Soweit der Gesetzgeber normativ festgelegt hat, was der Bauherr darf und was damit der Nachbar hinzunehmen hat, muss es dabei sein Bewenden haben (eb. BVerwG E 68, 58 = NJW 1984, 250; NJW 1990, 257; BauR 1993, 445 für den Immissionsschutz).

Bsp. a) (BVerwG NVwZ 1985, 653): Dem Interesse des Nachbarn an der Belichtung und Belüftung seines Hauses ist i.d.R. durch die Vorschriften über die Abstandsflächen Rechnung getragen; der Nachbar kann deshalb aus dem Rücksichtnahmegebot keine weitergehenden Schutzansprüche ableiten (eb. BVerwG NVwZ 1998, 68 u. 1999, 879; NVwZ-RR 1997, 516; so auch OVG Weimar ThürVGRspr. 1996, 13 = BRS 57 Nr. 221).
b) (BVerwG BauR 1993, 445): Für die Beeinträchtigung durch eine Schweinehaltung bietet das Gebot der Rücksichtnahme keinen weitergehenden Schutz als §§ 5 Abs. 1 Nr. 1, 22 Abs. 1 Nr. 1 BImSchG.

Der Grundsatz, dass das Gebot der Rücksichtnahme keine weitergehenden Anforderungen stellt als die bauordnungsrechtlichen **Abstandsvorschriften**, gilt allerdings nicht, wenn ein Bauvorhaben mangels Gebäudeeigenschaft keinen Abstand nach § 6 ThürBO einhalten muss (BVerwG NVwZ 1987, 128 für 12 m hohe Silos). Soweit es um **Immissionen** geht, wird die Grenze des Zumutbaren durch die technischen Regelwerke (TA-Lärm – s. dazu Boeddinghaus UPR 1999, 321 –, TA-Luft, DIN-Vorschriften, VDI-Richtlinien sowie insbes. Verordnungen nach

§ 7 BImSchG) festgelegt (BVerwG E 68, 58 = NVwZ 1984, 509; E 98, 235 = NVwZ 1996, 379; NVwZ 2000, 1050).

268 Das Gebot der Rücksichtnahme hat somit nur dort eine **konstitutive nachbarschützende Wirkung**, wo eine gesetzliche Regelung des Interessenkonflikts zwischen Bauherrn und Nachbarn fehlt, wie dies z.b. bei einer unzumutbaren Verschlechterung der Erschließungsverhältnisse (s. Rdnr. 276) oder bei § 35 Abs. 2 BauGB der Fall ist.

Bsp. a) (BVerwG NJW 1983, 2460): Die Errichtung eines Wohngebäudes am Ortsrand, das den Immissionen einer im Außenbereich gelegenen Schweinemastanstalt ausgesetzt wäre und dessen Eigentümer deshalb immissionsschutzrechtliche Abwehransprüche gegenüber der Schweinemastanstalt geltend machen könnte, kann gegen das Rücksichtnahmegebot verstoßen (vgl. auch VGH Mannheim BauR 1982, 45).
b) (BVerwG NVwZ 1983, 609): Die Erweiterung eines im Außenbereich gelegenen Stahlbaubetriebs ist rücksichtslos, wenn dies zu unzumutbaren Störungen eines benachbarten Wohngebietes führen würde.

Das Gebot der Rücksichtnahme stellt trotz aller dogmatischen Zweifelsfragen eine bedeutsame Ergänzung des Nachbarschutzes dar. Denn es ermöglicht abweichend von dem früheren Prinzip des Alles oder Nichts bei der Frage des Nachbarschutzes baurechtlicher Normen, das durch die restriktive Auslegung des Art. 14 GG kaum gemildert wurde, eine sinnvolle Konfliktlösung im nachbarschaftlichen Spannungsverhältnis, soweit im Gesetz keine Lösung angelegt ist.

6. Übersicht über die nachbarschützenden Normen

a) §§ 30–33 BauGB

269 Die Festsetzungen eines Bebauungsplans über die zulässige bauliche Nutzung durch Ausweisung von **Baugebieten nach §§ 2–11 BauNVO** sind nach allgemeiner Ansicht nachbarschützend, weil die Eigentümer im Plangebiet eine bau- und bodenrechtliche Schicksalsgemeinschaft (Austauschverhältnis) bilden (BVerwG E 44, 244 = NJW 1974, 811; E 27, 29 = NJW 1967, 1770; E 94, 151 = NJW 1994, 1546; E 101, 364 = NVwZ 1997, 384; OVG Weimar ThürVGRspr. 1997, 37 = BRS 58 Nr. 156). Aus diesem Austauschverhältnis folgt ein sog. **Gebietswahrungsanspruch der Eigentümer von Grundstücken** im Geltungsbereich eines Bebauungsplans (BVerwG E 101, 364 = NVwZ 1997, 364; VGH München NVwZ-RR 2004, 248; OVG Münster NVwZ-RR 2003, 818).
Dieser Anspruch auf Erhaltung der städtebaulichen Eigenart des Baugebiets hängt nicht davon ab, ob der Nachbar durch eine Bebauung, die nach §§ 2 ff. BauNVO in dem jeweiligen Baugebiet nicht zulässig ist, überhaupt nachteilig betroffen wird (BVerwGE 101, 364; NVwZ 2000, 1054). Diese Rechtsprechung trägt dem Umstand Rechnung, dass auch durch gebietsfremde Vorhaben, die zunächst noch keine konkrete Beeinträchtigung für entfernter liegende Nachbargrundstücke mit sich bringen, eine Entwicklung eingeleitet werden kann, die die Gefahr eines allmählichen Wandels und schließlich eines »Umkippens« des Gebietscharakters mit sich bringt.
Den §§ 12–14 BauNVO wird vom BVerwG nachbarschützende Wirkung beigemessen, weil sie inhaltlich eine Ergänzung der Baugebietsfestsetzung nach §§ 2 ff. BauNVO darstellen (zu § 12 BauNVO: BVerwG E 94, 151 = NJW 1994, 1546; s. auch Sarnighausen NVwZ 1996, 7; Dürr BauR 1997, 7; zu § 13 BauNVO: BVerwG NVwZ 1996, 787).

270 Der Nachbarschutz geht in räumlicher Hinsicht so weit, wie die wechselseitige Prägung durch die benachbarten Grundstücke reicht (BVerwG NVwZ-RR 1999, 105). § 15 Abs. 1 Satz 2 BauNVO verbietet auch unzumutbare Störungen in der Umgebung des Baugebiets. Daraus folgt, dass auch der Eigentümer eines Grundstücks außerhalb des Geltungsbereichs des Bebauungsplans eine Verletzung des Bebauungsplans rügen kann (sog. **planübergreifender Nachbarschutz** – s. dazu BVerwGE 44, 244 = NJW 1974, 811; VGH Mannheim VBlBW 1996,

24; 1997, 63). Da in Bezug auf Grundstückseigentümer außerhalb des Geltungsbereichs des Bebauungsplans aber kein bau- und bodenrechtliches Austauschverhältnis besteht (vgl. Rdnr. 269), kann der außerhalb des Bebauungsplangebiets gelegene Grundstückseigentümer nur eine Verletzung des Rücksichtnahmegebots rügen (VGH München NVwZ-RR 1999, 226; OVG Münster BauR 1997, 279; VGH Mannheim VBlBW 1997, 62; a.m. OVG Münster NVwZ-RR 2003, 818).

Bsp. (VGH Mannheim BRS 49 Nr. 26): Die Bewohner eines Wohngebiets können sich dagegen zur Wehr setzen, dass in einem unmittelbar angrenzenden Baugebiet, welches durch Bebauungsplan als allgemeines Wohngebiet ausgewiesen ist, eine große Gaststätte genehmigt wird.

Da das Gebot der Rücksichtnahme bereits bei der Aufstellung eines Bebauungsplans zu **271** beachten ist (s. dazu oben Rdnr. 44), ist es bei der Prüfung der Vereinbarkeit eines Vorhabens mit dem Bebauungsplan in der Regel nicht nochmals zu prüfen (BVerwG NVwZ 1985, 652). Lediglich bei § 15 BauNVO spielt das Gebot der Rücksichtnahme eine Rolle; diese Vorschrift wird vom BVerwG (E 67, 334 = NJW 1984, 138; E 82,343 = NJW 1990, 1192) geradezu als gesetzliche Ausprägung des Gebots zur Rücksichtnahme verstanden und hat daher insoweit nachbarschützende Wirkung (s. dazu Rdnr. 267).

Dagegen sind die **sonstigen Festsetzungen des Bebauungsplans**, z.B. das Maß der bau- **272** lichen Nutzung (Grundflächen- und Geschossflächenzahl), die Festsetzung von Baugrenzen und Baulinien oder der zulässigen Geschosszahl nur dann nachbarschützend, wenn sich aus dem Bebauungsplan ergibt, dass diese Festsetzungen erlassen wurden, um private Belange zu schützen (BVerwG NVwZ 1996, 170; BauR 1995, 823; VGH Mannheim NVwZ-RR 2000, 348; OVG Münster BauR 1997, 82). Wird das Maß der baulichen Nutzung und die zulässige Überbauung der Grundstücke aus Gründen der städtebaulichen Gestaltung geregelt, dann haben diese Festsetzungen keine nachbarschützende Wirkung (BVerwG NVwZ 1996, 170; VGH Mannheim NVwZ-RR 2000, 348 – straßenseitige Baugrenze). Anders ist es aber, wenn durch die Beschränkung der baulichen Nutzung eine aufgelockerte Bebauung (Villenviertel) zur Gewährleistung der Wohnruhe bewirkt werden soll oder sonstige Umstände ergeben, dass der Schutz der Grundstückseigentümer bezweckt wird (BVerwG BauR 1973, 238; NVwZ 1985, 748); bei seitlichen Baugrenzen ist sogar im Regelfall eine nachbarschützende Wirkung zu bejahen (VGH Mannheim BauR 1984, 52; NJW 1992, 1060; VBlBW 2000, 112; OVG Lüneburg BauR 2000, 1844).

Bsp. a) (VGH Mannheim VBlBW 1991, 25; NVwZ-RR 1990, 394): Die Festsetzung von Baugrenzen oder Gebäudehöhen kann nachbarschützend sein, wenn dadurch erkennbar für die Hinterlieger die Aussicht freigehalten werden soll (so auch BVerwG BRS 40 Nr. 92).
b) (OVG Weimar ThürVGRspr. 1997, 29 = BRS 58 Nr. 162): Die Festsetzung der höchstzulässigen Zahl an Wohnungen auf zwei Wohneinheiten in einem Wohngebiet mit Familienhausbebauung kann nachbarschützend sein, wenn sie sich als Ausdruck der Art der Nutzung erweist, die einzelnen Festsetzungen diesem Planziel verpflichtet sind und deshalb nach dem Willen des Plangebers zuglich das nachbarliche Verhältnis in einer Weise ausgestaltet wird, dass die Planbetroffenen sich darauf berufen können.

Ausnahmsweise kann nach Ansicht des BVerwG (E 67, 334 = NJW 1984, 138; E 82, 334 = NJW 1990, 1192; E 89, 69 = NVwZ 1992, 977; NVwZ 1999, 879) auch eine Abweichung von einer grundsätzlich nicht nachbarschützenden Festsetzung eines Bebauungsplans einen nachbarlichen Abwehranspruch begründen, wenn nämlich das Bauvorhaben gegen das Gebot der Rücksichtnahme verstößt (s. dazu oben Rdnr. 267). Dies kommt wohl nur bei einem erheblichen Überschreiten der zulässigen Geschosszahl oder Geschossflächenzahl in Betracht, wenn das Volumen des Bauvorhabens den Nachbarn »erdrückt«. Die nachbarschützende Wirkung des Gebots der Rücksichtnahme ergibt sich dabei nach der Rechtsprechung des BVerwG aus § 15 Abs. 1 BauNVO, wonach eine unzumutbare Störung der Nachbarschaft unzulässig ist (s. dazu auch oben Rdnr. 267 a.E.). Diese Vorschrift findet Anwendung, wenn ein Bauvorhaben nach den Vorschriften der BauNVO zwar grundsätzlich zulässig ist, sich aber wegen der konkreten Ausgestaltung im Einzelfall gleichwohl als rücksichtslos gegenüber der Nachbarschaft erweist (BVerwGE 82, 343 = NJW 1990, 1192; NVwZ 2000, 1050). Wenn dagegen die Festsetzungen des Bebauungsplans bei der Erteilung der Baugenehmigung missachtet werden, ist das Gebot der Rücksichtnahme aus § 31 Abs. 2 BauGB abzuleiten (BVerwG a.a.O.).

273 § 31 Abs. 2 BauGB wurde früher nur insoweit als nachbarschützend anerkannt, als von einer nachbarschützenden Norm **Befreiung** erteilt wird (so BVerwG NJW 1977, 1789). Diese Rechtsprechung hat das BVerwG (E 82, 334 = NJW 1989, 1192; NVwZ 1996, 170; NVwZ-RR 1998, 8) aufgegeben. Nach § 31 Abs. 2 BauGB sind die nachbarlichen Belange in jedem Fall, also auch bei nicht-nachbarschützenden Normen zu würdigen, wobei die Würdigung unter Berücksichtigung des Gebots der Rücksichtnahme zu erfolgen hat. § 31 Abs. 2 BauGB kommt daher auch dann nachbarschützende Wirkung zu, wenn die Norm, von der befreit wird, selbst nicht nachbarschützend ist. Allerdings hat der Nachbar in diesem Fall über den Anspruch auf »Würdigung nachbarlicher Interessen« hinaus keinen Anspruch auf ermessensfehlerfreie Entscheidung der Baugenehmigungsbehörde (BVerwG NVwZ-RR 1999, 8). Bei Befreiungen von nachbarschützenden Festsetzungen stellt dagegen jede nicht durch § 31 Abs. 2 BauGB gedeckte Abweichung eine Verletzung von Rechten des Nachbarn dar, ohne dass es auf einen Verstoß gegen das Gebot der Rücksichtnahme ankommt. Denn der Nachbarschutz folgt dann unmittelbar aus der Norm, von der befreit werden sollte.

Wird ein Bauvorhaben im Vorgriff auf einen zukünftigen Bebauungsplan nach **§ 33 BauGB** genehmigt, dann wird der Nachbar in seinen Rechten verletzt, soweit die zukünftigen Festsetzungen des Bebauungsplans nachbarschützende Wirkung haben werden (OVG Münster NVwZ 1992, 278; OVG Weimar B. v. 28.11.1996 – 1 EO 46/96 –; Brügelmann/Dürr § 33 Rdnr. 20); im Verhältnis Bauherr – Nachbar wird also fingiert, dass der Bebauungsplanentwurf schon rechtswirksam sei.

Dagegen begründet eine Veränderungssperre, die zur Sicherung der Planung erlassen wurde, keine nachbarlichen Abwehrrechte (BVerwG BauR 1989, 186). Denn die Veränderungssperre dient nur dem öffentlichen Interesse (vgl. **§ 14 Abs. 2 BauGB**), sie soll nicht zugleich auch private Belange schützen.

b) § 34 BauGB

274 Nach nunmehr gefestigter Rechtsprechung (BVerwG NJW 1981, 1973; NJW 1986, 1703; NVwZ 2000, 552) ist **§ 34 Abs. 1 BauGB** nur insoweit nachbarschützend, als dem Gebot der Rücksichtnahme (s. dazu oben Rdnr. 265) Nachbarschutz zukommt; das Gebot der Rücksichtnahme ist nach Ansicht der zitierten Rechtsprechung dabei in dem Tatbestandsmerkmal des Einfügens in § 34 Abs. 1 BauGB enthalten (s. dazu Rdnr. 117). Im Übrigen kommt § 34 Abs. 1 BauGB keine nachbarschützende Wirkung zu, weil es an einem Austauschverhältnis (vgl. Rdnr. 269) durch eine Planungsentscheidung fehlt (so BVerwG NVwZ 1996, 888). Demgegenüber hat **§ 34 Abs. 2 BauGB** nach der neueren Rechtsprechung des BVerwG (E 94, 151 = NJW 1994, 1546) hinsichtlich der Art der baulichen Nutzung nach §§ 2 ff. BauNVO in vollem Umfang nachbarschützende Wirkung; das BVerwG begründet dies mit der durch § 34 Abs. 2 BauGB bezweckten Gleichstellung des beplanten und des nichtbeplanten Innenbereichs. Hinsichtlich des Maßes der baulichen Nutzung verbleibt es dagegen dabei, dass Nachbarschutz nur im Rahmen des Gebots der Rücksichtnahme gewährt wird. Die vom BVerwG nunmehr vorgenommene Differenzierung zwischen Abs. 1 und 2 ist nicht gerechtfertigt, weil nichts dafür spricht, dass der Gesetzgeber bei § 34 Abs. 1 BauGB nur einen auf schwerwiegende Beeinträchtigungen beschränkten Nachbarschutz zuerkennen wollte. Das Gebot des Einfügens gebietet nicht weniger als §§ 2 ff. BauNVO einen Ausgleich der Interessen von Bauherrn und Nachbarschaft.

Es spricht daher rechtsdogmatisch einiges dafür, § 34 BauGB generell insoweit Nachbarschutz zuzuerkennen, als es um diejenigen Tatbestände geht, denen auch im beplanten Bereich ein Nachbarschutz zukommt (VGH Kassel NVwZ-RR 1996, 309; Battis § 5 IV 2b; Fickert/Fieseler vor §§ 2–9 Rdnr. 30.2; weitere Nachweise bei Brügelmann/Dürr § 34 Rdnr. 154).

c) § 35 BauGB

Nach der früheren Rechtsprechung des BVerwG (E 28, 268; DVBl 1971, 747; BauR 1989, **275** 454) war **§ 35 Abs. 1 BauGB nachbarschützend**, soweit die Privilegierung der in Abs. 1 aufgeführten Vorhaben durch die Zulassung eines anderen Bauvorhabens beeinträchtigt würde.

Bsp. (BVerwG DVBl 1971, 747): Ein nach § 35 Abs. 1 Nr. 5 BauGB wegen seiner Geruchsbelästigung privilegiertes Kraftfutterwerk kann sich dagegen wehren, dass in seiner Nähe ein Wohnbauvorhaben zugelassen wird, weil es dann mit immissionsschutzrechtlichen Auflagen zugunsten der Bewohner des Wohngebäudes rechnen müsste (eb. OVG Münster NVwZ 1988, 377: Nachbarklage eines Schweinemästers gegen heranrückende Wohnbebauung).

Zur Begründung führte das BVerwG aus, der Gesetzgeber habe die privilegierten Vorhaben generell dem Außenbereich zugeordnet und damit eine der Ausweisung eines Baugebiets nach §§ 3 ff. BauNVO vergleichbare generelle Regelung getroffen. Diese Rechtsprechung hat das BVerwG (NJW 2000, 552; eb. schon zuvor Hoppenberg, Kap. H Rdnr. 194; Mampel Rdnr. 1046 ff) dahingehend modifiziert, dass auch der Inhaber eines privilegierten Vorhabens im Außenbereich sich nur auf einen Verstoß gegen das Rücksichtnahmegebot berufen könne, da der Außenbereich nicht wie ein durch Bebauungsplan überplanter Bereich durch eine einheitliche bauliche Nutzung geprägt werde. Der Unterschied zur früheren Rechtsprechung ist im praktischen Ergebnis nicht bedeutsam, da es in der Regel rücksichtslos ist, wenn eine mit der vorhandenen Bebauung im Außenbereich nicht zu vereinbarende Nutzung vorgenommen werden soll. Dieses ist insbesondere der Fall bei einer Errichtung eines Wohngebäudes in der Nachbarschaft eines emittierenden Landwirtschafts- oder Gewerbebetriebs im Außenbereich, da dadurch die Privilegierung in Frage gestellt wird. Soweit die Privilegierung dagegen unangetastet bleibt, kommt ein Nachbarschutz nur im Rahmen des Rücksichtnahmegebots in Betracht.

Bsp. a) (BVerwG NVwZ 2000, 552): Der Inhaber einer Gärtnerei mit einer Holzheizanlage im Außenbereich kann die Errichtung eines Wohnhauses in der Nachbarschaft nicht verhindern, weil die Privilegierung der Gärtnerei sich nicht auf die Art der Heizung bezieht.
b) (OVG Lüneburg BauR 1988, 321): Kein Nachbarschutz eines Landwirts gegen die Errichtung eines Wohnhauses neben seinem Landwirtschaftsbetrieb.

Erst recht kann sich ein nach § 35 Abs. 2 BauGB genehmigtes Gebäude nicht gegen die Zulassung weiterer Bauvorhaben wenden (BVerwGE 52, 122 = NJW 1978, 62); eine Ausnahme gilt aber auch insoweit für eine Verletzung des Gebots der Rücksichtnahme (s. dazu OVG Weimar ThürVBl 1997, 181 sowie oben Rdnr. 265).

d) Erschließung

Nach §§ 29 ff. BauGB darf eine Baugenehmigung nur erteilt werden, wenn die Erschließung **276** gesichert ist; diese Anforderung ist nicht nachbarschützend (BVerwGE 50, 282 = NJW 1976, 1987; VGH Mannheim NVwZ 1998, 975; OVG Lüneburg BauR 1982, 372; OVG Münster BauR 1983, 445).
Eine Ausnahme ist nur dann zu machen, wenn wegen der fehlenden Erschließung ein Notwegrecht nach § 917 BGB beansprucht werden könnte (BVerwGE 50, 282) oder aber infolge drohender Überlastung der vorhandenen Erschließungsanlagen gegen das Gebot der Rücksichtnahme verstoßen wird (VGH Mannheim Beschl. v. 17.12.1992–3 S 2155/92; Mampel

Rdnr. 1058; a.M. OVG Münster BauR 1983, 445; VGH Mannheim VBlBW 1995, 59; NVwZ 1998, 975).

e) Bauordnungsrecht

277 Im Bauordnungsrecht hat vor allem die Frage des Nachbarschutzes der **Abstandsflächenregelungen des § 6 ThürBO** Bedeutung. Diese Vorschrift soll die Belichtung, Belüftung und Besonnung des Nachbargrundstücks schützen, ein Übergreifen von Bränden erschweren und ein Minimum an Wohnruhe und Wohnfrieden gewährleisten (vgl. Rdnr. 182). § 6 Abs. 1 ThürBO verlangt, dass grundsätzlich um ein Gebäude herum eine Fläche unbebaut bleibt und zwar unabhängig davon, in welchem Abstand zur Grenze das Gebäude liegt. Durch die Forderung des § 6 Abs. 2 S. 1 ThürBO, dass die Abstandsfläche auf dem eigenen Grundstück liegen muss, wird aber zugleich ein Abstand zwischen dem Gebäude und der Grundstücksgrenze sichergestellt. Es ist deshalb unbestritten, dass die Regelung des § 6 ThürBO nachbarschützend ist (OVG Weimar LKV 2003, 35; ThürVBl 1999, 257; LKV 1994, 114).

278 Dem Nachbarn steht gegen eine Baugenehmigung, die unter Verstoß gegen § 6 ThürBO hinsichtlich der Abstandsflächen und Abstände zu seinem Grundstück erteilt worden ist, ein Abwehrrecht zu, ohne dass es darauf ankommt, ob er durch das Vorhaben in spürbarer Weise tatsächlich beeinträchtigt ist (OVG Weimar ThürVBl 1999, 257). Mit dieser Entscheidung hat das OVG Weimar die Auffassung aufgegeben, in allen Fällen der Verletzung nachbarschützender Normen sei als tatbestandliche Voraussetzung eines Abwehranspruchs der Nachweis einer spürbaren tatsächlichen Beeiträchtigung des Nachbarn zu fordern (so noch OVG Weimar LKV 1994, 114). Dieser Änderung der Rechtsprechung, mit der sich das OVG Weimar der überwiegenden Auffassung angeschlossen hat (vgl. OVG Bautzen BRS 56 Nr. 106 = LKV 1995, 120; OVG Münster BRS 56 Nr. 196; 58 Nr. 113; OVG Saar BRS 47 Nr. 100; OVG Berlin DVBl 1993, 120), ist zuzustimmen. Sie wird der gesetzlichen Regelung besser gerecht: Aus Bundesrecht, insbesondere aus § 113 Abs. 1 S. 2 VwGO, lässt sich für ein allgemeines Erfordernis der tatsächlichen Beeinträchtigung des Nachbarn nichts herleiten. Für die Voraussetzungen von Abwehrrechten im Baurecht ist vielmehr das materielle Recht maßgeblich (BVerwG BRS 42 Nr. 182). Das aber ist unterschiedlich ausgestaltet. Während eine Reihe von nachbarschützenden Normen (z.B. das Rücksichtnahmegebot) die faktischen Auswirkungen eines Vorhabens zum Maßstab des Abwehrrechts machen, insofern also nur »partiell« nachbarschützend sind, wird der Ausgleich der nachbarlichen Interessen in den Abstandsflächenvorschriften in abstrakt-genereller Weise vorgenommen. Was den Nachbarn an heranrückender Bebauung zuzumuten ist, wird zentimeterscharf festgelegt. Davon ausgehend kann der Nachbar einerseits gegenüber einer baulichen Anlage, die die vorgeschriebenen Abstandsflächen einhält, grundsätzlich kein Abwehrrecht beanspruchen, sondern hat die damit verbundenen Beeinträchtigungen hinzunehmen. In diesen Fällen scheidet regelmäßig auch eine Verletzung des Gebots der Rücksichtnahme aus (BVerwG NVwZ 1999, 879). Andererseits kann der Nachbar sich grundsätzlich gegen jede Unterschreitung der Abstandsfläche zur Wehr setzen, ohne den Nachweis einer gerade dadurch hervorgerufenen tatsächlichen Beeiträchtigung führen zu müssen. Allerdings kann es Fälle geben, in denen ein Schutz des Nachbarn nach Sinn und Zweck der Abstandsflächenvorschriften nicht geboten ist oder die Berufung des Nachbarn auf die Unterschreitung des vorgeschriebenen Abstands gegen Treu und Glauben verstößt (OVG Weimar NVwZ-RR 2000, 350 = BRS 62 Nr. 136; ThürVBl 1999, 257; Urt. v. 26.9.2001 – 1 KO 327/00 –; OVG Bautzen LKV 1995, 120; OVG Berlin, DVBl 1993, 120).

279 Im Übrigen genügt es, den Nachbarschutz der bauordnungsrechtlichen Vorschriften in der nachfolgenden Übersicht zusammenzufassen (eine ausführliche Zusammenstellung findet sich bei Hoppenberg H 334 ff.; Geiger in Birkl E Rdnr. 42 ff.; Finkelnburg/Ortloff II § 17 II).

(ja = nachbarschützend, nein = nicht nachbarschützend)

§ 3 ThürBO (materiellrechtliche Generalklausel): ja, soweit erhebliche Gefährdung von Individualgütern des Nachbarn (OVG Berlin BauR 1992, 215; VGH Mannheim NVwZ-RR 1992, 348; 1995, 561;1998, 96)

§ 4 Abs. 1 ThürBO (Erschließung): nein (OVG Münster BRS 22 Nr. 189; VGH Mannheim BRS 29 Nr. 95; OVG Weimar B. v. 17.11.1998–1 ZEO 497/98. S. aber oben Rdnr. 276 – Notwegerecht –).

§ 6 ThürBO (Abstandsflächen): ja, s. oben Rdnr. 278

§ 12 ThürBO (Verunstaltungsverbot): nein (OVG Lüneburg BRS 44 Nr. 118; Jäde/Dirnberger/Michel § 12 ThürBO Rdnr. 26).

§ 15 Abs. 1 ThürBO (Standsicherheit): ja (OVG Saar BRS 58 Nr. 181; OVG Bremen NVwZ-RR 2002, 488).

§ 29 Abs. 1 ThürBO (Brandwände): ja (OVG Weimar B. v. 9.7.1998–1 ZEO 1316/97 –; OVG Koblenz BRS 28 Nr. 142; OVG Hamburg BRS 38 Nr. 174).

§ 49 Abs. 1 ThürBO (Stellplatzpflicht): nein (OVG Münster BauR 1999, 237; aber evtl. Verstoß gegen Rücksichtnahmegebot (BVerwG NVwZ 2003, 1516; OVG Bremen BauR 2003, 509; OVG Münster NVwZ-RR 1999, 365).

§ 64 Abs. 4 S. 3 ThürBO (Zustimmung des Grundstückseigentümers, der nicht Bauherr ist): nein (OVG Weimar BRS 57 Nr. 208).

§ 68 ThürBO (Nachbarbeteiligung): nein (OVG Weimar B. v. 3.7.1998 – 1 EO 173/98 –; S. oben Rdnr. 263).

Ein allgemeines »**Umweltrecht**«, d.h. ein Anspruch auf gesunde Umwelt wird bisher abgelehnt **280** (BVerwGE 54, 311 = NJW 1978, 554). Das BVerwG hat aber erklärt, bei Beeinträchtigung der Gesundheit durch ein Bauvorhaben könne sich ein Abwehrrecht aus Art. 2 Abs. 2 GG ergeben (s. dazu oben Rdnr. 262).

7. Verzicht, Verwirkung und unzulässige Rechtsausübung im Nachbarrecht

Der Nachbar kann auf die ihm zustehenden öffentlich-rechtlichen Abwehransprüche verzichten **281** (BVerwG BRS 28 Nr. 125; VGH Mannheim NVwZ-RR 1996, 310; OVG Münster BauR 2001, 89). Dies ändert allerdings nichts daran, dass die Bauaufsichtsbehörde die Baugenehmigung dennoch ablehnen muss, wenn die Vorschrift, auf deren Einhaltung der Nachbar verzichtet, neben den Belangen des Nachbarn auch öffentliche Belange schützen soll (BVerwG NVwZ 2000, 1050; DVBl 1979, 622; VGH Mannheim NVwZ-RR 1996, 310); das ist z.B. bei der Abstandsflächenregelung des § 6 ThürBO der Fall, die nicht nur dem privaten Interesse an Belichtung und Belüftung sondern auch dem öffentlichen Interesse an erfolgreicher Brandbekämpfung dient. Ein im Baugenehmigungsverfahren beachtlicher Verzicht kann nur gegenüber der Bauaufsichtsbehörde ausgesprochen werden (OVG Münster BauR 2004, 62). Ein Verzicht gegenüber dem Bauherrn stellt eine privatrechtliche Vereinbarung dar, die nach § 70 Abs. 4 ThürBO nicht beachtet werden muss (VGH Mannheim BRS 22 Nr. 176), aber beachtet werden kann, wenn sie der Bauaufsichtsbehörde vorgelegt wird (VGH Mannheim VBlBW 1991, 218). Ein gegenüber der Bauaufsichtsbehörde erklärter **Verzicht** auf die Einhaltung nachbarschützender Normen kann jedenfalls nach Erteilung der Baugenehmigung **nicht mehr widerrufen** werden (VGH München BauR 1980, 85; OVG Münster BauR 1984, 622); der Verzicht kann allerdings unter den Voraussetzungen der §§ 119 ff. BGB angefochten werden (VGH Mannheim BRS 32 Nr. 164; OVG Saar BRS 38 Nr. 179).

Ein Verzicht kann aber nur dann angenommen werden, wenn der Nachbar dies eindeutig erklärt. Es reicht nicht aus, dass der Nachbar im Beteiligungsverfahren keine Einwendungen erhebt (VGH Mannheim BRS 27 Nr. 164) oder seine Einwendungen zurücknimmt (VGH Mannheim BRS 30 Nr. 91; 32 Nr. 164). Wenn der Nachbar aber Lageplan und Bauzeichnungen unterschreibt, gilt dies nach § 68 Abs. 3 ThürBO als Zustimmung, nicht nur als Bestätigung der Kenntnisnahme (s. oben Rdnr. 234).

Der Verzicht bindet auch die Rechtsnachfolger (VGH Kassel BRS 56 Nr. 181); dies ergibt sich auch aus dem Rechtsgedanken des § 60 Abs. 4 ThürBO.

282 Schließlich kann das Recht des Nachbarn, sich auf nachbarschützende Normen zu berufen, auch durch **Verwirkung** untergehen (s. dazu OVG Greifswald NVwZ-RR 2003, 17 – lesenswert; Troidl NVwZ 2004, 315). Dabei ist zu unterscheiden zwischen der Verwirkung des verfahrensrechtlichen Widerspruchsrechts und der Verwirkung des materiellen Abwehrrechts (BVerwG NVwZ 1991, 1182; OVG Weimar LKV 1994, 110; BRS 58 Nr. 162). Das materielle Abwehrrecht kann zu einem früheren Zeitpunkt verwirkt sein als das Verfahrensrecht (BVerwG NVwZ-RR 1991, 111). Der Widerspruch des Nachbarn wird nach der Rechtsprechung des BVerwG (BVerwGE 44, 294 = NJW 1974, 1260; NVwZ 1991, 1182; eb. OVG Weimar LKV 2003, 35; 1994, 110; BRS 58 Nr. 162) vor allem dann unzulässig, wenn der Nachbar trotz sicherer Kenntnis vom Bauvorhaben ein Jahr lang nichts unternimmt. Das BVerwG begründet dies mit dem nachbarschaftlichen Gemeinschaftsverhältnis, das den Nachbarn verpflichtet, seine Einwendungen nicht unangemessen spät zu erheben; die Jahresfrist beruht auf einer analogen Anwendung des § 58 Abs. 2 VwGO.

Für den Beginn der Jahresfrist kommt es darauf an, wann der Nachbar das Bauvorhaben zur Kenntnis genommen hat oder hätte zur Kenntnis nehmen müssen (BVerwG NVwZ 1988, 532; OVG Weimar LKV 2003, 35). Dabei muss der Nachbar hinreichend über die Einzelheiten des Bauvorhabens informiert sein, von denen eine Beeinträchtigung seiner nachbarlichen Rechte zu befürchten ist, oder er muss konkreten Anlass haben, sich um solche Informationen zu bemühen. Dabei kann es sich nur um Umstände handeln, die zeitlich der Genehmigung nachfolgen, denn die Jahresfrist nach §§ 70, 58 Abs. 2 VwGO kann frühestens mit der Erteilung der Baugenehmigung in Lauf gesetzt werden (BVerwG Buchholz 406.19 Nachbarschutz Nr. 87; OVG Weimar LKV 2003, 35). Ein Baustellenschild reicht nicht ohne weiteres aus, um die Jahresfrist in Gang zu setzen (OVG Weimar BRS 57 Nr. 221).

Aber auch vor Ablauf dieser Jahresfrist können Nachbarrechte verwirkt werden, wenn nämlich der Nachbar durch sein Verhalten beim Bauherrn den berechtigten Eindruck erweckt, er werde keine Einwendungen gegen das Bauvorhaben erheben (BVerwG NVwZ 1991, 1182).

Bsp. a) (OVG Münster BauR 2004, 62): Der Nachbar legt Widerspruch ein, obwohl er vom Bauherrn eine Entschädigung von 3,2 Mill. DM (2facher Grundstückswert) erhalten hatte als Ausgleich für die zu erwartenden Beeinträchtigungen.
b) (OVG Münster NVwZ-RR 1993, 397): Der Nachbar gestattet zunächst dem Bauherrn, eine Leitung für Fertigbeton über das Grundstück des Nachbarn zu legen und legt danach Widerspruch gegen die Baugenehmigung ein (eb. auch OVG Greifswald NVwZ-RR 2003, 17).
c) (VGH Kassel NVwZ-RR 1991, 171): Der Nachbar hatte vor der Einlegung des Rechtsmittels das Baugrundstück an den Bauherrn verkauft und dessen Baukonzeption gekannt.

Verwirkung ist insbesondere in Betracht zu ziehen, wenn der Nachbar die Errichtung des Bauvorhabens zur Kenntnis nimmt und gleichwohl erst nach der Fertigstellung Rechtsmittel einlegt (BVerwG NVwZ-RR 1991, 111). Dabei ist allerdings Folgendes zu bedenken: Die Verwirkung setzt neben der Untätigkeit eines Berechtigten während eines längeren Zeitraums voraus, dass besondere Umstände hinzutreten, die die verspätete Geltendmachung als Verstoß gegen Treu und Glauben erscheinen lassen. Das ist insbesondere der Fall, wenn der Bauherr infolge eines bestimmten Verhaltens des Nachbarn darauf vertrauen durfte, dass dieser das Recht nach so langer Zeit nicht mehr geltend machen würde (Vertrauensgrundlage), der Bauherr tatsächlich darauf vertraut hat, dass das Nachbarrecht nicht mehr ausgeübt werde (Vertrauenstatbestand) und sich infolgedessen in seinen Vorkehrungen und Maßnahmen so eingerichtet hat, dass ihm durch die verspätete Durchsetzung des Nachbarrechts ein unzumutbarer Nachteil entstehen würde (BVerwGE 44, 339; NVwZ 1991, 1182). Deshalb führt auch eine längere Untätigkeit des Nachbarn dann nicht zur Verwirkung, wenn der Bauherr eine Baugenehmigung schon zuvor im wesentlichen Umfang sofort ausgenützt hat, ohne dazu durch das Verhalten des Nachbarn veranlasst worden zu sein. Denn dann fehlt es an der erforderlichen Kausalität zwischen dem Verhalten des Nachbarn und der Disposition des darauf vertrauenden Bauherrn (BVerwG NVwZ 1991, 1182; OVG Weimar LKV 2003, 35).

Das Nachbarrecht kann auch untergehen, wenn der Nachbar ausdrücklich erklärt, er werde nichts gegen das Bauvorhaben unternehmen (BVerwG NJW 1988, 730). Fraglich ist allerdings, ob das ein Fall der Verwirkung oder ein Fall des ebenfalls im Grundsatz von Treu und Glauben wurzelnden Verbots widersprüchlichen Verhaltens ist (vgl. dazu OVG Weimar LKV 1994, 110; OVG Münster BRS 58 Nr. 187).

Die Verwirkung setzt nicht voraus, dass es sich um ein genehmigtes Bauvorhaben handelt; auch gegenüber einem Schwarzbau kann das Recht, nachbarliche Abwehransprüche zu erheben, verwirkt werden (BVerwG BauR 1997, 281; NJW 1998, 328).

Die Verwirkung nachbarlicher Abwehrrechte wirkt auch gegenüber dem Rechtsnachfolger des Nachbarn (VGH Mannheim VBlBW 1992, 103).

Unter dem im Grundsatz von Treu und Glauben wurzelnden Gesichtspunkt der **unzulässigen Rechtsausübung** kann es dem Nachbarn verwehrt sein, sich auf ein ihm an sich zustehendes Abwehrrecht zu berufen, wenn dieses Abwehrrecht nach dem zugrunde liegenden Normprogramm auf einem nachbarlichen Gemeinschafts- oder Austauschverhältnis beruht und er seinerseits die ihm in diesem Verhältnis obliegenden Einschränkungen missachtet.

Bsp. a) (OVG Weimar BRS 58 Nr. 156): Der Betreiber eines in einem allgemeinen Wohngebiet gelegenen Verbrauchermarktes, der eigentlich nicht hätte genehmigt werden dürfen, weil er mit einer Verkaufsfläche von 1.500 qm nicht unter die der Versorgung des Gebietes dienenden Läden im Sinne des § 4 Abs. 2 Nr. 2 BauNVO fällt und im allgemeinen Wohngebiet auch nicht ausnahmsweise hätte zugelassen werden dürfen, kann sich gegenüber einem neuen Bauvorhaben nicht mit Erfolg auf den Schutz der Gebietsart als allgemeines Wohngebiet berufen, selbst wenn dieses objektiv wegen seiner Größe ebenfalls nicht im allgemeinen Wohngebiet zulässig ist.
b) (OVG Lüneburg BRS 40 Nr. 113; NVwZ-RR 1999, 716): Der Nachbar kann eine Verletzung der Abstandsflächenvorschriften nicht rügen, wenn sein eigenes Gebäude die nunmehr geltenden Abstandsflächenvorschriften in etwa demselben Umfang nicht einhält (vgl. auch OVG Weimar B. v. 5.10.1999–1 EO 698/99 –).

8. Anspruch auf Einschreiten der Bauaufsichtsbehörde

Ebenso wie im allgemeinen Polizeirecht steht auch im Baurecht dem von einem rechtswidrigen, **283** nicht genehmigten oder unter Überschreitung der Baugenehmigung errichteten Bauvorhaben betroffenen Nachbarn **kein Anspruch auf Einschreiten** der Bauaufsichtsbehörde (s. dazu Sarnighausen NJW 1993, 1628; Mampel DVBl 1999, 1403) nach §§ 60, 76,77 ThürBO zu, vielmehr steht es im Ermessen der Behörde, ob sie einschreiten will (BVerwG NVwZ-RR 1997, 271; NVwZ 1998, 395; OVG Lüneburg BauR 1994, 86; a.M. OVG Münster NVwZ-RR 2000, 205). Besondere Aktualität hat dieses Thema, nachdem in den Baordnungen der Länder die Genehmigungsfreistellungen insbesondere für Wohnbauten erheblich erweitert worden sind (vgl. dazu Sarninghausen UPR 1998, 329). Das Ermessen kann allerdings auf Null reduziert sein (BVerwG BauR 2000, 1318). Der Ansicht des OVG Münster (NJW 1984, 883), dass regelmäßig eine Ermessensreduzierung eintrete und nur ausnahmsweise von einem Einschreiten abgesehen werden könne, ist nicht zu folgen. Eine Ermessensreduzierung ist nur bei Beeinträchtigung schwerwiegender Belange des Nachbarn anzunehmen (so VGH MannheimVBlBW 1992, 10 u. 148; 1993, 19); nach Ansicht des OVG Lüneburg (a.a.O.) reicht hierfür bereits eine Beeinträchtigung nicht unerheblicher Belange aus. Ferner kann der Betroffene auf zivilrechtliche Abwehransprüche verwiesen werden (BVerwG NVwZ 1998, 395). Voraussetzung ist aber in jedem Fall, dass der Nachbar in seinen Rechten verletzt wird. **284**

Verstößt das Bauvorhaben lediglich gegen nicht-nachbarschützende Normen, hat der Nachbar keinen Anspruch auf fehlerfreie Ermessensentscheidung (VGH Mannheim BauR 1979, 222; VBlBW 1992, 148).

Besondere rechtliche Probleme treten auf, wenn der Nachbar mit Erfolg die Baugenehmigung angefochten hat, aber das Bauvorhaben wegen des Wegfalls der aufschiebenden Wirkung des Rechtsmittels nach § 212a BauGB in der Zwischenzeit bereits errichtet worden ist Das BVerwG (BauR 2000, 1318; eb. nunmehr VGH Mannheim BauR 2003, 1216) räumt dem Nachbarn in der Regel einen **Anspruch** gegenüber der Bauaufsichtsbehörde auf Erlass einer **Beseitigungsanordnung** ein, weil nur auf diese Weise der durch die Baugenehmigung bewirkte Eingriff in das Eigentumsrecht des Nachbarn rückgängig gemacht werden könne. Das BVerwG trägt damit der Folgenbeseitigungslast der Behörde Rechnung. Hierin liegt der Unterschied zum Schwarzbau, bei dem dem Nachbarn lediglich ein Anspruch auf eine fehlerfreie Ermessensentscheidung zusteht (s. oben Rdnr. 283).

Eine Ausnahme von dem Grundsatz, dass der Nachbar einen Anspruch auf Einschreiten der Bauaufsichtsbehörde nur bei schwerwiegender Betroffenheit in einer geschützten Rechtsposition hat, macht der VGH Mannheim (NVwZ-RR 1995, 490) auch für das dem **Baufreistellungs-verfahren** nach der ThürBO entsprechende Kenntnisgabeverfahren (s. dazu Uechtritz NVwZ 1996, 640). Da hier das die Belange des Nachbarn sichernde Baugenehmigungsverfahren entfalle, müsse ihm als Kompensation ein Anspruch auf ein Einschreiten der Bauaufsichtsbehörde durch Erlass eines Bauverbots bzw. einer Baueinstellung zuerkannt werden, wenn nachbarschützende Normen missachtet worden und die nachbarlichen Belange mehr als nur geringfügig berührt seien. Diese Rechtsprechung begegnet freilich insoweit gewissen Bedenken, als der Nachbar damit gegenüber einem jedenfalls in verfahrensmäßiger Hinsicht rechtmäßig begonnenen Bauwerk besser gestellt ist als gegenüber einem Schwarzbau.

Der Nachbar kann die Verletzung nachbarschützender Baurechtsnormen auch im Rahmen eines **zivilrechtlichen Unterlassungs- oder Beseitigungsanspruchs** geltend machen (vgl. dazu Uechtritz BauR 1998, 719; s. auch oben unter Rdnr. 254).

9. Nachbarschutz bei öffentlichen Einrichtungen

285   Soweit eine öffentliche Einrichtung aufgrund einer Zulassungsentscheidung (Baugenehmigung oder Zustimmung gem. § 75 Abs. 1 S. 2 ThürBO) errichtet und betrieben wird, muss der davon betroffene Nachbar Rechtsmittel gegen diese Entscheidung einlegen. Unterlässt er dies, kann er später keine öffentlich-rechtlichen Abwehransprüche mehr geltend machen (VGH München NVwZ 1999, 87). Etwas anderes gilt freilich bei einer der Genehmigung nicht mehr entsprechenden Nutzung der Einrichtung, z.B. Mopedrennen Jugendlicher auf einem gemeindlichen Sportplatz (BVerwG NVwZ 1990, 858; VGH Mannheim NVwZ 1990, 988; OVG Berlin NVwZ-RR 1994, 141).

Bei einer Beeinträchtigung durch eine öffentliche Einrichtung, die ohne eine Baugenehmigung oder Zustimmung geschaffen worden ist, hat der Anlieger unstreitig die Möglichkeit, eine **Unterlassungsklage** zu erheben, sofern er die Beeinträchtigung nicht zu dulden braucht (BVerwGE 79, 254 = NJW 1988, 2396 – Feuerwehrsirene; BVerwG E 81, 197 = NJW 1989, 1291; NVwZ 1991, 884 – Sportplatz; VGH Mannheim NVwZ 1990, 988; VBlBW 1998, 62 – Kinderspielplatz; VGH Mannheim NVwZ-RR 1989, 137 – Sportplatz eines Schulzentrums; VGH Mannheim VBlBW 1985, 60 – kommunaler Festplatz; VGH München NVwZ-RR 1989, 532 – kommunaler Grillplatz; BVerwG NVwZ 1996, 1001; VGH München NVwZ 1997, 96 – Wertstoffhof; OVG Münster NVwZ 2001, 1181 u. VGH Kassel NVwZ-RR 2000, 668 – Wertstoffcontainer; VGH München NVwZ 1999, 87 – kommunale Mehrzweckhalle; OVG Münster BauR 2000, 81 – Bolzplatz; VGH Mannheim VBlBW 2000, 483 – Jugendhaus). Als Anspruchsgrundlage dieses Unterlassungsanspruchs wird teilweise allein, teilweise auch nebeneinander Art. 2 Abs. 2 und 14 GG (BVerwGE 79, 254 = NJW 1988, 2396), eine analoge Anwendung des § 1004 BGB (BVerwG DVBl 1974, 239; VGH Mannheim NVwZ-RR 1989,173) oder ein Folgenbeseitigungsanspruch (VGH Mannheim NJW 1985, 2352; OVG Münster BauR 1989, 715) angegeben. Die Frage, welche dieser drei Alternativen zutreffend ist, hat jedoch keine große praktische Bedeutung, denn in allen Fällen sind die Voraussetzungen für einen derartigen Anspruch identisch (so auch BVerwGE 81, 197 = NJW 1989, 1291; VGH Mannheim NVwZ 1990, 988; OVG Schleswig NVwZ 1995, 1019); die öffentliche Einrichtung muss gegen eine den Nachbarn schützende Norm verstoßen. Als solche nachbarschützenden Normen kommen vor allem die baurechtlichen Vorschriften einschließlich des Gebots der Rücksichtnahme (vgl. BVerwG NVwZ 1983, 155; VGH Mannheim NVwZ-RR 1989, 173; BauR 1987, 414; OVG Münster BauR 2000, 81) sowie § 22 BImSchG (BVerwG E 79, 254 = NJW 1988, 2396; E 81, 197 = NJW 1989, 1291; VGH München NVwZ 1999, 87) in Betracht.

Streitig ist, ob neben dem Unterlassungsanspruch gegenüber der Gemeinde bzw. dem sonstigen öffentlich-rechtlichen Träger der Einrichtung auch ein **Einschreiten der Bauaufsichtsbehörde** verlangt werden kann (so VGH Mannheim VBlBW 1983, 25; Dürr NVwZ 1982, 297) oder ob diese Möglichkeit bei öffentlichen Einrichtungen ausscheidet, weil eine öffentlich-rechtliche Körperschaft nicht der Hoheitsgewalt einer anderen Körperschaft unterworfen ist (so OVG Münster NJW 1984, 1982; VGH Kassel NVwZ 1997, 305; Hoppe/Grotefels § 17 Rdnr. 71).

Die Frage, in welchem Umfang die Nachbarn die Störung durch eine öffentliche Einrichtung **286** hinnehmen müssen, lässt sich nicht einheitlich beantworten, sondern hängt von der jeweiligen Situation des Baugebiets und der Funktion der Einrichtung ab (BVerwGE 81, 197 = NJW 1989, 1291; VGH Mannheim VBlBW 1996, 108). Grundsätzlich besteht auch für öffentliche Einrichtungen kein Sonderrecht (BVerwG a.a.O.). Freilich muss der Nachbar einer solchen öffentlichen Einrichtung wegen der spezifischen Funktion der Anlage u.U. Beeinträchtigungen hinnehmen, die er bei sonstigen, etwa gewerblichen, Anlagen nicht zu dulden braucht. Dies gilt z.B. für **Kinderspielplätze**. Obwohl diese für die unmittelbare Nachbarschaft durchaus störend sein können, muss die Nachbarschaft jedenfalls Kinderspielplätze normaler Größe und Ausstattung auch im Wohngebiet hinnehmen (BVerwG DVBl 1974, 777; UPR 1992, 182; VGH Mannheim BauR 1985, 535; NVwZ 1990, 988; VGH München NVwZ 1989, 269); streitig ist lediglich, ob dies auch für Bolzplätze und Abenteuerspielplätze gilt (bejaht von BVerwG NVwZ 1992, 884; VGH Mannheim VBlBW 1998, 62; verneint von OVG Lüneburg BRS 42 Nr. 188; OVG Münster BauR 2000, 81; VGH München NVwZ-RR 1994, 246; OVG Schleswig NVwZ 1995, 1019). Nicht vorhersehbare Exzesse der Benutzer einer öffentlichen Einrichtung sind der Gemeinde aber nicht zuzurechnen (VGH München NVwZ 1997, 96). Bei Mehrzweckhallen lässt der VGH Mannheim (VBlBW 1996, 108; eb. VGH München BauR 1998, 756) an maximal 18 Tagen im Jahr eine Überschreitung der maßgeblichen Immissionswerte zu.

Besondere Probleme treten bei **Sportanlagen** auf (s. dazu Berkemann NVwZ 1992, 817; Ketteler BauR 1997, 959; Birk VBlBW 2000, 97; Uechtritz NVwZ 2000, 1006; Stüer/Middelbeck BauR 2003, 38). Sportanlagen werden häufig gerade dann benutzt, wenn ein besonderes Ruhebedürfnis besteht, nämlich nach Feierabend und am Wochenende. Es besteht zwar ein öffentliches Interesse an einer sportlichen Betätigung, was durch günstig zu erreichende Sportanlagen gefördert wird; andererseits darf dies nicht einseitig zu Lasten der Wohnruhe gehen (s. dazu BVerwG E 81, 197 = NJW 1989, 1291; NVwZ 1991, 884; 2000, 1050; OVG Münster NVwZ-RR 1995, 435). Ein Ausgleich kann auch insoweit nur mit Hilfe des Gebots der Rücksichtnahme gefunden werden (VGH Mannheim NVwZ 1992, 389). Nach der Rechtsprechung des BVerwG muss der Anlieger einer Sportanlage eine regelmäßige Immissionsbelastung am Samstagnachmittag hinnehmen, nicht aber am Abend nach 19 Uhr und am Sonntag. Gelegentliche Ausnahmen von diesem Grundsatz sind aber unbedenklich (VGH Mannheim VBlBW 1993, 131).

Die zuvor sehr umstrittene Frage, welche Immissionsbelastung den Nachbarn eines Sportplatzes zugemutet werden kann, ist durch die **18. BImSchV** vom 18.7.1991 – Sportanlagenlärm-schutzverordnung – (BGBl. I S. 1578) verbindlich beantwortet worden (BVerwG NVwZ 1995, 992; E 109, 314 = NVwZ 2000, 1050; s. dazu auch Uechtritz NVwZ 2000, 1006; Ketteler NVwZ 2002, 1068). Dabei ist eine Vorbelastung durch Lärm zu berücksichtigen (BVerwG E 109, 314 = NVwZ 2000, 1050).Für die Bauleitplanung hat die Sportanlagenlärmschutzverordnung mittelbare Bedeutung: Die Gemeinde darf keinen Bebauungsplan aufstellen, der nicht vollzugs-fähig ist, weil seine Verwirklichung an den Anforderungen der Verordnung scheitern müsste; bei der Abwägung muss die Gemeinde die Schutzbedürftigkeit des Einwirkungsbereichs der Sportanlage entsprechend den Anforderungen der 18. BImSchV zutreffend ermitteln (BVerwG E 109, 246 = NVwZ 2000, 550 = DVBl 2000, 187).

Teilweise wird angenommen, die 18. BImSchV finde wegen § 1 Abs. 2 der Verordnung nur für Sportanlagen Anwendung, auf denen Sport nach festen Regeln ausgeübt werde, nicht aber für Freizeitsportplätze, insbes. Bolzplätze (BVerwG BauR 2004, 471; OVG Berlin NVwZ-RR 1994, 141; VGH München NVwZ-RR 2004, 20; Mampel Rdnr. 1472). Dies ist zwar formal zutreffend, lässt aber außer Betracht, dass die Konfliktsituation zwischen sportlicher Betätigung und dem Ruhebedürfnis der Umgebung bei »regellosen« Sportanlagen nicht anders ist als bei Sportanlagen von Sportvereinen. Daher müssen die Grenzwerte der 18. BImSchV ebenfalls Anwendung finden (so auch OVG Schleswig NVwZ 1995, 1019; Rodewoldt/Wagner VBlBW 1996, 365); das BVerwG (a.a.O.) hält immerhin eine entsprechende Anwendung in geeigneten Fällen für möglich.

Wenn der Anlieger einer öffentlichen Einrichtung im Einzelfall eine unzumutbare Störung hinnehmen muss, räumt ihm das BVerwG (E 79, 254 = NJW 1988, 2396 – Feuerwehrsirene in 15 m Abstand von Schlafzimmer- und Kinderzimmerfenstern) in entsprechender Anwendung der §§ 906 Abs. 2 BGB, 74 Abs. 2 Satz 3 VwVfG einen Anspruch auf eine **Geldentschädigung** ein. Dabei handelt es sich aber nicht um eine Entschädigung i.S.d. Art. 14 Abs. 3 GG, sondern um einen öffentlich-rechtlichen Ausgleichsanspruch, für den das Verwaltungsgericht zuständig ist (vgl. BVerwGE 77, 295 = NJW 1987, 2884).

V. Der Rechtsschutz im Baurecht

A. Rechtsschutz gegen Bauleitpläne

1. Flächennutzungsplan

Da der Flächennutzungsplan weder eine Satzung noch ein Verwaltungsakt ist (s. oben Rdnr. **287**
26), kann er weder mit einem Normenkontrollverfahren nach § 47 VwGO noch mit einer
Anfechtungsklage nach § 42 VwGO angefochten werden (BVerwG BauR 1990, 685). Das
BVerwG (NVwZ 2004, 614) hat allerdings zu einem Raumordnungsplan entschieden, dieser
habe wegen § 35 Abs. 3 Satz 2 BauGB Außenwirkung (s. dazu oben Rdnr. 129a) und könne
daher mit einem Normenkontrollantrag angegriffen werden. Diese Rechtsprechung lässt sich
eigentlich wegen § 35 Abs. 3 Satz 3 BauGB auch auf den Flächennutzungsplan übertragen.
Dies wird aber vom BVerwG (a.a.O.) abgelehnt mit der wenig überzeugenden Begründung,
der Flächennutzungsplan habe keine unmittelbare Außenwirkung.
Wenn zu erwarten ist, dass auf der Grundlage des Flächennutzungsplans ein Bebauungsplan
aufgestellt wird, der zu schweren Nachteilen für die Nachbargemeinde führt (so das unter
Rdnr. 23 angeführte Beispiel BVerwGE 40, 323), kann diese nach der zitierten Entscheidung
des BVerwG (eb. VGH München NVwZ 1985, 837) vorbeugende Feststellungs- oder Unterlassungsklage erheben, dass die planende Gemeinde nicht berechtigt sei, ihre Bauleitplanung
in diesem Bereich auf der Grundlage des Flächennutzungsplans fortzuführen. **Vorbeugender
Rechtsschutz** ist zwar nach dem Klagesystem der VwGO nur dann zulässig, wenn ein wirk-
samer nachträglicher Rechtsschutz nicht möglich oder jedenfalls nicht zumutbar ist (BVerwG
E 40, 323; E 54, 211 = NJW 1978, 554). Das wird aber vom BVerwG in diesem Fall bejaht,
weil die planungsrechtliche Situation sich verfestigt, wenn der Bebauungsplan aufgestellt wird,
und möglicherweise bereits Baugenehmigungen erteilt werden, bevor über einen Antrag der
Gemeinde nach § 47 VwGO gegen den Bebauungsplan entschieden werden kann.

2. Bebauungsplan

Nach **§ 47 Abs. 1 Nr. 1 VwGO** (**Normenkontrolle**; s. dazu Schmitz-Rode NJW 1998, 415) **288**
entscheidet das Oberverwaltungsgericht auf Antrag über die Gültigkeit von Satzungen, die
nach den Vorschriften des BauGB erlassen worden sind. Darunter fallen Bebauungspläne
ebenso wie Vorhaben- und Erschließungspläne (§ 12 BauGB), aber auch Satzungen nach § 34
Abs. 4 BauGB (vgl. VGH München BauR 1989, 309), Satzungen über eine Veränderungssperre
nach § 14 BauGB sowie Sanierungs- und Erhaltungssatzungen (§§ 142, 172 BauGB). Darüber
hinaus ist die Normenkontrolle in Thüringen gem. § 47 Abs. 1 Nr. 2 VwGO i.V.m. § 4
ThürAGVwGO gegen alle im Rang unter dem Landesgesetz stehenden Rechtsvorschriften
eröffnet, also auch gegen örtliche Bauvorschriften (§ 83 ThürBO).
Das am 1.1.1997 in Kraft getretene 6. VwGO-ÄndG hat bedeutsame Veränderungen für das
Normenkontrollverfahren gebracht. Zunächst wurde eine **Antragsfrist von 2 Jahren** seit der
Bekanntmachung des Bebauungsplans (§ 10 Abs. 3 BauGB) eingeführt. Die Frist kann ihren
Zweck, den Bestand von Bebauungsplänen zu gewährleisten, allerdings nur eingeschränkt
erfüllen. Auch nach Ablauf der Frist ist nämlich eine Inzidentkontrolle des Bebauungsplans
im Rahmen einer verwaltungsgerichtlichen Klage zulässig (BT-Drucksache 13/3993 S. 10;
Lotz BayVBl 1997, 257; Schmitz-Rode NJW 1998, 415). Bei unverschuldeter Fristversäumung
kann Wiedereinsetzung nach § 60 VwGO gewährt werden (Jäde in Birkl D Rdnr. 605; a.M.
OVG Brandenburg LKV 1996, 208; Schenke NJW 1997, 180; Gerhard in Schoch/Schmidt-
Aßmann/Pietzner § 47 Rdnr. 36). Die Behauptung der Gegenansicht, es handle sich um eine

Ausschlussfrist, trifft nicht zu. Zwischen der Antragsfrist nach § 47 Abs. 2 VwGO und der Klagefrist nach § 74 VwGO besteht insoweit kein Unterschied.

Für Bebauungspläne, die vor dem 1.1.1997 bekanntgemacht worden sind, hat die 2-Jahres-Frist nach der Übergangsregelung in Art. 10 Abs. 4 des 6. VwGO-ÄndG erst mit dem Inkrafttre-ten des 6. VwGO-ÄndG am 1.1.1997 zu laufen begonnen, soweit nicht nach anderen Vorschrif-ten die Antragsfrist bereits abgelaufen war. In den neuen Bundesländern galt bis zum 1.1.1997 für die Normenkontrolle von Bebauungsplänen eine Antragsfrist von **3 Monaten** nach Nr. 1 des Gesetzes zur Beschränkung von Rechtsmitteln in der Verwaltungsgerichtsbarkeit (Art. 13 des Investitionserleichterungs- und WohnbaulandG v. 22.4.1993, BGBl I S. 487). Diese Frist bleibt also in Thüringen beachtlich für Bebauungspläne, die vor dem 1.10.1996 bekanntgemacht worden sind (zur Geltung der 3-Monats-Frist für Bebauungspläne, die vor Inkrafttreten des Rechtsmittelbeschränkungsgesetzes am 1.5.1993 bekanntgemacht worden sind BVerwG DVBl 1999, 1516 = BauR 1999, 1441).

Die Frist für die Stellung eines Normenkontrollantrags wird auch durch eine fehlerhafte Bekanntmachung des Bebauungsplans in Gang gesetzt; ausreichend ist, dass der Plan als Rechtsnorm mit formellem Geltungsanspruch veröffentlicht worden ist, sofern nicht durch den Bekanntmachungsmangel die zumutbare Möglichkeit der Kenntnisnahme von der Existenz des Plans generell in Frage gestellt wird (BVerwG UPR 1996, 349; OVG Weimar ThürVBl 1997, 230). Bei erneuter Bekanntmachung nach ergänzendem Verfahren gem. § 214 Abs. 4 BauGB beginnt die Antragsfrist erneut zu laufen (OVG Bautzen SächsVBl 1997, 56).

Eine weitere Neuerung des 6. VwGO-ÄndG liegt in der Ausgestaltung der **Antragsbefugnis** nach § 47 Abs. 2 VwGO. Während früher die Antragsbefugnis gegeben war, wenn der Antragsteller durch die Rechtsnorm oder ihre Anwendung einen Nachteil erlitt (s. dazu Dürr NVwZ 1996, 105; Schütz NVwZ 1999, 929), verlangt § 47 Abs. 2 VwGO n.F., dass der Antragsteller eine Verletzung seiner Rechte geltend macht. Die Änderung des § 47 Abs. 2 VwGO bezweckt nach den Gesetzesmaterialien (BT-Drucksache 13/3993 S. 9 und 10) eine Angleichung der Antragsbefugnis nach § 47 Abs. 2 VwGO an die Klagebefugnis nach § 42 Abs. 2 VwGO. Nach der Rechtsprechung des BVerwG (E 107, 215; NVwZ 1998, 732; vgl. auch OVG Weimar ThürVBl 2004, 261; DÖV 2003, 636; ThürVGRspr. 1999, 71) sind an die Geltendmachung einer Rechtsverletzung i.S.d. § 47 Abs. 2 VwGO aber auch keine höheren Anforderungen zu stellen als bei der Klagebefugnis nach § 42 Abs. 2 VwGO.

Für die Klagebefugnis gilt die sog. **Möglichkeitstheorie**. Dieses bedeutet, dass eine Verletzung von Rechten des Klägers möglich sein muss (BVerwG E 44, 1 = NJW 1974, 203; E 65, 167 = NJW 1982, 2513).

Die Antragsbefugnis ist unbestritten gegeben, wenn der Antragsteller durch den Bebauungsplan an der beabsichtigten **baulichen oder sonstigen Nutzung** seines Grundstücks gehindert wird, weil dann ein Eingriff in das durch Art. 14 GG geschützte Eigentumsrecht (Baufreiheit) gegeben ist (BVerwG BauR 1997, 972; NVwZ 1998, 732; NVwZ 2002, 87).

Bsp. a) (BVerwG NVwZ 1989, 553): Ein Bebauungsplan untersagt in einem Kerngebiet die Errichtung von Sex-Shops. Gegen diese Festsetzung kann die Inhaberin einer Kette von Sex-Shops einen Normenkontrol-lantrag stellen, auch wenn sie das vorgesehene Ladengeschäft erst nach Inkrafttreten des Bebauungsplans erworben hatte; zuvor war dort ein Wollgeschäft.
b) (BVerwG BauR 1994, 433): Der Bebauungsplan weist ein Grundstück im Innenbereich als Fläche für Gartenbau aus. Falls der Eigentümer diese Fläche mit Wohngebäuden bebauen will, ist er auch dann antragsbefugt, wenn diese Festsetzung auf Wünschen eines früheren Grundstückseigentümers beruhte, der dort eine Gärtnerei betrieb.

Es kommt für die Antragsbefugnis nicht darauf an, ob der Gemeinderat die Nutzungsabsichten des Antragstellers bei der Aufstellung des Bebauungsplans erkennen konnte (BVerwG NVwZ 1993, 563; NVwZ 1995, 265). Dabei bestimmt sich die Frage, ob eine Veränderung der bauplanungsrechtlichen Situation für den Grundstückseigentümer eine Rechtsverletzung darstellen kann, nach dessen subjektiver Einschätzung.

Bsp. (BVerwG NVwZ 1993, 563): Ein Landwirt ist antragsbefugt, wenn er die als Baugelände festgesetzte Fläche weiterhin landwirtschaftlich nutzen will; dieses gilt auch, wenn sich der Wert der Fläche durch den Bebauungsplan objektiv beträchtlich erhöht hat.

Eine Rechtsverletzung entfällt, wenn der Antragsteller ohne Bebauungsplan auch nicht anders bauen könnte als bei Anwendung des Bebauungsplans (VGH Mannheim VBlBW 1983, 140; OVG Lüneburg BauR 1988, 307).
Schwieriger zu beurteilen ist die Antragsbefugnis bei Antragstellern, die nur mittelbar betroffen **288a** sind, z.B. durch die Bebauung auf dem Nachbargrundstück, den Verlust von Lagevorteilen oder die Zunahme des Verkehrs.

Bsp. (BVerwG E 107, 215 = NJW 1999, 592): Der Antragsteller ist Eigentümer eines Wohnhauses am Rande einer bewaldeten Fläche. Diese Fläche wird in einem Bebauungsplan als Kleingartenfläche mit Vereinsheim festgesetzt. Der Antragsteller befürchtet eine unzumutbare Störung durch das Vereinsheim.

Bei nur **mittelbarer Beeinträchtigung** ist eine Verletzung von Rechten des Antragstellers und damit eine Antragsbefugnis unproblematisch zu bejahen, wenn die zu erwartende Beeinträchtigung gegen gesetzliche Vorschriften verstößt, z.B. die Grenzwerte der 16. oder 18. BImSchV bzw. der TA-Lärm oder der TA-Luft überschritten werden (vgl. BVerwG BauR 2000, 229). Da in diesem Fall in Abwehrrechte des Nachbarn eingegriffen wird, mit denen er sich gegen eine Genehmigung auf der Grundlage des Bebauungsplans zur Wehr setzen kann, muss die Antragsbefugnis nach § 47 Abs. 2 VwGO bejaht werden.
Schwieriger ist es, wenn keine normative Festsetzung nachbarlicher Abwehrrechte erfolgt ist, etwa bei der Beeinträchtigung der Aussicht (BVerwG NVwZ 1995, 895; VGH Mannheim VBlBW 1997, 426; 2000, 482), der gehobenen Wohnlage, der Steigerung des Verkehrslärms auf vorhandenen Straßen (vgl. BVerwG BauR 2000, 243; OVG Weimar ThürVGRspr. 2004, 197 = BRS 66 Nr. 60) oder der Verschlechterung der Zufahrtsverhältnisse (BVerwG NVwZ 1992, 974). In allen diesen Fällen wird ein **subjektives Recht** nicht unmittelbar betroffen, andererseits können diese Belange bei der Aufstellung eines Bebauungsplans durchaus relevant sein; der Bebauungsplan kann fehlerhaft sein, wenn diese Belange unberücksichtigt bleiben. Da auch private Belange, die keine subjektiven Rechte darstellen, im Rahmen der **Abwägung nach § 1 Abs. 7 BauGB** zu berücksichtigen sind (s. Rdnr. 43), stellt sich die Frage, ob eine Rechtsverletzung auch darin liegen kann, dass abwägungsrelevante private Belange nicht oder nicht in abwägungsfehlerfreier Weise in die Abwägung eingestellt wurden. Diese zuvor umstrittene Frage (Stüer BauR 1999, 521; Muckel NVwZ 1999, 963; Eyermann, 10. Auflage § 47 Rdnr. 45 ff.) hat das BVerwG (E 107, 215 = NJW 1999, 592) dahingehend entschieden, dass die Antragsbefugnis auch aus einer abwägungsfehlerhaften Behandlung privater Belange in der Abwägung nach § 1 Abs. 7 BauGB abgeleitet werden kann. Nach Ansicht des BVerwG kommt dieser Vorschrift drittschützende Wirkung zu, da auch private Belange bei der Bauleitplanung zu berücksichtigen seien. Dies führt im Ergebnis dazu, dass die Neufassung des § 47 Abs. 2 VwGO weitgehend bedeutungslos ist (so auch Schmitz NVwZ 1999, 929). Nach § 47 Abs. 2 VwGO n.F. kommt es bei mittelbaren Beeinträchtigungen für die Antragsbefugnis darauf an, ob **private abwägungsrelevante Belange** verletzt worden sein können. Ob sie tatsächlich verletzt worden sind, ist eine Frage der Begründetheit des Normenkontrollantrags.
Abwägungsrelevant sind zum einen die Belange, die die planende Gemeinde von sich aus erkennen muss, weil diese Belange offensichtlich durch den Bebauungsplan betroffen werden.

Bsp. a) (OVG Weimar ThürVGRspr. 2004, 197 = BRS 66 Nr. 60): Der Bebauungsplan setzt ein Straßenbauvorhaben fest, das in einer außerhalb des Plangebiets liegenden Straße als Folge der Anbindung an die neue Straße eine Zunahme des Straßenverkehrs und damit der Lärmbelastung für die Anwohner zur

Folge hat. Das Interesse der Anwohner, von einer erhöhten Lärmbelastung verschont zu bleiben, musste sich der Gemeinde auch ohne ausdrückliche Rüge als abwägungserheblicher Belang aufdrängen.

b) (VGH Mannheim VBlBW 1980, 24): Der Bebauungsplan sieht ein Wohngebiet in unmittelbarer Nachbarschaft einer Hautleimfabrik vor. Dem Gemeinderat muss sich auch ohne Rüge durch den Betriebsinhaber die Erkenntnis aufdrängen, dass es infolge der von der Fabrik ausgehenden intensiven Geruchsbelästigung bei Verwirklichung des Bebauungsplans zu schwerwiegenden immissionsschutzrechtlichen Maßnahmen gegenüber der Fabrik kommen wird.

c) (BVerwG BauR 1992, 186): Das Interesse des Eigentümers eines Wohnhauses an der Herstellung einer ordnungsgemäßen Zufahrtsstraße muss sich dem Gemeinderat aufdrängen.

In die Abwägung einzubeziehen sind ferner private Belange, die zwar nicht so gewichtig sind, dass die Gemeinde sie von Amts wegen berücksichtigen muss, die aber von den betroffenen Trägern der Belange im Anhörungsverfahren nach § 3 Abs. 2 BauGB geltend gemacht worden sind.

Bsp. (OVG Münster NVwZ-RR 1993, 126): Ein Landwirt macht geltend, dass er die für eine Bebauung vorgesehene Fläche zur Erweiterung seines Betriebs benötige.

289 Die Kopplung der Antragsbefugnis an Stellungnahmen im Verfahren nach § 3 Abs. 2 BauGB könnte allerdings zu einer bedenklichen Ausweitung der Antragsbefugnis führen, da nach § 3 Abs. 2 BauGB der Kreis der Personen, die Einwendungen gegen den Bebauungsplan erheben könnten, nicht beschränkt ist. Das BVerwG verlangt deshalb zusätzlich, dass die **Belange** des Antragstellers **schutzwürdig** sein müssen. Dieses ist zunächst nicht der Fall, wenn der Antragsteller persönlich gar keine oder nur geringfügige Nachteile erleidet (VGH Mannheim, NVwZ 1992, 189).

Bsp. (VGH Mannheim VBlBW 1982, 229): Ausweisung eines Fußwegs am Rande eines Wohngrundstücks.

Nicht schutzwürdig sind außerdem **rechtswidrige Belange**.

Bsp. (VGH Mannheim NVwZ 1987, 1103): Der Eigentümer eines ohne Baugenehmigung errichteten Wohnhauses ist nicht antragsbefugt, wenn ein Bebauungsplan in seiner Nachbarschaft eine Sportanlage festsetzt.

Nicht schutzwürdig sind ferner solche Belange, bei denen es sich nicht um städtebaulich beachtliche Interessen handelt.

Bsp. (BVerwG NVwZ 1990, 555; 1997, 683): Ein Kaufhausinhaber kann einen Bebauungsplan, der ein Einkaufszentrum ausweist, nicht wegen des zu erwartenden Umsatzrückgangs anfechten, weil es kein schutzwürdiges Vertrauen darauf gibt, dass eine günstige Marktlage erhalten bleibt.

Die Antragsbefugnis beschränkt sich nicht auf Personen, die im Plangebiet ein Grundstück besitzen. Antragsbefugt sind auch außerhalb des Baugebiets wohnende Personen, soweit sie durch den Bebauungsplan in abwägungsrelevanten Belangen betroffen werden, z.B. durch eine erhöhte Verkehrsbelastung infolge der Verlagerung des Verkehrstroms durch ein in einem Bebauungsplan festgesetztes Straßenbauvorhaben (OVG Weimar ThürVGRspr. 2004, 197 = BRS 66 Nr. 60), durch die Emissionen eines neuen Gewerbebetriebs (OVG Berlin NVwZ 1984, 188; VGH Mannheim VBlBW 1998, 307), einer öffentlichen Anlage (VGH Mannheim BauR 1987, 285 – Spielplatz) oder durch den Zufahrtsverkehr (BVerwG NJW 1992, 2845; NVwZ 1994, 683; BauR 2000, 243); das gleiche gilt für eine nicht nur unerhebliche Einschränkung der Aussicht (BVerwG NVwZ 1995, 895; NVwZ 2000, 1413; VGH Mannheim VBlBW 1997, 426; 2000, 482).

290 Die Antragsbefugnis ist aber nach BVerwG E 59, 87 (eb. NVwZ 2000, 806 u. 807) nicht auf die Eigentümer betroffener Grundstücke beschränkt, vielmehr sind auch **Mieter und Pächter** antragsbefugt, soweit der Gemeinderat auch ihre Interessen in die Abwägung einstellen musste. Antragsbefugt sind ferner Grundstückserwerber, die durch Auflassungsvormerkung gesichert sind (BVerwG NVwZ 1996, 887; NVwZ-RR 1996, 8). Nicht antragsbefugt sind dagegen Grundpfandgläubiger, weil ihnen keine eigentümerähnliche Position, sondern nur eine Verwertungsbefugnis zusteht (OVG Weimar Urt. v. 19.3.2003–1 N 1047/98 –).

Die Antragsbefugnis kann verwirkt werden, wenn der Antragsteller zunächst die Vorteile des Bebauungsplans für sich in Anspruch nimmt und dann einen Normenkontrollantrag stellt, um Bauwünsche seiner Nachbarn abzuwehren (BVerwG BauR 1992, 187; BauR 1990, 185; VGH Mannheim VBlBW 1995, 433; NVwZ-RR 1996, 191).

Antragsbefugt sind nach § 47 Abs. 2 VwGO ferner **Behörden**, die den Bebauungsplan bei **291** ihren Amtshandlungen zu beachten haben (BVerwG E 81, 307 = NVwZ 1989, 654; 1990, 57), z.b. die Bauaufsichtsbehörde (VGH Mannheim VBlBW 1985, 25; VBlBW 1987, 462). Die Bauaufsichtsbehörde darf einen Bebauungsplan, den sie für nichtig hält, wegen Art. 20 Abs. 3 GG (Gesetzmäßigkeit der Verwaltung) nicht anwenden (VGH Kassel NVwZ 1990, 885; Engel NVwZ 2000, 1258). Ihr steht andererseits aber entgegen einer verbreiteten Praxis auch nicht die Kompetenz zu, selbst über die Gültigkeit des Bebauungsplans zu befinden und etwa über einen Bauantrag nach § 34 oder 35 BauGB zu entscheiden, wenn sie den Bebauungsplan für nichtig hält (BVerwG E 75 = NVwZ 1987, 482; BauR 1992, 48; 2001, 1066; OVG Münster NWVBl 1998, 60; Engel NVwZ 2000, 1258; Battis/Krautzberger/Löhr § 10 Rdnr. 10 ff.; a.M. OVG Lüneburg NVwZ 2000, 1061; VGH Kassel NVwZ-RR 1994, 691; Brügelmann/Gierke § 10 Rdnr. 502). Die Bauaufsichtsbehörde kann in einem solchen Fall entweder die Gemeinde veranlassen, den Bebauungsplan aufzuheben (so BVerwGE 75, 142 = NJW 1987, 1344) oder aber selbst einen Normenkontrollantrag nach § 47 VwGO beim OVG stellen (Engel NVwZ 2000, 1258).

Dem Einwand, dass bei der Aufhebung eines für nichtig erkannten Bebauungsplans weder ein Planauslegungsverfahren nach § 3 Abs. 2 BauGB sinnvoll noch eine Abwägung nach § 1 Abs. 7 BauGB möglich sei, hält das BVerwG entgegen, dass es in derartigen Fällen in der Regel nicht nur darum geht, einen für nichtig erkannten Bebauungsplan zu beseitigen, sondern dass auch eine neue Entscheidung über die zukünftige Nutzung des Plangebiets zu erfolgen habe.

Probleme können sich aus der **Befristung der Antragsbefugnis auf 2 Jahre** (s. oben Rdnr. 288) ergeben. Wenn die Behörde nach Ablauf von 2 Jahren seit Inkrafttreten des Bebauungsplans einerseits keinen Normenkontrollantrag stellen könnte, andererseits aber weder den Bebauungsplan als nichtig verwerfen noch einen für rechtswidrig erkannten Bebauungsplan anwenden darf, ist sie handlungsunfähig. Um dieses inakzeptable Ergebnis zu vermeiden, muss § 47 Abs. 2 VwGO dahingehend ausgelegt werden, dass die 2-Jahres-Frist für Behördenanträge nicht gilt (a.M. Eyermann § 47 Rdnr. 74).

Eine **Gemeinde** kann gegen einen Bebauungsplan einer Nachbargemeinde nicht als Behörde einen Antrag stellen, weil sie ihn nicht anzuwenden hat (VGH Mannheim NVwZ 1987, 1088; s. dazu auch OVG Bautzen NVwZ 2002, 110). Sie kann aber als juristische Person des öffentlichen Rechts antragsbefugt sein, wenn der Bebauungsplan das Selbstverwaltungsrecht der Gemeinde, insbesondere die Planungshoheit einschränkt; es ist nicht nötig, dass die Gemeinde bereits über eine hinreichend konkretisierte eigene Planung verfügt (BVerwG NVwZ 1995, 694).

Bsp. (BVerwG BauR 1994, 492; 1987, 1088): Die Gemeinde stellt einen Bebauungsplan für einen großflächigen Einzelhandelsbetrieb (§ 11 Abs. 3 BauNVO) auf. Die Nachbargemeinde sieht hierin einen Verstoß gegen das in § 2 Abs. 2 BauGB verankerte Gebot der interkommunalen Abstimmung (s. oben Rdnr. 23).

Das **Rechtsschutzbedürfnis** für ein Normenkontrollverfahren entfällt, wenn die im Bebau- **292** ungsplan ausgewiesene Bebauung bereits verwirklicht worden ist (BVerwG E 78, 85 = NJW 1988, 839; NVwZ 2000, 194). Denn in diesem Fall hat der Antragsteller von der Feststellung, dass der Bebauungsplan unwirksam ist, keinen Nutzen, weil dadurch die Bestandskraft der Baugenehmigungen nicht berührt wird. Zwar besteht theoretisch die Möglichkeit, dass die

Bauaufsichtsbehörde die Baugenehmigungen zurücknimmt. Diese Möglichkeit scheidet aber praktisch aus, wenn das Gebäude bereits errichtet worden ist, weil es dem Vertrauensschutz zuwiderlaufen würde, eine Baugenehmigung für ein Vorhaben zurückzunehmen, das im Vertrauen auf einen Bebauungsplan gebaut worden ist. Demgegenüber besteht durchaus eine gewisse Aussicht, dass nach einem erfolgreichen Normenkontrollverfahren eine auf den Bebauungsplan gestützte Baugenehmigung zurückgenommen werden kann, wenn das genehmigte Bauvorhaben noch nicht verwirklicht worden ist. Nur in einem derartigen Fall ist daher eine Antragsbefugnis zu bejahen (BVerwG a.a.O.; NVwZ 1992, 342; VGH Mannheim NVwZ 1984, 44). Ein Rechtsschutzbedürfnis ist zu verneinen, wenn der Antragsteller zunächst selbst den Bebauungsplan für sich ausgenutzt hat und dann eine Bebauung des Nachbargrundstücks verhindern will (BVerwG NVwZ 1992, 974).

Ist ein Normenkontrollantrag zulässig, dann überprüft das OVG die Gültigkeit des Bebauungsplans unter allen in Betracht kommenden Gesichtspunkten. Die **Prüfung** beschränkt sich also nicht – wie bei einer Anfechtungsklage – darauf, ob Rechte des jeweiligen Antragstellers missachtet worden sind (BVerwG NVwZ 1992, 373; BauR 2002, 83).

293 Die Entscheidung des OVG, dass ein Bebauungsplan unwirksam ist, ist nach § 47 Abs. 5 Satz 2 VwGO **allgemein verbindlich** und von der Gemeinde öffentlich bekannt zu machen. Demgegenüber wirkt eine ablehnende Entscheidung des OVG nur zwischen den Prozessparteien (BVerwGE 68, 15 = NJW 1984, 881).

294 Wenn sich der festgestellte Fehler des Bebauungsplans auf bestimmte Festsetzungen beschränkt, etwa die Ausweisung eines Grundstücks als öffentliche Grünfläche oder die Festsetzung einer bestimmten Baulinie, dann wird der Bebauungsplan nur für unwirksam erklärt, sofern der verbleibende Teil des Bebauungsplans keinen sinnvollen Regelungsgehalt mehr behält und nur noch ein Planungstorso darstellt (BVerwG E 82, 225 = NVwZ 1990, 157; BVerwG E 88, 268 = NVwZ 1992, 373; NVwZ 1994, 272). Wenn sich dagegen der Fehler auf den gesamten Bebauungsplan auswirkt, was z.B. regelmäßig bei Verfahrensfehlern der Fall ist, muss der gesamte Bebauungsplan für unwirksam erklärt werden (BVerwG DVBl 1968, 517; VGH Mannheim DVBl 1985, 131 mit Anm. Lemmel).

§ 47 Abs. 5 Satz 4 VwGO a.F. sah vor, dass der Bebauungsplan vom Normenkontrollgericht für (vorübergehend) unwirksam und nicht für nichtig erklärt wurde, wenn der festgestellte Fehler durch ein ergänzendes Verfahren nach § 215a BauGB behoben werden konnte. Diese Differenzierung ist durch die Änderung des § 47 VwGO (Art. 4 des EAG-Bau) beseitigt worden. Auch bei behebbaren Fehlern ist nämlich der Bebauungsplan zunächst uneingeschränkt unwirksam und dies wird im Normenkontrollurteil festgestellt. Die Gemeinde kann allerdings nach § 214 Abs. 4 BauGB den Bebauungsplan nach der Beseitigung des Fehlers rückwirkend in Kraft setzen.

Das ist allerdings nur dann möglich, wenn es sich um Randkorrekturen handelt, die die grundsätzliche Planungskonzeption nicht berühren (s. dazu Rdnr. 75)

295 Durch die Aufhebung eines Bebauungsplans im Normenkontrollverfahren wird die Wirksamkeit einer bereits erteilten Baugenehmigung nicht berührt (OVG Münster NJW 1978, 342; OVG Lüneburg BauR 1980, 539). Es ist deshalb auch nicht erforderlich, die Grundstückseigentümer im Normenkontrollverfahren beizuladen. Für eine **Beiladung** besteht kein Bedürfnis, weil die Entscheidung des OVG nach § 47 Abs. 5 S. 2 VwGO allgemein verbindlich ist; im Übrigen wäre der Kreis der beizuladenden Personen kaum abgrenzbar (BVerwGE 65, 131 = NJW 1983, 1012, bspr. von Bettermann DVBl 1982, 954 und Ronellenfitsch VerwArch 1983, 280; BVerwG NVwZ-RR 1994, 235; VGH Mannheim BauR 1982, 138; NVwZ-RR 1994, 235). Soweit im Einzelfall eine Beteiligung Dritter am Normenkontrollverfahren sinnvoll erscheint, was z.B. bei Großprojekten bezüglich des Trägers des Vorhabens der Fall sein kann, ermöglicht § 47 Abs. 2 Satz 4 VwGO eine einfache Beiladung (s. dazu v.Komorowski NVwZ 2003, 1458).

296 Durch ein Normenkontrollverfahren kann nur die Unwirksamkeit eines Bebauungsplans geltend

gemacht werden, nicht dagegen die Änderung der Festsetzung des Bebauungsplans oder die Ausdehnung auf einen bisher nicht erfassten Bereich begehrt werden (VGH Kassel NJW 1983, 2895; VGH Mannheim VBIBW 1983, 140).
Sofern ein Grundstück willkürlich aus dem Plangebiet ausgeklammert wurde, kann allerdings ein Normenkontrollantrag auf Aufhebung (nicht auf Ausweitung) des Bebauungsplans gestellt werden, sofern die Gemeinde bei einem neuen Bebauungsplan im Rahmen einer ordnungsgemäßen Planung das Grundstück des Antragstellers einbeziehen müsste (VGH Mannheim VBIBW 1995, 204; OVG Bautzen SächsVBl 1996, 113; Eyermann § 47 Rdnr. 80).

3. Vorläufiger Rechtsschutz

§ 47 Abs. 6 VwGO (s. dazu Schoch in Schoch/Schmidt-Aßmann/Pietzner VwGO § 123 Rdnr. **297** 126 ff. – sehr ausführlich; Erichsen/Scherzberg DVBl 1987, 168) lässt auch im Normenkontrollverfahren **einstweilige Anordnungen** zu. Antragsbefugt ist derjenige, der auch im Hauptsacheverfahren antragsbefugt ist (OVG Weimar ThürVBl 2004, 261). Voraussetzung für den Erlass einer einstweiligen Anordnung nach § 47 Abs. 6 VwGO ist, dass sie zur Abwehr schwerer Nachteile oder aus anderen wichtigen Gründen dringend geboten ist (dazu OVG Weimar ThürVBl 2004, 261).
Ein schwerer Nachteil ist jedenfalls dann gegeben, wenn die wirtschaftliche Existenz des Antragstellers auf dem Spiel steht (Rasch BauR 1981, 416).
Eine einstweilige Anordnung kann in entsprechender Anwendung des § 32 BVerfGG ferner dann ergehen, wenn der Normenkontrollantrag offensichtlich Erfolg haben wird und die Verwirklichung des Bebauungsplans vollendete Zustände schaffen würde (OVG Lüneburg, BauR 1990, 579; OVG Münster NVwZ-RR 1995, 134; VGH Kassel NVwZ-RR 2000, 655).

Bsp. (VGH Kassel NVwZ-RR 1991, 588): Ein Bebauungsplan, der wegen unangemessener Zurücksetzung der Belange des Naturschutzes nichtig ist, sieht eine Straße vor, die das Grundstück des Antragstellers zerschneiden würde.

Soweit die von der Verwirklichung eines Bebauungsplans betroffenen Personen vorläufigen Rechtsschutz nach **§ 80a Abs. 3 VwGO** in Anspruch nehmen können, scheidet eine einstweilige Anordnung nach **§ 47 Abs. 6 VwGO** aus (VGH Mannheim NVwZ 1997, 507; NVwZ-RR 1998, 613; OVG Schleswig NVwZ 1994, 916; OVG Münster NVwZ-RR 1998, 17; a.M. allerdings OVG Münster NVwZ-RR 1993, 127). Eine einstweilige Anordnung nach § 47 Abs. 6 VwGO kommt deshalb vor allem bei Normenkontrollverfahren von Behörden sowie Mietern und Pächtern in Betracht, soweit diese gegen eine Baugenehmigung keine Rechtsmittel einlegen können (s. dazu Rdnr. 256).
Antragsgegner ist die Gemeinde (OVG Weimar BRS 57 Nr. 61; VGH Kassel DÖV 1983, 777; Schoch in Schoch/Schmidt-Aßmann/Pietzner VwGO § 47 Rdnr. 182 ff.). Durch den Erlass der einstweiligen Anordnung wird der Vollzug des Bebauungsplans generell, d.h. nicht nur im Verhältnis zwischen den Verfahrensbeteiligten außer Kraft gesetzt (OVG Münster NJW 1978, 342; 1980, 1013; VGH Kassel DÖV 1983, 777; OVG Lüneburg BRS 39 Nr. 44; Schoch a.a.O.); teilweise werden aber daneben auch Einzelanordnungen des OVG, die nur zwischen den Verfahrensbeteiligten wirken, etwa das Verbot, ein bestimmtes Bauvorhaben zu genehmigen, für zulässig erachtet (VGH Mannheim NJW 1977, 1212; Finkelnburg/Jank Rdnr. 469; Erichsen/Scherzberg DVBl 1987, 177; Schenke Verwaltungsprozessrecht Rdnr. 1049; a.M. Eyermann § 47 Rdnr. 112).

4. Inzidentkontrolle

Ferner kann die Rechtmäßigkeit eines Bebauungsplans inzident im Rahmen einer baurecht- **298** lichen Klage auf Erteilung einer Baugenehmigung bzw. gegen eine erteilte Baugenehmigung geprüft werden (zur Inzidentkontrolle durch die Verwaltung s. oben Rdnr. 291). Eine Klage auf Feststellung der Rechtswidrigkeit des Bebauungsplans ist demgegenüber unzulässig, da es sich um die Klärung einer abstrakten Rechtsfrage handeln würde (BVerwG NJW 1969, 1076; NVwZ-RR 1993, 513).

5. Verfassungsbeschwerde

299 Eine Verfassungsbeschwerde gegen einen Bebauungsplan ist nach der Rechtsprechung des Bundesverfassungsgerichts (BVerfGE 70, 35 = NJW 1985, 2315; NJW 1989, 1271; a.M. noch BVerfGE 31, 364) zulässig, weil der Bebauungsplan unmittelbar den rechtlichen Status eines Grundstücks verändert, etwa bei einer Ausweisung als Grünfläche die Baulandqualität beseitigt. Eine Verfassungsbeschwerde kommt freilich erst in Betracht, wenn die Möglichkeit einer Normenkontrolle nach § 47 VwGO erschöpft ist (§ 90 Abs. 2 BVerfGG). Soweit die Festsetzungen des Bebauungsplans erst einer Umsetzung durch eine Baugenehmigung bedürfen, ehe sie einen Nachteil begründen, was z.B. bei der Festsetzung einer Baugrenze auf dem Grundstück des Antragstellers oder bei einer für den Antragsteller ungünstigen Festsetzung der Bebaubarkeit eines Nachbargrundstücks der Fall ist, muss zunächst der Verwaltungsakt abgewartet und dann hiergegen Rechtsmittel eingelegt werden (vgl. BVerfG NJW 1986, 1483 und 1741; NJW 1989, 1271). Die Verfassungsbeschwerde muss innerhalb der Frist des § 93 Abs. 2 BVerfGG eingelegt werden (BVerfG NVwZ 1992, 972).

B. Rechtsschutz gegen baurechtliche Einzelentscheidungen

300 Der baurechtliche Verwaltungsprozess kennt im wesentlichen **3 verschiedene Klagetypen**, nämlich die Klage auf Erteilung der Baugenehmigung, die Klage gegen Maßnahmen der Bauaufsicht (Beseitigungsanordnung, Nutzungsuntersagung, Baueinstellung oder sonstige Maßnahme nach § 60 Abs. 2 ThürBO) sowie die Baunachbarklage.

Alle baurechtlichen Klagen richten sich gegen die **Körperschaft**, deren Behörde die Baugenehmigung erlassen hat (Anfechtungsklage) bzw. erlassen soll (Verpflichtungsklage), also gegen die Landkreise und die kreisfreien Städte als Träger der unteren Bauaufsichtsbehörden (§§ 59 Abs. 1 Nr. 1 ThürBO, 3, 130a ThürKO). Der innerhalb der kreisfreien Stadt nach § 29 Abs. 2 Nr. 2 ThürKO zuständige Oberbürgermeister handelt auch bei der Erledigung der Angelegenheiten des übertragenen Wirkungskreises als Organ der Gemeinde, nicht des Landes (vgl. Eyermann, VwGO § 78 Rdnr. 13; Gern, Deutsches Kommunalrecht Rdnr. 381).

1. Klage auf Erteilung einer Baugenehmigung

301 Die Klage auf Erteilung der Baugenehmigung oder eines Bauvorbescheids ist als Verpflichtungsklage zu erheben, sie wirft keine prozessualen Schwierigkeiten auf. Dabei ist hinsichtlich der maßgeblichen Sach- und Rechtslage auf den Zeitpunkt der letzten mündlichen Verhandlung abzustellen, das gilt sowohl zugunsten wie zu Lasten des Bauherrn (BVerwG E 61, 128 = NJW 1981, 2426; E 41, 227 = NJW 1973, 1014; VGH Mannheim ZfBR 1992, 36; VGH Kassel NVwZ-RR 1996, 671). Kann das Verwaltungsgericht die Bauaufsichtsbehörde nicht zur Erteilung einer Baugenehmigung verpflichten, weil das Bauvorhaben von der Bauaufsichtsbehörde noch nicht umfassend in rechtlicher und technischer Hinsicht geprüft worden ist, dann ergeht ein Bescheidungsurteil nach § 113 Abs. 5 Satz 2 VwGO; das Gericht ist nicht verpflichtet, schwierige technische Fragen abzuklären, um die Sache spruchreif zu machen (VGH Mannheim ESVGH 21, 216; NVwZ 1987, 66).

Wenn eine zunächst begründete Klage auf Erteilung der Baugenehmigung infolge einer Änderung der Rechtslage unbegründet wird, kann der Bauherr gemäß § 113 Abs. 1 Satz 4

VwGO den Antrag auf Feststellung stellen, dass die Versagung der Baugenehmigung rechtswidrig war (BVerwG E 61, 128 = NJW 1981, 2426; E 68, 360 = NJW 1984, 1771). Das für eine solche **Fortsetzungsfeststellungsklage** erforderliche berechtigte Interesse liegt regelmäßig in der Möglichkeit, Schadensersatz wegen Amtspflichtverletzung zu verlangen (vgl. dazu BGHZ 109, 380 = NJW 1990, 1038; BGHZ 76, 375 = NJW 1980, 1567; BGHZ 65, 182 = NJW 1976, 184; BVerwG NVwZ 1999, 1105).

Soweit für die Erteilung der Baugenehmigung das Einvernehmen der Gemeinde nach § 36 **302** BauGB erforderlich ist, ist diese nach § 65 Abs. 2 VwGO notwendig beizuladen (s. dazu oben Rdnr. 146). Es empfiehlt sich ferner, jedenfalls diejenigen Nachbarn beizuladen, die gegen den Bauantrag Einwendungen erhoben haben (so auch Finkelnburg/Ortloff II S. 219); ein Fall der notwendigen **Beiladung** liegt aber nach Ansicht des BVerwG (DVBl 1974, 767; eb. Eyermann § 65 Rdnr. 15; differenzierend Kopp/Schenke § 65 Rdnr. 18, 18a, b) nicht vor, da nicht schon das Verpflichtungsurteil, sondern erst die aufgrund des Urteils ergehende Baugenehmigung den Nachbarn in seinen Rechten verletzt. Entscheidend dürfte sein, dass ein Verpflichtungsurteil nicht zwangsläufig in rechtliche Interessen des Nachbarn eingreift, sondern nur dann, wenn über nachbarschützende Normen zu entscheiden ist (so Finkelnburg/Ortloff a.a.O.).

Wenn das Verwaltungsgericht die Bauaufsichtsbehörde zur Genehmigung eines Bauvorhabens **303** verurteilt, das den Planungsvorstellungen der Gemeinde zuwiderläuft, kann diese trotz eines rechtskräftigen Urteils den Bau des Gebäudes noch verhindern, indem sie einen Aufstellungsbeschluss nach § 2 Abs. 1 BauGB fasst und zur Sicherung der Planung eine **Veränderungssperre** nach § 14 BauGB erlässt. Durch diese Veränderung der Sach- und Rechtslage entfällt der Anspruch aus dem verwaltungsgerichtlichen Urteil. Falls der Kläger gleichwohl auf einer Baugenehmigung bestehen sollte, kann die Bauaufsichtsbehörde nach §§ 173 VwGO, 767 ZPO Vollstreckungsgegenklage erheben und feststellen lassen, dass eine Vollstreckung aus dem Urteil des Verwaltungsgerichts unzulässig ist (so BVerwG NVwZ 1985, 563; vgl. auch BVerwG E 117, 44 = NVwZ 2003, 214).

2. Klage gegen Beseitigungsanordnung

Prozessual unproblematisch ist die Klage gegen eine Beseitigungsanordnung. Die richtige **304** Klageart ist die Anfechtungsklage. Hinsichtlich der maßgeblichen Sach- und Rechtslage ist grundsätzlich auf die letzte Verwaltungsentscheidung, in der Regel den Widerspruchsbescheid, abzustellen (BVerwGE 61, 209; 82, 260). Von diesem Grundsatz ist aber eine Ausnahme zu machen, wenn sich die **Sach- und Rechtslage** nachträglich zugunsten des Klägers **ändert**, denn es wäre sinnwidrig, die Rechtmäßigkeit einer Beseitigungsanordnung zu bestätigen, wenn dem Kläger auf einen neuen Bauantrag hin sofort eine Baugenehmigung erteilt werden müsste; eine dem Kläger nachteilige Veränderung der Sach- und Rechtslage ist dagegen unbeachtlich (BVerwG E 5, 351; BauR 1986, 195; VGH Mannheim BauR 1988, 566).

Der Widerspruch und die Klage gegen eine Beseitigungsanordnung haben nach § 80 Abs. 1 VwGO aufschiebende Wirkung. Eine Anordnung des Sofortvollzugs nach § 80 Abs. 2 Nr. 4 VwGO kommt in der Regel nicht in Betracht, weil dadurch vollendete Tatsachen geschaffen würden, die im Falle einer erfolgreichen Klage im Hauptverfahren nicht mehr rückgängig gemacht werden könnten (OVG Weimar ThürVGRspr. 1997, 137; OVG Münster NVwZ 1998, 977); etwas anderes kann für die Beseitigung offensichtlich rechtswidriger Bauten sowie für transportable bauliche Anlagen gelten (VGH Kassel NVwZ 1985, 664; BauR 1992, 66; OVG Lüneburg BauR 1994, 611).

3. Nachbarklage

Auch die Klage des Nachbarn gegen eine dem Bauherrn erteilte Baugenehmigung wirft abge- **305** sehen von der unter Rdnr. 259 ff. erörterten Frage des Nachbarschutzes baurechtlicher Vorschriften keine schwierigen Probleme auf. Als Klageart kommt nur die Anfechtungsklage in Betracht. Hinsichtlich der maßgeblichen Sach- und Rechtslage gilt das zur Beseitigungsanordnung Gesagte mit der Abwandlung, dass bereits die nach Erlass der Baugenehmigung eintretende Änderung der Sach- oder Rechtslage zu Lasten des Bauherrn nicht berücksichtigt werden darf, da der Bauherr durch die Erteilung der Baugenehmigung eine geschützte Rechtsposition erlangt hat. Eine Änderung zugunsten des Bauherrn muss aber berücksichtigt werden, denn es wäre widersinnig, einen Bauantrag abzulehnen, dem bei einem neuen Bauantrag entsprochen werden müsste (BVerwG E 22, 129; E 65, 313 = NVwZ 1983, 32; NVwZ 1998, 1179). Wird während des Prozesses eine nachträgliche Befreiung nach §§ 31 Abs. 2 BauGB, 63e ThürBO erteilt, kann diese ohne besonderes Vorverfahren in den Prozess eingeführt werden (BVerwG NJW 1971, 1147).

306 Für die **Klagebefugnis** ist es ausreichend, dass der Vortrag des Klägers eine Verletzung seiner Rechte als möglich erscheinen lässt (BVerwG E 95, 133). Voraussetzung dafür ist, dass der Kläger rechtlich und tatsächlich von den Auswirkungen des Bauvorhabens betroffen sein kann. Es ist nicht geboten, bereits im Rahmen der Zulässigkeit der Frage nachzugehen, ob die möglicherweise nicht beachteten Normen nachbarschützend sind, sofern dies nicht von vornherein ausgeschlossen ist. Da beinahe jedem Fall zumindest eine Verletzung des Gebots der Rücksichtnahme in Betracht kommt, ist die Klagebefugnis nur dann zu verneinen, wenn die zu prüfenden baurechtlichen Vorschriften unter keinem denkbaren Gesichtspunkt nachbarschützend sein können und auch ein Verstoß gegen das Rücksichtnahmegebot von vornherein ausscheidet (eb. Bosch/Schmidt § 25 III 2). Im übrigen ist die Frage der nachbarschützenden Wirkung baurechtlicher Vorschriften erst im Rahmen der Begründetheit der Klage zu prüfen, denn § 113 Abs. 1 VwGO verlangt für den Erfolg einer Anfechtungsklage nicht nur, dass die Baugenehmigung rechtswidrig ist, vielmehr muss der Kläger auch in seinen Rechten verletzt sein. Eine »Vorverlagerung« der Prüfung der nachbarschützenden Wirkung der in Betracht kommenden Normen ist schon deshalb abzulehnen, weil ansonsten abstrakt der Nachbarschutz bestimmter Normen erörtert wird, obwohl noch gar nicht feststeht, dass diese Normen überhaupt verletzt sind.

307 Nachbarklage und Nachbarwiderspruch sind demnach nur **begründet**, wenn die Baugenehmigung gegen nachbarschützende Vorschriften verstößt. Ist dies nicht der Fall, muss das Rechtsmittel des Nachbarn auch dann zurückgewiesen werden, wenn die Baugenehmigung objektiv-rechtlich rechtswidrig ist (s. oben Rdnr. 258).

Freilich kann die Widerspruchsbehörde einen Widerspruch, der auf die Verletzung einer nicht-nachbarschützenden Norm gestützt wird, zum Anlass nehmen, die Bauaufsichtsbehörde zur Rücknahme der Baugenehmigung nach § 48 ThürVwVfG zu veranlassen; sie kann notfalls, falls die Bauaufsichtsbehörde sich weigert, eine entsprechende fachaufsichtliche Weisung erlassen bzw. gemäß § 61 Abs. 2 ThürBO selbst die Rücknahme der Baugenehmigung aussprechen (Selbsteintrittsbefugnis der Fachaufsichtsbehörde). Wird über einen Nachbarwiderspruch nicht in angemessener Zeit entschieden, kann der Bauherr nach § 75 VwGO Untätigkeitsklage auf Erlass eines Widerspruchsbescheids erheben, weil er ein Interesse an einer unanfechtbaren Baugenehmigung hat (VGH Mannheim VBlBW 1994, 350).

Legt der Nachbar erst **nach Ablauf der Widerspruchsfrist** sein Rechtsmittel ein, dann muss die Widerspruchsbehörde den Widerspruch als unzulässig zurückweisen und darf nicht – wie dies sonst im Widerspruchsverfahren regelmäßig der Fall ist – eine Sachentscheidung treffen, denn der Bauherr hat durch die Bestandskraft der Baugenehmigung eine geschützte Rechtsposition erlangt (BVerwG NVwZ 1983, 285; NJW 1981, 395; Bosch/Schmidt § 26 VI 3; Eyermann § 70 Rdnr. 9).

308 Die Grundsätze über die Nachbarklage gegen eine Baugenehmigung gelten entsprechend, wenn der Nachbar sich gegen einen **Bauvorbescheid** wendet. Wird noch während des Widerspruchsverfahrens gegen den Bauvorbescheid eine Baugenehmigung erteilt, dann

muss der Nachbar auch gegen diese Baugenehmigung Rechtsmittel einlegen (BVerwG E 68, 241 = NJW 1984, 1474, bspr. von Dürr JuS 1984, 770; NVwZ 1989, 863; VGH Mannheim NVwZ 1995, 716). Das BVerwG begründet dies damit, dass der Bauvorbescheid zwar den feststellenden Teil der Baugenehmigung vorwegnehme (s. dazu Rdnr. 239), aber erst die Baugenehmigung die Baufreigabe enthalte. Falls der Bauvorbescheid noch nicht bestandskräftig ist, muss nach Ansicht des BVerwG im Rahmen der Klage gegen die Baugenehmigung auch die im Bauvorbescheid bereits entschiedene Frage geprüft werden; man muss daher die Baugenehmigung insoweit als Zweitbescheid ansehen (BVerwG NVwZ 1989, 863 – bspr. von Schenke DÖV 1990, 489).

Daraus folgt allerdings nicht, dass der Bauvorbescheid durch die spätere Baugenehmigung gegenstandslos wird und ein noch anhängiges Rechtsmittelverfahren wegen Erledigung der Hauptsache einzustellen wäre (BVerwG NVwZ 1995, 894). Denn der Bauvorbescheid bleibt die Grundlage für die spätere Baugenehmigung, was insbesondere dann bedeutsam ist, wenn sich nach Erteilung des Bauvorbescheids die Rechtslage zum Nachteil des Bauherrn geändert hat (s. dazu BVerwG NVwZ 1989, 863; Fluck NVwZ 1990, 535).

Die Nachbarklage ist stets gegen die **Körperschaft** zu richten, die die Baugenehmigung erlassen hat und nicht etwa gegen den Bauherrn; diesem gegenüber kann der Nachbar nur zivilrechtlich vorgehen. Der Bauherr ist aber nach § 65 Abs. 2 VwGO notwendig beizuladen.

Wenn ein Bauvorhaben im **Genehmigungsfreistellungsverfahren** nach § 63a ThürBO (s. **309** dazu Rdnr. 240) errichtet wird, gibt es keinen Verwaltungsakt, gegen den der Nachbar mit Rechtsmitteln vorgehen kann. Er ist daher darauf beschränkt, bei der Bauaufsichtsbehörde einen Antrag auf Einschreiten zu stellen (s. dazu Rdnr. 284 sowie Mampel UPR 1997, 267; Borges DÖV 1997, 900; Uechtritz NVwZ 1996, 640), sofern das Bauvorhaben gegen nachbarschützende Normen verstößt, und, falls dieser Antrag abgelehnt wird, Widerspruch einzulegen und eventuell Klage zu erheben. Für diese Klage gelten ebenso wie für die **Klage auf Einschreiten** gegen ein ungenehmigtes baurechtswidriges Bauwerk auf dem Nachbargrundstück grundsätzlich dieselben Regeln wie für die Nachbarklage auf Aufhebung einer Baugenehmigung; freilich ist diese Klage eine Verpflichtungsklage – evtl. eine Bescheidungsklage i.S.d. § 113 Abs. 5 Satz 2 VwGO. Hinsichtlich der maßgeblichen Sach- und Rechtslage ist auf den Zeitpunkt der mündlichen Verhandlung abzustellen; die Behörde kann nur dann zu einem Einschreiten verpflichtet werden, wenn die Voraussetzungen hierfür noch gegeben sind.

Nach der Rechtsprechung des VGH Mannheim (NVwZ-RR 1995, 490; a.M. OVG Münster **310** NVwZ-RR 1998, 218) ist die Bauaufsichtsbehörde grundsätzlich zu einem Einschreiten gegen ein Bauvorhaben verpflichtet, das nach dem der Genehmigungsfreistellung der ThürBO etwa entsprechenden Kenntnisgabeverfahren errichtet wurde und gegen nachbarschützende Vorschriften verstößt (s. dazu Rdnr. 284). Dieser Ansicht lässt sich entgegenhalten, dass es bei einem Schwarzbau auch nur einen Anspruch auf fehlerfreie Ermessensentscheidung über ein Einschreiten gibt (s. Rdnr. 283) und bei einem im Kenntnisgabeverfahren errichteten und somit zumindest formell nicht rechtswidrigen Gebäude eigentlich keine weitergehenden Rechtsschutzmöglichkeiten des Nachbarn bestehen können.

Soweit der Nachbar sich gegen ein ungenehmigtes Bauvorhaben oder eine ungenehmigte Nutzungsänderung zur Wehr setzen will, kommt in der Regel nur eine Bescheidungsklage nach § 113 Abs. 5 Satz 2 VwGO in Betracht, weil der Bauaufsichtsbehörde insoweit ein Ermessen zusteht; anders ist es nur, wenn das Ermessen wegen der Schwere des Eingriffs in die Rechte des Nachbarn auf Null reduziert ist (s. dazu Rdnr. 283).

Besonderheiten bestehen zum Teil bei einer Beeinträchtigung durch **öffentliche Bauvorhaben**. **311** Soweit diese einer Baugenehmigung bedürfen, gelten die allgemeinen Grundsätze über die Nachbarklage. Bei baulichen Anlagen des Bundes, der Länder und sonstiger öffentlich-rechtlicher Gebietskörperschaften scheidet eine Klage auf Aufhebung der Baugenehmigung aber aus, weil diese nach § 75 ThürBO lediglich einer Zustimmung bedürfen; die Zustimmung kann aber vom Nachbarn angefochten werden. Im Übrigen hat der betroffene Nachbar die Wahl, ob er eine Unterlassungsklage gegen den Träger der öffentlichen Einrichtung erhebt, oder aber die Bauaufsichtsbehörde zum Einschreiten veranlasst (s. dazu Rdnr. 285).

4. Vorläufiger Rechtsschutz

312 Der vorläufige Rechtsschutz des Nachbarn (Mampel DVBl 1997, 1155) hat dadurch eine grundlegende Veränderung erfahren, dass nach dem durch das BauROG 1998 eingeführten § 212a BauGB Rechtsmittel gegen eine Baugenehmigung (zum Bauvorbescheid OVG Lüneburg NVwZ-RR 1999, 716) **keine aufschiebende Wirkung** haben; zuvor galt eine entsprechende allgemeine Regelung nur für die neuen Länder (Nr. 3 des G über die Beschränkung von Rechtsmitteln in der Verwaltungsgerichtsbarkeit, Art. 13 des Investitionserleichterungs- und WohnbaulandG v. 22.4.1993, BGBl S. 487); in den alten Bundesländern war nur bei Rechtsmitteln gegen Wohnbauvorhaben die aufschiebende Wirkung gemäß § 10 Abs. 2 BauGB-MaßnG entfallen. Nunmehr kann der Bauherr mit Zugang der Baugenehmigung nach Maßgabe des § 70 Abs. 6 ThürBO mit dem Bau beginnen.

Soweit der Nachbar sich durch das genehmigte Vorhaben in seinen Rechten verletzt sieht und daher die Errichtung des Gebäudes während des noch laufenden Rechtsmittelverfahrens verhindern will, kann er entweder nach § 80a Abs. 1 Nr. 2 VwGO bei der Bauaufsichtsbehörde bzw. nach § 80 Abs. 4 VwGO bei der Widerspruchsbehörde oder nach § 80a Abs. 3 VwGO beim Verwaltungsgericht einen Antrag auf Aussetzung der Vollziehung der Baugenehmigung stellen.

313 Bei der Entscheidung über den Antrag nach § 80a Abs. 3 VwGO hat das VG im Rahmen der nach §§ 80a Abs. 3, 80 Abs. 5 VwGO gebotenen Interessenabwägung die Erfolgsaussichten des Rechtsmittels maßgeblich zu berücksichtigen (BVerfG DÖV 1982, 450; BVerwG NJW 1969, 2028; NJW 1974, 1295; Eyermann § 80 Rdnr. 75). Daneben hat auch hier eine Interessenabwägung stattzufinden, welche Folgen es hat, wenn das genehmigte Bauvorhaben vor der Rechtskraft der Baugenehmigung erstellt wird (VGH Mannheim BauR 1995, 829). Insbesondere ist zu berücksichtigen, dass durch die Errichtung des genehmigten Bauwerks vollendete Tatsachen geschaffen werden, die praktisch nicht mehr rückgängig gemacht werden können, wenn die Nachbarklage im Hauptverfahren Erfolg haben sollte. Dieser Gesichtspunkt rechtfertigt es, bei unklarer Rechtslage in der Regel dem Interesse des Nachbarn den Vorrang einzuräumen (VGH Mannheim NVwZ 1991, 1004; OVG Münster NVwZ 1998, 980; OVG Bremen NVwZ 1993, 592; Berkemann DVBl 1999, 446; a.M. VGH München NVwZ 1991, 1002; Uechtritz BauR 1992, 1). Das VG trifft im Verfahren nach § 80a Abs. 3 VwGO eine eigene Ermessensentscheidung (VGH Kassel NVwZ 1993, 491; OVG Münster NVwZ 1993, 279).

§ 80a Abs. 3 Satz 2 VwGO verweist auf § 80 Abs. 5–8 VwGO und damit auch auf Abs. 6, wonach bei Abgabenbescheiden (§ 80 Abs. 2 Nr. 1 VwGO) vor der Stellung eines Antrags nach § 80 Abs. 5 VwGO zunächst bei der Behörde ein **Antrag nach § 80 Abs. 4 VwGO** auf Aussetzung der Vollziehung zu stellen ist. Die nach § 80a Abs. 3 Satz 2 VwGO gebotene Anwendung des § 80 Abs. 6 VwGO könnte dafür sprechen, dass auch im Verfahren nach § 80a Abs. 3 VwGO zunächst ein Antrag bei der Behörde auf Aussetzung der Vollziehung der Baugenehmigung gestellt werden muss (so OVG Weimar ThürVBl 1995, 64; VGH München BayVBl. 1991, 723; OVG Lüneburg NVwZ 1994, 698; Schmaltz DVBl 1992, 230). Nach anderer Auffassung bedarf es dagegen eines vorherigen Antrags bei der Behörde nicht; bei der Verweisung in § 80a Abs. 3 S. 2 VwGO auf die nur für Abgabenstreitigkeiten passende Regelung des § 80 Abs. 6 VwGO handele es sich wohl um ein Redaktionsversehen (so VGH Mannheim NVwZ 1995, 292; OVG Bremen NVwZ 1993, 592; VGH Kassel DVBl 1992, 45; OVG Koblenz BauR 2004, 59). Diese Argumentation ist allerdings zweifelhaft, zumal auch das 6. VwGO-ÄndG die Regelung nicht bereinigt hat. Andererseits ist die Anwendung des auf die Interessenlage von Abgabenschuldner und -gläubiger zugeschnittenen § 80 Abs. 6 VwGO in den baurechtlichen Drittschutzfällen im Hinblick auf einen effektiven Rechtsschutz des Nachbarn problematisch. Unbillige Ergebnisse lassen sich aber jedenfalls dadurch vermeiden, dass die Ausnahmeregelung des § 80 Abs. 6 S. 2 VwGO entsprechend auf den Fall angewendet wird, dass der Bauherr die Baugenehmigung ausnutzt und mit dem Bau beginnt – was er wegen § 212a BauGB jederzeit tun kann (vgl. OVG Koblenz NVwZ 1993, 591; OVG Lüneburg NVwZ 1993, 592; mit Einschränkungen auch OVG Weimar ThürVBl 1995, 64).

Bei einem **ungenehmigt errichteten Bauvorhaben**, das den Nachbarn in seinen Rechten **314** verletzt, kann er mangels eines angreifbaren Verwaltungsakts nur bei der Bauaufsichtsbehörde einen Antrag auf Baueinstellung stellen und bei dessen Ablehnung eine einstweilige Anordnung beim VG beantragen (VGH Mannheim NVwZ 1995, 490; OVG Münster NVwZ-RR 1998, 218). Das gleiche gilt für nach § 63 ThürBO verfahrensfreie Bauvorhaben (vgl. Bamberger NVwZ 2000, 983) und für im Genehmigungsfreistellungsverfahren nach § 63a ThürBO errichtete Bauvorhaben (s. oben Rdnr. 309).

C. Rechtsschutz der Gemeinde

Die Gemeinde kann zunächst Rechtsschutz dagegen in Anspruch nehmen, dass ein von ihr **315** aufgestellter **Bebauungsplan** nicht nach § 10 Abs. 2 BauGB genehmigt wird. Insoweit kann sie Verpflichtungsklage auf Erteilung der Genehmigung erheben (s. oben Rdnr. 59). Ferner kann sich die Gemeinde dagegen zur Wehr setzen, dass eine **Baugenehmigung** ohne das nach § 36 BauGB erforderliche Einvernehmen der Gemeinde erteilt wird (s. dazu oben Rdnr. 146), und zwar unabhängig davon, ob das Bauvorhaben rechtmäßig ist und die Gemeinde daher zur Erteilung des Einvernehmens verpflichtet ist (BVerwG NVwZ 1992, 878). Unabhängig von der Rechtmäßigkeit des Bauvorhabens ist also die Klage der Gemeinde allein deswegen begründet, weil die ihre Planungshoheit schützende Vorschrift des § 36 Abs. 1 BauGB nicht beachtet wurde. Ebenso ist eine Klagemöglichkeit der Gemeinde gegeben, wenn das Einvernehmen nach § 36 Abs. 2 Satz 3 BauGB im Wege der Kommunalaufsicht (s. dazu Rdnr. 146) ersetzt wird. Schließlich kann sich die Gemeinde dagegen zur Wehr setzen, dass eine Beseitigungsanordnung bezüglich eines Gebäudes im Außenbereich auf ein Rechtsmittel des Eigentümers hin aufgehoben wird, weil sie dadurch in ihrer Planungshoheit, die durch § 36 BauGB geschützt wird, beeinträchtigt wird (VGH München BauR 2000, 90). Da die Gemeinde eine Baugenehmigung zur Errichtung eines solchen Gebäudes durch Verweigerung des Einvernehmens nach § 36 BauGB verhindern kann, muss ihr auch die Möglichkeit eingeräumt werden, sich gegen eine Aufhebung einer bereits angeordneten Beseitigung eines ungenehmigten Vorhabens im Außenbereich zur Wehr zu setzen. Diese Rechtsprechung muss auch auf die Aufhebung von Beseitigungsanordnungen im beplanten und nicht beplanten Innenbereich übertragen werden.

VI. Fälle

Fall 1 Normenkontrollverfahren, Grundsätze der Bauleitplanung, gerichtliche Überprüfung von Bebauungsplänen

Die Stadt S beabsichtigt, ein neues Wohngebiet zu schaffen, um der dringenden Nachfrage nach Wohnraum zu entsprechen. Die Pläne werden vom 1.-30. Juli öffentlich ausgelegt. Während dieser Zeit erhebt der X Einwendungen, weil ihm durch das neue Wohngebiet die bisher freie Aussicht versperrt werde. Ferner erhebt der G als Inhaber eines Gerbereibetriebs am 15.8. Einwendungen mit der Begründung, die von seinem Betrieb ausgehenden sehr intensiven Gerüche würden zu einer schwerwiegenden Belästigung des nur 100 m entfernt liegenden Wohngebiets führen. Der Gemeinderat von S weist beide Einwendungen zurück. X habe kein Recht auf freie Aussicht; die Einwendungen des G könnten unberücksichtigt bleiben, weil er sie verspätet vorgebracht habe.

Darauf stellen G und X einen Normenkontrollantrag und berufen sich dabei auf ihre Einwendungen. Wie wird das Oberverwaltungsgericht entscheiden?

I. Zulässigkeit

1. Nach § 47 Abs. 1 VwGO kann die Gültigkeit von Bebauungsplänen vom Oberverwaltungsgericht im Wege der Normenkontrolle überprüft werden.

2. Antragsbefugnis

Einen Normenkontrollantrag kann nach § 47 Abs. 2 VwGO stellen, wer geltend macht, durch die Vorschrift oder ihre Anwendung in seinen Rechten verletzt zu werden.

Eine Verletzung von Rechten ist unter anderem dann gegeben, wenn das Recht auf angemessene Berücksichtigung der Belange der betroffenen Grundstückseigentümer bei der Abwägung nach § 1 Abs. 7 BauGB verletzt wird (BVerwGE 107, 215 = NJW 1992, 592). Abwägungsrelevant sind dabei nicht nur subjektive Rechte, sondern auch sonstige schutzwürdige private Belange (BVerwGE 59, 87; BauR 2000, 243).

Der Gemeinderat muss zum einen alle Belange in die Abwägung einbeziehen, deren Beeinträchtigung während der Auslegung des Bebauungsplans nach § 3 Abs. 2 BauGB geltend gemacht worden sind, sofern sie überhaupt schutzwürdig sind (BVerwG BauR 2000, 243). Daneben muss der Gemeinderat aber auch solche Belange berücksichtigen, deren Beeinträchtigung so offenkundig ist, dass es der Erhebung von Einwendungen durch den Inhaber dieses Belangs nicht bedarf (OVG Weimar ThürVGRspr. 2004, 197). Der X hat während der Auslegung des Bebauungsplans vorgetragen, dass eine Verwirklichung des Bebauungsplans seine bisher ungehinderte Aussicht auf die freie Landschaft beseitigen werde. Es fragt sich, ob es sich dabei um einen abwägungsrelevanten Belang handelt. Dies wurde früher teilweise (VGH Mannheim NVwZ-RR 1990, 394) mit der Begründung verneint, es gäbe kein schutzwürdiges Vertrauen auf die Erhaltung einer ungehinderten Aussicht. Das ist zwar materiell-rechtlich zutreffend, sagt aber nichts darüber aus, ob der Gemeinderat bei der Abwägung die Einwendungen des X einfach übergehen kann. Auch Belange, auf deren Fortbestand der Antragsteller nicht vertrauen konnte, sind bei der Abwägung zu berücksichtigen, sofern die Betroffenheit nicht nur geringfügig ist; diese Grundsätze gelten auch für die Beeinträchtigung der Aussicht (BVerwG NVwZ 1995, 895; BauR 2000, 1834). Ob es ein Recht auf Fortbestand der freien Aussicht gibt, ist keine Frage der Zulässigkeit eines

Normenkontrollantrags, sondern seiner Begründetheit. Der X ist daher nach § 47 Abs. 2 VwGO antragsbefugt.

Dem G könnte die Antragsbefugnis fehlen, weil er seine Einwendungen verspätet vorgebracht hat. Dem Gemeinderat musste sich jedoch auch ohne besondere Rüge durch G die Erkenntnis aufdrängen, dass eine Gerberei erfahrungsgemäß derartig starke Gerüche verursacht, dass ein Zwischenraum von 100 m unzureichend sein könnte. Der G fürchtet mit Recht immissionsschutzrechtliche Abwehransprüche der Bewohner des geplanten Baugebiets, die zu einer schwerwiegenden Belastung für seinen Betrieb werden können (vgl. BVerwG DVBl 1971, 747). Da das Problem der Unverträglichkeit von Wohnbebauung und gewerblicher Nutzung hier offenkundig ist, musste der Gemeinderat die Belange des G von Amts wegen in die Abwägung einstellen. G ist deshalb trotz Versäumnis der Frist des § 3 Abs. 2 BauGB antragsbefugt.

II. Begründetheit

1. Formelle Fehler

a) Öffentliche Auslegung des Bebauungsplans

Der Bebauungsplan ist nur vom 1.-30.7. öffentlich ausgelegt worden, § 3 Abs. 2 BauGB verlangt eine Auslegung für die Dauer eines Monats. Ein Verstoß gegen § 3 Abs. 2 BauGB kann nach § 214 Abs. 1 Nr. 2 BauGB zur Ungültigkeit des Bebauungsplans führen.

b) Ermittlung und Bewertung des Abwägungsmaterials

Nach § 1 Abs. 7 BauGB sind bei der Aufstellung von Bebauungsplänen die öffentlichen und privaten Belange gerecht abzuwägen. Die Abwägung ist jedoch nach der ständigen Rechtsprechung des BVerwG (E 34, 301 und 45, 309) gerichtlich nur eingeschränkt überprüfbar. Das Gericht hat zum einen zu prüfen, ob die Belange, die für die Abwägung von Bedeutung sind, das »Abwägungsmaterial«, ermittelt und bewertet worden sind (§ 2 Abs. 3 BauGB). Dabei handelt es sich, wie sich aus § 214 Abs. 1 S. 1 Nr. 1 BauGB ergibt, um eine Verfahrensvorschrift. Im Übrigen kann das Gericht nur überprüfen, ob eine Abwägung überhaupt stattgefunden hat, ob alle wesentlichen Belange in die Abwägung eingestellt worden sind, und ob die eingestellten Belange in objektiv vertretbarer Weise gewichtet worden sind. Dabei richten sich diese Anforderungen sowohl an den Abwägungsvorgang als auch an das Abwägungsergebnis (BVerwG E 45, 309).

Hier könnte bereits eine Verletzung der Verfahrensvorschrift des § 2 Abs. 3 BauGB vorliegen, weil der Gemeinderat die Belange des G nicht zutreffend ermittelt und bewertet hat. Der Gemeinderat muss, wie sich aus § 214 Abs. 1 S. 1 Nr. 1 BauGB ergibt, die von der Planung berührten Belange, die der Gemeinde bekannt waren oder hätten bekannt sein müssen, zutreffend ermitteln und bewerten. Jedenfalls solche Belange, die von der Verwirklichung des Bebauungsplans erkennbar in schwerwiegendem Umfang betroffen werden, müssen vom Gemeinderat auch ohne besondere Rüge ermittelt und bewertet werden; das gilt erst recht, wenn die Belange zwar nicht innerhalb der Frist des § 3 Abs. 2 BauGB, aber noch vor der Entscheidung des Gemeinderats über die Stellungnahmen vorgebracht werden. Hier musste sich dem Gemeinderat auch ohne die Rüge des G aufdrängen, dass die Planung wegen der geringen Entfernung zwischen dem neuen Wohngebiet und der Gerberei des G das Problem aufwirft, dass der G wegen der von seiner Gerberei ausgehenden Immissionen Abwehransprüchen der Bewohner des neuen Wohngebiets ausgesetzt werden könnte. Der Gemeinderat hat es hier aber schon versäumt, das notwendige Abwägungsmaterial zu ermitteln und zu bewerten, in der irrigen Annahme, er sei wegen des verspäteten Vorbringens des G nicht verpflichtet, diesem Belang überhaupt Beachtung zu schenken. Es liegt deshalb schon eine Verletzung der Verfahrensvorschrift des § 2 Abs. 3 BauGB vor.

Dieser Verfahrensfehler ist allerdings nach § 214 Abs. 1 S. 1 Nr. 1 BauGB nur beachtlich, wenn der Mangel offensichtlich und auf das Ergebnis des Verfahrens von Einfluss gewesen ist. Nach der Rechtsprechung des BVerwG zur entsprechenden Formulierung in älteren Fassungen des § 214 BauGB (E 64, 33 = NJW 1982, 592; NVwZ 1995, 692) ist dies dann der Fall, wenn der Verfahrensfehler bzw. der Fehler im Abwägungsvorgang objektiv eindeutig nachweisbar ist und die konkrete Möglichkeit besteht, dass der Gemeinderat bei Vermeidung des Fehlers eine andere Planungsentscheidung getroffen hätte. Der Fehler im Verfahren der Ermittlung und Bewertung des Abwägungsmaterials lässt sich hier anhand objektiver Beweisunterlagen, nämlich des Gemeinderatsprotokolls über die Sitzung, in der über die vorgebrachten Stellungnahmen entschieden worden ist, nachweisen; es handelt sich deshalb um einen offensichtlichen Verfahrensfehler im Sinne des § 214 Abs. 1 S. 1 Nr. 1 BauGB. Für die von dieser Vorschrift weiter geforderte Kausalität zwischen Verfahrensfehler und Abwägungsergebnis ist es nach der zitierten Rechtsprechung ausreichend, wenn die konkrete Möglichkeit einer anderen Abwägungsentscheidung besteht (BVerwGE 64, 33 = NJW 1982, 591; NVwZ 1992, 692). In Anbetracht der Intensität der Geruchsbelästigung, die einen wesentlich größeren Abstand zwischen der bestehenden Gerberei und dem neuen Wohngebiet nahe legt, besteht die konkrete Möglichkeit, dass der Gemeinderat eine andere Planung vorgesehen hätte, wenn er die Belange des G zutreffend ermittelt und bewertet hätte. Daher ist auch die nach § 214 Abs. 1 S. 1 Nr. 1 BauGB erforderliche Kausalität gegeben.

c) § 215 Abs. 1 BauGB

Verfahrensfehler werden nach § 215 Abs. 1 Nr. 1 BauGB unbeachtlich, wenn sie nicht innerhalb von zwei Jahren gerügt werden. Der Wortlaut der Vorschrift lässt eindeutig erkennen, dass der Verfahrensfehler innerhalb dieser Frist von Amts wegen beachtlich ist. Somit ist der Bebauungsplan schon aus formellen Gründen ungültig.

2. Materielle Fehler

a) Erforderlichkeit des Bebauungsplans

Bebauungspläne dürfen nach § 1 Abs. 3 BauGB nur aufgestellt werden, wenn sie für die städtebauliche Entwicklung und Ordnung erforderlich sind. Dies ist hier jedoch der Fall, denn die Stadt S bedarf dringend neuen Wohnraums. Zur Schaffung neuer Baugrundstücke ist jedoch ein Bebauungsplan notwendig.

b) Abwägungsgebot

Über die Verfahrensvorschrift des § 2 Abs. 3 BauGB hinaus fordert § 1 Abs. 7 BauGB, dass eine Abwägung überhaupt stattgefunden hat, dass alle wesentlichen Belange in die Abwägung eingestellt werden, und dass die eingestellten Belange in objektiv vertretbarer Weise gewichtet werden. Diese Anforderungen richten sich sowohl auf den Abwägungsvorgang als auch auf das Abwägungsergebnis (BVerwG E 45, 309). Soweit es sich dabei allerdings schon um eine Verletzung der Verfahrensvorschrift nach §§ 2 Abs. 3, 214 Abs. 1 S. 1 Nr. 1 BauGB handelt, kann ein solcher Mangel nicht als Abwägungsmängel geltend gemacht werden (§ 214 Abs. 3 S. 2 BauGB).

Die Belange des X sind bei der Abwägung berücksichtigt worden, der Gemeinderat hat sie jedoch für unbedeutend gehalten. Diese Abwägungsentscheidung ist rechtmäßig. Das Interesse der Allgemeinheit an der Schaffung neuer Baugebiete zur Linderung des Mangels an Wohnraum ist wesentlich höher zu bewerten als das subjektive Interesse des X an einer ungehinderten Aussicht.

Der Mangel der Nichtbeachtung der Belange des G ist bereits als Verfahrensmangel nach § 214 Abs. 1 S. 1 Nr. 1 BauGB berücksichtigt worden und kann daher insoweit nicht nochmals als Abwägungsmangel geltend gemacht werden (§ 214 Abs. 3 S. 2 BauGB). Ob die Abwägung auch im Ergebnis fehlerhaft ist, lässt sich aber auf Grund der Angaben des Sachverhalts, insbesondere weil Ermittlungen zu den von der Gerberei ausgehenden Immissionen fehlen, nicht feststellen.

Das OVG wird daher den Bebauungsplan wegen der festgestellten beachtlichen Verfahrensfehler nach § 214 Abs. 1 S. 1 Nr. 1 und 2 BauGB gemäß § 47 Abs. 5 VwGO für unwirksam erklären.

Fall 2 Klage gegen die Versagung der Genehmigung eines Bebauungsplans; Abhängigkeit des Bebauungsplans vom Flächennutzungsplan

Die Baugesellschaft B will im Außenbereich der im Thüringer Wald gelegenen Gemeinde G eine Appartementanlage für Ferienwohnungen verwirklichen; im Flächennutzungsplan ist dieser Bereich als landwirtschaftliche Nutzfläche ausgewiesen. Da der Landkreis als untere Bauaufsichtsbehörde die Erteilung einer Baugenehmigung nach § 35 Abs. 2 BauGB ablehnt, stellt die Gemeinde einen Bebauungsplan auf, der das Baugrundstück als Sondergebiet nach § 10 BauNVO ausweist, und beschließt außerdem, den Flächennutzungsplan nach Inkrafttreten des Bebauungsplans entsprechend zu ändern. Der Bebauungsplan wird dem Thüringer Landesverwaltungsamt zur Genehmigung vorgelegt. Dieses lehnt die Genehmigung des Bebauungsplans mit der Begründung ab, mit der Aufstellung eines vom Flächennutzungsplan abweichenden Bebauungsplans könne erst begonnen werden, wenn der Flächennutzungsplan wirksam geändert worden sei. Außerdem sei ein Bebauungsplan für ein einzelnes Bauvorhaben unzulässig. Gegen diese Entscheidung des Landesverwaltungsamtes erheben sowohl die Gemeinde als auch die Baugesellschaft nach erfolglosem Vorverfahren Klage beim Verwaltungsgericht.

I. Zulässigkeit der Klage

1. Klage der Gemeinde

Für die Bestimmung der Klageart kommt es darauf an, ob die Genehmigung des Bebauungsplans ein Verwaltungsakt ist. Ein Verwaltungsakt liegt vor, wenn in das Selbstverwaltungsrecht der Gemeinde eingegriffen wird. Dies ist der Fall, wenn der Bebauungsplan für seine Wirksamkeit genehmigt werden muss. Der Bebauungsplan wurde nicht aus dem Flächennutzungsplan entwickelt, sodass er nach § 10 Abs. 2 BauGB einer Genehmigung bedarf. Durch die Versagung der Genehmigung wird ein Inkrafttreten des Bebauungsplans verhindert und damit die Planungshoheit der Gemeinde berührt und in ihr Selbstverwaltungsrecht eingegriffen (BVerwGE 34, 301). Es liegt daher ein Verwaltungsakt vor, so dass die Klage als Verpflichtungsklage zulässig ist.

2. Klage der Baugesellschaft

Fraglich ist, ob die Ablehnung der Genehmigung auch gegenüber vom Bebauungsplan begünstigten Bürgern als Verwaltungsakt zu qualifizieren ist. Dem steht entgegen, dass die Maßnahme nicht in den Rechtsstatus des Bürgers eingreift, sondern lediglich eine noch nicht rechtlich gesicherte Chance vereitelt. Im Übrigen zeigt § 44a VwGO, dass Rechtsschutz nur gegenüber abgeschlossenen staatlichen Maßnahmen, nicht aber gegenüber einzelnen Ver-

fahrenshandlungen gewährt wird. Das Genehmigungsverfahren ist gegenüber dem Bürger als untrennbarer Bestandteil des Rechtsetzungsverfahrens anzusehen und damit einer isolierten Anfechtung nicht zugänglich. Außerdem würde der Baugesellschaft auch die Klagebefugnis nach § 42 Abs. 2 VwGO fehlen, weil es nach § 1 Abs. 3 BauGB keinen Anspruch auf Aufstellung von Bebauungsplänen gibt.
Es ist somit lediglich die Klage der Gemeinde zulässig.

II. Begründetheit

1. Die Klage der Gemeinde ist begründet, wenn der Bebauungsplan ordnungsgemäß zustande gekommen ist und keinen Rechtsvorschriften widerspricht. Ein Planungsfreiraum steht dem Landesverwaltungsamt (§§ 10 Abs. 2 BauGB; 59 Abs. 1 Nr. 2 ThürBO) nach dem eindeutigen Gesetzeswortlaut der §§ 10 Abs. 2; 6 Abs. 2 BauGB im Gegensatz zu der Gemeinde bei der Abwägung nach § 1 Abs. 7 BauGB nicht zu.
2. Der Bebauungsplan könnte fehlerhaft sein, weil er nur ein einziges Grundstück umfasst. Nach § 10 Abs. 1 BauGB wird der Bebauungsplan als Satzung und somit als Rechtsnorm erlassen; Rechtsnormen enthalten ihrer Natur nach einen abstrakt-generellen Inhalt. Eine Ausnahme von diesem Grundsatz ist jedoch bei Bebauungsplänen zu machen, weil diese, wie es sich im einzelnen aus § 9 Abs. 1 BauGB sowie den Bestimmungen der BauNVO ergibt, detaillierte Festsetzungen für die einzelnen Grundstücke enthalten müssen. Da Bebauungspläne somit zwangsläufig wesentlich konkreter sind als sonstige Rechtsnormen, ist es nicht zu beanstanden, wenn ein Bebauungsplan nur zur Verwirklichung eines bestimmten Bauprojekts aufgestellt wird (BVerwGE 50, 114). § 11 Abs. 2 BauNVO sieht sogar für bestimmte Großprojekte ausdrücklich die Ausweisung als Sondergebiet vor.
3. Der Bebauungsplan könnte gegen § 8 Abs. 2 BauGB verstoßen, wonach Bebauungspläne aus dem Flächennutzungsplan zu entwickeln sind. Entwickeln bedeutet zwar nicht völlige Übernahme der Darstellungen des Flächennutzungsplans, die Grundkonzeption des Flächennutzungsplans muss aber eingehalten werden (BVerwGE 48, 70; NVwZ 2000, 197). Es ist offensichtlich, dass dies nicht der Fall ist, wenn in einem als landwirtschaftliche Nutzfläche ausgewiesenen Gebiet eine große Appartementanlage für Ferienwohnungen zugelassen wird (vgl. OVG Koblenz BRS 32 Nr. 12).
Zu prüfen ist, ob von dem Entwicklungsgebot eine Ausnahme gemacht werden kann. Nach § 8 Abs. 2 Satz 2 BauGB kann ein Bebauungsplan ohne Flächennutzungsplan aufgestellt werden, sofern der Bebauungsplan für die Gewährleistung der städtebaulichen Ordnung ausreicht. Dieser Fall ist hier schon deshalb nicht gegeben, weil die Gemeinde über einen Flächennutzungsplan verfügt (BVerwG NVwZ 2000, 197). Im Übrigen berührt ein großes Bauvorhaben im Außenbereich die Grundzüge der städtebaulichen Ordnung, so dass § 8 Abs. 2 BauGB auch aus diesem Grund keine Anwendung findet. Die Gemeinde kann sich auch nicht auf § 8 Abs. 4 BauGB berufen, denn diese Vorschrift setzt voraus, dass noch kein Flächennutzungsplan besteht. Die hier in Rede stehende Fallkonstellation ist in § 8 Abs. 3 BauGB geregelt; danach kann die Gemeinde im sog. Parallelverfahren gleichzeitig mit der Aufstellung des Bebauungsplans den Flächennutzungsplan ändern, wobei der Bebauungsplan vor der Änderung des Flächennutzungsplans angezeigt und öffentlich bekannt gemacht werden darf (s. dazu BVerwG NVwZ 1993, 471). Es muss aber gewährleistet sein, dass eine Übereinstimmung zwischen zukünftigem Flächennutzungsplan und Bebauungsplan besteht. Diesen Anforderungen wird das von der Gemeinde G eingeschlagene Verfahren nicht gerecht, denn die Gemeinde will zunächst den Bebauungsplan wirksam werden lassen und erst anschließend eine Änderung des Flächennutzungsplans in Angriff nehmen. Sie kann sich deshalb nicht auf § 8 Abs. 3 BauGB berufen.
4. Der Verstoß gegen § 8 Abs. 3 BauGB könnte aber wegen § 214 Abs. 2 Nr. 4 BauGB

unbeachtlich sein. Dies ist jedoch schon deswegen nicht der Fall, weil diese Vorschrift gemäß § 216 BauGB für das Genehmigungsverfahren keine Anwendung findet.

Das Landesverwaltungsamt hat deshalb zu Recht den Bebauungsplan nicht genehmigt, so dass die Klage der Gemeinde G unbegründet ist.

Fall 3   Bauen im beplanten Innenbereich, Befreiung, Nachbarklage

Der Volksbildungsverein e.V. betreibt seit längerer Zeit in einer alten Villa, die in einem durch Bebauungsplan ausgewiesenen reinen Wohngebiet liegt, eine Einrichtung der Erwachsenenbildung, in der 14-tägige Kurse durchgeführt werden. Da die Unterbringung der Kursteilnehmer in benachbarten Gasthäusern und Privatquartieren häufig Schwierigkeiten bereitet, will der V-Verein im Anschluss an die Villa einen Bettentrakt für 30 Personen anbauen. Gegen die von der Stadt S erteilte Baugenehmigung erhebt der Nachbar N Widerspruch und anschließend Klage mit der Begründung, in einem reinen Wohngebiet sei ein Bettentrakt nicht zulässig. Während des verwaltungsgerichtlichen Verfahrens erteilt die Stadt daraufhin Befreiung von den Festsetzungen des Bebauungsplans.

I. Zulässigkeit

1. Klageart

Da die Baugenehmigung ein Verwaltungsakt ist, muss der N Anfechtungsklage erheben.

2. Klagebefugnis

Die Klagebefugnis ist nur dann nicht gegeben, wenn der Kläger von dem angefochtenen Verwaltungsakt offensichtlich und eindeutig nach keiner Betrachtungsweise in seinen Rechten verletzt sein kann (BVerwGE 89, 69; 101, 364). Es kann hier nicht von vornherein ausgeschlossen werden, dass die Genehmigung eines Bettentrakts in einem reinen Wohngebiet unzulässig ist und die Festsetzung des Bebauungsplans auch dem Schutz der Nachbarn dienen soll. Ob dies tatsächlich der Fall ist, ist eine Frage der Begründetheit der Klage, nicht der Zulässigkeit.

3. Vorverfahren

Das nach §§ 68 ff. VwGO erforderliche Vorverfahren ist für die Baugenehmigung durchgeführt worden. Der N kann neben der Baugenehmigung auch die nachträglich erteilte Befreiung anfechten, ohne insoweit ein zweites Vorverfahren durchführen zu müssen, da die Befreiung in einem untrennbaren Zusammenhang mit der Baugenehmigung steht (BVerwG NJW 1971, 1147).

II. Begründetheit

Eine Nachbarklage ist nur dann begründet, wenn die Baugenehmigung rechtswidrig ist und der Nachbar dadurch in seinen Rechten verletzt wird; die Baugenehmigung muss mithin gegen nachbarschützende Normen des Baurechts verstoßen (BVerwGE 22, 129; 89, 69). (Ob man zunächst prüft, ob die Baugenehmigung gegen eine bestimmte baurechtliche Vorschrift verstößt und erst anschließend die Frage des Nachbarschutzes dieser Vorschrift untersucht oder umgekehrt vorgeht, ist eine reine Zweckmäßigkeitsfrage).

1. Die Baugenehmigung könnte gegen die Festsetzung des Bebauungsplans verstoßen, der das Gebiet als reines Wohngebiet ausweist. Nach § 3 Abs. 2 BauNVO sind in einem reinen

Wohngebiet Wohngebäude zulässig. Wohnen i.S. dieser Vorschrift bedeutet, dass die Benutzer der Räume dort ihren Lebensmittelpunkt haben (BVerwG BauR 1996, 676). Das BVerwG spricht davon, der Begriff des Wohnens werde durch eine auf Dauer angelegte Häuslichkeit und eine Eigengestaltung des häuslichen Wirkungskreises geprägt. Dies ist bei einem Bettentrakt für ständig wechselnde Kursteilnehmer offensichtlich nicht der Fall.

Der Bettentrakt könnte ferner nach § 3 Abs. 3 BauNVO als Ausnahme zulässig sein, wenn es sich dabei um einen kleinen Betrieb des Beherbergungsgewerbes handeln würde. Hierunter sind jedoch wegen der Verwendung des Begriffs »Gewerbe« nur auf Gewinnerzielung ausgerichtete Unternehmen zu verstehen (OVG Berlin BRS 47 Nr. 41). Beim Bettentrakt des V-Vereins steht jedoch die Unterbringung als solche, nicht dagegen die Gewinnerzielung im Mittelpunkt. Es handelt sich bei dem Bettentrakt auch nicht um ein nach § 3 Abs. 3 Nr. 2 BauNVO zulässiges Vorhaben für kulturelle Zwecke, weil es nicht den Bedürfnissen des Baugebiets dient, sondern von ortsfremden Personen genutzt wird. Ein Bettentrakt ist somit in einem reinen Wohngebiet nicht zulässig, so dass die Baugenehmigung rechtswidrig war.

2. Es bleibt zu prüfen, ob der N durch den Verstoß gegen den Bebauungsplan in seinen Rechten verletzt wurde; dieses setzt voraus, dass die Festsetzungen des Bebauungsplans nachbarschützend sind. Voraussetzung hierfür ist, dass die Norm nach ihrem Sinn und Zweck zumindest teilweise auch dem Schutz privater Belange dienen soll (BVerwGE 78, 85; 94, 151; 101, 364). Die Ausweisung eines bestimmten Baugebiets soll nicht nur allgemein städtebaulichen Belangen dienen, sondern auch den Grundstückseigentümern im Plangebiet eine bestimmte Nutzungsart ermöglichen (BVerwGE 94, 151; 101, 364). Liegt z.B. ein Grundstück in einem Wohngebiet, dann ist durch die Ausweisung als Wohngebiet gewährleistet, dass auf den Nachbargrundstücken keine Nutzung stattfindet, die zu einer Störung der Wohnruhe führen kann; in einem Industriegebiet kann sich dagegen ein Unternehmer darauf verlassen, dass sein Betrieb nicht immissionsschutzrechtlichen Abwehransprüchen der Wohnbevölkerung ausgesetzt ist. Die Grundstückseigentümer im Gebiet eines Bebauungsplans müssen im Interesse eines geordneten Zusammenlebens bestimmte Nutzungsbeschränkungen hinnehmen. Sie haben dafür andererseits den Vorteil, dass ihre Nachbarn den gleichen Beschränkungen unterliegen. In der Rechtsprechung wird deshalb allgemein angenommen, dass die Festsetzungen des Gebietscharakters nach §§ 2 ff. BauNVO nachbarschützend sind (BVerwGE 27, 29; 44, 244; 94, 151).

3. Die somit bei Klageerhebung begründete Nachbarklage könnte jedoch durch die dem V-Verein während des gerichtlichen Verfahrens erteilte Befreiung von den Festsetzungen des Bebauungsplans unbegründet geworden sein. Eine während des verwaltungsgerichtlichen Verfahrens eintretende Änderung der Sach- und Rechtslage ist bei der Entscheidung des Rechtsstreits zu berücksichtigen, sofern sie sich zugunsten des Bauherrn auswirkt, weil es nicht sinnvoll ist, auf eine Nachbarklage hin eine Baugenehmigung aufzuheben, die wegen veränderter Sach- oder Rechtslage auf einen erneuten Antrag hin erteilt werden müsste (BVerwG E 22, 129; 65, 313).

Die Befreiung von den Festsetzungen des Bebauungsplans wäre gemäß § 31 Abs. 2 Nr. 1 BauGB rechtmäßig, wenn die Grundzüge der Planung nicht berührt werden, Gründe des Wohls der Allgemeinheit die Befreiung erfordern und die Abweichung auch unter Würdigung nachbarlicher Interessen mit den öffentlichen Belangen vereinbar ist. Da der Bettentrakt sich auf die benachbarten Grundstücke kaum negativ auswirken kann, werden die Grundzüge des mit der Ausweisung eines reinen Wohngebiets verfolgten Planungsziels, nämlich ein ruhiges Wohnen zu ermöglichen, nicht berührt (vgl. BVerwG NVwZ 1999, 1110). Gründe des Allgemeinwohls erfordern eine Befreiung, wenn ein Abweichen vom Bebauungsplan auf vernünftigen Erwägungen des Allgemeinwohls beruht (BVerwGE 59, 71). Dies ist hier der Fall, denn es liegt im öffentlichen Interesse, dass die vom V-Verein durchgeführten Kurse der Erwachsenenbildung nicht durch Schwierigkeiten bei der Unterbringung der Teilnehmer behindert werden. Belange der Nachbarn werden dadurch nicht nennenswert beeinträchtigt; ebenso stehen keine öffentlichen Belange der Befreiung entgegen. Die Stadt S hat deshalb zu Recht Befreiung von den Festsetzungen des Bebauungsplans erteilt. Die Klage des N. ist daher unbegründet.

Fall 4   Bauen im nichtbeplanten Innenbereich, Klage auf Erteilung einer Baugenehmigung

Bauer B ist Eigentümer eines Wiesengrundstücks, das mit einer Breite von 80 m an eine durch D-Dorf führende Straße grenzt. Die angrenzenden Grundstücke sind auf beiden Seiten mit größeren Wohn- und landwirtschaftlichen Gebäuden bebaut. Als B beantragt, ihm die Genehmigung für die Errichtung von 2 Ferienhäusern auf seiner Wiese zu erteilen, lehnt das Landratsamt dies ab mit der Begründung, das Wiesengrundstück zähle zum Außenbereich und sei im Flächennutzungsplan als landwirtschaftliche Nutzfläche ausgewiesen. Ferner entsprächen die zwei kleinen Ferienhäuser nicht der weitläufigen Bauweise in der Umgebung. B könne im Übrigen ohnehin nicht bauen, weil er die Wiese an den Landwirt L verpachtet habe. B erhebt nach erfolglosem Widerspruch Klage mit der Begründung, das beidseitig von bebauten Grundstücken umgebene Wiesengelände zähle zum Innenbereich. Den Pachtvertrag mit dem L habe er gekündigt.

I. Zulässigkeit

Die Klage ist unbedenklich als Verpflichtungsklage zulässig.

II. Begründetheit

B hat nach § 70 Abs. 1 ThürBO Anspruch auf Erteilung einer Baugenehmigung, wenn seinem Bauvorhaben keine öffentlich-rechtlichen Vorschriften entgegenstehen, die im bauaufsichtlichen Genehmigungsverfahren zu prüfen sind. Ob möglicherweise ein privatrechtlicher Anspruch des L auf weitere Nutzung des Wiesengeländes besteht, ist unbeachtlich, denn die Baugenehmigung wird nach § 70 Abs. 4 ThürBO unbeschadet privater Rechte Dritter erteilt. Eine Ausnahme hiervon ist nur dann zu machen, wenn der Antragsteller wegen offensichtlich entgegenstehender privater Rechte von einer ihm erteilten Baugenehmigung keinen Gebrauch machen kann (BVerwGE 42, 115). Dieser Sonderfall liegt hier jedoch nicht vor, denn es ist nichts dafür ersichtlich, dass die Kündigung des Pachtvertrags unwirksam sein könnte. Es ist nicht Aufgabe der Bauaufsichtsbehörde oder der Verwaltungsgerichte, im Einzelnen der Frage nachzugehen, ob ein privatrechtliches Rechtsverhältnis dem Bauvorhaben im Wege steht. Die Prüfung im Rahmen des Verfahrens auf Erteilung einer Baugenehmigung hat sich vielmehr auf entgegenstehende öffentlich-rechtliche Vorschriften zu beschränken.
1. Es muss zunächst abgeklärt werden, ob sich die Zulässigkeit der beabsichtigten Ferienhäuser bauplanungsrechtlich nach § 34 oder § 35 BauGB richtet.
Dass das für die Bebauung vorgesehene Wiesengelände auf beiden Seiten von bebauten Grundstücken begrenzt wird, schließt eine Zugehörigkeit zum Außenbereich nicht unbedingt aus. Entscheidend ist, ob die Wiese noch als Baulücke angesehen werden kann, weil sie den Eindruck der Zusammengehörigkeit und Geschlossenheit der angrenzenden Bebauung nicht unterbricht (BVerwGE 31, 20 und 35, 256; NVwZ 1997, 899). Dies wird man jedenfalls in einem Dorfgebiet bei einer Unterbrechung des Bebauungszusammenhangs in einem Bereich von 80 m noch bejahen können (vgl. VGH Mannheim BauR 1987, 59 u. 1992, 45).
2. Hinsichtlich der Art der baulichen Nutzung ist zunächst § 34 Abs. 2 BauGB zu prüfen, da diese Regelung insoweit der des Abs. 1 vorgeht (BVerwG NVwZ 1995, 897). Nach § 34

Abs. 2 BauGB ist ein Bauvorhaben im nichtbeplanten Innenbereich nur zulässig, wenn es in einem entsprechenden Gebiet, für das ein Bebauungsplan besteht, gemäß den Vorschriften der BauNVO zulässig wäre. Die Umgebung des Wiesengeländes ist als Dorfgebiet anzusehen (vgl. VGH Mannheim BRS 60 Nr. 84). In einem Dorfgebiet sind Ferienhäuser nach § 5 Abs. 2 BauNVO zulässig, wobei es dahinstehen kann, ob es sich dabei um einen Betrieb des Beherbergungsgewerbes (Nr. 5 – verneint von BVerwG BauR 1989, 440) oder um einen sonstigen nicht störenden Gewerbebetrieb (Nr. 6) handelt.

Hinsichtlich des Maßes der baulichen Nutzung und der Bauweise kommt es nach § 34 Abs. 1 BauGB darauf an, ob sich das Bauvorhaben in die nähere Umgebung einfügt. Dies bedeutet nach der Rechtsprechung des BVerwG (E 55, 369; NVwZ 1999, 524), dass der Rahmen einzuhalten ist, der durch die vorhandene Bebauung gebildet wird. Dabei ist nicht erforderlich, dass es sich um ein Bauvorhaben handelt, das in dieser Form schon in der Umgebung vorhanden ist (BVerwGE 67, 23); das Bauvorhaben darf lediglich keine städtebaulichen Spannungen hervorrufen. Das ist insbesondere dann der Fall, wenn anzunehmen ist, dass die Zulassung eines derartigen Vorhabens eine Veränderung der bestehenden städtebaulichen Situation, die geprägt ist durch größere Wohn- und landwirtschaftliche Gebäude, einleitet (BVerwGE 44, 302). Eine derartige Entwicklung ist nicht zu befürchten, wenn in einer 80 m breiten Baulücke innerhalb des geschlossenen Dorfgebiets zwei kleine Ferienhäuser errichtet werden.

Neben der Frage des Einfügens ist nach § 34 Abs. 1 BauGB zu prüfen, ob das Bauvorhaben das Ortsbild beeinträchtigt. Diese Tatbestandsvoraussetzung hat vor allem dann Bedeutung, wenn ein Bauvorhaben sich auffallend von der sonstigen Bebauung abhebt und damit ein in sich geschlossenes Ortsbild stört (BVerwG NVwZ 1991, 51; NVwZ 2000, 1169). Ein Vorhaben, das sich i.S.d. § 34 Abs. 1 BauGB in die Umgebung einfügt, wird in aller Regel das Ortsbild nicht beeinträchtigen. Dieses gilt auch für den hier zu behandelnden Fall.

Dem Flächennutzungsplan kommt im Rahmen des § 34 Abs. 1 BauGB keine Bedeutung zu. Der Flächennutzungsplan ist keine Rechtsnorm, denn er entfaltet nach § 7 BauGB lediglich gegenüber Behörden Bindungswirkung. Die Versagung einer Baugenehmigung für ein im Innenbereich gelegenes Grundstück wegen der Festsetzungen des Flächennutzungsplans scheidet schon deshalb aus, weil es sich dabei um einen entschädigungslosen Eingriff in die Baulandqualität des Grundstücks handeln würde (BVerwG BauR 1981, 351).

Sonstige bauplanungsrechtliche oder bauordnungsrechtliche Hinderungsgründe, die dem Bauvorhaben entgegenstehen könnten, sind nicht ersichtlich. Die Verpflichtungsklage ist daher begründet.

Fall 5   Bauen im Außenbereich, Beseitigungsanordnung, Bestandsschutz, Verjährung nach DDR-Recht

Der E erwirbt eine im Außenbereich gelegene Feldscheune, die er durch umfangreiche Baumaßnahmen (Einbau von Fenstern, Einziehen von Trennwänden und Zwischendecken) in ein Wochenendhaus umwandeln will. Der entsprechende Bauantrag des E wird vom Landratsamt abgelehnt.

Mehrere Jahre später stellt das Landratsamt fest, dass E zwischenzeitlich die Scheune, wie beabsichtigt, in ein Wochenendhaus umgewandelt hat, und ordnet daraufhin die Beseitigung des Bauwerks an. E legt Widerspruch ein mit der Begründung, die Scheune genieße Bestandsschutz, so dass er sie einer für ihn sinnvollen Nutzung zuführen könne. Nachdem der Umbau bereits mehrere Jahre zurückliege, komme eine Beseitigung des Bauwerks nicht mehr in Betracht, zumal in einer Entfernung von 200 m noch ein weiteres Wochenendhaus stehe, dessen Abbruch das Landratsamt nicht angeordnet habe. Der Widerspruch wird vom

Landesverwaltungsamt zurückgewiesen; dabei führt das Landesverwaltungsamt u.a. aus, der Abbruch des anderen Wochenendhauses komme nicht in Betracht, weil es bereits Anfang 1985 errichtet und von den Behörden der DDR zu keiner Zeit beanstandet worden sei. Daraufhin erhebt E Klage beim Verwaltungsgericht und erklärt in der mündlichen Verhandlung unter Vorlage eines Grundbuchauszugs, er habe vor kurzem das Grundstück an seinen Sohn übereignet, so dass die Beseitigungsanordnung schon aus diesem Grund aufzuheben sei.

I. Zulässigkeit

Gegen eine Beseitigungsanordnung ist Anfechtungsklage zu erheben; der E ist als Adressat des Bescheids nach § 42 Abs. 2 VwGO klagebefugt. Zweifelhaft könnte sein Rechtsschutzbedürfnis sein, nachdem er das Grundstück auf seinen Sohn übertragen hat. Ein Rechtsschutzbedürfnis wäre zu verneinen, wenn sich durch diesen Vorgang die Beseitigungsanordnung erledigt hätte und die Behörde gegenüber dem Sohn eine neue Beseitigungsanordnung erlassen müsste. Dies ist jedoch nicht der Fall, denn eine Beseitigungsanordnung wirkt nach § 60 Abs. 4 ThürBO auch gegenüber dem Rechtsnachfolger (Entsprechendes gilt nach der Rechtsprechung auch in Ländern, in denen eine solche ausdrückliche Regelung fehlt, vgl. BVerwG E 40, 101; OVG Münster BauR 2003, 1877). Die Beseitigungsanordnung ist ein sachbezogener Verwaltungsakt, der nicht von den persönlichen Verhältnissen des Eigentümers abhängig ist; im Übrigen wäre einer Verzögerung bei der Beseitigung rechtswidrig errichteter Bauwerke Tür und Tor geöffnet, wenn eine Beseitigungsanordnung sich durch eine Übereignung des Bauwerks auf eine andere Person erledigen würde). Der Sohn wäre allerdings nach §§ 173 VwGO, 265 Abs. 2 ZPO berechtigt, den Rechtsstreit anstelle des E fortzuführen. Solange er dies nicht tut, kann der E weiterhin gemäß § 265 Abs. 2 ZPO die Klage gegen die Beseitigungsanordnung betreiben.

II. Begründetheit

1. Eine Beseitigungsanordnung kann gemäß § 77 S. 1 ThürBO erlassen werden, wenn das Gebäude seit seiner Errichtung gegen materielles Baurecht verstößt und nicht durch eine Baugenehmigung gedeckt ist (BVerwG NJW 1989, 353; NVwZ 1992, 392).
Die Umwandlung der Scheune in ein Wochenendhaus war nach §§ 2 Abs. 1, 62 Abs. 1 ThürBO genehmigungspflichtig, denn für die neue Nutzung gelten weitergehende Anforderungen als für die frühere Nutzung; es handelt sich auch nicht um ein verfahrensfreies Vorhaben (§ 63 ThürBO) oder um einen Fall der Genehmigungsfreistellung (§ 63a ThürBO). Eine Genehmigung ist aber nicht erteilt worden, den ablehnenden Bescheid des Landratsamts hat der E unanfechtbar werden lassen.
Es fragt sich, ob im Hinblick auf die Bestandskraft der Versagung der Baugenehmigung überhaupt noch die materielle Baurechtswidrigkeit geprüft werden muss. Die Bestandskraft eines Verwaltungsakts hat aber anders als die Rechtskraft eines Urteils nicht zur Folge, dass damit die Rechtslage zwischen den Beteiligten bindend festgestellt ist, vielmehr wird durch die Bestandskraft lediglich das Verwaltungsverfahren abgeschlossen. Die Bauaufsichtsbehörde muss daher trotz bestandskräftiger Versagung einer Baugenehmigung die materielle Baurechtswidrigkeit eines illegal errichteten Gebäudes überprüfen (BVerwGE 48, 271).
2. Ein Wochenendhaus gehört nicht zu den Vorhaben, die nach § 35 Abs. 1 BauGB im Außenbereich privilegiert und damit grundsätzlich zulässig sind. In Betracht kommt insoweit nur Nr. 4 dieser Vorschrift. Zwar werden Wochenendhäuser mit Vorliebe im Außenbereich errichtet, das bedeutet aber nicht, dass sie nur dort ihren Zweck erfüllen können. Auch ein innerhalb eines Ortes gelegenes Gebäude kann durchaus eine sinnvolle Erholung am Wochenende gestatten. Im Übrigen setzt § 35 Abs. 1 Nr. 4 BauGB eine Wertung voraus, ob ein Bauvorhaben im Außenbereich errichtet werden »soll« (BVerwGE 96, 95 = NVwZ 1995, 64). Das ist nicht

der Fall, wenn das Vorhaben der privaten Erholung Einzelner dient, weil der Außenbereich für die Erholung der Allgemeinheit zur Verfügung stehen soll (BVerwG BauR 1992, 52). Wochenendhäuser sind daher nicht nach § 35 Abs. 1 Nr. 4 BauGB privilegiert (BVerwGE 54, 74; NVwZ 2000, 1048).

3. Das Wochenendhaus könnte nach § 35 Abs. 2 BauGB zulässig sein, wenn es keine öffentlichen Belange beeinträchtigt. Als beeinträchtigte Belange i.S.d. § 35 Abs. 3 BauGB kommen vor allem die natürliche Eigenart der Landschaft sowie die Entstehung einer Splittersiedlung in Betracht. Die natürliche Eigenart der Landschaft wird geprägt durch die dort anzutreffende Bodennutzung, im Außenbereich in der Regel Land- und Forstwirtschaft (BVerwG E 26, 111; E 96, 95 = NVwZ 1995, 64; BauR 2000, 1312). In einer derartigen Umgebung stellt ein Wochenendhaus einen Fremdkörper dar. Außerdem kann die Zulassung eines Wochenendhauses dazu führen, dass weitere gleichartige Vorhaben nicht mehr verhindert werden können und damit eine unerwünschte Zersiedelung des Außenbereichs (Entstehung einer Splittersiedlung) eingeleitet wird (BVerwG E 54, 74; NVwZ 2000, 1048).

4. Die Umwandlung der Scheune in ein Wochenendhaus könnte aber durch § 35 Abs. 4 Nr. 1 BauGB gedeckt sein, da die vorhandene Bausubstanz zweckmäßig verwendet wird. Weitere Voraussetzung ist, dass die Umbaumaßnahmen nicht zu einer wesentlichen Änderung der äußeren Gestalt führen, was bejaht werden kann, wenn lediglich neue Fenster eingebaut werden. Eine Anwendung des § 35 Abs. 4 Nr. 1 BauGB scheitert aber jedenfalls daran, dass es sich um eine Feldscheune handelt, also nicht um ein Gebäude, das im räumlich-funktionalen Zusammenhang zu einer Hofstelle eines landwirtschaftlichen Betriebs steht.

5. Schließlich könnte der Gesichtspunkt des Bestandsschutzes der Beseitigungsanordnung entgegenstehen. Der Bestandsschutz erlaubt jedoch nur Instandsetzungs- und Modernisierungsarbeiten, nicht aber einen umfassenden Umbau eines Bauwerks, der einem Neubau gleichkommt (BVerwGE 36, 296; 47, 126; NVwZ 2002, 92). Außerdem besteht Bestandsschutz nur im Rahmen der bisherigen Nutzung, eine Nutzungsänderung wird mithin nicht vom Bestandsschutz erfasst (BVerwG E 47, 185; BauR 1994, 737). Auch Bestandsschutz unmittelbar aus Art. 14 GG kommt nicht in Betracht (BVerwG E 106, 228). E kann sich daher für seine Umbaumaßnahmen nicht auf den Bestandsschutz berufen.

6. Da das umgebaute Gebäude somit formell und materiell baurechtswidrig war, konnte das Landratsamt nach § 77 S. 1 ThürBO die Beseitigung anordnen. Die Befugnis der Behörde zum Erlass einer Beseitigungsanordnung wird nicht dadurch eingeschränkt, dass das Wochenendhaus bereits seit mehreren Jahren steht. Eine Verwirkung tritt nämlich nicht allein durch bloßen Zeitablauf ein, vielmehr müssen zusätzliche Umstände hinzukommen, aus denen der Eigentümer den Schluss ziehen kann, dass die Behörde gegen das rechtswidrig errichtete Bauwerk nicht vorgehen wird (BVerwGE 44, 339; VGH Kassel NJW 1984, 318). Das war hier jedoch nicht der Fall.

Die Bauaufsichtsbehörden müssen beim Erlass von Beseitigungsanordnungen ferner den Grundsatz der Verhältnismäßigkeit (BVerwG NVwZ 1989, 353; NVwZ-RR 1997, 273) und den Gleichheitsgrundsatz (OVG Weimar ThürVBl 1994, 291) beachten. Dem E droht durch den Abbruch des Wochenendhauses ein beträchtlicher materieller Schaden. Gleichwohl ist die Maßnahme der Behörde im Hinblick auf die von einem Wochenendhaus im Außenbereich ausgehende Störung der natürlichen Eigenart der Landschaft nicht unverhältnismäßig, zumal der E mit der ungenehmigten Umwandlung der Scheune in ein Wochenendhaus bewusst auf eigenes Risiko gehandelt hat (BVerwG NVwZ-RR 1997, 273; OVG Lüneburg BauR 2000, 87). Die Behörde könnte jedoch den Gleichheitsgrundsatz missachtet haben, wenn sie von E die Beseitigung seines Wochenendhauses verlangt, aber ein vergleichbares Gebäude in näherer Umgebung stehen lässt. Art. 3 GG verlangt jedoch nicht, dass die Behörde gegen alle rechtswidrigen Bauwerke vorgeht, sie kann vielmehr nach objektiven Kriterien, insbesondere der Auffälligkeit des Gebäudes oder dem Zeitpunkt der Errichtung differenzieren (BVerwG

NVwZ-RR 1992, 360; OVG Lüneburg NVwZ-RR 1994, 249). Hier ist fraglich, ob der Umstand, dass das 200 m entfernt gelegene Wochenendhaus bereits Anfang 1985 errichtet und von den Behörden der ehemaligen DDR zu keiner Zeit beanstandet worden ist, einen sachlichen Gesichtspunkt darstellt, der die Ungleichbehandlung rechtfertigt. Die Errichtung eines privaten Wochenendhauses im Außenbereich ohne Zustimmung der Bauaufsichtsbehörden verstieß auch nach dem Baurecht der DDR gegen formelles und materielles Recht (OVG Weimar LKV 2001, 229). Jedoch durfte eine Anordnung zur Beseitigung eines widerrechtlich errichteten »Bevölkerungsbauwerks« nach § 11 Abs. 3 der DDR-VO über Bevölkerungsbauwerke (s. oben Rdnr. 246 a) nicht mehr erlassen werden, wenn seit der Fertigstellung des Bauwerks 5 Jahre vergangen sind. Diese Vorschrift stellt nach der Rechtsprechung des OVG Weimar eine Verjährungsregelung dar; sofern danach während der Geltungszeit der VO in der DDR bereits die Verjährung der Befugnis zum Erlass einer Beseitigungsanordnung eingetreten war, berührt die Aufhebung der VO mit Wirkung zum 1.8.1990 die zu diesem Zeitpunkt bereits erlangte schutzwürdige verfahrensrechtliche Rechtsposition des Grundstückseigentümers nicht (OVG Weimar ThürVBl 2003, 134 = ThürVGRspr. 2003, 113 = BRS 65 Nr. 206; im Einzelnen oben Rdnr. 246 a). Im Fall des Anfang 1985 errichteten Wochenendhauses war Verjährung bereits unter der Geltung der DDR-VO über Bevölkerungsbauwerke eingetreten. Dieser Fall ist deshalb nicht mit dem Wochenendhaus des E vergleichbar. Die gegenüber dem E erlassene Beseitigungsanordnung verletzt den Gleichheitsgrundsatz nicht.
Die Klage des E hat daher keine Aussicht auf Erfolg.

Fall 6   Vorläufiger Rechtsschutz, Abstandsfläche, Gebot der Rücksichtnahme

Der G ist Eigentümer eines in der Altstadt der kreisfreien Stadt S direkt an einer nur 4 m breiten Gasse gelegenen Wohnhauses. Das Haus stammt in seiner Bausubstanz im Wesentlichen unverändert aus dem Beginn des 18. Jahrhunderts. Es hat vier oberirdische Geschosse und weist zur Gasse hin eine Außenwandhöhe von 11 m auf. In der Gasse befinden sich bereits mehrere Gaststätten. Im Übrigen ist die Nutzung in der näheren Umgebung sehr uneinheitlich und reicht von Wohngebäuden über Einzelhandesgeschäfte bis zu Verwaltungs- und Bürogebäuden und kleineren Gewerbebetrieben. Der G erhält auf seinen Antrag hin von der Stadt die Genehmigung zur Einrichtung einer Bierstube im Erdgeschoss seines Hauses. Hiergegen legt der N, Eigentümer des auf der anderen Seite der Gasse unmittelbar gegenüber gelegenen Wohnhauses, Widerspruch ein mit der Begründung, die von einer Bierstube ausgehende Lärmbelästigung sei ihm im Hinblick auf den geringen Abstand nicht zuzumuten. G wendet ein, von seiner Bierstube werde kein nennenswerter Lärm ausgehen. Nach Beginn der Umbauarbeiten zur Einrichtung der Bierstube möchte N beim Verwaltungsgericht einen Antrag auf Gewährung vorläufigen Rechtsschutzes stellen. Hat ein solcher Antrag Aussicht auf Erfolg?

I. Zulässigkeit

Da der Widerspruch des N nach § 212a BauGB keine aufschiebende Wirkung hat, G also trotz des Widerspruchs des N die Baugenehmigung ausnutzen kann, kann N nach §§ 80a Abs. 3, 80 Abs. 5 VwGO die Anordnung der aufschiebenden Wirkung seines Widerspruchs beantragen. Ein vorheriger Antrag bei der Bauaufsichtsbehörde ist hier trotz der Verweisung in § 80a Abs. 3 S. 2 VwGO auf § 80 Abs. 6 VwGO nicht erforderlich. Sofern man die Verweisung nicht schon als Redaktionsversehen des Gesetzgebers ansieht (VGH Mannheim NVwZ 1995, 292; OVG Koblenz BauR 2004, 59), ist ein vorheriger Antrag des N bei der Behörde jedenfalls in entsprechender Anwendung des § 80 Abs. 6 S. 2 Nr. 2 VwGO entbehrlich, weil G bereits mit der Ausführung der Bauarbeiten begonnen hat (OVG Lüneburg NVwZ 1993, 592).

II. Begründetheit

1. Bei einer Entscheidung nach § 80a Abs. 3 i.V.m. § 80 Abs. 5 VwGO hat das Verwaltungsgericht abzuwägen zwischen dem Interesse des Antragstellers an der Erhaltung des status quo bis zur rechtskräftigen Entscheidung über sein gegen die Baugenehmigung eingelegtes Rechtsmittel und dem entgegengesetzten Interesse des Bauherrn, dass er ungeachtet des eingelegten Rechtsmittels den Bau in Angriff nehmen kann (BVerwG NJW 1974, 1295). Ein maßgebliches Kriterium bei dieser Interessenabwägung sind die Erfolgsaussichten des Rechtsmittels (s. dazu OVG Weimar ThürVBl 1994, 45 = LKV 1994, 114), wobei allerdings wegen der Eilbedürftigkeit der Entscheidung nur eine summarische Überprüfung der maßgeblichen Sach- und Rechtsfragen erfolgen kann (Kopp/Schenke, VwGO § 80 Rdnr. 168 ff.; Bosch/Schmidt § 50 III 1).

2. Der G benötigt für die Umwandlung des Erdgeschosses seines Wohnhauses in eine Gaststätte nach §§ 2 Abs. 1, 62 Abs. 1 ThürBO eine Baugenehmigung; das Vorhaben ist nicht verfahrensfrei (§ 63 ThürBO) und auch nicht von der Baugenehmigung freigestellt (§ 63a ThürBO). Die Genehmigungsbedürftigkeit ergibt sich ungeachtet des Umfangs der baulichen Veränderungen schon aus der Nutzungsänderung. Denn für Gaststätten gelten sowohl bauplanungsrechtlich als auch bauordnungsrechtlich weitergehende Vorschriften als für Wohngebäude.

3. Die dem G erteilte Baugenehmigung könnte gegen § 6 ThürBO verstoßen und dadurch ein eigenes Recht des N verletzen. Die Abstandsflächenvorschirft des § 6 ThürBO ist generell nachbarschützend (OVG Weimar LKV 2003, 35; ThürVBl 1999, 257; LKV 1994, 114). Fraglich ist allerdings, ob diese Vorschrift bei Nutzungsänderungen Anwendung findet. Nach der Rechtsprechung des OVG Weimar zu § 6 ThürBO 1994 (ThürVBl 1999, 257; vgl. auch OVG Bautzen DÖV 1994, 614 = LKV 1995, 119; OVG Greifswald BauR 1999, 624 = LKV 1999, 197; a.A. VGH Mannheim VBlBW 1987, 465; VGH München BauR 1990, 455; GewArch 1994, 82; OVG Münster NVwZ-RR 1998, 614) sind Nutzungsänderungen in abstandsrechtlicher Hinsicht regelmäßig unerheblich. Begründet wird dies damit, dass die Abstandsflächen nach der ThürBO in der offenen Bebauung grundsätzlich unabhängig von der Art der Nutzung der jeweiligen baulichen Anlage einzuhalten sind und auch die Bemessung der einzuhaltenden Abstandsflächen durch die Nutzungsart nicht beeinflusst wird. Eine erneute Prüfung der Abstandsvorschriften bei einer Nutzungsänderung werde daher dem durch die früher erteilte Baugenehmigung vermittelten Bestandsschutz nicht gerecht. Eine Ausnahme wird nach dieser Rechtsprechung nur dann gemacht, wenn die Art der Nutzung ausnahmsweise für die ursprüngliche abstandsrechtliche Beurteilung Bedeutung hatte, etwa wenn die alte Nutzung nach § 6 Abs. 7 ThürBO in den Abstandsflächen privilegiert zulässig war oder wenn die frühere Zulassung auf einer Abweichung von den Abstandsvorschriften nach § 63e ThürBO (bzw. nach §§ 6 Abs. 15, 68 ThürBO 1994) beruht hat. Allerdings ist fraglich, ob diese Rechtsprechung auch auf § 6 ThürBO 2004 übertragen werden kann. Denn § 6 Abs. 5 S. 3 ThürBO 2004 differenziert nunmehr insofern nach der Nutzungsart, als die Vorschrift nur vor Wohngebäuden der Gebäudeklassen 1 und 2 mit nicht mehr als drei oberirdischen Geschossen als Tiefe der Abstandsfläche 3 m genügen lässt. Eine Nutzungsänderung könnte dann abstandsrechtlich erheblich sein, wenn die Eigenschaft als »Wohngebäude« entfällt und damit die Voraussetzungen entfallen, unter denen als Tiefe der Abstandsfläche 3 m genügen. Im vorliegenden Fall hält das Vorhaben des G allerdings die nach § 6 ThürBO erforderliche Abstandsfläche ohnehin nicht ein. Die Voraussetzungen des § 6 Abs. 5 S. 3 ThürBO liegen bei vier oberirdischen Geschossen und einer Außenwandhöhe von 11 m nicht vor. Bei einer

Wandhöhe von 11 m beträgt die Tiefe der Abstandsfläche mehr als 4 m; sie ist angesichts der Entfernung zum Grundstück des N von nur 4 m keinesfalls gewahrt, zumal die Abstandsfläche nur bis zu deren Mitte auf der öffentlichen Verkehrsfläche liegen darf, so dass nicht einmal der Mindestabstand von 3 m gewahrt wäre.

Fraglich ist deshalb, ob die Rechtsprechung, nach der Nutzungsänderungen grundsätzlich abstandsrechtlich unerheblich sind, sofern nicht die ursprüngliche Errichtung ausnahmsweise mit Rücksicht auf die Art der Nutzung genehmigt worden ist, auch für § 6 ThürBO 2004 gilt. Das ist zu bejahen. Maßgebliche Begründung für diese Rechtsprechung ist der Gesichtspunkt des Bestandsschutzes. Wenn zur Zeit der Errichtung des Gebäudes ohne Rücksicht auf die Nutzungsart weitaus geringere Abstände zulässig waren, als dies der gegenwärtigen Rechtslage entspricht, steht der Bestandsschutz einer Anwendung strengerer Abstandsflächenvorschriften bei einer Nutzungsänderung grundsätzlich entgegen. Die enge Bebauung einer Altstadt ist dafür ein klassisches Beispiel. Es ist davon auszugehen, dass die oftmals aus dem Mittelalter stammende enge Bebauung von Altstadtgassen und -straßen unabhängig von der Art der Nutzung zulässig war und jedenfalls Gaststätten und andere für Altstadtgebiete typische Nutzungsarten eingeschlossen haben. Im vorliegenden Fall gibt es keine Anhaltspunkte dafür, dass das aus dem Beginn des 18. Jahrhunderts stammende Haus des G zu einem früheren Zeitpunkt eine an die Nutzungsart als Wohngebäude gebundene abstandsrechtliche Genehmigung gehabt hätte. Im Hinblick auf den Bestandsschutz des G ist daher die Nutzungsänderung abstandsrechtlich unerheblich. Da auch keine Anhaltspunkte dafür ersichtlich sind, dass die mit der Einrichtung der Bierstube verbundenen Umbauarbeiten abstandsrechtlich relevant sein könnten, werden im Ergebnis abstandsrechtliche Vorschriften durch die erteilte Genehmigung nicht verletzt.

4. Die dem G erteilte Baugenehmigung könnte aber gegen das Gebot der Rücksichtnahme verstoßen. Das Wohnhaus des G liegt im unbeplanten Innenbereich (§ 34 BauGB). Da die Nutzung der tatsächlich vorhandenen Bebauung in der Umgebung uneinheitlich ist und somit keinem der Baugebiete im Sinne der BauNVO entspricht, findet § 34 Abs. 2 BauGB keine Anwendung. Die Zulässigkeit der Nutzung des Erdgeschosses des Wohnhauses des G als Bierstube ist ausschließlich an § 34 Abs. 1 BauGB zu messen. Das im Begriff des Einfügens enthaltene Gebot der Rücksichtnahme ist nachbarschützend, soweit sich aus seinen individualisierenden Tatbestandsmerkmalen ein Personenkreis entnehmen lässt, der sich von der Allgemeinheit unterscheidet (BVerwG DVBl 1987, 476 = NVwZ 1987, 409; E 94, 151). N gehört als Eigentümer des in einer Entfernung von nur 4 m unmittelbar gegenüberliegenden Wohnhauses im Hinblick auf mögliche Lärmbelastungen eindeutig zu dem Personenkreis, auf den G als Bauherr in besonderer Weise Rücksicht zu nehmen hat.

Das Gebot der Rücksichtnahme könnte zum Nachteil des N verletzt sein, weil der vom Betrieb einer Bierstube ausgehende Lärm für den N unzumutbar ist. Grundsätzlich kann das Gebot der Rücksichtnahme auch dann verletzt sein, wenn die landesrechtlichen Abstandsflächenvorschriften eingehalten sind (BVerwG NVwZ 1999, 879). Es kann auch verletzt sein, wenn das Vorhaben Abstandsflächenvorschriften nach Landesrecht nicht berührt, weil es sich – wie hier – um eine Nutzungsänderung handelt. Die durch § 6 ThürBO geschützten Belange einschließlich des Schutzes des Wohnfriedens vor Beengung und Einsicht können nicht nur durch bauordnungsrechtliche Regelungen gesichert werden, sondern haben auch städtebauliche Bedeutung (vgl. BVerwG E 88, 191 = NJW 1991, 3293). Eine Verletzung des Gebots der Rücksichtnahme wegen solcher Belange ist aber ausgeschlossen, wenn ein Vorhaben nach seiner Art oder seinem Maß der baulichen Nutzung, nach seiner Bauweise und nach seiner überbauten Grundstücksfläche in die Eigenart der näheren Umgebung einfügt (BVerwG NVwZ 1999, 879). Das ist hier der Fall. Hinsichtlich der Art der Nutzung fügt sich die Bierstube ein, da es auch in der engen Gasse bereits Gaststätten gibt. Die Umgebung ist also städtebaulich bereits so geprägt, dass die Bierstube im Erdgeschoss des Wohnhauses des G keine zusätzlichen städtebaulichen Spannungen verursacht. Das Gebot der Rücksichtnahme wird deshalb nicht verletzt.

(**Hinweis:** Damit ist noch nichts über die weitere Frage gesagt, ob N im Hinblick auf die konkrete Gestaltung des Betriebs der Bierstube lärmschützende Maßnahmen verlangen kann. Entsprechende Auflagen können auf Grund der §§ 3, 22 ff. BImSchG und der §§ 4 Abs. 1 Nr. 3, 5 Abs. 1 Nr. 3 GaststättenG sowohl der Baugenehmigung als auch der gaststättenrechtlichen Genehmigung beigefügt werden. Der Sachverhalt erlaubt hier aber mangels näherer Angaben über Öffnungszeiten und Lärmbelastung keine konkrete Prüfung dieser Frage.)

Da der Widerspruch des N keine Aussicht auf Erfolg hat, wird das VG den Antrag auf Anordnung der aufschiebenden Wirkung ablehnen.

Stichwortverzeichnis

(Die Ziffern beziehen sich auf die Randnummern)

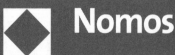